梅贻琦评传

永远的清华大学校长

吴洪成　夏美奇　著

知识产权出版社
全国百佳图书出版单位
—北京—

图书在版编目（CIP）数据

梅贻琦评传：永远的清华大学校长/吴洪成，夏美奇著. —北京：知识产权出版社，2023.12

ISBN 978－7－5130－8610－3

Ⅰ.①梅… Ⅱ.①吴… ②夏… Ⅲ.①梅贻琦（1889－1962）—评传 Ⅳ.①K825.46

中国国家版本馆 CIP 数据核字（2023）第 000916 号

责任编辑： 江宜玲　　**责任校对：** 谷　洋

封面设计： 杨杨工作室 · 张　冀　　**责任印制：** 刘译文

梅贻琦评传：永远的清华大学校长

吴洪成　夏美奇　著

出版发行：	知识产权出版社有限责任公司	**网　　址：**	http：//www.ipph.cn
社　　址：	北京市海淀区气象路 50 号院	**邮　　编：**	100081
责编电话：	010－82000860 转 8339	**责编邮箱：**	99650802@qq.com
发行电话：	010－82000860 转 8101/8102	**发行传真：**	010－82000893/82005070/82000270
印　　刷：	三河市国英印务有限公司	**经　　销：**	新华书店、各大网上书店及相关专业书店
开　　本：	720mm×1000mm　1/16	**印　　张：**	27.25
版　　次：	2023 年 12 月第 1 版	**印　　次：**	2023 年 12 月第 1 次印刷
字　　数：	430 千字	**定　　价：**	99.00 元

ISBN 978－7－5130－8610－3

业界推荐

《梅贻琦评传：永远的清华大学校长》一书在搜集原始文献资料和梳理相关素材动态的基础上，以时间为主线，以“事业起航”“才华初绽”“黄金时代”“直面血与火”“中流砥柱”“复校的努力”“广博与深邃”为单元，既体现了大学史和大学校长史的结合，又体现了大学理念和大学发展的结合，还体现了教育家精神和教育实践的结合。

华东师范大学教育学系教授、博士生导师　单中惠

梅贻琦说：“所谓大学者，非谓有大楼之谓也，有大师之谓也。”大师应是学问和品行俱佳，梅贻琦就是这样的一代大师。《梅贻琦评传：永远的清华大学校长》为梅贻琦树碑立传，既科学阐发了梅贻琦在清华大学校长任上所体现的高超教育学问、智慧和思想，又生动呈现了梅贻琦献身教育事业的高尚人格风范，还以梅贻琦鲜活的办学治校业绩诠释了中国特有的教育家精神，为当今教育家型校长的成长和发展提供了重要参照。

人民教育出版社资深编审、中国教育学会教育史分会副理事长、
《教育史研究》副主编　刘立德

梅贻琦先生不但是清华大学“永远的校长”，更是中国高等教育史上的传奇人物。吴洪成教授的《梅贻琦评传：永远的清华大学校长》一书通过丰富的史料和生动的案例，对梅贻琦校长的人生经历、教育思想、治校方略进行了全面梳理。该书是一次引人深思的探索，它与其说是对一位民国教授的评传，不如说是对一位杰出教育家的致敬。这位教育家一生的最大意义，在于他对中国一所顶级大学的久远影响。

首都师范大学教育学部主任委员、教授、博士生导师　石鸥

《梅贻琦评传：永远的清华大学校长》一书是吴洪成教授的一部杰作，它有如下几个特色：一是选题独特，影响深远，能给读者耳目一新、一睹为快之感；二是史料丰富，内容充实，为读者鲜活地展现了一位教育家的卓越人生、教育抱负、办学成就和人格魅力；三是立论有据，传评结合，全面系统地总结和概括了梅贻琦先生的大学教育理念与办学思想，写活了一位有思想、有理论、有作为的大学校长；四是文笔朴实，翰墨流芳，写出了一代教育家的精神内涵及其特质，将在学界产生大的反响。

陕西师范大学教育学部教授、博士生导师　栗洪武

吴洪成教授的专著《梅贻琦评传：永远的清华大学校长》展现了梅贻琦先生丰富而辉煌的教育人生，生动诠释了一位宗师级的大学校长崇高的理想信念、高超的管理智慧和谦逊的人格魅力。他长期担任清华大学校长，使清华完成了从一所留美预备校到世界名校的转型；他主持西南联大校务，创造了世界高等教育的一个奇迹，他的“大师论”“先通后专”等思想至今仍被教育界津津乐道，对当下高等教育管理亦有重要的启迪意义。作为人物评传，本书兼具学术性与文学性，在挖掘原始文献资料的同时，运用了大量的回忆录与口述史资料，增加了著作的可读性，也使人物形象更加丰满。

北京师范大学教育学部教授、博士生导师　施克灿

《梅贻琦评传：永远的清华大学校长》一书就中国近现代高等教育史和中国建设世界一流大学的发展史做了极富学理价值和实践意义的个案式解读，对于致力推进中国高等教育现代化进程和提升大学教育治理水平的人们将发挥着“永远的”启示作用。重要的是，《梅贻琦评传：永远的清华大学校长》还将引导我们切实感受一位拥有强烈教育使命和卓越教育智慧的大学校长对于一所大学成长的恒久价值，全面思考中国大学高效赓续人类文明和高质量谋求民众福祉的行动策略，深度感悟现代大学的核心理念和现代大学治理的理想境界。

华东师范大学教授、博士生导师　王保星

序言

大约二十年前，我曾对梅贻琦校长进行过初步研究，但当时文献资料欠缺，加之事务繁忙，留下了遗憾。如今怀着学习的心态再次进行这项工作，大致有以下两个方面的考虑：一方面，在以往的研究基础上进一步拓展与提升；另一方面，在新的时代背景下，探索梅贻琦与清华大学的独特风格，以此为我国高等教育事业争创国际一流尽一份绵薄之力。

本书以时间为主线，详细论述了梅贻琦的人生经历及其在高等教育方面取得的成就，力求深入挖掘这位清华大学主持者在大学教育管理、高等教育思想、办学治校方面的经验及智慧，展现一代教育家的卓越人生、教育抱负、办学成效以及人格魅力。

本书主要从三个部分立论：

第一，阐述梅贻琦的人生历程、清华大学（包括台湾“清华大学”）的治校管理活动以及精英人才培养的影响和意义。本书注重挖掘原始文献资料，梳理国内外已有研究素材与动态，从中汲取合理的观点和内容。在此基础上，尽可能达到对其经历、思想以及修养等方面的真实再现，为一代教育家的成长与成就提供历史依托。

第二，深入开展清华大学（包括台湾“清华大学”）校史研究。梳理与探讨两岸清华大学的校史变迁与突出事件，既有助于丰富清华大学校史的研究，又能在重要的时间阶段上体现梅贻琦对清华大学的贡献及其教育管理艺术与智慧，进一步确立这位教育大师在清华大学校史上的卓越地位与突出贡献。

第三，探讨梅贻琦在艰难困苦的历史形势下融合中西，建构中国本土高等教育模式的艰辛努力，总结其中的高等教育思想经验。并与民国其他著名大学进行比较分析，将其置于民国高等教育政策、章程和办学场景的场域下，阐发和呈现梅贻琦与清华大学的独特风格和丰厚思想。这本评传，不仅是对梅贻琦辉煌教育人生、卓越教育成就、高尚校长魅力以及博大奉献精神的记述，而且可为当代中国高等教育提供改革的深刻借鉴和现实启示。

以上目标设想是我的努力方向，但能否真正达成这样的理想愿景，我不敢妄言。由于时间问题，加之水平有限，虽然本书的撰写从史料搜寻到整理分析论述，都耗费了大量的心血与精力，但肯定还存在不足，距离先前的目标设想仍有差距。十多年前，我曾经得到梅贻琦校长在京亲属梅志宏的关心和支持，他向我提供了一些珍贵的资料。梅贻琦校长的公子、清华大学梅祖彦教授将其整理的有关清华大学校史与梅贻琦校长的研究论著目录清单发给我参考，并就一些问题通过电子邮件给予了指导和帮助。另外，国内著名的清华大学校史研究学者、梅贻琦人物研究专家、清华大学黄延复教授也曾给予我很多的指点，当年在北京清华大学其寓所会晤时他给予了我诸多的勉励和期盼，这也是我能够在十几年后与博士生夏美奇同学一起再次对该领域进行探索的精神支撑和前行动力。书中多处参考了黄延复教授的资料和研究论著，在此一并向他表示谢意。期盼着各位专家学者对本书各方面的善意批评，我将虚心接纳，并在以后的研究中进一步探讨与提高。

吴洪成

2023 年 3 月 16 日

目录

第一章

事业起航：梅贻琦的早期人生岁月

独特的家世背景与海外的求学经历影响着梅贻琦的一生，传统的文人风骨与最新的文化潮流在梅贻琦的身上发生撞击并最终融合，使得他从一个更超前、更本位、更开阔的角度审视中国的文化、中国的教育。

第一节　家世与求学

梅贻琦出身于书香门第，在接受蒙学教育后，进入近代著名教育家严修创办、张伯苓主持的南开中学堂。学业修毕后，他选择赴洋求学深造，以实现高远人生追求。

一、书香门第

梅贻琦，字月涵，1889 年 12 月 29 日（清光绪十五年腊月初八）生于天津鼓楼西板桥胡同，祖籍江苏武进（今江苏省常州市）。梅贻琦远祖梅殷，是明太祖朱元璋第二女宁国公主的驸马，曾视山东学政，深受皇帝重用，并多次受到褒奖，“谓殷精通经史，堪为儒宗。当世皆荣之”①。后来，他因坚持辅佐明惠帝朱允炆，武力抵抗燕王篡政而获怨于朱棣，朱棣称永乐帝后第二年（1404年），被锦衣卫溺死，成了王朝政治斗争的牺牲品。

梅殷得罪了明成祖朱棣，除了自身罹祸被杀之外，他的家人、族人也都跟着受到了牵连。梅氏先人后被迫迁到天津，但很快便再度崛起，成了“津门巨族”，令时人惊叹。对此，清人周人骥（1696—1763 年）在为梅玉瞻重修祖谱作序时写道：

> 梅氏先为吴之毗陵人，自前明永乐初调补入津籍，后以功阶世袭指挥，称巨族，历三百余年，以忠厚积德为家法。其先孝行节义记诸邑志者，事迹班班可考。迄今子姓繁衍，书香继美，一门之内，孝友著闻，三津人士，咸谓梅氏子之能不坠家声也。②

晚清时期，清政府腐朽没落，西方列强用枪炮打开了中国关闭已久的大门，清政府被迫与之签订一系列丧权辱国的条约。各国为了更利于对华进行商品倾销和资本输入，逼迫清政府在沿海城市开放通商口岸。天津作为北京的门户，列强的侵略与利益争斗极为激烈。“城门失火，殃及池鱼。”由江南迁徙来津繁

① 张廷玉，等．明史：卷一二一 宁国公主传［M］．北京：中华书局，1974：3663－3664.
② 黄延复．梅贻琦教育思想研究［M］．沈阳：辽宁教育出版社，1994：5.

衍生息的梅氏家族，在列强和清政府的双重压力下，家道逐渐中落。梅贻琦晚年曾手拟家族小传，述其出生前后家境：

> 在北京从未遇到过姓梅的，在天津家口亦不多，幼时家人常往来的只不过七八家，皆属中产以下人家，多半教书，或“做盐务”（如盐商经理之类），偶有做官的，不过知县等级，但经商的甚少。在清末以诗或书画称小名家者颇有数人，所以梅家人在天津有“穷念书的”雅号，而还有“梅先生拔烟袋——不得已而为之”的笑话。①

虽然梅氏家道中落，但毕竟之前是大族，有着极为良好的家风及学风。梅贻琦幼时报考学校时，要求默写家世三代，他因故还记得：曾祖名汝钰，祖茂生，似皆曾中举贡。他出生时其祖父母早已去世，稍微大些时才听父母及家人说：他的祖父做过清丰县的教官（训导），后来病死在任上。梅贻琦的父亲梅臣，字伯忱，为三兄弟三姊妹中最长者，从小才华出众、能力超群，二十岁的时候就考中了秀才，之后曾两次赴京城赶考，但未能高中，之后便对科考失去了信心，不再参加。他一辈子为盐务操劳，担任盐商津店账房，或兼与官府交结的“外事”。

总的来说，梅贻琦的家庭在清末属于标准的书香门第，而且是有着淳朴家风、优良传统的书香门第。

梅贻琦十一岁那年，即 1900 年，英、法、奥、德、日、意等国组成八国联军发动侵华战争。慈禧太后带着光绪帝慌忙逃离了北京，前往西安避难。最高统治者都跑了，大臣们更是无心抵抗。一时间局面无法控制，京津陷入一片混乱之中，长江流域则出现“东南互保”的特殊政局。梅家为了躲避战乱，临时到直隶总督行署衙门所在地保定府城避难。1901 年，清政府被迫与列强签订了丧权辱国的《辛丑条约》，八国联军撤兵，京津地区逐渐恢复了平静。但等到梅家返回天津时，家中早已经被洗劫一空。“屋漏偏逢连夜雨”，父亲梅伯忱失业，家中主要经济来源断了，生活极为困难。但是在这种吃饭都成问题的情况下，梅父坚持让子女接受教育。梅贻琦曾回忆说：“家境非甚宽裕，但对于吾兄

---

① 赵赓飏．梅贻琦传稿［M］．台北：邦信文化资讯公司，1989：1－2.

弟五人之教育，必尽力成全。琦姊妹亦五人，最小者二人亦能毕业于师范及南开大学。”弟弟梅贻宝回忆说：“家境虽然清苦，人口虽然众多，父亲却咬定牙，叫每个儿子受教育。后来天津开办了女子学校，他叫两个未出嫁的女儿亦上学校。”①

梅贻琦自幼熟读经史，且善背诵。有位外国同事称他为“博闻强记的中国儒士”，“他有一次对我们说，假如我们背诵中国经传中的任一句，他都可以接背”。梅贻琦的这种国学根基，显然源于其优良的家风，使其在启蒙时期就奠定了较为坚实的学术底蕴。

二、近代天津的新教育

中国近代新教育始于西方列强入侵中国之后，而天津作为较早开放的沿海口岸城市，也成了全国近代教育兴起较早的城市之一。洋务运动掀开了天津近代官办教育的序幕。洋务派代表人物李鸿章，不仅致力于创办军事工业实现强国梦想，还主张创办新式学堂，培养能够使用机器进行生产的科技人才。梅贻琦生长在天津，又求学于南开中学堂，港口城市的开放、欧风美雨的洗礼，以及天津近代工商业重镇的地位，都是现代教育家梅贻琦成长的环境基础以及场域因素。

清光绪六年（1880 年），李鸿章在天津首创北洋电报学堂，聘用丹麦大北电信公司技师担任教师，专门培养电报通信人才。从创办到 1900 年八国联军入侵天津后停办的二十年间，北洋电报学堂共培养电报专业技术人员三百余人。他们后来大都成为近代电信事业的先驱者，为中国近代通信事业作出了突出贡献，北洋电报学堂也由此开启了我国近代工业技术学校的先河。② 同年，李鸿章又奏准设立北洋水师学堂，后于 1881 年 8 月落成，开设了“英国语言翻译文法”“几何、代数、平弧三角八线”“级数重学”“天文推步地舆测量”等学

① 黄延复. 梅贻琦教育思想研究［M］. 沈阳：辽宁教育出版社，1994：7.

② 赵宝琪，张凤民. 天津教育史［M］. 天津：天津人民出版社，2002：93.

科，还设有观星台，以利于学习天文。①北洋水师学堂为近代中国培养了一大批掌握近代海军技术的人才，如郑汝成、王劭廉、黎元洪、张伯苓、温世霖等。该学堂也存在了近二十年，后毁于八国联军侵华的炮火之中。

1885 年，李鸿章再次奏请创办天津武备学堂，以培养新式陆军人才，后又在天津法租界创办了北洋医学堂。1895 年 10 月 2 日，清政府在盛宣怀奏请下，创办了中国最早的一所大学——天津中西学堂，内分头等学堂与二等学堂。头等学堂相当于大学本科，二等学堂相当于大学预科，修业年限均为四年。头等学堂第二年以前课程不分科别，第二年后，各就性质所近，课以专门之学。头等学堂分设法律学门、土木工程学门、采矿冶金学门及机械工学门。二等学堂设英文、数学、各国史鉴等课程。伍廷芳、王修植先后任头等学堂总办，蔡绍基任二等学堂总办，聘请美国传教士丁家立（C. D. Tenney）为总教习。1898 年特设铁路班，1902 年改称为北洋大学堂。②至此，在洋务运动的推动下，天津相继设立了各类西式学堂，为近代中国培养了最早的一批各类技术人才，客观上促进了近代天津官办新式教育事业的快速提升。

《辛丑条约》签订后，官私合办、民办企业迅速发展。由于新式教育进一步开化了人们的思想，天津民办教育也逐渐迎来了新发展。近代天津倡导新式教育的先驱者当数严氏家塾的创始人严修。严修，字范孙，祖籍浙江慈溪，先世移居天津，生于直隶三河县（今属河北省廊坊市）。1882 年中举人，翌年连捷成进士，授翰林院编修。近代教育家张伯苓曾在严修所办家塾任教，对其一生行迹如是评价："为人持己清廉，守正不阿。戊戌政变前，任贵州学政，首以奏请废科举，开经济特科，有声于时。政变后，致仕家居。目击当时国势阽危，外侮日急，辄以为中国欲图自强，非变法维新不可，而变法维新，又非从创办新教育不可。其忧时悲世之怀，完全出乎至诚。凡与之交者，莫不为之感动。"③当时正值列强入侵之际，国难当头，由严氏家塾演进而来的南开学校逢国难而生，故其办学目的在于痛矫时弊，育才救国。

---

① 顾廷龙，戴逸．李鸿章全集［M］．合肥：安徽教育出版社，2008：649.
② 陈学恂．中国近代教育大事记［M］．上海：上海教育出版社，1981：64.
③ 张伯苓．张伯苓自述［M］．合肥：安徽文艺出版社，2013：136－137.

光绪二十三年（1897 年），毕业于北洋水师学堂的张伯苓，到洋务派所办北洋水师通济轮任职，对三年前中日甲午海战北洋舰队的惨败以及《马关条约》的危害更有切肤之痛。在他看来，国家积贫积弱，民族危机深重，亟须改革教育以自强，遂许下了终身从教救国的宏大志愿，“教育救国，苓之夙愿。此身未死，此志不泯”①，足见其赤诚之心。次年，张伯苓放弃了海军军官升迁的机会，应严修之邀，亲至严氏家塾任教。几乎同时，天津王氏家族兴办家塾，亦延聘张伯苓掌西席授课。对此，张伯苓如是回忆：

> 光绪二十四年，严范孙先生设立家塾，聘苓主讲，以英、算、理、化诸科，时号称“西学”，教其子侄。有学生五人。其后三年，邑绅王奎章亦聘苓教其子弟，有学生六人，取名“王馆”，盖所以别于“严馆”也。苓每日上午课严馆，下午课王馆，如是六年，迄于南开学校之成立。②

严、王两个家塾的创办，是清末天津民办新式学堂的典范。严氏家塾诞生于新旧教育激烈纷争、彼此交替时期，课程设置呈现“中西合璧”特色。家塾中共有两位教师，一位是教授传统经文典籍的陶冲明，另一位是教授英文、算术、物理、化学等西方科学知识的张伯苓。后来，张伯苓兼任王馆教职，两个家塾的学生因为拥有同一位教师而关系更为融洽。终有一日，严修、张伯苓及两个家塾学生走到一起，对天共同盟誓：

> 尔十一人者，自今日始，相待如一家，善相劝，过相规；毋戏谑，毋诟争，毋相訾笑；毋背毁，毋面谩，同力一心，从事于学问。以绳检相勖，远非僻之友，警浮伪之行，毋作无益害有益，毋偷惰，毋轻躁。兄弟婚姻，互为师友，敦品修业，以储大用。③

清末新政建立和推行新教育制度时期，天津迎来了近代办学的首次高潮。1900—1911 年，天津府及属县各类学校有大学一所、高等学堂三所、中学堂七

① 赵宝琪，张凤民．天津教育史［M］．天津：天津人民出版社，2002：254.

② 张伯苓．四十年南开学校之回顾［M］//王文俊，杨珣，等．张伯苓教育言论选集．天津：南开大学出版社，1984：248.

③ 侯杰，秦方．百年家族：张伯苓［M］．石家庄：河北教育出版社，2004：26.

所、男小学堂八十九所、女学堂二十三所（包括女子中学堂二所、女子小学堂十三所和其他女学堂八所）、其他各类学堂二十四所、西方传教士所办教会学校六所、蒙养院三所，共计一百五十六所。[①]

在严修、张伯苓等人办学的影响下，天津各种民办学堂纷纷建立。中华民国成立时，天津民立两等小学堂及初等小学堂已达六七十所，民立女子小学堂五所。此外，还有民立艺徒学堂、商务半夜学堂、半日学堂等多处。天津官私教育事业蓬勃发展，可谓近代新教育运动早期的典范，能与天津媲美的城市在当时的中国寥寥无几。

三、梅贻琦与南开中学堂

南开中学堂的前身是“严氏家塾”。光绪三十年（1904 年）十月，严修与张伯苓东游日本考察学务，将严氏家塾和王氏家塾两家合并，成立了私立敬业中学堂，校址在严宅偏院，由严、王两家共同负担办学经费。后来，随着生源和学校规模的扩大，学校迁入新校址，遂改名为南开中学堂。光绪三十三年（1907 年），“中学成立既四年，从学者日众，校舍逼仄不能容。在城西南地名南开，得邑绅郑菊如先生捐地十亩，遂募经费，起建新舍。是年秋，迁南开，学校遂更名为南开中学堂”[②]。梅贻琦正是南开中学堂第一班学生，与他同学的有金邦正、卞肇新、张彭春、李麟玉等人。

南开中学堂课程大体分为中学、西学，来校任教的不仅有中国教师，还有美籍和日籍的教员。严修、张伯苓均注重学生英文能力的培养，学堂在专设英文课程的同时，还要求教师在课堂上讲授数学和化学时也使用英语。这为学生日后出国留学奠定了语言基础。张伯苓重视体育，尽管当时设备简陋，依然坚持让学生进行体育锻炼，梅贻琦后来回忆说：“想到我三十年前初到校时的情形，与今日颇不相同……想起当时的运动场更是笑话，最初体操是到城隍庙借

① 赵宝琪，张凤民．天津教育史［M］．天津：天津人民出版社，2002：143.
② 张伯苓．张伯苓教育论著选［M］．北京：人民教育出版社，1997：311.

地方。”①

梅贻琦在南开求学期间一直品学兼优，是张伯苓先生的得意门生。梅贻琦在南开时期的教育，使他受益终身，不仅使他奠定了良好的国学基础，也使他接触到了新知识、新思想，开阔了眼界，为日后出国留学做了充足的准备。1908 年，梅贻琦从南开毕业时名列榜首，按照校章直接被保送至保定直隶高等学堂，他的名字也一直被铭刻在南开校门前纪念碑上。但梅家生活一直困难，梅贻琦又是长子，所以许多亲友建议他在保定直隶高等学堂毕业后找个洋行职员或小学教员的职位，来缓解家庭经济拮据的状况。梅贻琦并未听从，而是选择了另一条道路。

第二节 留学美国

梅贻琦是经清华学堂培养及选拔的留美学生，留美工科经历、本校校友身份支撑他在清华的教育活动、人际交往、管理协调及成就获得，真可谓“天时、地利、人和”。此“天作之合”实乃清华大学之幸、中国大学之福。

一、清华学堂的创建

清华大学的前身，是20 世纪初用美国退还的“庚子赔款”创办的一所留美预备学校，顾名思义，就是选取前往美国留学的学生，并让这些学生留美前在此学习相关知识。学校初建时名为“清华学堂”（见图1－1），辛亥革命后改名为“清华学校”，因最初校址设在清朝遗园——清华园而得名。“庚子赔款”的历史背景和八国联军侵华与《辛丑条约》签订的耻辱，使得相当长时期内清华师生以“国耻纪念碑”明志，激励自我为国家富强和民族复兴而执着努力。②

① 侯杰，秦方．百年家族：张伯苓［M］．石家庄：河北教育出版社，2004：31－32.

② 黄延复，马相武．梅贻琦与清华大学［M］．太原：山西教育出版社，1995：1.

图 1-1　清华学堂

《清华历史》一文中称：

> 清华之成立，实导源于庚子之役。故谓清华为中国战败纪念碑也可；谓清华为中华民族要求解放之失败纪念碑也亦可；即进而谓清华为十余年来内讧外侮连年交迫之国耻纪念碑亦无不可。清华不幸而产生于国耻之下，更不幸而生长于国耻之中。缅怀往迹，曷禁悲伤！所可喜者，不幸之中，清华独幸而获受国耻之赐。既享特别权利，自当负特别义务。凡此十数年中，规模之扩张，人材之陶冶，皆清华可以惨澹经营求雪国耻之努力也。前途远大，报国日长。①

《辛丑条约》规定中国须向列强支付巨额赔款白银四亿五千万两，以海关盐税作为担保，分三十九年还清，本息高达九亿八千万两白银。随着世界形势的变化，货币汇率逐渐变化，银价跌落，但是列强坚持让清政府按“应还日期

① 清华大学校史研究室．清华大学史料选编：第一卷［M］．北京：清华大学出版社，1991：35.

之市价易金付给”，这进一步加重了清政府的赔款负担。

美国在这次侵华战争中共分得赔款三千二百多万两白银，折合二千四百余万美元。美国自称“实应赔款”（军费赔偿、美商和美国传教士的损失）数是一千三百六十五万美元，故多出一千余万美元。1904 年，美国国务卿海约翰（John Hay）认为美国向中国索取的赔款“实属过多”，提出将一部分“余额”退还中国。

1907 年 12 月 3 日，美国总统罗斯福在致国会的年度咨文中，要求授权向中国退还部分“庚子赔款”：“我国宜实力援助中国励行教育，使此繁众之国能渐渐融洽于近世之文化。援助之法，宜招导学生来美，入我国大学及其他高等学社，使修业成器，伟然成才，谅我国教育界必能体此美意，同力合德，赞助国家成斯盛举。”① 后经过多方交涉，双方达成协议，将“所摊浮溢”部分退还给中国，以充作学生留美经费。1908 年 7 月，美国驻华使节致函中国政府，美国决定以“庚子赔款”的约半数（约一千一百万美元）“还赠”中国，“俾贵国政府得遣学生来美留学”②。

当然，美国“退款”并非发善心的行为，而是以美国自身利益为出发点，通过吸引学生留学，培养一批亲美的高级知识分子。著名国学家、辛亥志士章太炎说得透彻：“美之退岁币也，以助中国兴学为名，实则别有所图。”中国朝野有识之士从国家的利益和尊严出发，对此事做了清醒而及时的回应。当时经办此事的中国驻美公使梁诚在致外务部函中，就美方探询此款“退还”后将作何用时，回答说：“交还不应得之赔款，贵国义声足孚遐迩；减免之项如何用法，则是我国内政，不能预为宣告。”③

据 1907 年史密斯（A. H. Smith）的《今日中美》（*China and American Today*）所载，美国伊利诺伊大学校长詹姆士（Edmund J. James）在致罗斯福的备忘录中提出：“哪一个国家能够做到教育这一代青年中国人，哪一个国家就能由于这方面所支付的努力，而在精神和商业的影响上取回最大的收获”；“我们现在能

① 威罗贝．外人在华特权和利益［J］．王绍坊，译．新教育，1919（1）．

② 王国祥．名人与名校［M］．桂林：广西师范大学出版社，2003：19．

③ 清华大学校史研究室．清华大学史料选编：第一卷［M］．北京：清华大学出版社，1991：77．

够使用最圆满和巧妙的方式，控制中国的发展——这就是说，使用那从知识上与精神上支配中国领袖的方式”；“为了扩展精神上的影响而花一些钱，即使从物质上说，也能够比用别的方法获得更多。商业追随精神上的支配，比追随军旗更为可靠。”

1908 年 7 月 11 日，中美双方商定，在北京设立一所留美预备学校，又称“赔款学校”，即后来创办的清华学堂。根据会商结果，外务部、学部于 1909 年 7 月 10 日拟定《收还美国赔款遣派学生赴美留学办法折》，主要内容有：“自拨还赔款之年起，初四年每年遣派学生约一百名赴美游学，自第五年起，每年至少续派五十名。”《遣派游美学生办法大纲》提出具体措施，其中包括“择其学行优美，资性纯笃者，随时送往美国肄业”，“以十分之八习工、农、商、矿等科，以十分之二习法政、理财、师范诸学”。① 同时，设“游美学务处”，“专司考选学生，管理肄业馆，遣送学生，及与驻美监督通信”；“设肄业馆”，“延用美国高等初级各科教习。所有办法，均照美国学堂，以便学生熟悉课程，到美入学，可无扞格”；《考选学生各条》规定了考选学生的各种方法，“津贴在美自费生”以及“专设驻美监督处等”。②

与此同时，清政府在北京设立游美学务处，归外务部、学部共管，两部合派外务部左丞左参议周自齐为总办、外务部候补主事唐国安和学部员外郎范源濂为会办；同时，在美设立留学生监督处，由容揆负责。

游美学务处成立后，立即开始挑选第一年赴美的一百名留美学生。1909 年 9 月，游美学务处招考了第一批留美学生，录取程义法、唐悦良、梅贻琦、王士杰、秉志、胡刚复等四十七人，于同年 10 月 12 日赴美；1910 年 8 月，按中美约定，游美学务处在北京招考第二批留美学生，录取了赵元任、竺可桢、胡适等七十名学生入肄业馆学习，于同年 9—10 月赴美；1911 年 7 月，招考了第三批留美学生，录取了姜立夫、章元善、史泽宣等六十三名学生。③ 三批直接留美学生，共一百八十人，他们都是二十岁以下的男生。

---

① 陈学恂．中国近代教育史教学参考资料：中册［M］．北京：人民教育出版社，1986：721.
② 陈学恂．中国近代教育史教学参考资料：中册［M］．北京：人民教育出版社，1986：722.
③ 钟叔河，朱纯．过去的学校［M］．长沙：湖南教育出版社，1982：145.

留美学生的选拔异常严格，以梅贻琦参加的第一次庚款留美学生考试为例，分前后两个阶段，经过了五场考试。1909 年 9 月 4 日考国文，9 月 5 日考英文。9 月 7—8 日阅卷，按分数先行录取，张榜晓示，只有通过这两场考试者，才能参加其余各场。9 月 9 日考代数、平面几何、法文、德文、拉丁文；9 月 10 日考立体几何、物理、美术、英国历史；9 月 11 日考三角、化学、罗马史、希腊史。后三场均是随时校阅，各给分数。经过这五场考试之后，再详校试卷、核定分数，然后由游美学务处将取定学生传至该处核对笔迹，准确无误后，向录取学生“取具愿书”，录取一事才算确定下来。① 当时共有六百多名学生参加考试，最后只录取了四十七人，相当于总人数的 8%。

1910 年 12 月，学部奏请将游美肄业馆定名为清华学堂。此后，与肄业馆相比，有以下几点变化：一是学额由原定三百名增至五百名；二是将学制定为八年，分高等与初等两科，各为四年，“并于高等科分科教授，参照美国大学课程办理，庶将来遣派各生，分入美国大学或直入大学研究科，收效较易，成功较速；而未经派往各生，在馆肄业，亦得各具专门之学，成材尤属较多”②；三是由学生毕业只可留美改成不仅限于留美一途。至于校名的来源则考虑了园址历史文化以及政府崇文重教的取向：

> 查该馆地基，原系赏用清华赐园旧址，文宗显皇帝御书匾额，现仍恭悬园内，拟请仍沿旧称，定名为“清华学堂”，以崇先朝手泽之贻，即彰朝廷右文之盛，而因名见义，于事实尤属相符。③

1911 年 4 月 29 日，清华学堂在清华园正式开学，是一所参照美国学校创办的留学预备学堂。清华学堂设有正副监督，由游美学务处总办和会办分别兼任：总办周自齐兼任正监督，会办唐国安、范源濂兼任副监督。最早招收的一批学生共四百六十八名，其中五分之三入中等科，其余均入高等科。

清华学堂的全称是“帝国清华学堂”，英文校名是 Tsing Hua Imperial College。清华学堂开学不及半年，1911 年 10 月 10 日，武昌起义爆发，多数学生因害怕

---

① 田正平. 留学生与中国教育近代化［M］. 广州：广东教育出版社，1996：112.

② 陈学恂. 中国近代教育史教学参考资料：上册［M］. 北京：人民教育出版社，1986：736.

③ 陈学恂. 中国近代教育史教学参考资料：上册［M］. 北京：人民教育出版社，1986：736.

战争而四散回家。清政府挪用这一年“退还”的庚款去弥补镇压革命所开销的军费，清华学堂的经费来源遂被断绝。11 月 9 日，清华学堂宣布停课。1912 年 5 月 1 日，关门半年的清华学堂重新开学，返校的学生仅有三百六十人，其他一百多名学生因害怕战乱和担心路途不安全而未返校。10 月，清华学堂按照教育部的通令，将学堂改称“学校”，把“监督”改称“校长”。唐国安任第一任清华学校的校长，周诒春为副校长。学校一切措施依然如故，辛亥革命对清华学堂来说，只是“革”换了名称而已。

二、负笈西游

1909 年 9 月，梅贻琦参加了游美学务处组织的第一次“庚子赔款”赴美留学考试。虽然考试严格、难度较大，但凭借着扎实的功底，他从众多考生中脱颖而出，成为留美学生选拔人员中的“佼佼者”。

1909 年 10 月，梅贻琦一行由游美学务处会办唐国安率领自上海搭乘“中国”号邮轮，横渡太平洋来到了美国。抵美后，由于错过了大学的开学时间，梅贻琦被安排在马萨诸塞州的格罗顿中学插班复读，直到第二年才得以正式进入伍斯特理工学院（Worcester Polytechnic Institute）学习电机工程。梅贻琦当时已经从保定直隶高等学堂毕业，有着较强的文化功底和专业素养。他并未因晚一年入学而懊恼，当二弟梅贻瑞询问他这一情况时，他在回信中说：“兄则无所可否，多学一年，即多得一年之益，夫何乐而不为?”选择伍斯特理工学院，体现出梅贻琦独特的判断。据同时赴美留学的徐君陶回忆，当时人们留美选的都是中国人熟知的学校，如哈佛大学、耶鲁大学、康奈尔大学、麻省理工学院等，梅贻琦选读的伍斯特理工学院，徐君陶后来才听说那是美国东北部一所著名的工业大学，他认为梅贻琦的选择确与一般人不同。①

梅贻琦赴美留学时正值辛亥革命前夕，国内政局动荡。梅贻琦虽是学生，但对国内外局势很是关注。他在给二弟梅贻瑞的信中说：“报纸此处皆为西文，于吾国事不详，故兄欲家中订阅一份好报，阅毕积数日或十数日邮寄兄处，则所费不

---

① 约之．先生的课堂［M］．北京：光明日报出版社，2013：113．

多，而两有裨益也。”[①] 他的爱国主义留学观来自自我践行，更在后期服务清华留学教育管理中有所反映。

梅贻琦在美留学期间勤勉攻读，省吃俭用，常把公派留学官费节省下来的钱积少成多地寄给父母，以贴补家用，供三个弟弟上学。1914 年夏，正如英国戏剧《仲夏夜之梦》那样圆满，梅贻琦毕业于美国名校，获工学学士学位，还被选入美国大学中专为奖励优秀大学生而设的组织“Sigma Xi”。

在美求学期间，梅贻琦曾担任过留美学生会书记、伍斯特世界学会会长、《留美学生月报》经理等职。按当时清政府与美国签订的留美学生章程，他可以留美进一步攻读更高的科学专业学位，却终因家庭经济困难而提前回国。

第三节　反哺清华

梅贻琦留美归国，正值中国科学教育思潮和科学救国运动方兴未艾之际，他所修习的电机工程是热门专业，他放弃一些待遇优厚的公司、科研机构和大学提供的工作机会，应邀返回清华学校任专业教师。

一、应邀任教清华学校

1915 年春，梅贻琦自美国返抵津门，先在天津基督教青年会服务半年，以报乡土之恩、寄托乡梓感怀之情。8 月，他应清华学校之邀前去任教，从此便与清华园结下了不解之缘。

这年秋天，清华校园工字厅的一间侧室里，校长周诒春静静地摆弄着手中的笔，望着案头一个熟悉的名字——梅贻琦。周校长早已听说此人是天津严氏家塾（即南开学堂）张伯苓先生的得意高足，且作为第一批留美学生刚刚学成回国。但此时的清华已是全国知名学府，一位年仅 25 岁的青年能胜任吗？“周校长，梅先生来了”，一个学生领陌生人走进门口。出乎意料，面前青年并非西装革履，洋味十足。他细高的身材，黑色长袍映衬

① 黄延复，钟秀斌．一个时代的斯文：清华校长梅贻琦［M］．北京：九州出版社，2011：27.

着略显苍白的脸，多少有些风尘仆仆的样子，清癯的面庞上一双大而细长的眼睛，平静深邃。周校长与他目光相接，不禁一愣，在这位年轻人的眼里，没有一丝拘谨和局促，没有一丝浮躁和霸气，一切都显得沉默而又从容。①

当时，清华学校还不是一所大学，很少有“教授”的称号，但给梅贻琦的聘书上却明确写着聘他为教授，而且聘约三年，第一年工资三百四十五元，第二年三百四十五元，第三年三百六十五元。工作半年后，梅贻琦认为自己不能适应教书生活，因为他平时不爱讲话。暑假回家时，他拜访了恩师张伯苓先生，表示对教书没什么兴趣，想换个工作。张先生说：“你才教了半年书就不愿意干了，怎么知道没兴趣？年轻人要能忍耐，回去教书！”梅夫人韩咏华晚年曾感慨地说：“月涵照老师的教导，老老实实回京在清华任教。……这可倒好，这一忍耐，几十年、一辈子下来了。”②

梅贻琦个性沉默寡言，甚至给人孤独自恃之感，像他这样一位不善辞令的人，一周要上三门枯燥乏味，又难以用一般词汇讲述清楚的数理课程，还要批阅成堆的学生作业，其紧张繁忙之状，凡初试教学的人，都会有深切的体会。③

梅贻琦到清华学校任教以后，先负责数学和物理两门课程的教学，后改为专授物理课程。他学识渊博，教风良好，曾被公称为“科学教授的首领”。除上述正课外，为了拓宽学生的知识视野，他还经常组织各种类型的讲座，仅有记载可查的，就有“工程事业”“洋灰制造法”“矿地设备”“电子学原理”“X光射线”等专题讲座。

学生每晚七至九时，照例在自修室内集中自习功课。校方派教师巡视督察，解答学生提出的疑难问题。一般教师不愿意承担这额外的工作，而梅贻琦年复一年地在轮值的夜晚里，踏遍这些自修室的外廊，耐心地辅导学生。梅贻琦住在工字厅一间侧室里，每当深夜万籁俱静，人们总是能从窗帘透出的灯光中，

---

① 闻奇，周晓云．清华精神九十年［M］．北京：民族出版社，2001：49－50.

② 韩咏华．同甘共苦四十年［M］//中国人民政治协商会议北京市委员会文史资料研究委员会．文史资料选编：第十八辑．北京：北京出版社，1983：57.

③ 吴泽霖．记教育家梅月涵先生［M］//黄延复．梅贻琦先生纪念集．长春：吉林文史出版社，1995：281－287.

看到他专心致志、埋头备课的身影。[①] 许多后来成名的学者都曾深情回忆起他们的梅先生当年传道授业的不倦情形。

1921 年，梅贻琦已在清华园里任教六年，按清华学校的相关规定，梅贻琦获公假再度赴美进修一年，入芝加哥大学研习物理。1922 年，他在游历欧洲大陆后返国，继续回到清华园任教。

二、广泛参加学校活动

梅贻琦初登教坛以后，对学校事业发展表现出高度热忱，并广泛参与。这一方面，对学校发展大局起到了推动作用；另一方面，他自身也从中得到了较好的历练，对于他教育管理能力的提升和高等教育思想的形成，可谓一个全面的“试炼”。清华大学校史研究专家、著名学者黄延复教授曾整理和总结梅贻琦从 1915 年任教起到 1926 年春出任教务长期间重要节点的大事年表[②]，可知他在教师职责之外广阔社会舞台的角色扮演，以及所获荣誉称号和业绩成效，均有口皆碑。如梅贻琦曾与其他教师一起主持高二年级学生关于教育问题的辩论会，当选为贫民小学董事会董事，清华童子军团长、军长以及全国童子军学会理事长。他还担任教员学术研究会书记，社会服务委员会委员，高等科英文、文学辩论会委员，西文编订课程委员会委员，学生科学社顾问及名誉社长，大一课程工业部主席，改革校务调查委员会委员，德育委员会委员，大学委员会委员；并与陶行知、曹云祥等一起组织“中国科学教育促进研究会”，任管理部书记。

政治是管理众人之务的代称，行政管理的前提和基础是热心公益，为使团体聚力而服务他人。从这可以看出，梅贻琦绝非固守讲坛书舍的单纯教师，而是具有管理素质及服务奉献精神的领导者。

随着清华学校招生对象中青年人数不断增加，梅贻琦的各项活动更多聚焦

---

① 吴泽霖．记教育家梅月涵先生［M］//黄延复．梅贻琦先生纪念集．长春：吉林文史出版社，1995：281－287.

② 黄延复，钟秀斌．一个时代的斯文：清华校长梅贻琦［M］．北京：九州出版社，2011：45－46.

于青年学子成长。尽管工作异常繁忙，梅贻琦仍挤出时间，认真去从事有利于教育青年的活动。为了促进学生参与有组织、有计划的课外活动，清华学校中学部发起了一种半军事性质的童子军组织。梅贻琦与一些年轻教师王文显、林语堂、巢昆霖等都响应参加，充当中队长，与学生们共同操练，并不时开展远足旅行或宿营训练。在这些条件缺乏、环境艰苦、耗时费力的活动中，他始终认真负责，持志坚定，不屈不挠。

自马约翰先生来到清华学校后，周诒春校长首先提倡的学生普及体育运动，得到进一步有效贯彻。只要是晴天，一到下午四时，所有教室、宿舍、图书馆，甚至小卖部尽数关闭，学生必须到体育场上活动一小时。为了支持这一有利于学生健康的措施，教师组织了各种体育活动响应号召。梅贻琦在这方面也是表率。他是篮球场上的活跃分子，常常兴致勃勃地和学生们一起练习和比赛。

作为一所留美预备性质的学校，清华学校在20世纪20年代末正式改为大学之前，最高程度只相当于大学二年级，学校不分院系，必修课程之外开设一些可按照学生专业兴趣加以选择的选修课。在此基础上，学生们联合同好者，组织各种社团，进行一些有助于专业学习的课外活动。科学社是由倾向于理工科学习的学生组成的社团，成立于1913年，比中国近代科学教育家任鸿隽于1915年6月在美国康奈尔大学成立的中国科学社还要早两年。在梅贻琦与化学教员杨光弼、生物教员虞振镛等到校后，该学生社团的活动得到了发展。

作为科学社的顾问，梅贻琦不但辅导社员们课外学习，还不时为他们邀请校外自然科学家来校演讲。这对促进学校理工科教育发挥了积极的作用。当年求学清华，后来在科学领域颇有作为的莘莘学子，如刘崇乐、程绍迥和今天仍然健在的清华老教授，都受到了科学社的熏陶和影响。

吴泽霖对此做如是评价：

> 看起来都只是教师们课外的一些零星活动，但正是由于这是课外的，需要消耗大量时间和精力，一般教师对它们都不感兴趣，不去插手；而梅先生却乐于参加，而且在参加时态度严肃，认真负责。他那时在教学上还没有足够经验，还需要用大量的时间和精力进行备课，而在这样的情况下，

他却那样地重视课外活动，看到这些，我们更感到他对学生的爱护和对教育事业的忠心。①

清华学校成了梅贻琦实现教育救国理想的地方，他也将一生完完全全地献给了清华，未尝一日间断。这种终身一职、心无旁骛献身教育的精神，实属罕见。梅贻琦一生对中华民族的教育事业贡献极大，但他从来没有就任何一桩成就而自我炫耀。只有一件事似乎是个例外，即他与清华特殊的“血缘”关系。抗战期间，他在一篇告校友书中写道：

琦自一九〇九年，应母校第一次留美考试，被派赴美，自此即与清华发生关系，即受清华之多方培植。三十二年来，从未间断，以谓“生斯长斯，吾爱吾庐”之喻，琦于清华，正复如之。②

梅贻琦这种知恩图报、羊羔跪乳的高尚品格始终如一。在初任清华大学校长时，梅贻琦向全校师生发表就职演说：

本人能够回到清华，当然是极高兴、极快慰的事。可是想到责任之重大，诚恐不能胜任，所以一再请辞。无奈政府方面，不能邀准，而且本人与清华已有十余年的关系，又享受过清华留学的利益，则为清华服务，乃是应尽的义务，所以只得勉力去做，但求能够尽自己的心力，为清华谋相当的发展，将来可告无罪于清华足矣。③

梅贻琦抱着这样一种“告无罪于清华”的态度，担起了在风云动荡的形势下带领清华奋勇前行的历史重任。梅贻琦以一位学者的追求及卓越管理者的人格魅力，引领清华走上了一条全新的道路，使处于多方势力夹缝中的清华得以保持良性的生存状态。由此，清华从留美预备学校的框架设计中脱颖而出，成为举世瞩目的现代一流大学。

---

① 吴泽霖．记教育家梅月涵先生［M］//黄延复．梅贻琦先生纪念集．长春：吉林文史出版社，1995：281－282.

② 刘述礼，黄延复．梅贻琦教育论著选［M］．北京：人民教育出版社，1993：25.

③ 刘述礼，黄延复．梅贻琦教育论著选［M］．北京：人民教育出版社，1993：9.

第二章

才华初绽：清华大学的改革者

20世纪20—30年代初，清华正处于由留美预备学校改办为大学的转型期，梅贻琦参与管理，主持校政，获得了突出的声望，提升了影响力。

第一节　清华学校的困境

自 1912 年 1 月 1 日孙中山在南京就任临时大总统、宣告中华民国成立直至 1928 年北伐战争结束北洋军阀统治，这一时期的中国地方军阀混战割据，政坛混乱、民不聊生。“覆巢之下，安有完卵”，清华园也出现了学校管理及教学方面的混乱，这是清华校史上的一段纷争动荡时期。

一、清华校长频繁更迭

校长是一个学校的核心领导，对学校发展有着重要的引领作用。此时，清华校长却更换频繁。问题小的，可以勉强维持几年，待到问题成堆、矛盾激化，只得一走了之；而问题大的，就连一天也混不下去，甚至还有连大门都进不去就被罢去校长职务的。这一现象在中国近现代高等教育发展史上也是极为特殊的。1910—1912 年年初的清华学堂还没有严格意义上的校长一职，那时设有监督和副监督管理学校的日常事务。辛亥革命胜利后，民国临时政府教育部于 1912 年 1 月颁布《普通教育暂行办法》，规定：各学堂均改称学校，监督、堂长一律改称校长。① 清华才开始正式设立校长与副校长职衔，但实际上和之前相比没有大的变化，只是将清华学堂的正、副监督更名而已。1918 年后，清华不再设立副校长，仅保留了校长的职务。

清华学校是留美预备学校，因此不由民国政府教育部直接领导，而是隶属于外交部，故清华学校校长一般由外交部负责选拔及任命。

随着国内政局变化，军阀政府不断改组，加之校内师生反对军阀的强烈呼声，清华学校校长更换极为频繁。1912—1928 年，清华学校仅校长人选就十易其人。先后担任过清华学校校长或代理校长的，有唐国安、周诒春、赵国材、张煜全、罗忠诒、严鹤龄、金邦正、王文显、曹云祥、温应星等人。因为校长更换频繁，所以这些校长的任期也都相对较短，人均不到一年，有的任期仅三个月，还有的甚至未到任就遭学生驱逐，如罗忠诒。担任校长时间较长的当数

① 教育部．呈报并咨行普通教育暂行办法及课程标准［J］．教育杂志，1912，3（10）．

周诒春，他是在前任校长唐国安因病离职后，从 1913 年 11 月到 1918 年 4 月担任了近五年的清华学校校长。

在清华学校这十七年的历史中，要说哪位校长最有见识、能力与锐气，同样要数周诒春。“果敢干练”，是周诒春在清华学校任职的最大特点。他有着极为强烈的事业心，对清华学校的发展有突出贡献。清华学校的前身清华学堂是赴美留学的前站。很多达官贵人为了将子女送到国外留学“镀金”，纷纷将清华学校视为最便利的跳板。这也使得清华学校校长一职成了当时教育界令人向往的“肥缺”。正直、刚毅的周诒春，也由此成了某些未遂者的眼中钉、肉中刺。1918 年 1 月，他被人诬告“妄糜巨款，营私害公”。在内外重重压力下，周诒春磊落坦荡，辞去了清华学校校长职务。随后，外交部立刻任命副校长赵国材代理校长，半年后又派外交部参事秘书张煜全担任清华学校校长。

有人来清华学校当校长是为了实现改革发展清华的雄心壮志，也有人是为了捞钱。除此之外，还有人不图名也不图钱，来清华学校当校长只是找个闲职，以求逍遥快活。张煜全就是最为典型的代表。他做过清华学校第一届董事会的董事，在担任清华学校校长的一年中，病假有半年以上。他极少来学校，师生见他一面都难。闻一多先生是清华学校 1921 级的学生，在校期间曾画过一张漫画，讽刺这位闭门不理校务的校长是“垂帘听政”。

五四运动期间，清华学生积极响应，集体上街游行示威，但张煜全不顾学生安危，公然勾结巡警前去骚扰、干涉与镇压，还将电灯全部熄灭，以期阻断清华学生的游行活动。这更加激起了清华学子们的愤慨，清华师生当即宣布罢课抗议，由此爆发了清华历史上第一次驱赶校长的风波，史称“驱张”运动。在清华师生的声讨及社会舆论的压力下，张煜全被迫于 1920 年 1 月底辞职。

接着，外交部又指派了另一名政治官僚罗忠诒担任清华学校校长。清华学子吸取了上任校长的教训，选出了几个骨干学生代表前去“相面”，结果代表们回校报告说这个新校长有肺病，从言谈举止上看不足以胜任。学生会以此为理由又开始了“拒罗”运动，动员学生写信，劝他不必来校。就这样，罗忠诒还没去清华学校上任校长，就在清华学子几百封拒绝信以及社会舆论的震慑下，被迫“辞职”，校长之任命自然也“胎死腹中”了。

“驱张拒罗”之后，清华学校校长一职成了烫手的山芋，闻者动心，却又谈虎色变。北洋政府外交部一时间物色不到合适的人选，只好暂时由董事会主席严鹤龄代理校长。直到六个月后，才正式任命金邦正担任清华学校校长。

金邦正上任后不久，因协同董事会处罚参与“同情罢考”事件的学生再次引起学生反对。1921 年秋新学期开学时，全体学生相约拒不出席金邦正召开的开学典礼，以此表达抗议。金邦正悻悻然，借故悄然离校赴美。学生们就趁机写信，敦请不必做“卷土重来之梦”。借此台阶，金邦正也自动辞职了。

“三赶校长”后，外交部也不敢轻易选派校长了，无奈之下，只好令教务主任王文显“兼代校务”，暂时维持学校办学的秩序。

1922 年 4 月，北洋政府外交部委派曹云祥到校接任校长。曹云祥并非教育界人士，而是外交官出身，曾担任过中国驻英国伦敦的总领事。但他与清华一直有着极大的渊源，之前就是清华学校的董事。他担任清华学校校长近六年，是清华学校时期所有校长中任职最久的。曹云祥来之前就知道了清华学生“三赶校长”事件及诸种情形，为了使自己不成为第四位被学生赶下台的校长，他在主要行政部门安插亲信，以求加大对学校的把控力度。

与之前相比，此时的清华学校已经悄然发生变化，那就是清华早期毕业生中赴美留学后陆续回校任教的人数日渐增多，而且成为教师队伍中的中坚骨干力量。1923—1924 年回校的清华留美生，大多是哈佛大学或美国其他名牌大学毕业的硕士、博士。他们回国后，极为不满母校的落后，羡慕北大在近代教育家蔡元培引领下开展大学教育改革并取得成效。同时，他们留学期间不仅学习了现代科学文化知识，提高了自己的能力，也见识到了美国高等学校的发展状况，开阔了眼界与视野。因此，改革清华、提高清华的学术地位及国际影响、反对官僚政客控制学校、实行教授治校等主张成为普遍共识，并逐渐形成一个颇具声势的“少壮派”。

1926 年 6 月，清华学校教务长张彭春因受到以曹云祥为首的保守势力攻击而辞职，长期积累的矛盾一触即发，清华园内由此爆发了一场“挽张去恶”风潮。在“少壮派”教授支持下，学生们在校内游行请愿，高呼“打倒清华恶势力”“改造清华”等口号，要求辞去阻碍清华前途者三人。这三人便是曹云祥安插的亲信，时任清华机要部主任、斋务主任和大学专门科筹备主任，被师生称为“清华三恶”。

由于在美国接受了西方先进的现代教育理念，留美归来的年轻教授们要求在清华校内对现存办学模式开展改革，按美国现代大学的运作机制来重构清华办学体制。并且，他们极力反对由少数行政寡头治校，力求将军阀政治势力赶出清华。这也迫使曹云祥于1927年年底辞职，“少壮派”逐渐成为左右清华校政的核心势力。曹云祥被赶走后，外交部于1928年年初又派严鹤龄再度代理清华校长，不及三个月，奉系军阀就打进了北京。“一朝天子一朝臣”，保定市军警执法处处长温应星摇身一变，成了新的清华学校校长。后又不到两个月，国民党势力深入北京，北洋政府倒台，清华学校的最后一任校长也就此离职而去。

1928年，蒋介石在南京建立国民党专政的新军阀统治政权，即南京国民政府。新政权并没有从根本上改变清华学校的困境。1928年8月，南京国民政府正式把清华学校定名为“国立清华大学”，并委派罗家伦担任“国立清华大学”首任校长。

1930年前后，又是三位校长在短时间内连续被赶，罗家伦就是其中一位，此外，还有吴南轩与乔万选两人。其中，最奇葩的当数乔万选，乔万选并非南京国民政府委派的，而是山西军阀阎锡山派来的。他来上任时被学生拒于校门之外，最后连清华的校门都没进去。阎锡山一看形势不妙，只得将他召回山西。吴南轩的情形则比乔万选还惨。他虽顺利地进入清华校门，但最后被学生逼得无路可走。事情的缘由是这样的：1930年5月20日，清华大学学生代表大会提出“请罗家伦自动辞职”议案，两天后，校长罗家伦辞职离校。所有校务由校务会议负责处理。同年6月，阎锡山任命乔万选为清华大学校长。5月25日，乔万选带着一批人马企图武力接收清华。清华学生打着“拒绝乔万选”大旗，由学生护校委员会和纠察队率领，把乔万选拒于校门之外，并要乔万选当场签字，保证“永不任清华校长”。当时校务会议致电阎锡山，反对他“以非常手段处理”清华校政问题。6月底，阎锡山“电饬”乔万选返晋。[①] 乔万选只得

① 清华大学校史研究室．清华大学九十年［M］．北京：清华大学出版社，2001：53．

带着学校的大印逃到城内使馆区“避难”，并挂起“国立清华大学临时办公处”的招牌。清华师生对这种“托庇于帝国主义之卵翼下，有辱教育界清白及国家尊严”的行径，愈加愤慨，召开紧急大会，组成“护校委员会”，表示“倘若乔借武力到校，决武力护校，准备流血”。这回蒋介石比较知趣，将乔万选直接召回南京。

随后，教育部委托清华大学地质学系教授翁文灏暂代校务，翁文灏当时是地质研究所负责人，还没有经商或做官，和学界有许多联系。教育部想借他无政治色彩的声誉来打圆场。而翁文灏本人虽然并不想做清华大学校长，但未尝没有以自己作为过渡，使清华顺利摆脱动荡局面的意思。清华大学有不少教授是他的熟人和朋友，到校后，他对校内事务一仍旧制，不作更张，并立即建议南京国民政府教育部把在罗家伦来校后被派去美国任留美学生监督，原本为清华学校物理教授兼教务长的梅贻琦调回，任清华大学校长。[①] 翁文灏因问题棘手，又“经常因事晋京”，不久便函电教育部辞去职务。出于以上种种原因，教育部通过与各方认真协商，终于找到了一位各方认为合适的人选——梅贻琦。

二、清华学校课程设置失衡

清政府设立清华学堂的初衷是建立一所为留学美国服务的预备教育机构。所以，清华学堂的办学活动在很多方面都受到美国的控制。清华学堂的学制也是以学生出洋后能适应美国大学为准绳，其教育宗旨是培养美国人所需要的中国“领袖人才”。基于时代的背景及各种因素的影响，当时清华的中西学课程设置十分不均衡。从早期的清华学堂，到民国初期的清华学校，均设西学部和国学部。早期国学部的课程只有极为基础的国文、中国历史和中国地理，且极不受重视，教学光景惨淡，无法与西学部的课程与教学相提并论。这种偏颇失衡的课程结构在课程时间安排上表现得尤为明显。西学课程一般安排在上午黄金时间进行，国学课程则安排在下午及一些零碎的时间。除此之外，学校规定，

---

① 陈岱孙．四十年代清华大学校务领导体制和前校长梅贻琦［M］//黄延复．梅贻琦先生纪念集．长春：吉林文史出版社，1995：297.

学生西学课程及格，国学课程不及格，可以正常毕业，按计划出洋留学；反之，国学课程及格，西学课程不及格，则要留校复读，不能出洋留学。受这种办学倾向的影响，清华学校国学课的师资力量与教学效果均令人沮丧。教国学课程的教师大多为前清进士、举人之类科举功名出身者，大多数人思想迂腐，排斥西方文化。他们囿于传统教育的视野认识，教学观念保守，教学内容陈腐、方法陈旧。在国文课堂上，他们扯起嗓子一遍一遍地念“庄子曰”“管子曰”，或者把文言文翻成半文半白的表述。对于其中的情形，社会学家、教育家潘光旦有过一段精彩的记述：

> 午后的课堂生活和午前的完全成个对比，午前是整齐、严肃、紧张而不碍活泼。一到午后，同一批人，同一个课室，却是凌乱、浮动、松懈而死气沉沉。打盹的而外，有看小说的，有写家信的，有吃花生米的……更有在点过名以后，就跳窗溜走的。有一次，一个同班同学，外号刘大汉，忘记了这次是在二楼上课，也跳窗，幸而一楼窗户的伞形布幕半中间挡了一下，挂彩了事，未酿成事故。同学大都是十四五岁的孩子，其中顽皮和爱捣乱的不在少数，老师的学究气、口头禅、特殊的方音、个别的癖好，对他们来说，都是绝好的刺激，不容不有所反应。于是有把课室门半掩，上面安上擦粉笔的刷子，让教师进门时来个晴天霹雳的；有的在讲台抽屉里放上几只小青蛙，让教师取粉笔时吃上一惊的；有一个老师喜欢看梅兰芳的戏（那时这位一代艺人已开始出名），班上同学就要求他先谈谈昨夜看演出的观感，可以纠缠上一二十分钟，才得开始讲课。奇怪的是，老先生们对此种不一而足的难堪的现象，至多只是哼上几声，恼而不能成怒；个别的同学可能为此受到过“斋务处”的申斥，被记上一个小过；此外也就无所谓了，富有喜剧性的汉文课目照常进行。①

总之，国文课上调侃、捉弄老师的事时有发生。课堂稍静，先生开始讲课，学生也时常插话、揶揄先生。例如，先生在课堂上讲“人比黄花瘦”，学生就在底下问：“人比黄花瘦？”先生说：“这只能意会，不可言传。”学生说：“既

---

① 钟叔河，朱纯．过去的学校［M］．长沙：湖南教育出版社，1982：76.

然只能意会，那要您在这干吗?”有的学生还在“人比黄花瘦”之下接着对上一句：“猪如白薯肥。”① 基于以上的种种因素，国学课程很难达到预定的效果。中西文化及语言文字课程比例极其失调，课程改革成了清华学校办学实践中存在的急迫问题。

三、清华学校“改大”风波

在清华学校发展史上，清华由一所留美预备学校改办为一所主权独立的大学（简称“改大”），是一件十分引人注目的重大教育事件。清华学校“改大”的成功，不仅使清华得以独立，而且清除了清华在留美学生派遣政策上的一些弊端，对清华的发展和留学政策的调整有重要的意义。

（一）清华学校“改大”过程

应该说，在清华学校十余年一波三折“改大”的历程中，具有留美经历的清华学校校长、教务长，以及留美归国在清华园中任教的教师、学者，都发挥了相当重要的作用。

1920 年秋，清华学校开始停招中等科一年级学生；1921 年，清华学校改高等科四年级为大学一年级，但依旧是留美预备生；1925 年，清华学校正式设立大学部，拉开了招收大学一年级新生、向完全大学正式过渡的帷幕。由此，清华学校大学部学生，便不再是留美预备生，相对之前留美预备部的“旧制生”而言，被称为“新制生”。1923 年起，清华学校停止招收旧制生。1929 年，旧制最后一级毕业，留美预备部全部结束，清华学校正式结束了其自清末设立伊始所确立的留美预备学校的使命。以上是清华学校“改大”的简史，似乎清晰简洁，但其间经历却风波跌宕、艰难曲折。

中华民国成立后第二年，1913 年 10 月，周诒春接任清华学校校长。为了践行“改大”志向，他在任期内大兴土木，打造教学硬件设施。清华学校校园标志性建筑逐渐落成，早期的教学“四大建筑”（图书馆、体育馆、科学馆和

① 清华大学校史编写组. 清华大学校史稿［M］. 北京：中华书局，1981：32.

大礼堂）陆续屹立于校园之内（见图 2 –1）。在教学等各方面，清华学校也有较为稳定的改进和提升，基本形成规模。于是，清华学校“改大”提上了工作日程，这一时期周诒春开始考虑将清华学校“逐年扩充至大学程度”，并草拟了相关方案。

图 2 –1　清华早期建筑大礼堂

周诒春校长向北洋政府外交部陈述了“改大”的三项理由：第一，“可增高游学程度，缩短留学年期，以节学费”；第二，“可展长国内就学年限，缩短国外求学之期，庶于本国情形不致隔阂”；第三，“可谋善后，以图久远”。[①] 他提议，若到 1940 年“庚款”还清之后，清华学校经费将难以为继，不如趁此时机，渐求扩充，以便为大学之规模设备早定基础。1916 年 8 月，外交部批准了上述设想。

但此时的清华学校仍然弥漫着浓厚的美国色彩及氛围。按照现代教育家邱椿在《清华教育政策的进步》一文中所述，周诒春任校长以后，仍贯彻模仿美国学校的政策：

① 刘克选，方明东．北大与清华［M］．北京：国家行政学院出版社，1998：193.

他的希望是把美国的学校，整个儿搬到清华园来。教员多半是美国的教员，课程是美国的课程，教授法是美国的教授法，椅子、凳子、黑板、粉笔，无一样不是美国的。①

1917 年以后，周诒春对清华的擘画是“要建设一个完全美国式的大学”。清华学校于是大兴土木，把图书馆、体育馆、科学馆、大礼堂都建筑起来，一切规模都仿照美国大学的建筑，并且清华学校的组织、课程、教学法等都是“孔步亦步，孔趋亦趋地模仿美国”。上自校长下至听差，开口是美国，闭口也是美国。“攻击最猛烈的要算北京国立大学的学生。他们都说清华是买办学校，所以最漠视中文。”②

1922 年 4 月，从美国哈佛大学留学归国的曹云祥成为清华学校的第五任校长，清华学校“改大”进程也随之进入一个转折点。是时，国内改建大学之潮风起云涌；加之，随着美国爆发经济危机，金价上涨，银价跌落，留美费用于是激增。清华学校开支甚大，经费进入“短绌时期”。③

面对如此困难的办学局面，受命于危难之际的曹云祥在《清华学校之过去现在及将来》中提出，摆在清华学校面前只有两条路：“一则于此后二十年内，每年尽量资送学生赴美，至二十年后，款尽即学校亦随之停闭；一则逐年减少留美学额，将清华办成完全大学，同时则此后至少有五十名学生在美留学。”④无疑，清华之发展，唯有第二条出路堪为佳选。于是，曹云祥上任后，校方成立了关于清华校务的调查委员会，提出撙节留学开支，整顿课程，限制留学生名额等举措，以在五至十年内完成大学转型。

为了使这一愿景得以顺利实现，1923 年 7 月，曹云祥聘请张彭春为教务长。于是，在跌宕起伏的清华学校“改大”历程中，出现了一位才华横溢的人物。张彭春，字仲述，是南开大学创办者张伯苓的胞弟。1916 年，张彭春在美国哥伦比亚大学获得博士学位回国后，张伯苓即将其延至自己麾下，襄助建设

---

① 清华大学校史研究室．清华大学史料选编［M］．北京：清华大学出版社，1991：271.

② 清华大学校史研究室．清华大学史料选编［M］．北京：清华大学出版社，1991：271－272.

③ 谢长法．借鉴与融合：留美学生抗战前教育活动研究［M］．石家庄：河北教育出版社，2001：236.

④ 清华大学校史研究室．清华大学史料选编［M］．北京：清华大学出版社，1991：38.

草创时期的南开学校。事实证明，1916—1917 年，受任南开学校专门部主任及代理校长的张彭春，在南开及其他学校各项改革中表现出非凡的才能。1919 年 9 月，南开学校顺利改建大学，作为主要策划者的张彭春，“功莫大焉”①。

张彭春深谙美国高等教育之精髓，在当时世界现代教育摇篮及聚集地的哥伦比亚大学师范学院（杜威学院）留学时即专攻课程教学专业。回国后，他在中华教育改进社负责中学课程改革事宜，又有南开改建大学的经验，所以，清华学校“改大”紧锣密鼓之际，曹云祥选择张彭春出任教务长，负责改革课程。

张彭春上任伊始即提出了一个十分激进的“改大”计划，其主要内容有：学校与游学完全分开，停招旧制留美预备班；把清华学校改建为试验大学，以造就本国领袖人才为目的；留美学额完全面向全国各大学毕业生，以公开考试的方式进行选拔。不久，他又满怀信心地组织了一个新的课程委员会，由梅贻琦、庄泽宣、余日宣、陈有虞、戴志骞、张彭春及两名美国教员组成。其中，除了陈有虞、戴志骞外，均为留美归国学生。课程委员会的主要任务是负责学校课程编制事宜。而要调整课程，就要规范体制，所以，课程委员会实际上承担着清华学校“改大”的重任。是维持旧制课程，还是变革旧制，在新体制下对课程进行革新？课程委员会选择的是后者。② 很显然，这种抉择是十分明智的，以后的大量事实更是证明了它的正确性。梅贻琦作为课程委员会的重要成员发挥了积极作用。

在张彭春的领导下，课程委员会数次开会斟酌讨论，制定了达成共识的报告。1923 年 11 月 1 日下午四时半，由校长曹云祥任主席的教职员会议正式召开，张彭春教务长宣读课程委员会报告，经全体一致表决通过，并决定从 1924 年秋季开始正式实施。该报告分“总纲”“将来之课程”和“过渡之课程”三项。其中，定名为“清华大学总纲”的第一项共分五条，具体规定了清华学校

① 谢长法．借鉴与融合：留美学生抗战前教育活动研究［M］．石家庄：河北教育出版社，2001：237.

② 谢长法．借鉴与融合：留美学生抗战前教育活动研究［M］．石家庄：河北教育出版社，2001：238.

“改大”方案：暂维持大学部和预备留学班的新旧二制分途，待旧制结束，清华学校将自然升格为一所完全大学。

1925 年 3 月中旬，清华学校大学部刊登“招生广告”，明确提出：清华学校自本年度“改大”，以在国内造就需要人才，不再以预备留学为宗旨。4 月 23 日，外交部批准试行《清华学校大学部暂行章程》，以及“大学筹备委员会”拟定的《清华大学之工作及组织纲要》。随即，学校按照该组织纲要组建了“临时校务委员会”，除校长曹云祥、大学普通部主任张彭春之外，还有大学专门部主任庄泽宣，以及教职员代表梅贻琦、孟宪承、赵元任等留美学生共十人，全面负责清华学校“改大”事宜。[①]

1925 年 5 月，清华学校大学部正式成立，并开始招收新制一年级新生一百三十二人，实际报到九十三人。第一届学生，待到 1929 年，便能与旧制最后一级学生同时毕业。王淦昌、夏坚白、李健吾、张大煜等都是新制首届毕业学生。

与此同时，清华学校颁布了《大学部组织及课程》，决定清华学校自上半年始改变留美预备教育模式，转向新体制，即：将旧有高等科、中等科停办，改设大学部，具体划分为普通训练、专门训练及研究院三部分，以在国内造就国家所需的领袖或杰出人才为目的，不再沦为出洋游学的预备机构；俟旧制学生毕业后，留美学额通过公开考试的方式选定，全国各大学的毕业生均可参加竞争选拔。

张彭春的清华学校“改大”设计方案得到落实。1926 年，清华大学按 1922 年北洋政府以徐世昌大总统名义颁布《壬戌学制》中大学的标准，力求与国内普通大学相衔接，规定大学部本科修业期至少四年，学生毕业后给予学士学位，并在本科学段设系，把大学部改成了四年一贯制的正规大学。[②] 是年，大学部共设立了十七个系。其中，开出课程的有十一个系：国文系、西洋文学系、历史系、政治系、经济系、教育心理学系、物理系、化学系、生物系、农学系、工程系。还不能完全开出课程的有六个系：哲学系、社会学系、东方语言学系、

① 谢长法．借鉴与融合：留美学生抗战前教育活动研究［M］．石家庄：河北教育出版社，2001：239.

② 清华大学校史编写组．清华大学校史稿［M］．北京：中华书局，1981：49.

数学系、体育学系、音乐系。自此，清华大学的大学基础开始奠立。[①] 1928 年 8 月 17 日，国民政府决议清华学校正式更名为“国立清华大学”，任命罗家伦为校长。至此，清华学校“改大”愿望终于得以实现。

（二）清华学校“改大”的缘由

清华学校“改大”既有内在动力，也有来自外界的压力。20 世纪 20 年代初，震惊中外的五四运动刚刚结束，中国文化教育事业有了很大发展，来自西方的现代教育体制已在中华大地上生根、开花并结果，全国中小学校及其学生人数成倍增长。教育界也出现了“改大潮”。1912 年民国刚成立时，全国范围内仅有京师大学堂、北洋大学堂、山东大学堂及山西大学堂四所大学，而到 1922 年已有十九所，到 1925 年快速增加到了四十七所。在这样的社会形势下，经费充裕、设备优越的清华学校，却依旧停留在中等学校或大学预科教育的水平，显然与其独特的地位以及在国民心目中的影响力极不相称。这对向来自诩“成立个模范学校，俾国内学校知所效法”的清华学校来说，无疑是巨大的外部压力。清华学校不“改大”，则落于人后，难以与国内各学校相竞争，也难以在中国社会发挥其重要影响。清华人感到了前所未有的危机。

同时，国内的“改大潮”也不仅是进行教育体制改革，而且与当时收回教育主权、争取教育自主和学术独立的运动有着密切关系。清华学校是一所留美预备学校，向来有“美国化”的色彩及表现。甚至在部分国人心目中，清华学校照搬美国教育样本，是一所“买办学校”，是西方在华教育殖民的标志，也由此成了当时社会舆论抨击与声讨的对象。

1922 年 4 月，世界基督教学生同盟在清华学校举行大会，此事件也成了导火索，由此引发一场全国范围的“非基督教运动”。清华学校和各地的教会学校一起，成为众矢之的。当时国内各界普遍认为，中国的高等教育已经逐渐发展并发达，如“南高北大”已然达到了相当高的水平，培养大学本科生早已“无须求诸外国”；派中国毕业生出国已经不符合中国的国情，“且易丧失国

① 刘克选，方明东．北大与清华［M］．北京：国家行政学院出版社，1998：196.

性”①；还有清华留美办法太为苛刻，很不公平，等等。许多人士一再要求清华学校自办大学，并在全国大学毕业生中公开选拔留美生。社会的舆论力量成为清华学校“改大”的一大外部动力。

清华学校加快步伐“改大”还有一个较为重要的原因，那就是早期留美学生陆续返校任教，充实了教师队伍，提高了教师队伍整体的专业素养及素质能力。1923—1924 年，一批学有所成的早期清华留美学生，如陈桢、陈达、钱端升、吴宓、刘崇鋐等陆续学成归国，并返校任教。他们看到北大前几年在蔡元培校长领导下，办得很有朝气，学生质量、学术水平都很高。对比之下，清华学校的物质条件远比北大优越，却还长期停留在落后状态。他们对此深表不满，迫切要求改革，认为清华学校有必要也有能力参照美国大学的模式自办大学，摆脱对美国人的依赖。这些新生力量成为清华学校“改大”的一支积极内在力量。

第二节　清华学校教务长梅贻琦的成就

梅贻琦担任教务长期间正是清华从留美预备学校“改大”的关键时期。在这一过渡期，梅贻琦不辞辛苦，贡献良多，其政绩有目共睹，为清华同人所公认。从聘请一流师资，制订改革计划，明确学校的教育方针，到主持声名赫赫的清华国学研究院，都初步显露了梅贻琦作为教育家和学校管理者的才干。

一、改革课程

1923 年 7 月，清华学校校长曹云祥聘请张彭春为教务长。当时，一些校内师生和留美校友针对清华学生在校和留学期间虽勤奋苦读，但存在与中国社会隔绝，所学与中国实际生活脱节，常常闭门造车等诸多问题，提出应重视中国文化、史地以及社会需要，重新厘定或调整课程。曹云祥接受建议，于 1923 年年初成立课程委员会，自秋季起增加学校培养计划中各科中文课程分量。

---

① 刘克选，方明东．北大与清华［M］．北京：国家行政学院出版社，1998：194 – 195.

（一）张彭春课改受挫

张彭春是五四运动期间新教育社团中华教育改进社的重要成员，负责中学课程改革，拥有与黄炎培、陶行知等现代教育家一样的改造中国教育的理想。他满怀信心受聘清华，和他的南开同学梅贻琦交换意见后，重组课程委员会，聘梅贻琦、庄泽宣等人为委员，分别草拟清华学校旧制和筹备中的大学部课程。

经过数次研究与讨论，课程委员会认为：除强调学生应面向世界文化和现代科技外，亦应重视中国文化国情教育和未来就业需要。据《清华周刊》第293期所载：1923年11月1日，张彭春向教职员会议提出报告《清华学校总纲》。总纲第一条称："清华希望成一造就中国领袖人才之试验学校。"第二条称："清华教育分两级：大学各科及高级中等教育。"对旧制改革的重点在于增加中国文化和历史比重，对新制大学教育则强调个人创造力和应付中国实际需要的能力。

1925—1926年《清华年报》刊载《清华历史》一文，称此为"改革时期"，谓："自曹云祥校长、张彭春主教务以来"，"提倡中西学并举，改良课程及教学方法，同时积极创办大学及研究院"，"校貌与校风为之一变"，"清华教育宗旨，一时刷新"。①

新制大学部的课程设计，其特点之一是不设系，不授学位，而将全部课程分为"普通"和"专门"两阶段。学生获得普通科学习考试的修业文凭后，出路有三：一为通过另一个考试继续学习本校专门课程；二为由学校发给成绩证书，转学他校；三为外出就业，"一听其便"。

专门课程目的在训练学生未来职业或学术专精的能力，以免重蹈"自由选科制泛滥无归之故辙"。学生经过各门训练确有成绩者，给予学位与毕业文凭。持有专门科毕业文凭者，方可参加清华公费留美考试。

凡此种种，均说明普通科之培养目标不明确，与国内一般大学也不相衔接，学生说它"不文不理"，年限又太长，学了没用，也无兴趣。专门科所设课程，

---

① 清华大学校史研究室．清华大学史料选编：第一卷［M］．北京：清华大学出版社，1991：34.

也不很具体。因此，不少入学时充满理想、满怀抱负的青少年学生纷纷选择退学或争取转校。

按旧制招生广告考入清华的学生大都希望出国留学，认为张彭春所订的普通学科制度，强调一般知识和就业，使原来不足的专门训练更弱，降低了出洋的机会，因此“鸣鼓而攻之”。与张彭春相处不睦的教授也持反对态度，批评旧制生不过二百余人，竟开课百余种。大学部现仅普通科一年级，因分科太多，使每科均感学生不足。旧制大一和新制大学部普通科分别上课造成师资、场地及其他设施的严重浪费。面对现实的问题，以及师生的批评质疑，新制课程改革遂告终止。满腔热情、雄心勃勃的张彭春犹如被浇了一盆冰水，郁郁辞职离去。

（二）梅贻琦课程改革显成效

知难而上，逆水行舟，方显英雄本色。下一阶段的课程改革由梅贻琦负责。据《国立清华大学二十周年纪念刊》（1931 年）记录：梅贻琦在 1926 年 4 月新成立的教授会上被选为教务长后，便把工作重心放在课程和教学改革之上，决定在大学部设立十七个学系。1926 年 5 月，教授会通过《大学部课程大纲》，拟定可先行设立专修课程及暂不设立专修课程的各系。梅贻琦原是前任教务长张彭春的支持者，鉴于上述课程改革遭遇流产挫折，为能顺应师生的要求，他进一步对课程和教授做部分调整。旧制课程不变，即从该年秋季起，旧制仍分为高等科三年和大学一年级，各生除和以前一样强调英文必修和中国经史选修之外，大一和高三学生可以到大学部各系去选修有兴趣的专业课程，念完大一后一律赴美留学，至 1929 年停办为止。新制大学部分为本科及大学院，大学以学系为单位，四年毕业。大学院未成立以前，先办“国学研究院”，至 1929 年设立大学院时停办。

大学部建立学系制度以后，本科分设国文、西洋文学、历史、政治、经济、教育心理、物理、化学、生物、农学及工程十一个学系（比原先少了数学，多了化学、工程、历史和国文）。采用美国流行的初级大学，即社区学院办法。第一年不分文理，各系学生一律实施通才教育，第二年起进入专业领域。教务长梅贻琦对于大学四年的课程安排，也主张应依照先通后专的原则：

> 清华大学学程为期四年，其第一年专用于文字工具之预备及自然科学与社会科学之普通训练；其目的在使学生勿囿于一途，而得旁涉他门，以见知识之为物，原系综合联贯的，吾人虽强为划分，然其在理想上相关连相辅助之处，凡曾受大学教育者不可不知也。学生自第二年以后，得选定专修学系以从事于专门之研究，然各系规定课程，多不取严格的限制，在每专系必修课程之外，多予学生时间，使与教授商酌，得因其性之所近，业之所涉，以旁习他系之科目。盖求学固贵乎专精，然而狭隘之弊与宽泛同，故不可不防。①

广博与专精为大学教育培养学生的一对矛盾。如何解决这对矛盾一直困扰着高等教育的理论和实践发展，偏于专业会弱化整体，学生知识结构残缺；而流于融洽，又会使专业化不明显而显淡薄。先有宽博的素质，以此为基础突显专门，这是一种精要而合理的理念。

各学科分为必修和选修两种，成绩以学分计算，视学生能力定高低，各系毕业学生须至少修满一百三十六个学分（体育除外），工程系之学分另行定之。学生每学期须修十四至二十个学分。各系必修课程的最低范围为三十至八十个学分。此一规定，目的在让学生有较大的选修空间。

有关通识课程，规定各系学生第一年必修国文和英文各六个学分，第一或第二年选修自然科学一门（物理、化学、生物）八个学分，及社会科学一门（政治、经济、社会、历史、现代文化）六至八个学分，工程系学生可延至第三或第四年再修通识课程。通识课所授者皆为有关自然、社会与人文三方面的概论性知识，尤其注重综合观察。此外，体育为每年必修，直到毕业为止。②

梅贻琦在整改计划中宣布：清华学校大学部拟改成十一个系，各科课程皆以学分计算其成绩；而学分定有最低与最高限度，以予天资聪慧学生与禀赋鲁

---

① 梅贻琦．清华学校的教育方针［M］//刘述礼，黄延复．梅贻琦教育论著选．北京：人民教育出版社，1993：6.

② 苏云峰．从清华学堂到清华大学：1911—1929［M］．北京：生活·读书·新知三联书店，2001：176－179.

钝者伸缩发展之余地。大学一年级学生，无论文理，各科都有必修课，即国文、英文、自然科学与社会科学。（农、工科学生因本科基本学科须早学者，则社会科学也于第二或第三年级进修完成。）他的这种思想是将学分制与选修制运用于通识教育之中，并很好地兼顾了理工各专业课程的特点及专业的个性。

二、聘任教师

“名师出高徒”，教师在教育教学活动中地位重要。专业调整、学科计划以及学习年限等精心设计固然重要，但如果教师能力薄弱或严重欠缺，也是枉然。

清华学校大学部初创，最大的不足还是教员问题。史料表明，大学部虽于1925年秋建立，但真正为大学部配备的教师远未形成规模。据清华学校1925年秋教员授课表中所列，大部分教师还是旧制时代的教师。大学普通部中所列九位教授是朱自清、郝更生、陈桢、盛梦琴、叶企孙、刘师舜、刘崇鋐、钱基博、杨光弼。他们当中，至少有三分之一是从旧制中调整过来的。梅贻琦在整改计划中宣布：“有少数教员，将于本学期毕业时辞离学校，校中已请定新教授数位，大约不久即将到校。”他们是陈寅恪、金岳霖、熊庆来、袁复礼、高崇熙、涂文。

1927年4月，梅贻琦发表《清华发展计划》一文，认为：“清华行政各部分现已发展到相当地步，将来可不再扩充；现在要竭力发展的就是教学部分——多聘好教员，增加教学设备，此为将来发展的主要点。”① 从大学部建立，经三年多的努力，到他1928年赴美任留美学生监督止，清华学校师资骨干队伍已基本形成。短短数年间，学校师资建设取得如此大的成效，令人叹为观止，不得不让人钦佩梅贻琦努力奉献的教育热情，也可想见他于艰难中顽强奋进的品行。

有关清华大学早期师资建设的资料，我国台湾地区学者苏云峰教授做了很好的整理和研究：1931年，全校教师计一百五十九人，其中教授七十三人，

① 刘述礼，黄延复．梅贻琦教育论著选［M］．北京：人民教育出版社，1993：1．

讲师四十二人，教员七人，助教三十二人，导师五人。1935 年，全校教师计二百二十一人，其中教授九十九人，讲师三十五人，教员二十一人，助教六十五人，导师一人。此外，邀请外国学者多人来校讲学。

统计 1926 年《清华一览》中七十五位中国教员的学历，博士九人，硕士十九人，学士二十七人，专门学校毕业者二人，旧功名五人（内进士、举人、贡生各一人，附生二人），余十三人学历不详（内有任教授和系主任者），如表 2－1 所示。根据上述统计，可见 1926 年拥有各级学位的教师人数均较前大为增加，尤其是拥有硕士以上高级学位者。担任国文教学的旧文人，仅剩下五人。之后新陈代谢作用加速进行，两年后旧功名出身者，多数离去。

表 2－1　清华学校中国教员学历一览

单位：人

时　间	学　历				
	博士	硕士	学士	其他	合计
1914 年			7		7
1922 年	1	9	12	7	29
1924 年	4	14	8	7	33
1926 年	9	19	27	20	75

资料来源：1924 年及以前以西文部为限，1926 年的人数为全部中国教员。见《清华年刊》（1923—1924）第 29－30 页；《清华一览》（1927 年 5 月）第 194－211 页“清华学校教职员表”。

在这七十五位中国教员中，清华出身者多达二十九人（见表 2－2）。在有教授头衔的五十一人中，清华出身者二十七人，超过半数，且在学校行政和各系教学中均扮演重要角色。除梅贻琦在张彭春之后出任教务长外，另有十人分别担任各系系主任和研究院主任，大凡现代自然科学、政治、经济、社会等学科的教学，全由他们负责。此时已无外籍教授负责数理自然科学和工程方面的课程。在西洋文学系的十五位教员中，中国教员也占去九位，清华校友已成为清华的中坚力量，这是一个重大的转变。

表 2 – 2　清华学校清华出身教授一览①

学位	姓　名	级别	系别	职别	备注
博士	唐　钺	1913	教育心理	教授	
	金岳霖	1914	哲学	教授	系主任
	陈　达	1916	社会学	教授	系主任
	朱君毅	1916	教育心理	教授	系主任兼职业指导
	叶企孙	1918	物理学	教授	系主任
	钱端升	1919	政治学	教授	
	刘师舜	1920	政治学	教授	
	刘崇乐	1920	生物学	教授	
	高崇熙	1922	化学	教授	
硕士	梅贻琦	1911	物理学	教授	兼教务长
	虞振镛	1911	农学	教授	系主任
	杨光弼	1991	化学	教授	系主任
	罗邦杰	1911	工程学	教授	兼技术部事务
	陆懋德	1911	历史	教授	系主任
	梁传铃	1913	化学	教授	
	袁复礼	1915	地质	教授	
	蔡　正	1915	经济学	教授	
	朱彬元	1916	经济学	教授	系主任
	吴　宓	1916	西洋文学	教授	兼研究院主任一年
	余日宣	1917	政治学	教授	系主任
	刘崇鋐	1918	历史	教授	
	楼光来	1918	西洋文学	教授	
	钱昌祚	1919	工程学	教授	
	赵学海	1920	化学	教授	
	陈复光	1920	政治学	讲师	
	张杰民	1921	西洋文学	教授	

① 苏云峰. 从清华学堂到清华大学：1911—1929［M］. 北京：生活·读书·新知三联书店，2001：140 – 143.

续表

学位	姓　名	级别	系别	职别	备注
学士	潘文焕	1913	工程学	教授	
	笪远纶	1919	工程学	教授	
	费培杰	1922	音乐	教员	

资料来源：《清华一览》（1927）第194－211页，唯不计国学研究院之十二人。其中，讲师李济为清华1917级，教授赵元任为清华津贴生。

清华是一所校籍意识较强的学校。在1927年时的六十七位教师中，清华出身者三十四人（占51%），非清华出身之华人教师二十六人（占39%），而原来居优势地位的美籍教师仅剩下七人（约占10%）。留美少壮派成为当时清华的中坚骨干力量，在这种结构不均和本位意识影响强烈的情况下，任何非清华出身的校长都会有麻烦。罗家伦以革命精神，打开门禁，大量延聘非清华出身的教师，虽遭遇挫折，但也开创了清华新的局面。梅贻琦也采取开放态度，同时新评议会也倾向开放，结果是以非清华出身者较多。

1928—1930年，有八十四位教师先后到清华任教，其中清华出身者三十三人（39%），非清华出身之华人四十七位（56%），外籍教授四人（5%），这是罗家伦开放政策的结果。1931—1937年，有一百九十位教师应聘到清华任教，其中清华出身者九十三人（49%），非清华出身之华人八十五位（45%），外籍教授十二人（6%）。估计罗家伦所聘教师不出百人，其他来校时间未详者，多为梅贻琦所聘。如果加上这些人数，则梅贻琦任内所聘教师，至少是二者平衡。①

清华学校在正式“改大”前的五年间，师资队伍无论从数量、质量上，还是学历、专业及毕业学校来源诸层面均有长足进展，为大学转型准备好了办学主体保障。这固然与梅贻琦的大学教育观引导有关，更是经济支持加强的必然结果。据史料记载：“自新大学计划实施之后，此五年中，经济上可逐渐转移。

① 苏云峰．从清华学堂到清华大学：1928—1937［M］．北京：生活·读书·新知三联书店，2001：113－115．

留美人数，已达最高。此后回国者，派送者少，同时学校方面，开设各科各系，须添聘教授，增加设备，扩充图书馆，添建教室、宿舍，所需殷繁。”① 可见，教授聘任的经费保障是优先的。

三、确立留学教育观

清华原本是留美预备学校，自清末派遣留美学生以来绵延不断。但建校背景及留美需要也引起了有关人士的批评，如：青年出国，不谙国情，且易丧失国性；留学所费过多，教育太不经济；国内高等教育，已渐发达，大学本科，无须求诸国外，在国外所习之知识学术，因不合中国社会，不能应用；派送学生留学，应以比较成熟之大学毕业生，有确实目标者为限。② 这些意见，确能部分反映20世纪20—30年代留学教育中存在的问题。对此，具有留美切身经历及内在深刻体验的梅贻琦提出了自己的看法，并身体力行，通过管理留学生工作，不断克服留学教育的流弊。

确立何种留学观，对于近现代中国留学教育的发展至关重要，曾国藩、李鸿章、左宗棠在近代留学教育之父容闳的倡导下，以“中学为体，西学为用”为总方针，派遣留美和留欧学生，掀起了近代第一次留学高潮。二十余年后进入维新运动时期，张之洞、康有为等或从维护既存社会秩序出发，或基于改良政治、实现君主立宪的社会改革这一现实需要，鼓动留学日本，出现留日思潮。十年轮转，“庚款留美”成为近代留学教育的一次新转向。梅贻琦是早期“庚款留美”学生，民国以后又长期经办清华留美考试，故而对留美教育的现状得失更有切肤之感。

早在1917年5月，他就应学生邀请，向高年级学生演讲“留美之经验”。1927年5月，乘应届留美预备部学生毕业即将放洋赴美之机，他发表了《赠别大一诸君》一文，全面而深刻地分析了当时中国青年出国留学所应持的正确观

---

① 曹云祥．清华学校之过去现在及将来（清华之教育方针目的及经费）［M］//清华大学校史研究室．清华大学史料选编：第一卷．北京：清华大学出版社，1991：43.

② 曹云祥．清华学校之过去现在及将来（清华之教育方针目的及经费）［M］//清华大学校史研究室．清华大学史料选编：第一卷．北京：清华大学出版社，1991：37－38.

念和态度。

梅贻琦认为，清华学生毕业留美，数年以来的希望即将实现，这是值得庆贺的，“因为诸君要得到一个大成功的机会”。但这只是提供了一种“求得高深学问的可能”，至于成功多少还得看个人的努力程度，以及能不能利用这极宝贵难得的机会。他希望学生在国外新环境里对于衣、食、住等事项大可不必介意，关键在于守住个人内心的宁静及意志的平衡，倘若荒废学业，“终日竟颠倒于新大陆中繁华奢靡的社会”，那实在是虚度青春年华，令人扼腕叹息。倘若不从个人远大理想与国家使命担当着手，便难以达成原先的目标，“亦便是平庸一流”，不但辜负了国家和师友的希望，也影响了自身的事业发展。

他殷切告诫学生，到美国留学，最重要的是保持着科学家的态度。如此才能得到真实学问，才能对美国一日千里的新事物恰当了解。这种科学家态度的构成要素包括不要预存成见，探究事实，根据事实推求真理，对真理忠诚信守四个部分。他又谆谆寄语学子，在国外留学应抱有爱国主义精神和浓厚的民族情感，把持自我，努力求学：“诸君在外国的时候，不要忘记祖国；在新奇的社会里面，不要忘掉自己；在求学遇着疑难问题的时候，务要保持科学的态度，研求真理。”①

梅贻琦不是全盘西化论者，“西学救国”“月亮也是外国圆”的认识是与他风马牛不相及的。他反对崇洋媚外、全盘照抄，在对待东西方文化态度上，他主张对西方文明做具体、细致的分析，并加以客观的评介，恰切、精细地择取，从而不断进步，紧跟时代的步伐。

> 美国的社会里面，有很好的，亦有很坏的；有吾们要极力取法的，亦有吾们应极力避免的。在从事研究选择的时候，就要抛弃主观的思想，务从实际上考查，才能得到一种确当的结论，然后带回国来施用，才能不发生危险。……这几年，亦正是世界上经受巨大变化的时期，将来有许多组

① 梅贻琦．赠别大一诸君［M］//刘述礼，黄延复．梅贻琦教育论著选．北京：人民教育出版社，1993：3－4.

织或要改革，有许多学说或要变更。……我们应保持科学家的态度，不存先见，不存意气，安安静静地去研究，才是正当的办法，才可以免除将来冒险的试验、无谓的牺牲。[①]

上述言论，从方法论层面分析，是“古今中外法”的鲜明体现，也符合“古为今用，洋为中用”的文化教育建设原则。

四、出任留美学生监督

1927 年 5 月 15 日，清华学校评议会主席温应星报告：拟呈部将留美学生监督赵国材调动回国，改派本校教授兼教务长梅贻琦任留美学生监督。[②]

1928 年 8 月，罗家伦被任命为清华大学校长。同年 11 月，梅贻琦被正式任命为清华留美学生监督处监督。当时的清华校刊曾发表消息说：“近来，监督处开支浮滥，政府及本大学校长对前任监督曾一再函电指责申斥，令其撙节。梅先生历任本大学教授及教务长，公正廉洁，……将来到美后，必有一番改革。”[③]

清华学校派驻美国的留美学生监督，历来被人视为肥缺，因而才有浪费严重、问题成堆的局面。由梅贻琦前去改革，当然是再合适不过的人选。

梅贻琦只身前往美国后，接替赵国材副校长任清华留美学生监督处监督，管理清华在美留学生事务并进行了全面的改革。清华学校初创至清华大学抗战胜利的办学经费分为扩张时期（1908—1921 年）、短绌时期（1922—1926 年）、转移时期（1927—1931 年）、积储时期（1932—1945 年）。1926 年前后是清华经费最为困难的“短绌时期”。清华学校校长曹云祥的报告称：

盖一方面留美学生数增至四百四十一人，而一方面欧战以后，美国生活昂贵，汇兑率复低落，致学生之川资装费学费及月费，均不得不照加。例如一九二〇年川资每人八百元，而一九二一年增至一千三百八十七元。每人用费，在一九二〇年为二千四百四十八元，在一九二一年为二千七百

① 梅贻琦．赠别大一诸君［M］//刘述礼，黄延复．梅贻琦教育论著选．北京：人民教育出版社，1993：3－4.

② 清华大学校史研究室．清华大学九十年［M］．北京：清华大学出版社，2001：44.

③ 黄延复，马相武．梅贻琦与清华大学［M］．太原：山西教育出版社，1995：17.

元，在本年即已增至三千元是也。此期之初，部令提存基金，非经保管委员会全体同意，不得动用。至节省支出办法，则如一九二三年减少专科生女生学额，一九二三年以后逐渐停招，高等科及中等科学生，酌量征收学费，规定教职员应纳房舍租金等皆是。①

清华学校经费紧张是整体状况的反映，不限于留美学生费用短缺这一局部表现。为了节省开支，梅贻琦首先对臃肿的行政体制下手，简化了监督处的办事机构，也精减了人员；并以身作则，把两个孩子留在国内，仅让太太一人跟随去美。不仅如此，他还辞退了自己的专用司机，将负责做饭和打扫卫生的助理员改为半日工作，只管搞卫生，饭菜则由太太负责做，也不给报酬，秘书也是无偿兼职负责买菜。在他的一番努力下，清华留美学生监督处的管理工作大有起色，不仅人员精减、结构优化，节省了开支；而且大去行政官僚化，监督处不再是让留学生们望而生畏的监控机构，而是颇具吸引力的地方。在华盛顿的留学生随时可以到监督处活动和休息，在外州的学生放假期间也可到监督处度假，监督处俨然成了他们温馨的家园。

留美教育不仅构筑了中国近代留学教育史的新格局，而且培养了大批具备新知识结构的人才。曹云祥校长如是评述：

若以清华留美学生之事业与影响论，则自一九〇八至一九二五年间受清华官费诸人中，有北京大学代理校长蒋梦麟氏，前任东南大学校长郭秉文氏，蒋郭二氏，并为“中华教育文化基金”董事，有前任中东铁路局长王景春氏，王氏与胡适氏并为中英庚款委员。其于学术上之贡献，则如马寅初氏之于经济学，胡适氏之于文学、哲学，秉志氏之于生物学，赵元任氏之于物理学、哲学、语音学，均以著作发明，为学林泰斗。其他博士硕彦之敷教论学者，有如查良钊、张彭春、鲍明钤、庄泽宣、张准、茅以升、廖世承、吴宓、朱经农、陈达、罗惠侨、温毓庆、张坛海、任鸿隽诸氏。②

① 曹云祥．清华学校之过去现在及将来（清华之教育方针目的及经费）［M］//清华大学校史研究室．清华大学史料选编：第一卷．北京：清华大学出版社，1991：43.

② 曹云祥．清华学校之过去现在及将来（清华之教育方针目的及经费）［M］//清华大学校史研究室．清华大学史料选编：第一卷．北京：清华大学出版社，1991：41.

清华留美学生监督的职责是管理分散在全美国的清华留学生，掌管他们的经费，规范学生们的学业和操行。任务繁重，工作难度和复杂程度均可想见。梅贻琦任内效果明显，他在精简机构、提高办事效率的同时，又努力使机构运转灵活、减费，实现增进活力和绩效。他还采用民主、平等和服务的机制及方式，去管理行政化，以和谐温馨的家园建构吸引在异国他乡学习、生活的中国青年。这样的管理模式是极其成功的。如上所述，那些 1925 年前留美学生中的佼佼者，应有相当比例在梅监督任上度过他们的留学岁月，这是他任职留美学生监督处产生积极社会影响的真切反映。

五、主持清华国学研究院

在梅贻琦任清华学校教务长期间，与留美预备部、大学部同时存在和发展的还有清华国学研究院。它存在时间不长，旧制从 1925 年到 1929 年，共四年，但清华国学研究院在中国现代学术史和教育史上均占有重要的位置。曾在该院任教的四大导师王国维、梁启超、赵元任、陈寅恪，还有著名考古学家、后任台北“中央研究院”院长的李济，他们的许多重要学术著作都是在这期间撰写或开笔的。建院四年余，清华国学研究院走出整整一代国学研究人才，如杜钢百、吴其昌、高亨、周传儒、姚名达、赵邦彦、刘盼遂、王力、姜亮夫、黄淬伯、蒋天枢等，都是其中之佼佼者。

（一）清华国学研究院的创设

清华在创立之初，一直作为留美预备学校，在校学生以学习英文与欧美文化知识为主，中国传统文化的教学相对薄弱。1922 年秋，北大率先成立了研究所研究国学，这为清华国学研究院的创设提供了参照和启发。时任北大研究所国学门委员的胡适，不失时机地向当时的清华学校校长曹云祥建言，“中国办大学，国学是主要的”，“办研究院首先应办好国学门”，希望清华学校亦设同样的研究机构，并拟代为推荐教员。[①] 加之，社会上批评清华学校教育过于“美

① 邵盈午．清华四大导师［M］．北京：东方出版社，2009：7.

化”的舆论不息。曹云祥在拉开“改大”序幕的同时，酝酿国学研究机构的筹划事宜。曹云祥称：“与大学本科同时开设之研究院，此际有应特别注意者。近年教育既日趋欧化，旧有之文化学术，遂日见沦丧。夫国家精神，寄于一国之宗教、哲学、文词、艺术，此而消亡，国何以立？谓宜以西洋治学之方法，整理之，发扬光大之，则国学研究，不容缓也。本校延名师，设专院，招海内成学之士，讲贯肄习焉者，竟在是也。”① 这就是说，西学引入中国，占据学校教育比重日益加大的同时，国家民族文化的荒漠衍生并扩大，清华对此应积极有为。此外，传统国学研究固然源远流长，成就斐然，但方法陈旧单一，难以有明显突破，以“西洋治学之方法，不啻是一剂良方妙药”。

曹云祥于1924年5月发表《西方文化与中国前途之关系》一文，表明他持中西合璧、相互取资融合的中西文化观。在新旧递嬗的历史场域下，一方面，对于西方文化，宜有精深之研究，然后可以采择适当，融化无碍；另一方面，对于中国固有文化如政治、经济、文学、哲理等各个学科领域，须有通彻之了解，然后于现实的种种重要问题，“方可迎刃而解，措置咸宜”。要解决这种艰巨的文化建设和专业人才培养难题，达到上述愿景目标，就必须设立“高深之学术机关”，以此作为“大学毕业及学问已有根柢者”进修之所。朝此路向改进，可减少青年学习“远赴欧美，多耗资财，所学且与国情隔阂”的问题。当然，这非个人及寻常学校之力所能及，“此研究院之设立所以不可缓也”。念及多学科研究院同时开办并不现实，故应先开办国学综合机构，“延名师，拓精舍，招海内成学之士，凡国内外大学毕业者，与现任教育事业，或闭户自修，而有相当之学力者，入院肄业，分门研究，冀于世界文化有所贡献。事难责重，所不敢辞，亦本校尽力国家、服务社会之微意也”。② 这就是清华国学研究院设立的缘起与初衷。

1925年下半年起，清华学校正式建立大学部。与此同时，清华国学研究院

---

① 曹云祥．清华学校之过去现在及将来（清华之教育方针目的及经费）［M］//清华大学校史研究室．清华大学史料选编：第一卷．北京：清华大学出版社，1991：42．

② 吴宓．研究院章程［M］//清华大学校史研究室．清华大学史料选编：第一卷．北京：清华大学出版社，1991：376．

也正式成为大学组织机构的一部分。曹云祥提出的理由，是要在本国设立高深的学术机构来研究“中国固有文化”，使中国文化与西方文化相沟通，但实际上，却有着更深刻的背景。据有关文献披露，胡适与之有极大关系。五四运动后，胡适提倡所谓“输入学理，整理国故”。1922 年北京大学设立了研究所国学门。此后，胡适又想利用清华庚款，在清华为“整理国故”另设一个据点，因此他极力向清华的师生宣传“中国办大学，国学是最主要的”，而办研究院则应首先办好国学一门。他还为此四处奔走，推举教员，比如研究院的一位主要教师王国维就是他推荐的。①

清华国学研究院的另一位主要教师是梁启超。梁启超与其他人本来打算在天津筹设“文化学院”，后因经费不齐没有办成。此时清华正急聘国学教授，清华教授庄泽宣就与梁启超商量：“何不将此院设于清华?”双方几经磋商，“此义逐渐变化，但成立了今日之研究院”②。

清华国学研究院成立之后，主要教师除王国维、梁启超二人外又聘请了刚从国外归来的陈寅恪、赵元任等。另外有讲师李济，助教浦江清、赵万里等。王、梁、陈、赵四人的职称定为“导师”，以示学术地位高于普通大学教授。清华国学研究院与留美预备部、大学部并列为学校三大部，共有教师七人，学生三十余人。

清华国学研究院的组织很别致，为一独立研究机构，与清华学校大学部并无学制或管理上的直接关系，其教学目的是培养“以著述为毕生事业”的国学专才，学科包括中国历史、哲学、文学、语言、文字学、音乐以及东方语言。招生对象，不限于大学毕业生，凡有经、史、小学根柢者都可应考。所开的课程分“讲课”和“专题研究”两种，此外另有校外人士来做“临时演讲”。“讲课”每周一至二次；“专题研究”则由学生选定题目后，由特定教师指导，作为一学年的专题研究。授课内容多半是国学不同学科专业知识、治学方法或教师个人的治学心得，学生全体听课。③

---

① 华华．与胡适之先生谈话记［J］．清华周刊，1923（268）．

② 庄泽宣．我们的清华改革潮论［J］．清华周刊，1926（375）．

③ 清华大学校史编写组．清华大学校史稿［M］．北京：中华书局，1981：51．

清华国学研究院办院的风格兼取中西之长，全院的中枢是导师，这显然仿效英国牛津大学的导师制。但开课时，校长介绍导师，学生必须行拜师礼，又似中国古代书院的遗风。导师指导学生读书、写论文，学生选定某一位导师后，即“专从请业”，然亦可请多位导师同时指导。论文完成后，经导师核准认可，一年便可毕业，但亦可延长至二至三年，甚至四年。毕业证书由清华学校校长及全体导师签名盖章。应该说，清华国学研究院的创设及办院风格是民国教育史上的创举。

（二）吴宓执掌清华国学研究院

新事物的产生自然有其条件背景，但促其发展的关键人物的作用是不容低估的。清华国学研究院成立早于清华学校正式“改大”，曹云祥的认识及作为起到了先导作用。他基于对中国古代书院研究性教学的思想总结，又吸收英国牛津大学导师制的经验，对国内外学人进行了广泛物色和严格选拔。曹云祥在1925年2月研究院筹备委员会成立后，鉴于吴宓的学术建树以及学界声望，专门敦请其出任研究院筹备处主任。吴宓出自书香门第，1911年考入清华留美预备学校，1917年入美国弗吉尼亚州立大学留学，1918年转入哈佛大学比较文学系，获硕士学位。吴宓在筹备清华国学研究院过程中，可谓厥功至伟，任职伊始便拟定出《研究院章程》，其“缘起”部分阐述了研究院创设的旨趣和追求。

今之施高等教育专门教育者，不过与以必要之预备，示以未来之途径，使之他日得以深造而已。故东西各国大学，于本科之上更设大学院，以为毕业生研究之地。近岁北京大学亦设研究所。本校成立十有余年，今年即新设大学部，复以地处京师西郊，有交通之便，而无嚣尘之烦，故拟同时设立研究院。良以中国经籍，自汉迄今，注释略具，然因材料之未备与方法之未密，不能不有待于后人之补正。又近世所出古代史料，至为夥颐，亦尚待会通细密之研究。其他人事方面，如历代生活之情状，言语之变迁，风俗之沿革，道德、政治、宗教、学艺之盛衰，自然方面，如川河之迁徙，动植物名实之繁赜，前人虽有记录，无不需专门分类之研究。至于欧洲学术，新自西来，凡哲理文史诸学，非有精深比较之考究，不足以挹其菁华而定其取舍。①

吴宓是中国现代学术名家，古今融汇，中西汇通。作为筹备处主任的他所拟《研究院章程》深邃高远，所述设立清华国学研究院不同于北大国学研究所，重在研究方法创新，国学内容兼纳人文社科和科学技术，同时结合近世西学，作分科比较研究，如此方能精深而切用。这些都是富有真知灼见的精辟之论。

清华国学研究院，经过半年多的紧张筹备，于1925年9月9日开学，9月14日正式上课。《研究院章程》② 规定，研究方法“注重个人自修，教授专任指导”；教学方式分“普通演讲”及“专题研究”。“普通演讲”，即课堂讲授，为国学基本知识课程，学生必修或选修，由各教授就个人专长“或为国学根柢之经史小学，或治学方法”而开课。“专题研究”，是学生在教授指定的研究范围内，就自己的志趣及学力所近，自由选定研究课题，经与教授确定后，可定时向自己选定的授业导师请业。为了保证质量，亦可集思广益，协作指导，“兼受数位教授指导”，从中可看出清华国学研究院学无常师、门户开放的办院风格。《研究院章程》还规定，教授对专从本人请业的学员，“应订定时间，常与接谈，考询成绩，指示方法及应读书籍”。所指导学科范围，由各教授自定，“可出其平生治学之心得，就所最专精之科目，自由划分，不嫌重复；同一科目，尽可有教授数位并任指导，各为主张”。

吴宓的上述章程内容体现出他深刻卓越的研究生教育思想，是中国传统书院教育与西方大学学术专业研究方法策略的紧密结合。其中，所述通识教育与专题探索彼此促进；导师团体培养与个人负责把关协调互补；教学相长条件下，学术主体力量的发挥与教师引领相辅相成，如此等等，均是高素质专业人才养成的宝贵思想和有效举措。吴宓据此章程的观念主张，在清华国学研究院开学“演说词”中，进一步揭示了国学的特点及清华国学研究院的地位与性质：

---

① 吴宓．清华开办研究院之旨趣及经过［M］//清华大学校史研究室．清华大学史料选编：第一卷．北京：清华大学出版社，1991：375.

② 吴宓．研究院章程［M］//清华大学校史研究室．清华大学史料选编：第一卷．北京：清华大学出版社，1991：376－379.

故今即开办研究院，而专修国学。惟兹所谓国学者，乃指中国学术文化之全体而言，而研究之道，尤注重正确精密之方法（即时人所谓科学方法），并取材于欧美学者研究东方语言及中国文化之成绩，此又本校研究院之异于国内之研究国学者也。研究院之地位：（一）非清华大学之毕业院（大学院），乃专为研究高深学术之机关；（二）非为某一校造就师资，乃为中国养成通才硕学。研究院之性质：（一）研究高深学术；（二）注重个人指导（详细办法，均见《研究院章程》中）。惟其如是，故不惜经费，布置种种，专为少数人谋求研究学术之利便，学生名额极少，又复从严考试录取，期望甚大，所谓在精而不在多也。①

此处明确清华国学研究院将是国学高层次人才培养的英才教育机构，人数少而精，但质量及层次极高。“不惜经费”，“期望甚大”，并强调将西方科学方法运用于国学研究，对西方有关该专业的学术成果容纳吸收，聘请一流师资。他认为，唯有如此，才能造就国学领域的“通才硕学”。据吴宓之子吴学昭回忆：

关于清华筹建研究院先设国学门的由来，父亲在1925年9月清华国学研究院开学典礼上所作《清华开办研究院之旨趣及经过》的讲话，言明“所谓国学者，乃指中国学术文化之全体而言”。父亲接受筹建清华国学研究院的任务后，1925年2月到校即积极进行各项筹备工作。根据校方的主张和个人的见解，他主持制定了《研究院章程》，明确规定，研究院拟按照经费及需要情形，逐渐添设各种科目。开办之第一年，先设国学一科，其内容约为中国语言、历史、文学、哲学等。②

此外，吴学昭还回忆道：

父亲对研究院各位教师十分尊重，研究院重要事项都与各位教师进行协商，由父亲提出初步意见讨论通过。前述各位教师所授课程和指导范围，就是这样决定的。父亲很高兴能与各位学有专长的大师共事，把它看成是

---

① 吴宓．清华开办研究院之旨趣及经过［M］//清华大学校史研究室．清华大学史料选编：第一卷．北京：清华大学出版社，1991：374.

② 吴学昭．吴宓与陈寅恪［M］．北京：清华大学出版社，1992：30.

自己学习和提高的极好机会。教师上课，父亲常去听讲。王国维先生开的“说文练习”，他几乎每课必听。王先生演讲，父亲不仅用心听、详细记，有时还作注释。为了方便教师，保证教学，父亲竭尽努力把有关工作做得细密周到。诸位教师的研究室，根据各自教学特点布置妥帖。如赵元任先生的研究室，对木器配备和仪器装置有特殊要求，父亲经与校方联系均予解决。为丰富教学用参考书，父亲曾专门作书上校长，请购王国维先生所开研究甲骨文字及敦煌古物应用书目，又多次陪同王国维先生进城“参观书籍展览会”，“至琉璃厂文友堂，为校中购书。在薄玉堂及中华书局各处细行检阅”，“至琉璃厂在文德堂、述古堂、文友堂，为校中检定书籍十余种，交图书馆购买”（一九二五年五月三十一日、九月十三日、十二月五日《雨僧日记》）。各教师对院务工作比较满意，同事、师生关系也比较融洽。王国维先生一九二五年四月迁居清华后，常到父亲住处小坐，谈诗论学，十分亲切；父亲有病，必来探视。父亲离开国学研究院后，往来也未间断。①

清华国学研究院的导师，很多都是受吴宓举荐和邀请来此任教的。吴宓极其赞叹王国维的学识才华：“王先生古史及文字考证之学冠绝一世，余独喜先生早年文学（如论屈原融合南北，兼古典浪漫之长等）、哲学论著，以其受西洋思想影响，故能发人之所未发。”② 在国学研究院的筹备期，吴宓亲自去请王国维，到王国维的家里行鞠躬大礼，使王国维深受感动，痛快地接受了邀请。③

（三）梅贻琦主持清华国学研究院

1925 年，在曹云祥主持、吴宓襄助下，清华国学研究院正式成立，梅贻琦对国学研究院表示支持。1926 年，由于国学研究院风潮致使吴宓退职，时任教务长的梅贻琦便兼任了国学研究院的院务。梅贻琦坚持通才教育的理念，认为在大学中，学生学习的范围应该广泛，而不应受文理科的限制，这样才能使他

---

① 吴学昭．吴宓与陈寅恪［M］．北京：清华大学出版社，1992：33.
② 吴宓．吴宓诗话［M］．北京：商务印书馆，2005：192.
③ 蔡德贵．东方学人季羡林［M］．北京：北京大学出版社，2006：101.

们的人生观平衡而不失偏颇。这也正是理科出身的他对国学研究院如此热心的原因。

清华国学研究院初创时，原想请王国维任院长，但王国维怕影响治学而坚持不就。所以学校改变了主意，暂不设院长，只设办公室主任，邀请“学问渊博，中西贯通”的吴宓为其首任者处理日常院务。吴宓有爱才之心。季羡林曾说：“他坦诚率真，十分怜才。学生有一技之长，他决不掩没，对同事更是不懂得什么叫忌妒。……也许就是由于这个缘故，他在清华作为西洋文学系的教授而一度兼国学研究院的主任。”① 一年后，吴宓在办院方针上与校方存在分歧，性格及处世方面也与人颇有违和之处，于是辞职离任。院章规定不再设主任，院务由教务长梅贻琦直接管理。

此后，梅贻琦经常主持院务会议。从教育思想体系上考察，国学研究院所反映教学和人才等观点，学术研究思想都与梅贻琦的教育思想体系契合无间。

（四）清华国学研究院的四位导师

清华国学研究院第一位到校的导师是王国维。王国维，字静安，号礼堂，是中国近现代享有国际盛誉的学者。他学贯中西，国学造诣博大精深，于西学亦颇精通。他平生学无专师，自辟户牖，成就卓越，贡献突出，在教育、哲学、文学、戏曲、美学、史学、古文字学等方面均有深湛的造诣和创新。王国维早年追求新学，受资产阶级改良主义思想的影响，把西方哲学、美学思想与中国古典哲学、美学相融合，研究哲学与美学，形成了独特的美学思想体系，继而专攻词曲戏剧，后又治史学、古文字学、考古学。

王国维应聘前在中国古代史研究上已有突出成绩，1923 年后，转治西北地理和蒙古史，亦颇受好评。胡适曾奔走推荐王国维任清华国学研究院导师，王国维初不愿就任，后“面奉（溥仪）谕旨命就清华学校研究院之聘”，才受任。② 初到清华，校方希望他担任国学研究院院长，王国维以专门从事治学而不堪院务管理为由坚持不就，只专任教授。虽然如此，据担任国学研究院主任

---

① 蔡德贵. 东方学人季羡林［M］. 北京：北京大学出版社，2006：99－103.
② 赵万里. 王静安先生年谱［J］. 国学论丛，1928，1（3）：128.

的吴宓讲，那时“院务草创，梁陈诸先生均未在校，一切规划，均请示先生而后定”①。王国维担任课程的范围，包括“古史新证”“说文练习”“尚书”和“仪礼”。他指导研究生的范围则包括上古史和经学等。②

王国维为清华国学研究院导师之首，也是最早到任的导师。他曾向吴宓提出两点建议：一是学校务必“多购置书籍”；二是招收的研究生不论学历和“来路”，务必是“国学有根柢”者。③ 王国维的这两点建议均被吴宓所采纳。这也正体现了清华国学研究院纯净明朗的学术生态环境以及“英雄不问出处”的公平招考机制，也由此建构出不拘一格的教学方式方法。受此政策而被破格录取获益者，也由此机遇而努力成才：

> 静安先生在里面担任的是“小学”，他出的题目都是“小学”的题目。在这之前，太炎先生的《章氏丛书》我曾反复精读，有一些心得，所以静安先生问我的许多问题，我都没有答错，但都是一家之言。静安先生看了我的卷子以后，便说：“你可是章太炎先生的学生？”我说：“不是，我是四川来的。”他说：“四川来的，怎么说的都是章太炎先生的话呢？”我说因为假期要升学，所以我突击看了一部《章氏丛书》。“《章氏丛书》你看得懂吗？”我说：“只有一两篇我看不懂，别的还可以看得懂。”王先生连声说：“好的，好的，你等一会儿。”他的办公室和任公先生的办公室只隔一道板壁，中间有一道门相通，他就告诉他的助手赵万里先生说：“你去跟任公讲，姜亮夫这个学生我看可以取。”赵万里先生向任公先生转告了王先生的意见，任公先生不表态，只说：“对不起，现在考完了，你回去听消息。”隔了两天，清华果然有电话到我住的会馆，通知我把行李带去，但笔、墨也要准备好，并说还要考一次，这一次都及格了你就可以住下来了，我暗暗高兴。④

王国维认为，欲治国学，非通《说文》不可，《说文·序》《说文·部首》

① 刘克选，方明东．北大与清华［M］．北京：国家行政学院出版社，1998：208.
② 清华大学校史编写组．清华大学校史稿［M］．北京：中华书局，1981：52.
③ 邵盈午．清华四大导师［M］．北京：东方出版社，2009：130.
④ 邵盈午．清华四大导师［M］．北京：东方出版社，2009：130.

必须重点讲解，此乃治国学的入门。诸经之中，他独偏爱《尚书》。《尚书》凡五十余篇，真伪并存，在各位导师面向所有学生开设的必修课中，王国维对此下过邃密深沉的考证功夫，故对各种疑难，心中自有定规。他从经学、小学、史学方面入手，爬梳考证之，何者可信，何者可疑，皆有卓见，足见功力之深湛。《诗经》，王国维常提要钩玄而不详讲。“三礼”中，他抵触《周礼》，以《礼记》为晚作，重在就《仪礼》十七篇详加阐释。①

除上述课程之外，根据校方规定：各位导师还有各自负责的普通演讲，即学生必须听讲的演讲课。王国维专擅主讲“古史新证”和“说文练习”。“古史新证”，内容涉及殷周历史、甲骨文字及钟鼎彝器之考释。他在具体讲授和讨论问答过程中，充分展现出覃思密察、研几入微、烛幽抉隐之学术魅力，使学生仿佛进入孔子授课胜景：“夫子循循然善诱人，博我以文，约我以礼，欲罢不能。”②

1927 年 4 月，在自沉颐和园昆明湖的两个月之前，王国维将在清华授课的相关讲稿汇编成册，以“研究院办公室”的名义，油印《清华学校研究院讲义》（民国十四年至十六年四月）。讲义汇集了他多年来的商周史甲骨文铭文研考成果，探讨了《书》、《诗》、《礼记》、《乐》、《说文》、六国古文、秦氏籀文以及汉魏石经等学术专业的主要作品。可惜讲义并未流传下来，现在只能从学生的留存中略窥片段。

王国维在清华任教期间，正是他精力饱满、学业成熟、著作彪炳之际。两年内，他出版了《古史新证》和《蒙古史料校注四种》等书；又在《清华学报》上发表了《〈水经注〉跋尾》《鞑靼考》《南宋人所传蒙古史料考》三篇文章。后人评价王国维的学术成就，说他“甲骨钟鼎学，流沙坠简学，元史学，西北地理，皆为近代绝世之学”③。

第二位到校的导师是梁启超。梁启超在应研究院之聘前，与清华关系已久。1914 年，他在袁世凯政府任司法总长时，曾至清华演讲数次。此后，又常到清

① 邵盈午. 清华四大导师［M］. 北京：东方出版社，2009：131 - 132.
② 论语［M］. 刘兆伟，译注. 北京：人民教育出版社，2015：188.
③ 刘克选，方明东. 北大与清华［M］. 北京：国家行政学院出版社，1998：144.

华园“小住”。清华的校训“自强不息，厚德载物”，即据他在清华所作演讲词而来。他在这一以“君子”为题的演讲中，引用《易经》中“天行健，君子以自强不息；地势坤，君子以厚德载物”，要求学生成为“名高任重”“望之俨然”的“真君子”。1922 年后，梁启超已在清华兼课，1925 年始被聘为研究院导师。他讲授和指导的课程有“诸子”“中国佛学史”“宋元明清学术史”“清代学术史”“中国文学”。梁启超所负责的普通讲演课题为“中国通史”。“中国通史”课程范围极为广泛而丰富，梁启超的重点选项为“中国文化史”“儒家哲学”“历史研究法”等。他在清华时期写成了《中国历史研究法补编》《古书真伪及其年代》《儒家哲学》《要籍解题及其读法》等著作。

作为维新运动领袖之一，梁启超绝非学究式困处书斋的人物。除了研究院日常的教学与研究外，他对校政管理、学科设计以及办学特色的打造等方面也倾注热情，细心考量，坦陈己见。上自董事会的组成、校长的资格和条件、校训的制定，下至某门课程的安排，都在他的视野之内。1925 年 9 月，梁启超又在《清华周刊》第 350 期发表《学问独立与清华第二期事业》一文，追溯清华办学历史，着重分析清华学校大学部和国学研究院设立与中国学术独立之关系，认为这意味着清华逾越以对美国“模仿裨贩”为特征的“第一期事业”，而逐渐进入“独立时期”的“第二期事业”。他说：“一国之政治独立及社会生活独立，俱以学问为之基础。吾侪今努力从事于学问独立，即为他日一切独立之准备。一国之学问独立，须全国各部分人共同努力，并不希望清华独占。但为事势便利计，吾希望清华最少以下列三种学问之独立自任：（一）自然科学——尤注重者生物学与矿物学；（二）工学；（三）史学与考古学。”在这篇论文里，他还系统论述了治学方法、避免过分崇拜西方等问题。① 梁启超在学术研究与办学特色上可谓鞠躬尽瘁，体现了一代教育家的职责担当。

第三位到校的导师是赵元任。赵元任于 1910 年由清华学校庚款留美，名列第二。在美国留学期间，他先后毕业于康奈尔大学和哈佛大学，主修数理和音

① 清华大学校史研究室．清华大学史料选编：第一卷［M］．北京：清华大学出版社，1991：420－421．

乐，后来获哈佛大学物理学博士。1920 年回国，初在清华学校教数学。1920 年五四运动期间，英国哲学家罗素访华讲学，赵元任担任翻译。他常根据演讲地的不同将罗素讲稿译成不同的方言，正确流利，当地人曾以为赵元任是他们的老乡。他由此引发对语言学的兴趣，自此转向语言学，并一生将主要精力致力于此。1921 年秋，他再次赴美，到哈佛大学讲授中国语言文字，同时研究音韵和乐理。1924 年，他离哈佛往欧洲旅行研究，在瑞典时与汉学家高本汉论学，并商谈翻译高氏名著——《中国音韵学研究》。1925 年，他回清华大学任教，遂应研究院导师之聘，专授“现代方言学”“中国音韵学”“普通语言学”等。

赵元任上课时还编了一个单音故事，名为《施氏食狮史》，通篇只有“shi”一个音，写出来，人人可看懂，但如果只用口说，那就任何人也听不懂了：“石室诗士施氏，嗜狮，誓食十狮。施氏时时适市视狮。十时，适十狮适市。是时，适施氏适市。氏视是十狮，恃矢势，使是十狮逝世。氏拾是十狮尸，适石室。石室湿，氏使侍拭石室。石室拭，氏始试食是十狮尸。食时，始识是十狮尸，实十石狮尸。试释是事。”① 读此妙文，令人捧腹，更不得不佩服这位“汉语言学之父”组配语言文字的功夫。

最后到校的导师便是陈寅恪。清华国学研究院开办时，陈寅恪尚在德国留学。首先推荐他的是同在哈佛大学留学过的研究院主任吴宓。吴宓在哈佛大学与之相识，一见倾心，推崇备至。他在《赋赠陈寅恪》诗中写道：“经年瀛海盼尘音，握手犹思异国春。独步羡君成绝学，低头愧我逐庸人。冲天逸鹤依云表，堕溷残英怨水滨。灿灿池荷开正好，名园合与寄吟身。”② 诗中流露出对陈寅恪求学异国获得成就的赞赏，对其高尚品格的咏叹，更有对其来清华后的期冀。吴宓在回忆中说：“始宓于民国八年，在美国哈佛大学得识陈寅恪。当时即惊其博学，而服其卓识。驰书国内诸友，谓合中西新旧各种学问而统论之，吾必以寅恪为全中国最博学之人。今时阅十五六载，行历三洲，广交当世之士，吾仍坚持此言。且喜众人之同于吾言。寅恪虽系吾友而实吾师。即于诗一道，

① 约之．先生的课堂［M］．北京：光明日报出版社，2013：116－167．

② 吴学昭．吴宓与陈寅恪［M］．北京：清华大学出版社，1992：35．

历年所以启迪予者良多，不能悉记。”[1] 当然，聘请陈寅恪也得到王国维和梁启超的赞同。王国维曾向法国汉学家伯希和（Paul Pelliot）推介陈寅恪，梁启超则是陈家的旧识，素知陈寅恪家学渊源深厚广博。

陈寅恪出身名门，1910 年赴欧洲留学，先后在德国柏林大学和瑞士苏黎世大学学习语言学，1913 年转往法国巴黎高等政治学校经济部留学，1918 年入美国哈佛大学学习梵文和巴利文，1921 年又返德国柏林大学研究院梵文研究所学习东方古文字。1925 年应聘清华学校，任国学研究院导师，虽然之前他并没有多少论文和专著，但其学识却是公认的。

陈寅恪虽非伟岸英俊，教学却使人惊叹。他所开课程名目非寻常教授所能担负。他博闻强识，中西汇通，自称别人讲过的不讲，自己已讲的不再“炒冷饭”。一旦开讲，教室走廊挤满了学生，甚至窗外也有围听。有的同专业学者教授也慕名而来，因此，被学者赞誉为“教授的教授”。他还兼教大学本科的课程。清华国学研究院停办后，陈寅恪仍然在清华大学、西南联大任职。陈寅恪长期在本科文、史两系教学，在中文系讲佛教文学、唐诗研究等，在历史系讲“魏晋南北朝史”和“隋唐五代史”。据季羡林回忆：

> 陈寅恪先生的佛经翻译文学参考用书是《六祖坛经》。寅恪师讲课，同他写文章一样，先把必要的材料写在黑板上，然后再根据材料进行解释、考证、分析、综合，对地名和人名更是特别注意。他的分析细入毫发，如剥蕉叶，愈剥愈细、愈剥愈深，然而一本实事求是的精神，不武断，不夸大，不歪曲，不断章取义，他仿佛引导学生走在山阴道上，盘旋曲折，山重水复，柳暗花明，最终豁然开朗，把他们引上阳关大道。读他的文章，听他的课，简直是一种享受，无法比拟的享受。他被海内外学人公推为考证大师。他一生涉猎的范围极广，但又有中心，有重点。从西北史地、蒙藏绝学、佛学义理、天竺影响，进而专心治六朝隋唐历史，晚年又从事明清之际思想界之研究。从表面上看起来，变化莫测，但是中心精神则始终如一。……他喜欢用的一句话是发前人未发之覆。在他的文章中，不管多

---

① 吴宓. 吴宓诗话［M］. 北京：商务印书馆，2005：196.

长多短，他都能发前人未发之覆。没有新意的文章，他是从来不写的。他有时立一新意，骤视之有如石破天惊，但细按之则入情入理，令人不禁叫绝。寅恪先生从不以僻书吓人。他引的书都是最习见的，他却能在最习见中，在一般人习而不察中，提出新解，令人有化腐朽为神奇之感。①

季羡林是现代国学大师中的年轻者，被人誉为“国宝”，生前著述等身，国内为其专门成立著述整理办公室。他在此处追忆记述陈寅恪师教学方法、风格与治学特色及贡献，增进了我们对名师教学与治学统一的理解，如见孔子杏坛讲学，“弦歌之音不绝”。

此外，清华国学研究院里还有一位后来被称为“中国人类学和考古学之父”的李济。李济于1911年考入清华学堂，后前往美国留学，攻读心理学和社会学硕士学位。1920年，入哈佛大学人类学系，获人类学博士学位。1925年，被聘为清华国学研究院讲师，年仅29岁。他在“1925年秋研究院教职员表”中位列陈寅恪之后，在国学院指导学科范围为“中国人种考”。李济在中国考古学史上的地位是卓越的，商代的历史很大程度上有赖于他的发现。1928—1937年，他主持了震惊世界的河南安阳殷墟发掘，使殷商文化由文献记载转为纸质资料与实物印证相互补充的新史学派古史研究，从而使神秘离奇、扑朔迷离的殷商史变为信史，并由此将中国的文明向前推移了五百年之久。直至今日，它依旧被世人认为是人类前史最重大的考古发掘之一。

（五）清华国学研究院的特点及意义

清华国学研究院之制度，诚如吴宓所言，在“中国实属创举”。我们对照清华国学《研究院章程》和北大《研究所国学门研究规则》，就可以发现北大“自由松散”，而清华则“密集谨严”。这两者反映了当时二校的学风。其间利弊，见仁见智，可有不同评说。但总体而论，无论是从社会影响，还是学术创新力上，清华国学研究院当胜过北大国学研究所。究其原因，清华之特色不在于其研究行为及获得成果本身，而是就当时而言属近二三十年所发现的新学问。若将之与研究乾嘉学派以来的音韵训诂之学相比，前者是“开拓学术之区域，

---

① 蔡德贵. 东方学人季羡林［M］. 北京：北京大学出版社，2006：81－82.

补前修所未逮”；后者仅仅“能承续先哲将坠之业”而已。“既往”与“开来”是有联系的，但又是有区别的。又如陈寅恪在《敦煌劫余录》序中所述：

一时代之学术，必有其新材料与新问题。取用此材料，以研求问题，则为此时代学术之新潮流。治学之士，得预于此潮流者，谓之预流（借用佛教初果之名）。其未得预者，谓之未入流。此古今学术史之通义，非彼闭门造车之徒，所能同喻者也。

清华国学研究院则在个人自由之外，加上点约束。师生须“常川住院”，从经常接触中培育学术和感情，营造出一种特殊的学术气氛。又由于清华教育史上，从清华学校到清华大学，办学经费、师资和学术环境相当长时间内比较优越，故其成效亦较为显著。即使与今日“双一流”大学的人文学术研究院所相较，清华国学研究院的制度亦有可以借鉴之处。

对于清华国学研究院创设的教育意义，以及清华学风转变所产生的作用，现代教育大家、北京师范大学教授邱椿先生认为，这是清华大学步入“建设中国式大学的时期”的重要标志，是“清华教育政策的进步”的明显表征。

中国教育界自五四运动以后，民族思想发达，慢慢地注重中国公民教育。“五卅”以后，国家主义风行，国人反对教会教育，而清华式的买办教育也在反对之列。近几年来，美国留学生的招牌，又因种种关系，而大减其价。杜威、罗素等到中国来，又极力推崇中国文化，劝教育界创造一种中国式的理想学校。因为上列种种理由，清华教育政策，就慢慢地从模仿时期，而达到创造的时期了。这真是清华的再生！清华的政策，是要建设纯粹中国式的大学。清华教育目标，是要养成中国式的领袖人才。这是何等事业！这是何等精神！于是学校组织方面，采取教授治校制度，设立教授会、评议会等。中国教员慢慢地增加，而对于西洋客卿则渐渐地欢送他回国了，中文的学科和其他学科在课程上站在同等的地位了。课堂内师生谈话，都用国语了。最令人注意的，是国学研究院的设立。从前清华学校，最不注重中文，现在居然设立国学研究院了。从前清华学生很不幸，国立大学生敢当面说清华中文不成，好像清华学生的额上都刻着“中文不通”四个字。现在清华学生走出去，他们便不敢那样无礼了。这是一种很明显的进步。[①]

清华国学研究院在短短的四年间，竟能开创出一股研究国学的新风气，这是近代中国教育史上的一个奇迹。为此，北京清华大学于1995年7月举办了“纪念清华国学研究院七十周年国际学术讨论会”，会议主题分为三部分：①纪念清华学术人物王国维、梁启超、陈寅恪、赵元任、李济、吴宓等；②清华人文学术范式的建立及其当代意义；③清华国学研究院人才培养与学术研究的成就与经验。

如果要评估对清华国学研究院有所贡献者，必不可少梅贻琦。梅贻琦在院务上，也诸多擘画，包括在礼聘教师方面，也尽了自己的力量，例如赵元任先生的到校，就是他和张彭春一起去火车站迎接的。他和四大导师特别是陈、赵二人之间，一直保持着诚挚的友谊。王国维1927年夏在颐和园自沉昆明湖，也是梅贻琦亲自去园内收尸并料理后事的。[②] 梅贻琦主持清华国学研究院教务会议两年凡二十二次，解决了许多问题而未曾出现什么差错，不愧为一位卓越的学术行政领导者。他与王国维、梁启超、陈寅恪、赵元任、李济经常接触，且十分支持他们的工作，其间的信念便是他的名言：“所谓大学者，非谓有大楼之谓也，有大师之谓也。”可见他因尊重“大师”，所以才能领导“大师”。

上述包括清华国学研究院在内的活动业绩及其他种种表明，梅贻琦在清华学校“改大”时期，担任物理兼数学教师职位的同时，在校务管理方面投入的精力及其素质能力的水平呈现，突出说明他当选学校教务长及新一任校长的条件优越、人选恰当。

第三节　清华大学校长任期的教育探索

1931年12月，梅贻琦担任清华大学校长，拥有了能更好地发挥展现才华的广阔平台，也由此带领着清华大学走向了风雨兼程的新时代。这一时期，梅

---

① 清华大学校史研究室．清华大学史料选编：第一卷［M］．北京：清华大学出版社，1991：272.

② 黄延复，马相武．梅贻琦与清华大学［M］．太原：山西教育出版社，1995：15.

贻琦主持修建清华大学校园的硬件基础设施，陆续增设生物馆、化学馆、气象台和新斋、明斋等宿舍；同时极为重视对清华大学管理层及组织机构的改革，进一步强化教授会的组织能力。决策学校规划的学校评议会成员除了各学院院长外，改由教授会选举，并共同产生了七位委员，从而充分发扬并完善了清华大学教授治校的优良传统。

梅贻琦担任校长的时期，成为清华大学快速发展的“黄金时期”，无论是在学科专业数量结构、办学规模，还是在质量水平上，清华大学在国内大学中都是遥遥领先的。如果说，蔡元培对北大的改革完成了北大的体制转型并确立了北大的坚实根基，那么梅贻琦对于清华大学来说，也有着同样重要的历史性意义。此时清华大学快速发展，一举成为国内高等教育界的佼佼者，这一切都与梅贻琦励精图治、勇于改革与不懈开拓的努力分不开。

这些清华大学在抗战全面爆发之前取得的辉煌成就，将在后面陆续呈现。以下就梅贻琦在几个主要方面所作出的贡献加以叙述。

一、清华大学的发展方向

梅贻琦就任清华大学校长时年仅四十二岁。1926 年春，他以服众的人格与才能被教授会选举为清华学校第二任教务长。1931 年起，他担当“驾驶”清华大学这艘“漂流在惊涛骇浪之中”“航船”“坚忍前进”的历史重任。梅贻琦虽有“寡言君子”之称，但“他是个有很高理想的人”。[①] 关于梅贻琦这种对教育执着如一的情怀，樊际昌描述最为生动：

> 梅先生的处人处事的方式，可以“无我的精神”概括之。他毕生的理想是教育，实现这个理想的对象是清华。只要是对教育、对清华有益的事，他就会冒暑冒寒，任劳任怨地去做，他绝不为个人作打算。……梅先生只知有“事”不知有“我”。为了要实现他的理想，他养成了一个

① 李济．我记忆中的梅月涵先生［M］//黄延复．梅贻琦先生纪念集．长春：吉林文史出版社，1995：81.

“无我”的人格。他的淡泊谦冲，不求名利的作风就是这样一个人格的表现。①

梅贻琦的大学理想明显承继了蔡元培“学术救国”的志向。众所周知，清华由“庚款”所创办，故有“国耻纪念碑”之称。梅贻琦在就职演说中说：“我希望清华今后仍然保持它的特殊地位，不使堕落。我所谓特殊地位，并不是说清华要享受什么特殊的权利，我的意见是要清华在学术的研究上，应该有特殊的成就，我希望清华在学术研究方面应向高深专精的方向去做。办学校，特别是办大学，应有两种目的：一是研究学术，二是造就人材。清华的经济和环境，很可以实现这两种目的，所以我们要向这方面努力。”② 1936 年 4 月，梅贻琦在清华二十五周年纪念之际发表《致全体校友书》，写道：“盖今日之清华，已不仅为国内最高学府之一个，同时亦当努力负起与国外学术界沟通之使命也”；“本校日后办学方针，仍将一秉初衷，努力迈进；期于训练人才，提高学术二端，增多贡献，以不负国家社会期望之殷，而致我清华校誉于更高之地位尔。”③ 从这段话中，可知梅贻琦办学视野已从国内扩展到国际，开始从世界范围内来思考如何实现清华“更高之地位”。据吴泽霖回忆：“在我同梅先生共事的几年中，他不止一次地对我说：‘清华既拥有别所大学不具备的庚款基金来提供科研设备，又拥有一支优秀的教学队伍，我们理应把它办成一所世界上著名的学府。我们有责任这样做。’”④ 梅贻琦的大学理想清晰明了，那么他如何实现这一大学理想？梅贻琦选择“追随”蔡元培，给教师以崇高的地位，依靠大师办大学，提倡思想自由，实行民主管理和通才教育。当然，我们也应注意到作为清华大学校政权柄的继任者，梅贻琦对清华之前的领导人周诒春、曹云祥及罗家伦等人的治校理念和经验积累颇多领悟，并未革命推翻，或否定后重启，而是采取了汲取弘扬的态度。例如，梅贻琦的大师论及其提高薪资待遇就直接

---

① 樊际昌．梅先生的无我精神［M］//黄延复．梅贻琦先生纪念集．长春：吉林文史出版社，1995：71.

② 刘述礼，黄延复．梅贻琦教育论著选［M］．北京：人民教育出版社，1993：109.

③ 刘述礼，黄延复．梅贻琦教育论著选［M］．北京：人民教育出版社，1993：74－76.

④ 吴泽霖．记教育家梅月涵先生［M］//黄延复．梅贻琦先生纪念集．长春：吉林文史出版社，1995：287.

受清华学校校长罗家伦的影响。

罗家伦的治校方略可圈可点。其中，最重要的是改善教师待遇，提高教师地位，维护教授治校的体制。他在就职典礼上说："要大学好，必先要师资好。为青年择师，必须破除一切情面，一切顾忌，以至公至正之心，凭着学术的标准去执行。"① 上任以后，他经过一番考察，发现清华学校存在的问题有：机关太多，冗员充斥；职员薪金过高，权力过大；浪费惊人；图书太少，设备不足；在教师待遇上，重资历不重学识；学生重考试不重学问，教师重教书不重研究；学生人数太少，教育成本过高；学科配置不合理，有名无实的系太多。基于这些认识，他开始整顿清华。其中，成效最明显的就是淘汰机关冗员，提高师资待遇。冯友兰经历当年情形，曾回忆罗家伦校长调整校内任职人员薪资的办法和效应：

> 教职员的待遇上，也有办法。发出了一个通知，教员发新聘书，职员发新委任状，突出聘书和委任状的区别。在新聘书中，教员增加工资，在新委任状中，减少职员的工资，特别减少大职员的工资。小职员的工资则未减少。这就提高了教员的地位。②

后继者梅贻琦的大学教育理念与之相比，几乎一脉相承。这大约是两者共同认识到教师，尤其是教授人才，对于大学教育水平和质量提升的作用力。梅贻琦的高等教育思想及治校方略的核心是大师论，以及与此相连的通才教育论、教授治校论等。

二、继续留学生派遣

选派学生出洋留美是清华办学的渊源且作用显著，梅贻琦继任校长后，仍然保留了清华派遣留学生的传统，并为此制订了详细的计划：

> 清华留美学生，自十八年以后未曾添派，故人数逐年减少。本年留美及在英欧者，总数为八十余人。今秋以后，仅有留美预备部之最后一班，

---

① 清华大学校史研究室．清华大学史料选编：第二卷［M］．北京：清华大学出版社，1991：201.

② 冯友兰．三松堂全集［M］．郑州：河南人民出版社，2001：313.

计三十八人。合旧生因工作未完，准予展期，及今夏研究院毕业生择优派遣留学者，约不出二十人。总计人数不过五十余人。管理事项不如以前之繁重。故本校定自今夏以后，将驻美监督处裁撤，而以管理学生事务，暂托在美其他机关代管。至于二十三年夏间以后留美人数，又将减少三四十人。其仍在美者应不过二十左右。且以后赴美者，皆为大学毕业，已曾在国内研究有年，其年岁长大，学识已有根底，对于入校及研究工作之范围，亦均可预为规定，然则管理问题尤为简单。即或由校直接办理，当亦无不可矣。

派遣留学之举，吾以为应永为清华之一部。以清华经济言，倘不受意外变动，每年可供给二三十人留学，而不致影响于全校之发展。至于校外各界所望本校仍行选派专科学生之办法，足与本校派遣研究院毕业生之旨相同。固然，人才之可深造者，不必皆于本校研究院求之，且亦不必尽以学校研究之工作为标准，此理至明。惟此事之能否办到，全视本校将来经济状况如何。倘将来基金无问题，学校收入稍得宽裕，则本校正愿扩充留美学额，每年加派外选专科学生数人，以应外界之需求也。①

1928 年 9 月梅贻琦任留美学生监督时，他将重心放在指导清华学校留美学生端正学习动机，利用难得机会、刻苦研求国际领先技术、汲取现代先进国优长，克服自我短处局限，学成报效国家。但当他继任校长，清华已改为大学，蔚为国内有地位及影响力的现代大学，附属或效仿美国教育的时代已经揭过，清华大学前身以留美预备和选拔为主体的职能不复存在。在此背景之下，如何处理留美教育事务显然是一件棘手的事。梅贻琦上述设计一方面缩减留学名额，精简留美教育管理组织，但同时仍持续派遣留学生，并促进社会留美教育的实施，以及根据学校经费充盈短缺状况调整留学方案等设计内容，无疑是理性、现实，而富于远见的。这不仅是国际化办学的形势潮流，也是现代大学开放活力的体现。作为工科教授，具有“行胜于言”的先秦墨家风范，梅贻琦文字论述要言不烦，言简意赅，却内涵深刻隽永，丰富充实。

---

① 梅贻琦．梅贻琦自述［M］．合肥：安徽文艺出版社，2013：23－24.

三、通才教育抑或专才教育

梅贻琦刚出任清华大学校长时，学校虽颇有名气，但无学术地位。在后来的短短十年间，清华大学风云际会，遐迩闻名，跻身国内大学先进之列。这种巨变的产生绝非偶然，其重要因素在于掌舵者卓尔不凡的驾驭能力和高尚的人格魅力所发挥的效应。对这一点，当年的清华学子、著名经济学家陈岱孙的回忆能给予印证：1929 年他到清华教书时，清华已经有两年大学班了。那时的清华，报名人数并不多，而录取比例比较大，例如录取一百五十名学生，报名不过四百人左右。而梅贻琦出任校长不到十年时间，清华便声名鹊起。这当然是与全校教师职工的努力工作分不开，但主要是在梅贻琦校长领导下，才得以建立今日清华大学的基础。①

陈岱孙教授所述的时间段恰好是梅贻琦任清华行政管理者的岁月。20 世纪 20—30 年代清华大学成长至初步的鼎盛期，那时他的教育思想核心是什么呢?《大学一解》体现了梅贻琦教育思想的核心理念。在这篇梅贻琦拟纲、述要、揭明主旨观点，由清华大学社会学教授、现代教育家潘光旦执笔的文章中，梅贻琦集中阐述了通才教育这一大学理念。

他所论“通才教育”并非西方 liberal education 的简单搬移，而是一种以中国古代儒家思孟学派作品《礼记》中名篇《大学》内容为基础，博采西方现代大学教育的精粹融合而成的独立思想体系。他在文中提出大学阶段的直接培养目标应该是“通才”，不应该也不可能承担起直接为社会各行各业培养“专才”的任务。

> 窃以为大学期内，通专虽应兼顾，而重心所寄，应在通而不在专，换言之，即须一反目前重视专科之倾向，方足以语于新民之效。夫社会生活大于社会事业，事业不过为人生之一部分，其足以辅翼人生，推进人生，固为事实，然不能谓全部人生即寄寓于事业也。通识，一般生活之准备也，专识，特种事业之准备也，通识之用，不止润身而已，亦所以自通于人也，信如此论，则通识为本，而专识为末，社会所需要者，通才为大，而专家

① 孜粲．百年荣耀 水木清华［M］．北京：北京出版社，2011：21.

次之，以无通才为基础之专家临民，其结果不为新民，而为扰民。此通专并重未为恰当之说也。大学四年而已，以四年之短期间，而既须有通识之准备，又须有专识之准备，而二者之间又不能有所轩轾，即在上智，亦力有未逮，况中资以下乎？并重之说所以不易行者此也。偏重专科之弊，既在所必革，而并重之说又窒碍难行，则通重于专之原则尚矣。①

“专才”同样是社会所必需的，这种培养任务应该由其他教育机构，如大学研究院、高级专门学校，以及社会各项专门事业的训练机构等来承担。大学应着眼于为学生们通向高深学问而做基本训练。

今日大学所授之社会科学知识，或失之理论过多，不切实际，或失诸凭空虚构，不近人情，或失诸西洋之资料太多，不适国情民性；学子一旦毕业而参加事业，往往发现学用不相呼应，而不得不于所谓“经验之学校”中，别谋所以自处之道，及其有成，而能对社会有所贡献，则泰半自经验之学校得来，而与所从卒业之大学不甚相干，以至于甚不相干。至此始恍然于普通大学教育所真能造就者，不过一出身而已，一资格而已。②

梅贻琦针对当时教育部所提倡的“只重专才，不重通才；重实科，不重文理”的教育方针作出批评，大学除对学生加以常规的专业学习和理论训练之外，应该着眼于对学生人格的全面培养，至少应该有知、情、志三个方面。而现实中的大学仅关注于“知”一个方面，而且“知”的方面也是问题多多，教学认识及教学行为的短缺失范尤为显著，成为人格教育病症的根源：

所谓整个之人格，……，至少应有知、情、志三个方面，而此三方面者皆有修明之必要。今则不然，大学教育所能措意而略有成就者，仅属知之一方面而已，夫举其一而遗其二，其所收修明之效，因已极有限也。然即就知之一端论之，目前教学方法之效率亦大有尚待扩充者。理智生活之基础为好奇心与求益心，故贵在相当之自动，能有自动之功，所能收自新之效，所谓举一反三者；举一虽在执教之人，而反三总属学生之事。若今

① 刘述礼，黄延复．梅贻琦教育论著选［M］．北京：人民教育出版社，1993：105－106.
② 刘述礼，黄延复．梅贻琦教育论著选［M］．北京：人民教育出版社，1993：106.

日之教学，恐灌输之功十居七八，而启发之功十不得二三。……今大学中之教学方法，即仅就知识教育言之，不逮尚远。此“体认不足实践不力”之一端也。[①]

在他的这篇教育思想代表作中，他还用了足够的篇幅论述教师在大学通才教育中的作用问题。梅贻琦认为，教师与学生教学中的协作互动是构成教学活动中教学质量的保障力量，但两者之间的角色须界定。在这当中，教师是主导性作用，学生是主体性作用；前者的作用在教导、启发，后者则在此背景下探求自得：

为自我知能之认识，此即在智力不甚平庸之学子亦不易为之，故必有执教之人为之启发，为之指引，而执教者之最大能事，亦即至此而尽，过此即须学子自为探索，非执教者所得而助长也。故古之善教人者，《论语》谓之善诱，《学记》谓之善喻。孟子有云，“君子深造之以道，欲其自得之也，自得之，则居之安，居之安，则资之深，资之深，则取之左右逢其源，故君子欲其自得之也”，此善诱或善喻之效也。[②]

通才教育是着眼于学生全面发展、个性完善和素质坚实的教育。教师不但要能“于一己所专长之特科知识，有充分之准备，为明晰之讲授，作尽心与负责之考课”，而且要为学生的“自谋修养”“意志锻炼”和“情绪裁节”树立楷模。“古人所谓身教，所谓以善先人之教，所指者大抵即为此两方面之品格教育，而与知识之传授不相干也。”[③] 唐代杜甫在成都郊外草堂作有《春夜喜雨》，诗云：“好雨知时节，当春乃发生。随风潜入夜，润物细无声。”可视为孔子“身教胜于言教”师德论的诗话表述。同样，梅贻琦对这种教育境界与智慧做了更有哲理的表述：

古者学子从师受业，谓之从游，孟子曰，“游于圣人之门者难为言”。间尝思之，游之时义大矣哉。学校犹水也，师生犹鱼也，其行动犹游泳也，大鱼前导，小鱼尾随，是从游也。从游既久，其濡染观摩之效，自不求而

---

① 刘述礼，黄延复．梅贻琦教育论著选［M］．北京：人民教育出版社，1993：101－102.

② 刘述礼，黄延复．梅贻琦教育论著选［M］．北京：人民教育出版社，1993：101.

③ 刘述礼，黄延复．梅贻琦教育论著选［M］．北京：人民教育出版社，1993：101.

至，不为而成。反观今日师生之关系，直一奏技者与看客之关系耳，去从游之义不綦远哉！此则于大学之道，“体认尚有未尽、实践尚有不力”之第二端也。①

梅贻琦的《大学一解》一文中着重分析了学术自由在大学教育中的特殊价值。这也是他们那一代教育家彼此坚守的大学办学理念共识。正是通过对该办学理念富有智慧、务实精神和果断态度的发挥，由此演化出梅贻琦的协同处事能力和治校方略。在那非常岁月，这十分有益于提升并确立清华的品牌地位，从而实现了他的教育抱负。

所谓无所不思，无所不言，以今语释之，即学术自由（academic freedom）而已矣。今人颇有以自由主义为诟病者，是未察自由主义之真谛者也。夫自由主义（liberalism）与荡放主义（libertinism）不同，自由主义与个人主义，或乐利的个人主义，亦截然不为一事。假自由之名，而行荡放之实者，斯病矣。大学致力于知、情、志之陶冶者也，以言知，则有博约之原则在，以言情，则有裁节之原则在，以言志，则有持养之原则在，秉此三者而求其所谓“无所不思，无所不言”，则荡放之弊又安从而乘之？此犹仅就学者一身内在之制裁而言之耳，若自新民之需要言之，则学术自由之重要，更有不言而自明者在。②

学术自由与放任自流、随性而安的魏晋名士风流是不同的。前者是学术创新和个性独立的价值取向，保障学校办学的活跃气氛与争鸣对话；而后者则是个人主义的张扬，是对整体的消融以及目标坚持的放弃，易涣散消极而无所事事。梅贻琦所论是现代语义下自由民主的积极有为和效率实现的精义。

当然，通才教育与专才教育有融合、有交叉，只是重心不同，绝不是非此即彼，而应补充互动。梅贻琦早期办学受美国教育综合普遍模式影响较大，而后期根据中国形势时局变化，对专才教育，尤其是机械制造、工程技术，以及电子工程的学科专业更有偏重，这是德国教育模式的转向。

① 刘述礼，黄延复．梅贻琦教育论著选［M］．北京：人民教育出版社，1993：102.
② 刘述礼，黄延复．梅贻琦教育论著选［M］．北京：人民教育出版社，1993：109.

四、学潮中对学生的保护

近代以来，中华民族落后挨打，五四运动以后青年学生作为思想先进的群体一直处于运动的前沿。如何在不打击学生爱国情怀的基础上更好地保护学生的人身安全，是大学校长的责任，同时也是横亘在面前的难事。梅贻琦担任校长之前，清华师生赶走校长、赶走教授是常有的事，校长任期一般都不长。曾有人询问梅贻琦任期长的秘诀，梅夫人韩咏华回忆，当时梅贻琦以调侃风趣的方式回答："大家倒这个，倒那个，就没有人愿意倒梅（霉）！"说完，众人皆觉得"梅校长不爱说话，可是说起来很幽默"①。其实根源在于，梅贻琦对学校的责任感及对学生的爱护。试想一下，梅贻琦担任校长之前，为何总会出现学生驱赶校长的风波？学生驱赶校长都是因为校长的不作为或不从学校及学生的利益出发，损害了师生们的切身利益。而梅贻琦处处爱护学生，一心扑在清华教育事业的发展上，学生们爱戴拥护还来不及，怎么可能会驱赶他呢？

1936 年 2 月 29 日，警察局到清华大学大搜捕，逮捕了数十位无辜的学生。学生们误以为是潘光旦向当局提供的名单，便围攻潘光旦。潘光旦身有残疾，只有一条腿，双拐被学生们丢在地上，只能用一条腿保持身体平衡。潘光旦是清华大学的教务长，也是梅贻琦的老同事与老朋友。作为一校之长，梅贻琦挺身而出："你们要打人，来打我好啦。你们如果认为学校把名单交给外面的人，那应由我负责。"他对情绪激动的学生说："晚上，来势太大，你们领头的人出了事可以规避，我做校长的是不能退避的。人家逼着要学生住宿的名单，我能不给吗？我只好抱歉地给了他们一份去年的名单，我告诉他们可能名字和住处是不太准确的。""你们还要逞强逞英雄的话，我很难了。不过今后如果你们信任学校的措施和领导，我当然负责保释所有被捕的同学，维护学术上的独立。"②

梅贻琦爱生如子。他说："学生没有坏的，坏学生都是教坏的。"国难当

---

① 韩咏华．同甘共苦四十年：记我所了解的梅贻琦［M］//黄延复．梅贻琦先生纪念集．长春：吉林文史出版社，1995：272.

② 孜粲．百年荣耀：水木清华［M］．北京：北京出版社，2011：22－24.

头，学生运动迭起。他完全理解和同情学生的爱国热情。但是游行运动被政府当局所阻止，常发生流血事件，几乎每次学生进城游行后，梅贻琦总会派卡车把同学接回，以超人的冷静维持稳定。而面对当局逮捕、开除学生，他总想方设法予以保护，或通知可能要遭逮捕的学生立即离校。有学生遭到逮捕，他总是费尽周折加以保释。学生们也很体谅学校的良苦用心。每当闹学潮时，学生们顾虑到会影响校长的威望，总要先贴出拥戴梅校长的标语口号。对梅贻琦与警察局周旋呵护学生的行动努力，学生还模仿校长的口吻，编顺口溜："大概或者也许是，不过我们不敢说。传闻可能有什么，恐怕仿佛不见得。"

梅贻琦决定回国任清华大学校长，并不是不知道摆在他面前的困难。据梅夫人回忆，当时消息传到美国，许多美国朋友都劝他不要接受这个差事，他们说："梅先生不是做官的人，最好继续留在美国。"但梅贻琦"一再请辞"未准，便满怀报效母校的责任心决定担此重任。历史证明，梅贻琦的选择是明智正确的。清华大学为他提供了展现大学治理才华的高地；同时，清华大学也因为梅贻琦的智慧及担当迎来了其办校的辉煌。

第三章

黄金时代：清华大学走向辉煌的奠基人

梅贻琦就任清华大学校长后，短短几年，清华大学就被认为可与历史较久的交通大学相媲美。在国难当头的特殊时期，清华大学却有如此蓬勃的发展，取得了诸多切实的成就，绝非偶然。

第一节　清华大学的师资建设与管理模式

打造一支强大的师资队伍是清华学校在“改大”和促进大学提升水平及影响力的全过程中，始终坚守、贯彻如一的思想准则。清华大学以教授治校为特征的管理模式，不仅在民主管理制度上有独特价值，而且有助于学校教学和科研的有效性或开创性实践；同时，这对于青年学生的全面成长是一种“催化剂”。

一、师资建设

（一）高度重视高校师资建设的意义

在清华早期历任校长中，对师资和学术研究的关注及推崇以罗家伦和梅贻琦为代表。1928 年，罗家伦任改制后清华大学校长，在清华大学礼堂正式宣布清华大学成立，“清华以往留美预备学校的生命，转而为国家完整大学的生命”。他将“学术独立”作为“新清华”生命生长的标志，而这首屈一指的工作就落在了师资队伍建设上。

> 要大学好，必先要师资好。为青年择师，必须破除一切情面，一切顾虑，以至公至正之心，凭着学术的标准去执行。经改组以后，留下的十八位教授，都是学问与教学经验，很丰富而很有成绩的。新聘的各位教授，也都是积学之士。科学是西洋的，科学是进步的，所以我希望能吸收大量青年而最有前途的学者，加入我们的教学集团来工作。只要各位能从尽心教学、努力研究八个字上做，一切设备，我当尽力添置。我想只要大家很尽心努力，又有设备，则在这比较生活安定的环境之中，经过相当年限，一定能为中国学术界放一光彩。若是本国人材不够，我们还当不分国籍的借材异地。一面请他们教学，一面帮助我们研究。我认为罗致良好教师，是大学校长第一个责任！①

① 清华大学校史研究室．清华大学史料选编：第二卷［M］．北京：清华大学出版社，1991：201.

这里所述师资延聘招募的渠道和路径是广泛而开放的，尤其是外来师资与科技教育进步的关系更为密切。清华开始由以留学教育为主，转向招致西方科学家前来任教，以促成大学科学教育思想的形成：

我们停止旧制全部毕业生派遣留美的办法，而且要以纯粹学术的标准，重行选聘外籍教授，这不是我们对于友邦的好意不重视，反过来说，我们倒是特别重视。我们既是国立大学，自然要研究发扬我国优美的文化，但是我们同时也以充分的热忱，接受西洋的科学文化。不过我们接受的办法不同。不是站在美国的方面，教中国的学生“来学”，虽然我还要以公开考试的办法，选拔少数成绩优良的学生到美国去深造；乃是站在中国的方面，请西方著名的，第一流的不是第四五流的学者“来教”。请一班真正有造就的学者，尤其是科学家，来扶助我们科学教育的独立，把科学的根苗移植在清华园里，不，在整个的中国的土壤上，使他开花结果，枝干扶疏。①

很显然，罗家伦校长的上述见解是圆融精辟的，并为后继者梅贻琦所汲取和发扬光大。

1931 年 12 月 3 日，梅贻琦由美国返回国内就任清华大学校长。到校当天，就在大礼堂召开了全校大会，发表就职演说，就清华大学未来管理规划进行了简述。其中谈到办学方针，他比较充分地表露了其教育思想，如强调爱护人才，避免人才浪费；尽全力充实师资，广泛延聘国内外一流学者来校任教等，直言自身所“奔赴之第一事”，“便为师资之充实”。

我们要向高深研究的方向去做，必须有两个必备的条件：其一是设备；其二是教授。设备这一层，比较容易办到，我们只要有钱，而且肯把钱用在这方面，就不难办到。可是教授就难了。一个大学之所以为大学，全在于有没有好教授。孟子说：“所谓故国者，非谓有乔木之谓也，有世臣之谓也。”我现在可以仿照说：“所谓大学者，非谓有大楼之谓也，有大师之谓也。”我们的智识，固有赖于教授的教导指点，就是我们的精神修养，亦全

① 清华大学校史研究室．清华大学史料选编：第二卷［M］．北京：清华大学出版社，1991：200.

赖有教授的inspiration。但是这样的好教授，决不是一朝一夕所可罗致的。我们只有随时随地留意延揽而已。同时对于在校的教授，我们应该尊敬，这也是招致的一法。①

师资之于大学尤为重要，是清华人力图本校之发展、提高本校之学术地位的要津，延揽充实师资与尊重本校师资双管齐下，互相支撑，这是十分必要的。1932年开学典礼讲话中，梅贻琦强调教授在学校里的主导地位："凡一校精神所在，不仅仅在建筑设备方面之增加，而实在教授之得人。本校得有请好教授之机会，故能多聘好教授来校。这是我们非常可幸的事。从前我曾改易《四书》中两语：'所谓大学者，非谓有大楼之谓也，有大师之谓也。'现在吾还是这样想，因为吾认为教授责任不尽在指导学生如何读书，如何研究学问。凡能领学生做学问的教授，必能指导学生如何做人，因为求学与做人是两相关联的。"② 他在五年后发表的《致全体校友书》中首先提出："师资为大学第一要素，吾人知之甚切，故亦图之至亟。""大学之良窳，几全系于师资与设备之充实与否，而师资为尤要。"③

梅贻琦借用孟子名言，将孟子以"乔木""世臣"之于国的角色，比拟为"大楼""教授"之于大学的地位担当是恰当的。好教授是一流大学的保障，不仅应延揽、聘请，更需爱护和尊敬。而且教授不仅在研究学术上，而且对引领学生成长和教导学生做人等方面均是至关重要的。这些见解之于大学的现代化发展而言，无疑是深刻而独到的。不仅如此，梅贻琦作为一校之长，对学校教师格外尊重：不仅尊重他们的人格，而且尊重他们的治学风格和教学个性。他认为教师只要是发了聘书的，就是校长请来的先生，什么时候都得客客气气地待着，人家怎么教，教什么，都悉听尊便，如果觉得人家水平不够，下回不聘就是了。至于教师的协作教学、组织方式、活动安排，他从不做干涉，也不会阻挠。学校的重大事务，没有教授们不知道的。

---

① 刘述礼，黄延复．梅贻琦教育论著选［M］．北京：人民教育出版社，1993：10.

② 梅贻琦．教授的责任：在廿一年度开学典礼上的讲话［M］//刘述礼，黄延复．梅贻琦教育论著选．北京：人民教育出版社，1993：24.

③ 刘述礼，黄延复．梅贻琦教育论著选［M］．北京：人民教育出版社，1993：69.

梅贻琦担任校长前的一段时间，清华大学的师资力量已经有了较大的改观。当时国内许多著名学者就已会聚于清华园，如国文系的朱自清、杨树达；西文系的王文显、吴宓；物理系的叶企孙、赵忠尧；化学系的高崇熙、赵学海；生物系的刘崇乐、钱崇澍；历史系的刘崇鋐、钱端升；数学系的熊庆来、郑之蕃；哲学系的金岳霖；社会系的陈达；体育系的马约翰、郝更生；国学研究院的王国维、梁启超、陈寅恪、赵元任、李济等。在梅贻琦出任留美学生监督期间，罗家伦任校长时又聘请了一批著名学者，如1928年到校的杨振声、冯友兰、俞平伯、施嘉炀、吴有训、萨本栋、邓以蛰；1929年到校的张奚若、萧蘧、张子高、周培源、杨武之、黄子卿、陈桢、李继侗、萨本铁；1930年到校的翁文灏、张申府、孙国华、李运华、周先庚、余肇池、王裕光；1931年到校的吴景超、余冠英、噶邦福（俄籍）、蔡方荫、陶葆楷、张泽熙、王力、赵人隽、燕树棠等。

1931年年末，梅贻琦接任校长后，将人才引进政策调整为“稳”和“引”齐头并进、双管齐下。前者在于充分尊重原教师队伍并充分发挥其作用，如上述的“对于在校的教授，我们应该尊敬，这也是招致的一法”。后者在于“随时随地留意延揽”，多方优厚条件礼聘各类人才。一时间，有识之士闻风景从。

（二）梅贻琦于师资建设的努力

从梅贻琦掌校开局之年的1932年至抗日战争全面爆发的1937年，清华大学先后应聘来校的国内外名师（包括一些当时即崭露头角的新秀）不绝如缕，门庭若市。著名如1932年来校的闻一多、雷海宗、萧公权、许维遹、庄前鼎、刘仙洲、章名涛、赵凤喈、顾毓琇，1933年来校的沈履、张印堂、赵访熊、倪俊、张大煜、李仪祉、夏翔、冯景兰、沈乃正，1934年来校的张荫麟、张任、陈之迈、李达、李郁荣、李辑祥、彭光钦、戴芳澜、吴达元、吴晗、潘光旦、沈有鼎、唐兰、任之恭、曾远荣、吴新谋、洪绂、李谟识、董树屏、张捷迁，1935年来校的段祖澜、霍秉权、范崇武、赵友民、赵以炳、汪一彪、张润田、殷文友、杨业治、李景汉、张席禔、冯桂连，1936年来校的贺麟、洪绅、吴柳生、王信忠、邵循正、钟士模、段学复、张岱年、齐思和，1937年来校的陈梦家、孟昭英、陈省身，此外还包括外籍学者维纳（美）、哈达玛（法）、华敦德

（美）、原田淑人（日）等。从人才难得、珍惜爱护人才的指导思想出发，在清华大学时期，特别是梅贻琦掌校期间，学校广延名师，吸引学有专长、造诣精湛，或蜚声学界，或小荷已露尖尖角的青年俊秀。这些社会名家、学者来校任教，形成并构筑了清华大学的人才优势。名师云集，群星灿烂。这时期的清华教师队伍，无论是就其资质，还是就其集中程度来说，在国内诸大学中都是无与伦比的，处于遥遥领先的地位。对此，梅贻琦的自述颇能说明：

至其实况，可于下列三事见之。第一，教师人数之增加。本校二十年度时，全校教师计为教授七十三人，讲师四十二人，教员七人，助教三十二人，导师五人，共计一百五十九人。至二十一年度时，则教授增至七十八人，讲师四十四人，教员十二人，助教三十六人，导师三人，共计一百七十三人。至本年（二十四年）度则教授增至九十九人，讲师三十五人，教员二十一人，助教六十五人，导师一人，共计二百二十一人矣。此就人数方面言之也。第二，国外学者之延聘。吾人以为将欲提高国家学术水准，端赖罗致世界第一流学者，来华讲学。是以年来对于此点，尤特注意。数年之内，外国学者来游中国，本校得以邀聘来校作短期讲演者，如郎哲曼（Longevin）、如郎密尔（Langmuir）、如何尔泰（Holcombe）、如杰克生（Jackson），虽每人讲演多者不过二三次，而本校得与观摩谈论，获益当非浅鲜。至本年更进而聘约来校长期讲学者，计有哈德玛（Jacques Hadamard）、温纳（Norbert Wiener）、华敦德（Frank Wattendorf）诸君。哈德玛为巴黎大学副教授，中央实业学校教授，现任巴黎法兰西学院教授，国家学术院会员，世界算学会副会长，世界算学教育委员会会长；温纳为美国麻省理工大学算学教授，于近代算学之应用，尤多发明；华敦德向在美国加省理工大学研究，于航工之理论与经验皆有精深之造诣。此数君之来校或期以数月，或一二年，吾校师生利用此时机作学术之探讨，其成就必有逾乎寻常者。此就师资之质的方面言之也。第三，各系学科之增加。本校各系所开学门，计二十年度为三百六十五门，二十一年度为四百四十四门，本年度则为五百一十二门。增加之速，于此可见。此就师资充实后之效率言之也。①

大学办学要办出水平和质量，师资力量未雨绸缪，至为关键。“三军未动，粮草先行。”人的力量发挥效用，应有设备工具，否则也会“巧妇难为无米之炊”，徒唤奈何。在这方面，大学较之中小学而言，更为突出。在大学学科专业中，理工科教育更受制约。梅贻琦说：

> 师资与设备为大学之两大要素，前已言之。是以在理论上言，吾人对于设备一端，不能不竭其所能，以求充实；此无他，欲以提高学术地位，有以资研究与教学之便利也。即就事实上言之，本校改为大学，不过十年，一切设备，初欠完备，加以年来学系与师生之人数，日在扩展之中，则设备之充实，为必不可缓矣。至于时局厄臬，吾人非不知之，然而一方面事实上有此需要，一方面吾人亦不宜徘徊瞻顾，趑趄不前，此盖今日办学者所共感之困难，而又无可如何者。无已，则惟有以最经济之标准，应最迫切之需要，庶费不浪用，而事无不举可已。②

师资与设备是大学发展的必要条件，犹如鸟之两翼、车之两轮，不可偏废，不可或缺。前者是人力，后者是物力。由于物是供人使用的，人是主体操控者，物的条件可由人力的创造而增设、充实并完善，故人的因素更为重要。

梅贻琦所述至为公允切要，而体现在清华的建设之中，人、物交互同构，合力提升，以人为先、物为人用，终于获得了清华学校“改大”以来先期发展的宏大气象。至20世纪30年代中期，清华大学设有文学院（中国文学系、外国语文系、哲学系、历史学系、社会学及人类学系）、法学院（政治学系、经济学系）、理学院（物理学系、算学系、化学系、生物学系、地学系、心理学系）、工学院（土木工程学系、机械工程学系、电子工程学系）。另设有农业研究所和航空研究所等。在院系不断扩大的同时，学生招生人数也逐年增加，1928年正式改名清华大学时在校学生仅四百零一人，而到1936年时在校学生就已经达到了一千三百多人，八年间足足扩充了二倍多。图书资料、建筑设施、

① 刘述礼，黄延复．梅贻琦教育论著选［M］．北京：人民教育出版社，1993：69－70．

② 刘述礼，黄延复．梅贻琦教育论著选［M］．北京：人民教育出版社，1993：70．

仪器设备等也大幅增加。至1937年7月抗战全面爆发前夕，清华大学在师资、学术水平、学生人数、学校规模、学生质量等各方面都处于国内领先地位。

1929年，清华国学研究院正式宣布撤销。但其精神，则在清华大学文学院得到了延续，形成了极具集团优势的“清华学派”。文学院在清华大学中属于较大的二级学院，其中包括中国文学、外国语文、哲学、历史学、社会学及人类学五个系，均成立于1926年。文学院院长初为杨振声，之后一直为现代著名哲学家、思想家冯友兰。

文学院的师资在当时一直是令人瞩目的。单说较为固定的教师，中文（中国文学）系的朱自清、闻一多、杨树达、刘文典、俞平伯、陈寅恪（与历史学系、哲学系合聘）、王力、许维遹、余冠英，外文（外国语文）系的吴宓、瑞恰慈、叶公超、钱稻孙，哲学系的金岳霖、邓以蛰、沈有鼎、张荫麟（与历史学系合聘），历史学系的雷海宗、吴晗，社会学系的陈达、潘光旦等诸位先生，哪位不是声名赫赫？在二十多年的发展中，还有诸位名师如钱玄同、赵元任、许地山、朱光潜等前来加盟，能形成如此局面，与梅贻琦校长的教育思想本属一体，难以拆分。事实上，文学院在全盛之时，全院学生最多亦只有二百七十余人，能得到如此多大师的教诲指导，在如此浓厚的学术氛围中求学，他们后来大多成就斐然，蔚为业内权威，如王瑶、钱锺书、季羡林、曹禺、李健吾、费孝通等。在他们那里，“清华学派”的学术传统仍在继续着。

有了“中西融汇，古今贯通”的指导思想，清华大学文学院的课程设置也殊异于常规。各系课程各有风格个性，如中文系注重新旧文学贯通与中外文学的结合，外文系则提出要培养“汇通东西之精神思想”的“博雅之士”，历史学系提出“中外历史兼重”，哲学系强调东西方哲学相互阐释，社会学及人类学系主张学生应有广博的基础知识等。总而言之，都强调知识广博、中西兼重的原则，而且都极为重视外国语文。以中文系为例，其必修的外文课程曾达全部必修课总学分的五分之一左右。季羡林这样回忆：

> 后来，我考进了清华大学，入西洋文学系。芝生（冯友兰）先生是文学院长。当时清华大学规定，文科学生必须选一门理科的课，逻辑学可以代替。

我本来有可能选芝生先生的课，临时改变主意，选了金岳霖先生的课。[①]

当然，学派精神的最重要体现，在于这些学派的学者及他们的学术著作。“清华学派”的诸多学者，其共同特点在于学识的广博、眼界的开阔和思想的开明。他们儿童、少年时代恰处清末民初，国学、旧学学习和训练严密系统，深邃扎实，后来又处留学欧美潮流澎湃激荡之时，大多具有国外留学经历，因而对中西文化均有较为明晰和透彻的理解。他们旧学功底深湛，同时握紧时代的文化新脉络；秉承着中西文化无基本对立、学术文化可以衔接沟通的要旨，以西释中或以中释西，真可谓“脚踏满天星斗，旋转学术乾坤”。正如冯友兰先生在1934年版《中国现代哲学史》中指出：

> 我们现在所关注的不是像第一、二两个时期：变法时期与新文化运动时期的知识分子那样，用一种文化批评另一种文化，而是用一种文化来阐明另一种。

（三）师资建设中罗家伦、梅贻琦的作用比较[②]

据1927—1949年《清华大学教师名录》（未刊稿）所载1927年、1928—1930年、1931—1937年三时段应聘到校教师出身统计，通过对教师职级考察，可发现在第一、第二时段，亦是旧清华及罗家伦时代里，学校重视教授的延揽，而忽略中、低级教师的培养；到梅贻琦时代，才做均衡调整。

第一时段之教授人数，占同时期教师总人数的84%，是曹云祥校长和部分留美返校任教的青年教授，以提升清华学术水准、建立完全独立大学为理由，淘汰不适任的中外教师所致。

在第二时段内，罗家伦以开放的态度延揽国内外著名学者，教授比例为教师总数的62%，讲师、教员与助教合计仅38%。这种结果主要是由罗家伦的办学政策所致，当然与评议会和教授聘任委员会的配合亦有关系。

在第三时段内，梅贻琦以稳健的态度，从长期发展的观点出发，一面重视

---

① 季羡林．季羡林与名人［M］．北京：群众出版社，2001：63.

② 以下统计数据及内容主要参考苏云峰．从清华学堂到清华大学：1928—1937［M］．北京：生活·读书·新知三联书店，2001：112－116. 笔者特此向作者及出版社致谢。

延揽中外著名学者为教授，一面亦计划栽培理工学院各系中低级教员，分担教授的辛劳。梅贻琦认为在均衡发展下，各级教师之间才可避免断层及传承困难的问题。这是梅贻琦的过人之处。

观察各学院师资职称结构，比较各学院的师资阵容。对 1927 年至 1937 年曾在清华大学任教的三百九十八人做职称统计，可发现理学院一百二十四人最多，依次为文学院一百二十人，法学院七十三人，工学院六十六人，国学研究院七人（1929 年停办），体育部八人。这个师资人力配置，表明清华大学在这一个阶段里，仍旧偏重文理二学院，虽然工学院已有后来居上的趋向。

职称统计中，可看到教授级的人数最多，共为三百一十四人，博士七十二人（23%），硕士八十五人（27%），而以学士一百四十九人（47%）为最多。此外，有三人仅国内中学毕业，五人无学历，仅在国外做过访问研究而已。

在这一时期，由于人才缺乏，一般大学对教授资格的要求，并不十分严格。许多人只要大学毕业，出国游学，取得硕士或博士学位，或者仅是访问研究一段时间，回国后就可出任大学教授。清华大学的要求，虽比一般大学严格，但在人才普遍缺乏的情况下，也不得不有所迁就。不过，罗家伦掌校以后，采取了比较严格的标准，除延揽国外著名学人讲学外，同时也较重视中国教师的实力和学养。

总之，这一时期，清华教师比前一时期无论在数量上、水平学历上，还是年龄结构上都有很大提高。清华教师队伍已从早先的封闭排他转变成开放包容，非清华出身者已占半数以上。应聘到校的教师初以教授为最多，至梅贻琦时期始于理工学院做均衡调整。教师最高学历，以学士为最多，硕士与博士人数相若，二者合计则超过学士人数；硕士与博士多为外国学位，而学校也鼓励教授利用休假出国进修，提高学养。所以，清华教师的品质要比其他大学为高。另外，教师多数年轻，且多来自沿海沿江教育较发达的省份。

（四）教师招聘资格及入职待遇

教师的延聘条件、资格待遇及其工作情况，是反映一所大学中教师受重视程度及办学潜力的重要表征。

“我劝天公重抖擞，不拘一格降人才。”这是龚自珍在面对鸦片战争后清王朝的“人才之虚”与“人心之痱”发出的呐喊。时间过了近一个世纪，中国社会已然剧烈变化，但人才问题仍是社会改革和进步的关键。作为社会重要机构的大学尤应如此。广聘名家名流来清华教学和开展科研，是梅贻琦大学教育的核心旨趣。但热心招徕和尊重关心的同时，也须有程序和任务要求的明确，以及管理章程的有据可依。教师待遇反映了其社会地位，以及尊师重教的实情，所以给高薪酬以保障其生活优厚、无后顾之忧是主持校政者睿智和英明所在，但差异性待遇的格局不是等级尊卑的结果，而是一种奖励和督促的策略，其间是灵活可变的。清华对于选聘教授一向颇为认真严格。学校有由教授组成的聘任委员会，凡拟聘请的新教师，包括教授、讲师、专任讲师“须经聘任委员会审之同意”。教师聘期内不认真履行职责，因事因病请假超出学校规定期限，旷职或不称职，以及不遵守校规者，有三者中的一条，“得解除其聘约”。[①]

《国立清华大学教师服务及待遇规程》中第二章“资格”对各类教师的任用资格做了规定。[②] 由规定可知，清华大学选聘教授更为注重学术上的成就。初从国外留学归来的教师，如果没有得到博士学位，或虽有学位而学术上尚无突出表现，又没有担任过教学工作的，一般不能马上获得教授资格，而只能担任专任讲师。虽然如此，由于清华教师待遇较好，生活较安定，研究环境也好，一些教师还是宁愿放弃在外校取得教授资格的机会，来清华担任专任讲师。

讲课的教师，都是教授或专任讲师，助教没有资格讲课，只是管实验、改习题、做教授的助手而已。学校规定：专任教授授课钟点，至少须每周八小时，或每学年十六学分，至多每周十二小时，或每学年二十四学分。唯受聘学院或系主任者，得因公务繁重，酌量减少其授课钟点，但至多以减少每周三小时或每学年六学分为度。校内专任教师、教员及助教，不得在外兼课或兼事。教授在完成学校规定岗位职责后，经学校同意可以在校外兼课、兼事，但须与所授课程“性质相同”，时间每周不得超过四个小时，且不得离开北京。[③]

---

① 清华大学校史研究室．清华大学史料选编：第二卷［M］．北京：清华大学出版社，1991：175.

② 清华大学校史研究室．清华大学史料选编：第二卷［M］．北京：清华大学出版社，1991：174－175.

③ 清华大学校史研究室．清华大学史料选编：第二卷［M］．北京：清华大学出版社，1991：177－178.

教授月薪一般为三百到四百元，最高可达五百元（1932 年以前为一百六十到三百六十元之间）。专任讲师为一百六十到二百八十元，教员是一百二十到二百元，助教为八十到一百四十元。教授与专任讲师待遇突出，其中的差距弹性颇大，这种灵活可变性有区别对待以奖优鼓励先进的寓意及作用，教授月薪三百元，“其资格较高者，得出此额”；“其余所任学科，有特殊学术成绩者，加月薪四十元”，“最高以四百元为限”；“但于所任学科有特殊学术贡献者，得超过此限，加至五百元”。专任讲师月薪的区间差别，“视其余所任学科之学术成绩定之”。①

清华大学教师系列薪资待遇是很高的。教授最高月薪五百元，相当于清华工人最低月薪的五十五倍。而清华教授“连续服务满五年而本大学愿续聘其任教授者，得休假一年”，其中还可享受出国休假半年的待遇。出国期间除仍可支半薪外，学校还补助往返川资各五百二十美元，及每月研究费一百美元。专任讲师、教员和助教在校连续服务五年后，成绩优异，“愿赴欧美或日本专作研究”可享受休假研究一年的待遇，学校可支给学费，按“半数支给川资及研究费”。②

从 1928 年到 1937 年这段时间里，由于清华教师可以享受较高的待遇，又有出国的机会，加上学校设备充实、环境优美，进修研究条件很好，教师只要学有所长，认真教学，一般也不会受到解聘的威胁。教师工作稳定，生活安适，当然就会比较乐于长期留在清华工作。这使清华逐步形成一个比较稳定的、质量较高的教师队伍，对学校的发展起了良好的作用。这不能不说是梅贻琦爱惜、珍重人才的具体表现。这对清华大学的发展是重要的举措，也是他办学业绩与成就的光彩之笔。

二、清华大学的教育管理模式

梅贻琦治校的基本思想是“民主治校”，也被称为“教授治校”。教授治校

---

① 清华大学校史研究室．清华大学史料选编：第二卷［M］．北京：清华大学出版社，1991：176.

② 清华大学校史研究室．清华大学史料选编：第二卷［M］．北京：清华大学出版社，1991：180.

的思想并不是梅贻琦的首倡，而是根源于近代教育家蔡元培。他心仪德国学术思想，对德国的心理学、教育学、伦理学、哲学，以及美学等诸多学科领域均有精深理解和体会，尤其是引进德国哲学家、教育家康德的思想，并效仿洪堡创办柏林大学的教育管理模式。1917 年元月，在中华民国成立五年后，卸任民国首任教育总长的蔡元培就任北大校长。在蔡元培被任命为北大校长之前，北大换过五任校长，均未改变北大官僚养殖所的陈腐局面。许多人劝他不要就任，以免因改革不好而于声名有碍。蔡元培在孙中山等人的支持下，毅然赴任，并对北大进行了全面改革，教授治校便是其中的一项内容。

十多年以后，大致与梅贻琦掌校同时段，北大新任校长蒋梦麟却改弦更张，不再实施教授治校的管理模式。

> 1931 年 1 月，蒋梦麟接受国民政府的任命，回到北京出任北京大学校长一职。他抱着“中兴北大”的决心，征得中华教育文化基金会一百万元的援助，以“校长治校、教授治学、学生求学、职员治事”的理念再度革新北大；他改革北大的管理和教学体制，延聘全国有名的学术界名宿，新建地质馆、改造图书馆、改善学生宿舍。虽然出任北大校长的这段时间已经是国难当头，但蒋梦麟带领北大师生艰苦奋斗，努力给北大打下了一个坚实可靠的基础，重新塑造了北大学术中心的地位。①

20 世纪 30 年代中期，就有人称清华大学为教授治校的典型。但是清华大学内部，其实并没有明确提出这个口号。这个体制与其说是在一个明确的口号下有意识地进行改革的产物，不如说是在 20 世纪 20 年代末的历史条件下，为了应对环境而逐渐演化形成的产物。清华大学管理模式以教授治校为典型，教授治校与校长治校本身的功过是非如何，本书对此不作评论。但无论如何，清华模式是当时民主教育潮流中较早出现的一种体制，对于当时高等院校内沿袭传统封建衙门式的“一长制”起了一定的遏制作用，并在中国教育管理史上占有着重要的地位。

---

① 仲玉英，陈桃兰，艾乐，等．蒋梦麟画传［M］．成都：四川教育出版社，2017：173.

（一）教授治校管理模式的主要内容

在梅贻琦出任校长之前，清华大学已有了教授治校思想的萌芽，但未能得到较好的发展。梅贻琦的可贵之处就在于他作为校长，无视其自身权益将受到削减的事实，完全接受了这个制度，并全力地加以扶植。

罗家伦掌校时实行在校长控制下的教授治校制度。根据《国立清华大学组织规程》（1929 年 6 月 12 日修订），清华大学设有这样几个机构：

（1）教授会。由全体教授、副教授组成，校长为当然主席。表面上看，它是全校的最高权力机构，可以选举评议员和院长。它关于校政的决议，校长一般均得执行。

（2）评议会。由校长、教务长、秘书长、文理法工四院院长及教授会选出来的七位评议员组成。它相当于教授会的常委会，是学校的立法机构。

（3）校务会议。由校长、教务长、各院院长组成，是处理日常行政事务的行政机构。

教授会权限包括：审议改进教学及研究事业以及学风的方案；学生成绩审核和学位的授予；建议评议会的事项及由校长或评议会交议的事项；互选议员，各院院长都由教授会从教授中推荐，教务长习惯上也由教授中聘任。教授会并不经常开会，但对校内发生的大事是主动过问的。教授会由校长（无校长时，由执行校长职务的校务会议）召集和主持，但教授会成员可以自行建议集会。这些权力及内容范围呈现相当稳定和常规化实施的状态。如 1931 年 7 月 10 日修改的《国立清华大学教授会议事细则》对教授会活动的具体程序及环节做了设计，择其要者介绍如下：

1. 本会设主席一人，专司开会时主席职务；书记一人，司记录及通告之职务。本会以校长为当然主席，校长缺席时本会得推选临时书记任期一年（自每年暑假放假之日起算）于每学年末次常会中选举之。

2. 本会每月开常会一次，于第一个星期四举行之。如遇困难得提早或延迟，但相差不得逾一星期。校长或校务会议或评议会或教授五人联名声叙理由函请开会时，书记应召集临时会。

3. 常会通告须于会期前两日送达全体会员，校长或校务会议或评议会或教授二人以上联名提出之一切议案应列成议程入通告中。

4. 以本大学教授总数三分之一（休假教授不计在总数之内）为开会法定人数。

5. 普通议案以投票总数之过半数可通过之，但校长校务会议或评议员提出或经会员五人请求认为重要之议案，以到会会员过半数之票可通过之。

6. 投票方法以举手为原则，但遇到会会员五人请求时用不记名书面投票法。

7. 本会一切选举由到会会员提名推出候选人，再就候选人中用不记名书面投票法举行之，以得票过到会人数之半数者当选。如当选者，不足额时得于倍于余额之最多票者复选之以产生足额为止。①

需要说明的是，作为教授会管理模式的补充或延伸，清华大学还有“专门问题委员会”制度，教授会、评议会、校务会议都可以建议、决定成立某一专门委员会，其组织成员由校长聘任。校长为了筹划执行某项学校行政或管理工作，也可以直接设某专门委员会。此类委员会有常设的，也有临时的，但大多数委员会设立的建议来自评议会。委员会经常通过对某些事情的调查、讨论，为评议会作出决策时，提供各项资料和可供选择的不同方案。当然，对有些具体事务，委员会也可以直接安排或解决。各专门委员会有的由评议会成员组成，但更多的是由评议会成员和会外的教职员混合组成，或者全部由评议会之外的教职员组成。委员会组织的广泛应用，为评议会分担部分琐事，减轻了评议会的负担，同时也扩大了听取教职员对校务献言建议和参加校内管理的民主权利。

评议会是这个体制的核心。它的职权包括：议决重要章制、审议预决算、议决学院学系的设立或废止；议决选派留学生计划和经费分配；议决校长和教授会交议的事项。评议会是校内最高的决策、立法和审议机构，主要的法案、章制都由评议会动议、制订。评议会的决议对学校各级领导有一定的约束力。教授治校的作用就是通过评议会职能而表现的。② 在行政方面，当各院成立和

① 吴惠龄，李壑．北京高等教育史料：第一辑 近现代部分［M］．北京：北京师范大学出版社，1992：46．

② 方慧坚，张思敬．清华大学志：上册［M］．北京：清华大学出版社，2001：21．

任命院长后，就正式成立了以校长为首和由教务长、秘书长及文、理、法、工学院院长参加的校务会议。在这时，原有的评议会也经过改组由以校长、教务长、秘书长和四院长为当然成员与教授会互选的成员若干人组成。这两个机构和教授会构成了清华体制的组织基础。①

从表面上看，在校务会议和评议会中，属于行政方面的人，只有校长和教务长、秘书长三人，其余的人都是由教授会选出来的代表，两者之间比例为3：11（包括四个院长），教授会的代表占绝大多数。从理论上说，教授会对学校行政有最大的支配权。这就是清华推行的教授治校管理制度。

上述可知，教授治校，在清华得到了完整和切实的推进及实施。在罗家伦到校以前，清华本来有评议会，由行政领导和教授会的代表组成。学校的规章制度必须由评议会通过，重要措施必须由评议会审议才能执行。罗家伦尊重这个组织，但是关于院长的人选问题，他和教授会有异议。罗家伦主张各院院长由校长在教授中聘任，而教授会则坚持由教授会选举。这是一个校长和教授会怎样分权的问题。因为院长不仅负责管理本院的事务，还要出席学校的各种重要会议、参与学校议政决策，而后者尤其重要。因为各院的事务，主要是由学院下属各系分办。此项异议经过商量，达成双方都可接受的协议。校长、教务长、秘书长和四个院长组成校务会议，处理学校的经常事务。四个院长进入评议会，为当然评议员。这样，就构成三级会议组织机制。评议会好似是教授会的常委会。因为这三级会议还各有自己的职权，各有自己的名义。校务会议不能用评议会的名义办事，评议会也不能用教授会的名义办事。这种教授治校的形式，伴随着民国时期各历史阶段清华大学的办学活动始终，除了在西南联大联合办学过程中对评议会有所调整之外，一直到1952年全国高校院系调整改革大学行政组织和管理体制才废止。

从20世纪20年代末起，在清华大学，除了有一个分别以校长、各学院院长、各学系系主任为首的校、院、系三级教学、事务、行政结构外，还逐渐形

---

① 陈岱孙．四十年代清华大学校务领导体制和前校长梅贻琦［M］//黄延复．梅贻琦先生纪念集．长春：吉林文史出版社，1995：295．

成了一个和这个结构并立的、不同于由校长独揽学校管理权的新领导体制。20世纪40年代，该体制在清华大学已实行了近二十年。其间，还包括南迁昆明西南联大的风雨历程，西南联大校内领导体制和清华大学颇为一致。这表明清华大学的管理模式，在西南联大期间一直发挥作用，并未因北大、南开的联合办学而终止其民主制度的延续性。

（二）教授治校管理模式形成的因素

促使教授治校管理模式在清华大学形成的因素主要有两大方面。一是在20世纪20年代末到30年代初，清华没有“校长”（或者名义上有校长，而校长不发生作用）。在这时期内，校务由一个以教务长、秘书长、各学院院长（除秘书长外，都由教授兼任）组成的校务会议维持。清华作为一个较为年轻的大学，它在1925年刚开始从二年制初级大学程度的留美预备学校向四年制的正规大学转变。清华当时的教授大部分都比较年轻，三四十岁的居多，因此在事业上有极大的进取心，不满足于仅仅维持现状，他们要求有一个可以撇开校长，自动推动学校工作的力量。二是国民党派系打入学校的阴谋引起了广大教师的戒心和厌恶，他们希望以校内学术自主的口号，对抗来自校外的官僚政治的专制控制。① 严格意义上来说，清华大学校内这种管理模式的确立，始于1928年6月北伐军攻入北京之后。

有关清华大学与北伐战争的关系，当时即将任职的校长罗家伦所著的《学术独立与新清华》一文有集中论述：

> 在中国近代史上，革命的潮流常是发源于珠江流域，再澎湃到长江流域。但是辛亥革命的时候，革命的力量到长江流域就停顿了，黄河以北不曾经他涤荡过，以致北平仍为旧日帝制官僚军阀的力量所盘踞，障碍了统一的局面十几年。这回国民革命军收复北平，是国民革命力量彻底达到黄河流域的第一次，这是中国历史上一个新的纪元。国民政府于收复旧京以后，首先把清华学校改为国立清华大学，正是要在北方为国家添树一个新

① 陈岱孙．四十年代清华大学校务领导体制和前校长梅贻琦［M］//黄延复．梅贻琦先生纪念集．长春：吉林文史出版社，1995：293－294．

的文化力量！[1]

在北伐战争推翻北洋军阀之前，清华大学隶属于北京政府外交部。国民政府势力伸入北京以后，又受外交部和大学院共同管辖。1930 年，在北洋政府期间清华大学改由教育部直辖，当时校内就有一个由全体教授参加的教授会和一个由教授成员互选出的十位成员组成的评议会。这种大学体制是仿效美国大学模式的结果。但是当时这两个机构权力有限，作用更是微乎其微。在学年终毕业成绩的审查和学位的授予上，按规定而言，教授会是有其重要权力的，但实际上，两会都由校长召集、主持，其所扮演角色只是校长的咨询机构而已。

1928 年 8 月 14 日，南京国民政府派罗家伦任清华校长。他来校后，延聘一些学者充实了教师队伍。但由于自身资历既浅又没有学术地位，在他所延聘的学者和校内原有教师心目中，其威望并不高。为了表示愿意倾听教师们的意见，罗家伦在一定程度上利用了教授会。当时清华正处在如何迅速地向完全正规大学过渡的冲刺阶段，在学制年限、教学计划、师资队伍、图书设备、预算分配以及大学基金等问题上，教授会在开会时提出了许多意见。但教授会人员过问多了就冲撞了校长所掌控的权力以及颜面，起初罗家伦还表示接受和重视，但不久就表露出厌烦情绪，进而发生了一些龃龉。[2]

尤其是关于学院院长的选聘问题上，两者发生矛盾。根据大学组织法，院长应由校长任命。但教授会认为教务长、秘书长主要是学校行政人员，可以由校长直接任命；而院长，作为各学院教学与学术工作的领导人，应由教授会公开选举，但为了符合大学组织法的规定，可于选举后再由校长任命。但罗家伦则借此坚持维护校长权限，提出了异议。教授会对此却固执已见。经过协商，双方彼此让步：教授会就学院院长人选推出两位候选人，校长在充分考虑会上票数的差别后，择一任命。这种决定各学院院长人选的程序便成为清华管理体制的一部分。该事件本身反映出校内学术民主自由和官方政治控制之间矛盾的

① 罗家伦．学术独立与新清华［M］//清华大学校史研究室．清华大学史料选编：第二卷．北京：清华大学出版社，1991：199.

② 陈岱孙．四十年代清华大学校务领导体制和前校长梅贻琦［M］//黄延复．梅贻琦先生纪念集．长春：吉林文史出版社，1995：294.

客观存在，但清华在沿着民主自由道路进展。1928 年罗家伦来校后，教授会联合学生，把原来控制清华的最高权力机关董事会打倒了，同时又迫使罗家伦接受了“院长由教授会选举产生”的办法，教授会的权力就日渐扩大。

罗家伦校长治校期间对清华的贡献是客观存在的，但出于复杂而难以言明的缘由，他仍为民主思想激进热烈的青年教授和自由主义学者所排挤或拒斥。大约他们看清在校外存在企图夺取教育学术机构控制权的政治势力，感觉到为了维护教育和学术的民主和自主，加强以某种形式组合起来的校内民主、自主领导体制是十分必要的。这就使清华校内领导体制在学校行政权与学术博弈之中，以及管理与自由的向度上急剧后移。对此，陈岱孙教授的剖析十分精要：

> 一九三〇年春，罗家伦由于学生对他强烈不满，同时教师们也不予支持，去了南京不再回来，终于在四、五月间正式辞职。在罗走之后，就开始了基本上由“校务会议暂行维持校务”的局面。当时清华校务会议的成员中绝大多数和南京政治没有瓜葛。校务会议如果不愿仅仅作一个“看守机构”维持日常事务，而想有所更张建树的话，就不能不谋求广大教师的支持。这个情况也和当时清华教师不满足于无所作为的局面合拍。所以，在这期间，教授会的地位提高了，评议会的作用加强了，而校务会议则执行着虚设的、受了一定限制的校长的职能。①

在“驱罗”“拒乔”斗争之后，学校有十一个月没有校长，曾有过一段由校务会议处理校务的时期，但这时教务长与秘书长相继辞职，文学院院长与理学院院长也因事离校，原有的校务会议已处于瘫痪状态。于是，教授会就趁机向南京教育部索取了选举代理院长、代理教务长、秘书长的临时权力。这样，校务会议与评议会的成员，就都由教授会选举产生，并对其负责。校务会议与评议会成了教授会的常设机构。教授会的权力骤然扩大，一跃成为全校最高权力机关，教授治校成了既成事实，形成了一套“习惯法”，初步取得了合法地位，并且成为清华教师心目中一项不可侵犯的原则。待到吴南轩来清华大权独

---

① 陈岱孙．四十年代清华大学校务领导体制和前校长梅贻琦［M］//黄延复．梅贻琦先生纪念集．长春：吉林文史出版社，1995：295.

揽时，教授会就是以吴“蔑视教授”的恶名，联合学生将他赶走的。

（三）梅贻琦推行教授治校管理模式

直到梅贻琦到校后，教授治校的制度才最后巩固确立。这个体制，无论是对当时南京政府教育当局，还是对当时的大学组织法，都是一个“土制度”，在许多方面没有法令或规章的依据，而且有些还有抵触。所以，如果当校长的不承认这个体制，他也是可以提出异议并会得到教育当局支持的。梅贻琦的前任们——曹云祥、罗家伦、吴南轩等无一例外地这样做了，当然结果是不美妙的。但梅贻琦没这样做，而且在长达十七年的校长任内，这个体制得到完全确认和巩固。其实，从理论上讲，教授会、评议会、校务会议、校长四者之间会有矛盾。但在清华的实施过程中，却没有出现过裂痕。关键在于有梅贻琦这位“同情的校长度夺其中”。作为“三会”的主席，在会上他总是倾听别人的意见，而与会的成员也十分尊重他的意见。当然在各种会议上，分歧的意见和激烈的争论也时有发生，但梅贻琦的持重态度却起到了稳定的作用。关于这方面，清华大学化学系张子高教授在纪念梅贻琦先生诞辰一百周年纪念会上有过一段精辟的描述：

> 独念大学为学术之府，有兼容并包之任，继往开来之责。校长分寄其任于诸教授与各执事；诸教授与各执事各尽其责于诸学子。至于因革损益之大端，猝然非常之异变，校长则于教授会、评议会、校务会议与同人共商讨之。每有大计，同人既本其识见所可及，尽其意量而出之，时或反复辩难，势若不相下，公则从容审夺其间。其定议也，往往各如其意，充然若有得也。于是意克一而事可济。举凡校务巨细，纷纭多端，公一以平，称安详之度处之，初未尝独标一意，固执一笔，以为非此莫能为也。①

梅贻琦倡导的学术自由不仅限于校内，还重视与国际学术界的沟通，利用各种渠道罗致世界第一流学者来校讲学。有的是本校出国留学生的导师，凭借师生关系请来的；有的是请各学科领域内的知名学术权威推荐来的；有的是外

① 张子高．梅贻琦校长六十寿像序［M］//黄延复．梅贻琦先生纪念集．长春：吉林文史出版社，1995：14.

校主聘的学者，学校知道后特聘其来校讲学。学校为这批学者妥善安排学术研究、工作和生活条件，使他们在清华工作期间不仅能充分施展才能，而且以此作为他们科学探索的新起点。“吾从众”是梅贻琦常说的一句话，他的自由主义教育也被时人戏比为汉代文帝、景帝时期实施自由贸易市场经济和鼓励诸派学术思想自由争鸣、复兴的“无为之治”。这种颇具民主精神的教育方针正符合现代科学的精神，能使每一位从事研究的人发挥自己的最大潜能。梅贻琦的礼聘良师与“无为之治”不禁让人联想起以“兼容并包”闻名中外的蔡元培。两位近现代中国赓续出现的教育界伟人的思想可谓异曲同工，历史把他们的名字与他们所创造的大学黄金时代镌刻在了不朽的匾额上。

大学的主要工作是培养专业技术人才，传授和研究学术。学术讲解、讨论和探求应该是大学的核心。聚焦这一中心工作，要有资料，有工具（仪器就是工具，图书就是资料），更要有运用工具、使用资料的人，那就是教授。按梅贻琦的理解，大学之大，不在其他，而在有教授中的名流名家，即大师的存在。换言之，有了大师，就有大学；没有大师，就不成其为大学。那么，大学校长的职责是什么呢？是为大师服务的。“一个学校，有先生上课，学生听课，这是主要的。为了上课听课，就必须有些教具以及桌椅之类。因此也需要有人管这些方面的事。一个学校的校长就是管这些事的人。”“当校长就好像一个唱王帽戏的演员，他坐在那里好像是很重要，其实戏是别人唱的，他并没有很多的戏。”①

民国时期的大学教授流动量很大，教授聘书的期限一般是一年。聘书满期以后，学校和教授双方都可以自主选择或自主要求。学校可以按自己的条件另聘教授，教授也可以按自己的条件另行应聘。

当时清华聘请教授，有比较优越的条件，一是研究工作的条件比较好，有比较充足的图书仪器；二是生活待遇比较好，不欠发工资，住宅环境也比较好。有这些优越的条件，清华可以聘请比较有名的学者和科学家来当教授。清华不大喜欢请初出茅庐的人，往往是在一个教授在别的学校中研究有了成绩、教学

---

① 冯友兰. 三松堂自序［M］. 北京：生活·读书·新知三联书店，2009：379.

有了经验之后，才聘请他。而有这些资格的人也往往愿意到清华来。北大也急起直追。在美国第二次退回“庚子赔款”后，中国成立了“中华文化教育基金董事会”，北大向该董事会申请到了一笔经费，设立研究讲座。这种讲座讲课比较少，研究时间比较多，北大用这种优越条件聘请了一些有名的人。这种学校争教授、教授选学校的情况，也有助于促进大学浓郁学术氛围的形成。可是也有一些大学教授同他服务的学校有一种道义和情愫渊源，甚至怀有主人翁的责任感，以校为家，许身学科专业和人才培养的清华大学就是其中的代表，而这与梅贻琦的大师论和民主办学思想本属一体，难以拆分。

事实上，梅贻琦在清华大学乃至西南联大的作用，并不仅是“无为而治”的“王帽子”，后台主管兼导演。如果没有梅贻琦居中调解弥缝，从中斡旋，外抗国民政府“党化教育”“三民主义教育”“战时须做平时看”的教育方针实施的压力，广招国内外一流人才，充实教师阵容，同时又稳定校内师资在学术上发出的清华声音，教授治校的教育管理模式不可能维持下去。而且，在中国，就算是吃过洋面包的大学教授，对民主自治也操练得并不纯熟。学校的事务，大大小小，实际上还是得靠梅贻琦来张罗。中国知识界历来存在文人相轻、互相倾轧的现象，这种现象在大学的恶劣、尖锐程度远远超过中小学，名校和名学者之间的发生率又是最集中的。气概博大、心胸宽广、品格高尚而极富管理才干的校领导，其调节作用十分明显。在清华大学，教授自治制度能够发挥作用，领导层的职责处理，人际关系的和谐，尤其是教授之间的密切合作，不仅是教授治校管理模式的前提条件，而且发挥着使该体制实践效能倍增的作用。梅贻琦这个管家的激励和协调，更是当中的轴心和杠杆力量。正因如此，教授们的主张和意见，才不会淹没在屡屡发生的无原则纷争之中。从这个意义上说，梅贻琦这个“王帽子”，扮演的是“无冕之王”。

梅贻琦于 1931 年年底起任清华大学校长，直至 1948 年冬。教授治校的体制在他的任期内得到完全确认和巩固。20 世纪 30 年代中期，蒋梦麟从教育部部长下台来北大任校长时，就曾针对当时正在清华形成的体制宣称他主张“校长治校，教授治学”。梅贻琦来清华大学任校长后，也面临一个如何对待在他出国的几年中，在没有校长或校长不发生作用的情况下形成的新管理体制的问题。

无疑，教授治校的模式削弱了校长掌控校政的权力。但他不但完全接受这种体制的精神，还协助把它巩固下去。他真正内心世界或心态体验如何，我们不得而知。但有些可能的因素或许是明显的：在出国任留美学生监督之前，梅贻琦一直是清华学校的教授，在感情上和对学校教育的发展前景上，与绝大多数教师们是一致的；他平易近人，作风民主，学校大事多征询教师意见，这也和他谦虚平和的性格有关；他似和政治无缘，在就任校长之后，在南京国民政府中没有政治资本、人脉渊源可言。如此，和教师们一起保留清华这一片学术“净土”，成为他和进步教师的共同愿望；在清华教师中，许多人是他过去的学生或后辈，对他十分尊敬；与此相应，他反过来又坚信广大教师群体有办好清华的共同事业心。

梅贻琦是在一个动荡的年代接掌清华大学校政的。他清醒地意识到理想与现实的矛盾，责任的超重与超常。在就职演说的最后一段，他说：“我不能不谈一谈国事。”“不能不谈一谈”饱含着义愤、无奈与期望。“中国现在的确是到了紧急关头，凡是国民一分子，不能不关心的。不过我们要知道救国的方法极多，救国又不是一天的事。……我们做教师做学生的，最好最切实的救国方法，就是致力学术，造成有用人才，将来为国家服务。”① 梅贻琦这些救国主张的是非曲直，历史自有公论。但在实践上，激进的爱国学生与校长的观点有相当的距离，却是事实。“华北之大，已经安放不下一张平静的书桌了”，这是清华学生在“一二·九运动”中发出的呼声。这呼声，震撼了全国。梅贻琦当然也感同身受。在原则上、感情上，他同情、理解和支持学生爱国运动的要求，但在具体做法上他就不能都赞成。他的任务是办好大学。无论遇到什么困难，他都要审时度势，尽力保持和发展他所服务的大学。这是他对国家和民族的责任，也是对学校和学生的责任。

① 刘述礼，黄延复．梅贻琦教育论著选［M］．北京：人民教育出版社，1993：109．

第二节　清华大学的学科建设

清华大学的学科建设自清华学校中国化转型和学校升级“改大”期间就受到周诒春直至梅贻琦的重视、关注，其中尤以梅贻琦出任大学校长后所取得的成就最为突出。毋庸讳言，理工科及专业技术教育是清华的优势和特点，但在梅贻琦的通才教育办学理念指向下，人文社会科学教育也不被排挤忽略，在西南联大期间，后者的学科门类增加与水平提升的态势更为明显。

一、发展工程科学教育

梅贻琦担任清华大学校长后不止一次地对清华同人们说，清华拥有别所大学不具备的庚款基金来提供科研设备，又拥有一支优秀的教学队伍，理应把它办成一所世界上著名的学府，也有责任这样做。梅贻琦兑现了诺言。他接任校长时只有文、法、理三个学院的清华大学，至抗战胜利由昆明北迁“复校”后，已扩大至文、法、理、工、农五个学院的规模。原来的文学院发展成中文、外语、历史、哲学、人类学五个系；理学院发展到有数学、物理、化学、生物、地学、心理、气象学七个系；法学院有政治、经济、社会、法律四个系。而且在二十六个系中，有十四个系招有研究生。延续至新中国成立前夕，清华大学已成为一所名副其实的综合性大学，在学科规模上，国内大学鲜有可与之相比者。

（一）把工程科学教育置于优先地位

梅贻琦认为要改变国家的落后面貌，尤其需要加强工程科学教育。在他任校长期间，尽管时局动荡、困难重重，但他一直为实现其设想的目标而作出种种努力与拼搏。1932 年 2 月，他就任校长不及三个月，就向全校宣布“本校拟向工程科学方面发展”，旋即呈请教育部，在原有土木工程系的基础上添设机械工程学系、电机工程学系。2 月 29 日，他的呈请报告得到教育部批准，成立工学院筹备委员会，组成了清华大学工学院，9 月，他兼任工学院院长。梅贻琦为此在 3 月 9 日撰写《关于组建工学院等问题》一文，就工学院的社会现实需求、学科专业特色以及培养训练的取向要义等作出设想，内容及精神如下：

关于扩充学科一事，前者学校已经决定添设机械工程及电机工程两学系，合以原有之土木工程学系，组为工学院。再有法律一系，在当时订定本校大学规程时，是暂定缓办的，现在亦应成立起来。以上计划，经评议会议决后，即已呈报教育部。上月底接到部文准予备案，至于本校所以成立工学院的理由，一方面是迭奉教育当局明令，特别主张发展理工学科；一方面是应社会的需要。国内工校很有几个，惟完备者不多，且不足以应需要。虽说曾有多人在某某工校毕业，现在仍投置闲散者。这总因近年来内战的关系。实业无从发展，遂少出路。将来时局一定，实业振兴，需用人才之处就多了。本校土木工程学系学生人数，去年由六七十人，增至一百三四十人。可见社会对于工科之需求。再一方面，是因为本校举办的便利。本校已经有了一个工程学系的基础，再谋扩充，增加设备，也较容易。此次改院，固然工程学系学生有很热心的表示，但亦因所请求者与学校政策相合。所以结果大家似都满意。不过诸君不要有一种印象，以为必待学生运动，学校才决定；亦望诸君不要想，再请设某系某院，便亦得学校允可。至于工学院各系的政策，我们应当注重基本的知识。训练不可太狭太专，应使学生有基本技能，而可以随机应用。此类人才，亦就是最近我国工业界所需要的。不过有句俗话是“样样通样样松”，这要请大家注意，要通不要松。①

从1934年夏季起，清华大学与资源委员会合作开设航空讲座，进行航空实验，建立了亚洲最大的航空实验风洞等。这既是清华大学航空系的前身，又是中国航空工程教育的开端。随后，为保障工学院办学需要，同时为了满足工学院教学和实验的需要，梅贻琦相继建成机械工程馆、电机工程馆、航空实验馆、水利工程馆、水利实验室、发电厂等校舍设施，并添置了先进的仪器设备，聘请国内外工程技术专家名流到工学院任教，为清华大学工学院的发展做了奠基性贡献。

---

① 梅贻琦．工业化的前途与人才问题［M］//刘述礼，黄延复．梅贻琦教育论著选．北京：人民教育出版社，1993：14．

1935 年之后，清华大学还成立了航空研究所和农业研究所。至抗战期间以及抗战以后，清华大学又建立了化工系、航空系、建筑系、采矿系等，工学院扩大至七个系的规模。航空研究所建立之时，我国航空工业尚处襁褓阶段。新中国成立之后，以工科为主的清华大学便是以此为基础发展起来的。该领域科学技术及适用人才均远不足以适应国防和民用之需。研究所的科研和人才培养活动缓和了这种紧缺和矛盾。与此相关的无线电研究装备了国际领先的真空管制造设备，并致力于超短波和微波的研究。

1946 年，清华大学在其农业研究所的基础上成立了农学院，设有四个系：植物病理学系、昆虫学系、植物生理学系和农艺学系。有关农学院建立的相关内容此处不赘，留待下文细说。

在学校基本建设方面，梅贻琦担任校长期间，尤其在 20 世纪 30 年代抗战爆发前的几年内，除了上述理工类学科设施条件增加之外，还建起了明斋、善斋、新斋、平斋、静斋、新西院等学生和教工宿舍，并将图书馆扩建了一倍多。图书文献对于大学各学科的建设都是基础性保障，而居室需求的满足是创办一流大学的先导重任，能使师生心无旁骛地投入教学科研以取得骄人的业绩及成效。

（二）通才教育理念下的工程科学教育观

由于中国社会经济的落后，当时高等工程教育的发展步伐十分缓慢，虽然国内也有几所大学设立了工学院，但是，工程技术高级人才严重匮乏的局面依然存在。更为严重的是，自近代以来，中国工程技术教育的起点偏低，而且办学方向与培养人才的目标和西方现代大学相比较，也有本质的、深层次的区别。特别是在教育理念、教育思想方面，对培养什么类型的工程技术人才，中西方在认识观念上的差距极大。西方国家的高等工程教育，源于欧洲 18 世纪兴起的工业革命浪潮，是近代工业化迅猛发展的必然产物，也是在欧洲 17 世纪近代科学体系形成并迅速发展之后的必然结果。即工程技术的进步深深地植根和依存于近代科学的发展与进步，在此坚实的基础上，以英美国家为代表的高等工程教育得以产生并迅速建立起来。中国近代由于受到西方列强的侵略，国势衰败，为了救亡图存，清朝同光年间（1861—1909 年），中国也办了几十所新式学堂，其中福州船政学堂（1866 年）、天津北洋电报学堂（1880 年），以及唐山路矿学堂尤其在工程科技界知名。但是，它们完全不是近代意义上的大学，以传授“技艺”为主，只培养能够掌握一门初步操作技术的工匠，而且都附属于清朝的各级官府之下，封建衙门色彩很浓厚。这样的工程教育在1894年中日甲午海战中已宣告失败，乃至直到清末民初都进步稀微，严重滞后。究其缘由，关键是它并未建立在系统的近代科学基础之上，而将科学技术的完整体系“肢解”，只学其“流”，而不深究其“源”。

梅贻琦作为一个深谙其中道理的物理学教授，美国伍斯特理工学院高才生，一生几乎都在为此而不懈奋斗。他认为中国传统的教育理论有一种观点：制造工艺及技术都属“形而下之器”的范畴，成才者也只是匠师、艺人，一技之长者；与社会推崇的“治术”“治才”所具备的“形而上之道”，不啻有千里之遥。受传统儒学“学而优则仕”的思想引导，社会普遍崇尚科举及第走向仕途，而贬抑专业技术工作，甚至视之为“奇技淫巧”而非“圣人之道”。

> 研究民族品性的人对我们说：以前中国的民族文化因为看不起技术，把一切从事技术的人当做“工”，把一切机巧之事当做“小道”，看作“坏人心术”，所以技术的能力，在民族的禀赋之中，已经遭受过大量的淘汰，如今要重新恢复过来，至少恢复到秦汉以前固有的状态，怕是绝不容易。组织的能力也是民族禀赋的一部分，有则可容训练，无则一时也训练不来；而此种能力，也因为多年淘汰的关系，特别是家族主义一类文化的势力所引起的淘汰作用，如今在民族禀赋里也见得异常疲弱；一种天然的疲弱，短期内也是没有方法教他转变为健旺的。……在以前，在国家的教育制度里，选才政策里，文献的累积里，工是一种不入流的东西，惟其不入流品，所以工的地位才江河日下。①

中国实现工业化的重要因素是大力培养数量更多、素质优秀的工程技术人才。值得我们特别关注的是，梅贻琦不仅是一个实干型的教育家，亲身创建了工学院、工程研究所，以及台湾“清华大学”原子科学院……更加难能可贵的

---

① 梅贻琦．工业化的前途与人才问题［M］//刘述礼，黄延复．梅贻琦教育论著选．北京：人民教育出版社，1993：180－181．

是，他在长期的教育实践和大学治校的丰富经验基础之上，经过深入思考，参考和借鉴了国外先进的教育理论。在此背景下，他阐述了系统的关于中国怎样培养适合国情条件的工学类人才的观点，设计以“通识教育”来建构中国工程科学的教育模式，培养真正适合中国工业化特点的高素质专业人才。

梅贻琦的工程科学教育主张在西南联大期间又有丰富和拓展。出于行文便利，此处一并叙述，后文从略。梅贻琦主张工程教育，应扩大学生的知识面和基础训练：

> 盖今日社会上所需要之工程人才，不贵乎专技之长，而以普通基本的工程训练为最有用。是以本校设立工程系之始，即以此为原则。凡工程学之基本知识，或属于机械，或关乎电理，或为土木建筑之要义，使学生皆得有确切的了解，及运用之能力，俾将来在社会遇凡关工程问题，皆能有相当的应付；且工程事业往往一事关系数门，非简单属于某一门者，在今日中国之工商界中，能邀致数专家以经业一事者甚少，大多数则只聘一工程师而望其无所不能。斯故本校之工程学程中，认普通之基本训练较若干繁细之专门研究为重要也。①

1943 年，梅贻琦与潘光旦合作，撰写《工业化的前途与人才问题》一文。其中描绘出我国现代可供操作的工科教育培养思路和改革方案：实现工业化的三要素（资源、资本、人才）中，人才又是最关键的。国家要实现工业化的目标，需要有两类必不可少的人才：一是技术人才，二是组织人才。两者须加以均衡培养，绝不可偏废，或非此即彼。因为，“近代西洋从事工业建设的人告诉我们，只靠技术人才，是不足以成事的，组织人才的重要至少不在技术人才之下”②。而我们在培养工科学生时，“似乎仅注意到了第二种，即技术的训练，与专家的养成”。但由于我们分不清基础科学理论与工程技术之间的区别和联系，以及它们之间根本不能混同和替代的功能，造成工学院出来的学生在理论与实践动手能力、待人接物方面等都存在好高骛远、轻视劳动的弊端。

---

① 梅贻琦．清华学校的教育方针［M］//刘述礼，黄延复．梅贻琦教育论著选．北京：人民教育出版社，1993：6.

② 刘述礼，黄延复．梅贻琦教育论著选［M］．北京：人民教育出版社，1993：179－180.

西洋工业文明之有今日，是理工并重的，甚至于理论的注意要在技术之上，甚至于可以说，技术的成就是从理论的成熟之中不期然而然地产生出来的。真正着重技术，着重自然科学对于国计民生的用途，在西洋实在是比较后起的事。建国是百年的大计，工业建国的效果当然也不是一蹴而就，如果我们在工业文明上也准备取得一种独立自主的性格，不甘于永远拾人牙慧，则工程上基本的训练，即自然科学的训练，即大学理学院的充实，至少不应在其他部分之后，这一层就目前的趋势说，我们尚未多加注意。[①]

这就从学理的角度澄清了近代科学与工程技术之间“源”与“流”的辩证关系，匡正了人们对待西学存在的急功近利心理。

梅贻琦进一步提议，根据工业化的实际要求，应将国内的工科教育划分为具有不同功能的三类层次的教育体制：工厂附设的艺徒学校（初级工业学校）；高级专科工业学校；大学工学院。初级、中级、高级的技术人才都由前二种学校培养训练，而“大学工学院在造就高级工业人才与推进工程问题研究方面，有其更大的使命”。在国家工业化所需的二类人才中，工学院着力培养的应当是工业组织人才，而绝非仅仅是纯粹的技术人才，后者应放到各类专门的技术学校中去培养。他参考德国工业化成功的经验时说，单靠工学院培养工业化所需要的大量技术人员是很难的，即使勉为其难地大量招生，质量也难以保障。与其囫囵吞枣地灌输，还不如办出自身的特点和优势，各取所长，按需培养或训练不同规格的人才，“大学工学院的设置，我认为应当和工业组织人才的训练最有关系”。因为，“大学教育毕竟与其他程度的学校教育不同，它的最大目的原在培植通才；……它的最大效用，确乎是不在养成一批一批限于一种专门学术的专家或高等匠人”。工学院的教育目标是：

工学院毕业的人才，对于此一工程与彼一工程之间，对于工的理论与工的技术之间，对于物的道理与人的道理之间，都应当充分了解，虽不能游刃有余，最少在这种错综复杂的情境之中，可以有最低限度的周旋的能力。惟有这种分子才能有组织工业的力量，才能成为国家目前最迫切需要

① 刘述礼，黄延复．梅贻琦教育论著选［M］．北京：人民教育出版社，1993：180.

的工业建设的领袖，而除了大学工学院以外，更没有别的教育机关可以准备供给这一类的人才。①

既然给大学工学院这样一个定位，又应如何改革目前的状况呢？这就提出了“造就通才”的观点。这种“通才”，并不是一般意义上的博学通才，而是特指工业建设中高素质、复合型的工程技术组织者，而非只会做一些具体的、技术性的设计或技术操作的工匠。那么，怎样将这样的教育理念具体地落实到大学工学院的教育实践之中呢？实施方案具体为：“大学工学院必须添设有关通识的课程，而减少专攻技术的课程。”因为，

> 工业的建设靠技术，靠机器，不过他并不单靠这些。没有财力，没有原料，机器是徒然的，因此他至少对于经济地理、经济地质，以至于一般的经济科学要有充分的认识。没有人力，或人事上得不到适当的配备与协调，无论多少匹马力的机器依然不会转动，或转动了可以停顿。因此，真正工业的组织人才，对于心理学、社会学、伦理学，以至一切的人文科学、文化背景，都应该有充分的了解。②

同时，还应开设如“工业心理”“工商管理”“人事工程”等类课程，其结果，“旁及得愈多，使受教人愈博洽，则前途他在物力与人力的组织上，所遭遇的困难愈少”。他认为，工业人才的造就，正像一座金字塔，“越向上越不能太多，越向下便越多越好”③。就是说高层次工学院比例降低，不宜扩张，而重心比例应偏于中下层。所以，大学工学院不宜无限制地添设，工科教育总的目的是：“应该重通达而不重专精，期渐进而不期速效。”大学所设立的工学院应是“金字塔”的“塔顶”，在其下，应该多设立一些中、高级的技术专门学校，其数量也应比工学院多些，这样，工业人才培养机构的布局才是平衡的。

有学者评价称：梅贻琦对中国高等工程技术教育的观察和思考是相当深刻和敏锐的，而其视野又是极其开阔和广博的，把握住了近代西方工程教育之精

---

① 刘述礼，黄延复．梅贻琦教育论著选［M］．北京：人民教育出版社，1993：184.

②③ 刘述礼，黄延复．梅贻琦教育论著选［M］．北京：人民教育出版社，1993：186.

华，而非仅袭其皮毛，又对中国实际情况很熟悉，洞悉其中利弊，用具体的措施加以匡正，并以清华大学为对象，实现他的教育理想。①

从现代高等教育学考察，在现代大学的培养目标论中，广博与精深是人才规格的质量取向问题。在人才知能和应用实践的结构组织上是偏于前者，还是选择后者，梅贻琦的态度显然是前者。换言之，他是坚持通才教育背景下的“专才”技术人才培养。“博”与“专”在不同的大学学科专业中是有差异的，而且两者的程度，以及相关学科的内容设计编排存在合理的区间与向度。所有这些，都是当今大学教育中争论、交锋的命题。至于工科教育层次水平结构上的“金字塔”论，则是以产业为主的教育及人才培养实践中行之有效的结构模式。

二、创办清华大学农业研究所

清华大学至抗战以后已经发展成一所包括文、法、理、工、农五个学院二十六个系的综合性大学。其中，农学院是在原农业研究所的基础上发展而成的，农业研究所的创办意图和农业高等教育思想，梅贻琦在掌校初期就已奠定。后期清华大学农学院便是此期奠基和嬗变的结果。

通过文献整理发现，梅贻琦在抗日战争全面爆发以前所发表的有关农业教育方面的言论主要有1933年、1934年、1935年以及1936年四次，而且都是以公开发言报告的方式表述，并刊发在《清华大学校刊》上。以下分别选录其中的内容，并依次逐项加以简述：

> 自从今春农村复兴委员会开会之后，政府对于改良农业，救济农村经济，特别注意。今夏教育部令本校筹办农学院，当时奉令之下，很为踌躇。因为农科大学毕业生之无补于农村改进，几乎是国人公认的事实，况且在清华附近，又已有北平的农学院，及保定的农学院。所以吾们认定了农学院设系招生的事，是可以缓办的。但是政府既要吾们在这方面去帮忙解决，吾们就应该向有切实效用方面审慎去做，然后对于国家可有点贡献。故现

① 孙希磊．“厚德载物，自强不息”的楷模：中国近代教育家梅贻琦教育思想与实践初探［J］．北京建筑工程学院学报，2002（4）．

在先办农事试验场，聘请专家研究关于农科之各项重要问题，俟研究得有结果，再行设法推行，使农民得以利用。至于为推行事业，是否需要农科大学毕业人才，尚须将来再定，目前只待政府拨给地方，即可使农场开办。①

自20世纪20年代以来，中国出现了一场声势浩大的平民教育运动。到20年代末，平民教育在整个社会转向乡村背景下，同样“齐步走”地走入乡村，于是便掀起了一场声势浩大的乡村教育运动。这场影响深远的教育运动试图以教育为主要手段，汇集卫生、医疗、信用借贷、交通物流以及资金贸易等“一揽子”工程，解决乡村社会危机，进而“复兴”乡村经济和文化，实现社会和民族自救。这些乡村教育派的实践活动围绕的主题是“乡村教育与乡村建设”。其代表人物及流派包括晏阳初的河北定县乡村平民教育、陶行知的南京晓庄乡村师范教育、梁漱溟的山东邹平乡农教育，以及卢作孚重庆璧山、巴县、北碚嘉陵江峡区的乡村城镇化教育，等等。乡村教育运动受到国民政府相关部门关注，召开一系列会议加以总结和推广。对此，梅贻琦耳闻目视，积极回应。他认为，为了积极而有效地回应纷纭出现、广泛影响的乡村教育运动，应该在清华大学设计相应研究机构，但设立学院机构，培养农业专门人才似乎未必适时，同时在当时北平及附近保定已有农学院校存在，市场的空缺是很少的。

窃按农业问题，在我国农村衰落，农民饥困之今日，诚宜切实研究，以图复兴；奉令前因，仰见钧部注重农工教育，培植专业人才，以谋振兴实业之至意，本校自应遵令极力筹划进行，庶得完成使命，为国家略尽一部之贡献。惟以培植农业人才之始，应先对农业亟宜改良之各项问题详加研究，以期洞明其相，及研究稍有基础，然后按照需要设系招生，施以相当训练，俾学成后能在乡间作推行改良之实际工作，则效验可收，复兴可期。否则农科人才虽已养成，不能深入乡间，致于衰落之农村毫无裨益，则非国家提倡农业教育之本旨矣。此本校对于农院设系招生诸端拟稍从后，而于研究改良农业诸重要问题认为应亟先谋进行者也。关于农业研究之计

① 梅贻琦．在1933年度秋季开学典礼上的讲话［M］//刘述礼，黄延复．梅贻琦教育论著选．北京：人民教育出版社，1993：53.

划，拟就地方需要情形，复尽本校力所能及详切规划，分序进行。容俟定有具体办法，再行呈报审核。惟以农事之研究，非有广大之农场供其试验，则所定计划，不易实现。溯本校二十年以来，嬗递改进，建筑频增，去岁工院成立，已感舍址不敷，目前校内更鲜余地，足设辟农场及建立农学院舍之用者。查圆明园旧址，幅员约数千亩，与本校西北隅密接，自英法一役，园内殿宇燔毁，久沦荒墟。近年以来，破坏尤甚，倘以此园废址拨归本校，堪为建设农场及农学院舍之需，而一代名园遗址亦得有正当归宿。①

仅隔一年之后的1934年，梅贻琦更为关切农民生活、农村状况，以及农业生产这一“三农”问题，从农工教育与振兴社会实业问题的高度理解，并提出清华大学应“极力筹划进行，庶得完成使命”。但从大学校长组织专业招生的条件及时机角度，他认为清华大学应深入调查，设科育才均应切实有效，有益于农村社会工作；而在此之前应加强农业改良，农村问题及农民农事技术提升等方面的研究，尤其是农学院设计先决条件是农场的开辟。应该说，作为一所以工学院著称的大学校长，对此有如此精深独到的认识是十分不易的。

复兴农村、改良农业，已属近年朝野注意之工作。前夏本校有奉令添设农学院之议，但就吾人所知，大学设农学院系办法，似未能解决农村问题；大学所造就之农学人才，多不肯到乡间去做实际改良农业、挽救农村工作。兼以北平、保定皆有农学院，本校似无设院之必要；惟农村研究自属需要，没有成绩，即可补助农村。本校遂成立农业研究所，择他处尚少注意之病害、虫害两方面，为第一步研究标的；亦因北平一带富有果产，受病害虫害亦甚多，如能就近解决，亦增加生产之一补。故拟先着手于此。②

本校近来拟办之新事业，即将在长沙举办特种研究是也。按中国素号以农立国，但农业不振，已达极点；危机之大，不容忽视。是以本校有农业研究所之设立，意即此也。然本校所重者在研究，而推广则不可不与他

① 梅贻琦．请拨圆明园遗址俾充农场及院舍的呈文［M］//刘述礼，黄延复．梅贻琦教育论著选．北京：人民教育出版社，1993：54－55.

② 梅贻琦．在建校24周年纪念典礼上的讲话［M］//刘述礼，黄延复．梅贻琦教育论著选．北京：人民教育出版社，1993：64－55.

人共图之。适湖南有省立高级农业学校，着重推广农学新知，而湖南又为国内粮库要区，使研究与推广合力进行，必收事半功倍之效。①

1935 年，梅贻琦对清华大学设立农学院系专业，又有徘徊踌躇。这恐怕是一位责任心极强的教育家深思熟虑的认识，因为办学成本高、投入大、关乎学生未来和社会效应，马虎不得。同时，也是上述乡建流派出现诸多困惑，未能达到预设乡建成效，甚至是颇受人诟病等诸多问题所引发的刺激所致。如晏阳初的定县乡村教育，乡民感叹“你老的好心肠，饱不了我的饿肚皮”，梁漱溟的山东乡村教育自称“乡村运动”而乡村不动，陶行知的南京晓庄生活教育基地因涉嫌“左”倾而遭封闭，如此等等。尽管如此，梅贻琦仍未放弃未来开办农学院，“造就之农学人才”应“到乡间去做实际改良农业、挽救农村工作”，清华大学农业研究所应着力于“病害、虫害两方面”，并且以此为“第一步研究标的”。

1935 年 5 月，“华北事变”爆发。7 月 6 日，何应钦正式致函华北日军司令梅津美治郎，接受日方要求，即所谓《何梅协定》。其主要内容为：国民政府取消在河北的党政机关，撤换河北军政人员和禁止一切抗日活动。按照这一协议，中国的河北主权大部丧失。从此，“平津危急”“华北危急”。延至年末新岁 1936 年年初，中日民族矛盾急剧上升。梅贻琦掌校的清华大学坐落于华北中心的北京城海淀，更是深陷旋涡之地。在这种背景之下，大学正常运转都有困难，更何谈新学科专业兴办呢？但梅贻琦仍将清华大学农业研究所重研究暂时调整为重推广，并与湖南省立高级农业学校加强合作，“使研究与推广合力进行，必收事半功倍之效”。字里行间所流露的殷殷之情，拳拳之心溢于言表。

三、加强学校体育教育

清华大学的院系建设上非常值得一提的就是体育教育。重视体育是清华历来的传统。“自强不息，厚德载物”的清华精神渗透在清华教育活动的各个方

---

① 梅贻琦．致全体校友书［M］//刘述礼，黄延复．梅贻琦教育论著选．北京：人民教育出版社，1993：76.

面，在清华的体育运动中表现得尤为突出，梅贻琦继任校长后更是将这一优良传统发扬光大。梅贻琦中学教育生涯是在南开学堂度过的，在体育思想方面也受到了恩师张伯苓重视体育以促进学生体格健全的影响。

民国初年，清华学校成立初期，虽设有体育部，但体育并未列入正式课程。直到 1919 年开始实行与今天高校的体能测试极为类似的“体育实效测验”，才发生变化，这时学校明确规定体育不及格者不能毕业。

十五年后，到了 1934 年，清华经历了历史风云变幻，学校行政管理人员频繁更替。美国教育模式的民族性改造，以及清华学校改为清华大学的一系列变位、转身，甚至破茧成蝶的痛苦，其曲折嬗变的历程正是清华提升发展和步入现代大学轨道的关键时期。从体育学科及体育运动方面而论，清华始终是一个成效显著、日渐进步的典范。而自北伐战争至 20 世纪 30 年代初，梅贻琦是清华留美学生监督、教务长和清华大学校长。他不仅与清华变革风雨同舟，患难与共，而且扮演着重要角色，担当要务，尤其是任职大学校长的三年，更是舵手与领航者。就此而论，从清华学校至清华大学的体育成就与其密不可分，功不可没。

（一）清华大学体育教育的历程

郝更生发表了《十五年来清华之体育》一文，长达二万余字，对 1926 年前清华的体育教育实施、体育功能、教育意义、社会影响等诸多方面有所阐述：

> 新式体育学说输入以来，我国各部体育上有系统之发展，每因环境之不同及潮流之缓急而转移。华南海道便利，与外邦接触较多，故新式体育发展亦较早。东部商埠林立，维新较速，新式体育发展，亦因之较早。北部以地理关系，传流较缓，故体育发展亦较迟。中原内部，交通不便，山河阻隔，新式体育，发展最迟。然以体育组织论，则华北为最早且最完善。华南体育组织，虽于民国纪元前（岑春煊督粤时）已具雏形，然范围不广，加入者仅粤桂两省，且政变频来，稽迟屡断。华东体育组织，除东方八大学体育联合会外，几无其他规模较大之体育团体。华东体育会之正式筹备，至民国十二年后始有所闻。至于华中体育会之组织，民国六七年间，虽有一度之提倡，然终以实力不充，未能如期实现，直至民国十二年夏，

始正式成立。

华北体育上之组织，于民国初年，即有所讨论。本校第一任体育部主任舒美科博士曾为华北联合运动会会章起草委员会之主席，起草会章，乃于民国二年五月二十四日第一次华北运动会时正式通过。自此以后，每年春间举行全华北大规模运动会一次。除十一年直奉战争交通阻滞，未能举行外，华北联合运动会成立已十三年，而举行之运动会已十二次矣。十二次中，清华七占优胜。岂偶然耶?①

1931 年，清华大学体育部同人以集体创作及署名方式发文《清华二十年来之体育》，对前文所述有所补充；而对 1926—1931 年学校体育教育活动及内容更有续接延伸的意义。

清华二十年来体育之设施，约分之可为四大部分，即：（一）正课，（二）国术，（三）课外，（四）校队，是也。以上四部设施，方法虽各不同，均以直接或间接达到体育普及为依归，所谓其最后之大政方针则一也。清华自民国十八年冬季起，于上正课班时，施行一英里之普及训练，二年以来，不独行之无阻，且全校数百学子，均觉能愉快胜任，而乐于从事者，其故则因按各自进修、各自比赛之普及原则勖勉，初无与人较量胜负之心介乎其间，事后则具进则加勉、退则改进之决心。大学生理解既清，对此研讨，深具兴趣，奋勉有加；当局诚欲使全体学子，由从事体育，进而好事体育，由好事体育，进而乐事体育。②

1936 年 7 月订正《国立清华大学体育部教程一览》所展现材料，反映了梅贻琦治校期间体育教育的厥功至伟。该材料分“总纲”“教务”“国术规程”“体力测验规程”四部分。③

这三篇文章中所述内容能在较大程度上反映清华学校走向清华大学历程中体育教育的进步，尤其从中透射出梅贻琦掌校后体育教育所取得的绩效成就。

---

① 清华大学校史研究室．清华大学史料选编：第一卷［M］．北京：清华大学出版社，1991：344.

② 体育部同人．清华二十年来之体育［M］//清华大学校史研究室．清华大学史料选编：第二卷．北京：清华大学出版社，1991：546.

③ 体育部同人．国立清华大学体育部教程一览［M］//清华大学校史研究室．清华大学史料选编：第二卷．北京：清华大学出版社，1991：551－554.

清华大学的体育很有特色，在体育普及方面成绩斐然；体育比赛的成绩也达到了国内较高水平，在北方地区各高校中更是名列前茅。许多早期清华毕业生认为，清华大学的体育是清华精神的一个真实写照。清华学校的体育活动开展得有声有色，足球、篮球、棒球、游泳、田径等从西方引入的现代体育项目非常普及，其各类体育代表队在华北各高校中也是久负盛名。后来成为美国西点军校的高才生、在海峡两岸都非常知名的抗日民族英雄孙立人将军，当年曾是清华大学篮球队的主力。

（二）梅贻琦、马约翰与清华大学体育教育

清华大学的体育教育成就离不开马约翰先生，梅贻琦的体育思想与其具有一致性。马约翰在多年实践和研究的基础上，撰写了《体育的迁移价值》一书，对体育运动的教育意义和作用加以论述。他根据体育运动所具有的社会性、集体性和竞赛性等特点，指出体育运动在增强人民体质的同时，还具有在思想、道德、意志、纪律、礼貌等方面的重要作用，而这种教育的结果具有广泛的迁移价值。他的儿子马启伟回忆说，马约翰强调在体育运动中要加强对青少年意志的培养，使其通过身体运动克服各种困难，以到达预定的目标。无疑，如果在运动中我们能有意识地加强这种顽强意志的培养，使青少年具有坚强的意志品质，那么，这种作用就会发生迁移，从而使他们能以同样的精神去对待未来所从事的各项工作。因此，马约翰在教学或训练中，总是教育青少年要“努力奋斗到底，决不半途而退”，而且以这种精神对待学习和将来的工作。①

著名考古学家和人类学家李济回忆，当初在清华学校求学时的情形：

现在回忆那个时候，我觉得在我们那个时间，年龄刚过十二三岁，所受的最大益处就是在体育那方面。

……

体育方面，那时候每年清华学堂、南开大学和协和学堂三校的联合运

---

① 马启伟．回忆我的父亲马约翰［M］//云南省政协文史资料研究委员会，西南联合大学北京、昆明校友会，云南师范大学．云南文史资料选辑：第三十四辑 西南联合大学建校五十周年纪念专辑．昆明：云南人民出版社，1988：176.

动会，是全校最感兴趣的事了；例如，关颂声就是当时的二百二十码的健将，是大家心目中的英雄。以后，等我们出洋的时候，清华已经有了体育馆和游泳池。学生要出洋，除了功课要及格，体育方面有五项运动也要及格（例如，一百码要跑多少秒，跳高要跳多高，跳远要跳多远）；假如不及格则要留级，甚至不能出洋。①

为使学生走到运动场上去，学校采取了强迫运动的方式，规定每天下午四点到五点这一个小时为强迫运动的时间。在这期间，学校将图书馆、教室、宿舍的门全部锁起来，学生都要穿上短衣到操场或体育馆运动，体育教师则到处巡视，加以指导。如有学生躲到树底下看书，马约翰就走遍校园各个角落寻找他们。他出于一种责任感和祖国的荣誉感去说服这些学生，要他们好好锻炼，要有强健的体魄，以免到国外时，被人讥为“东亚病夫”。②

梅贻琦继任校长以来，对清华大学体育教育尤为重视。他在1933年4月29日所作《清华一年来之校务概况》中对体育工作做了相关总结及论述：

清华对于体育，素以普及为原则，以养成全体学生有乐事运动习惯为目的。经二十年来逐渐之进步，加以近年学生人数激增，已十分感觉原有设备不敷应用。兹将最近体育概况，简略报告如后：

一、扩充方面

（甲）就原有体育馆西首，添建新健身房一所（长130英尺，宽100英尺）。

（乙）添设女生浴室及更衣室各一所。

（丙）添设男生浴室两所。

（丁）添热水箱四座、锅炉四座。

（戊）添设排球场三所。

（己）添设网球场六所。

（庚）添设室外国术场一所。

① 李济．六十年前的清华［M］//李光谟．李济与清华．北京：清华大学出版社，1994：142.

② 马约翰．我在清华教体育［M］//钟叔河，朱纯．过去的学校．长沙：湖南教育出版社，1982：112.

（辛）室外跑圈重修，并全场向外侧增宽一米。

二、改进方面

（甲）提倡学生吃苦耐劳：本校体育部基于上述目的，自前年起，于上体育课时，加授一英里之长程跑（跑时之快慢，按各人气力大小随意进行，以跑完全程为止）。

（乙）从事体能标准测验：吾国大学生之体能标准，尚无确表。兹为鼓励大学生为达到其各人可能体能成绩起见，体育部按历年清华学生体育成绩之大概，已编制一体能测验表，每年按项测验全体学生两次，预计四年之后，即可以拟制成一清华学生体能标准表，更可备吾国各大学参考之用。

（丙）着重基本训练：本校自民国十七年改大学以来，因招收来自各方之中学毕业生，入学年龄既较长，而其以前所受之体育训练，尤不一致。初经体育部短期精密之试验，深知欲达到体育普及之目的，此后非着重基本训练不为功。故本校近年来，极力注意于此项体育工作。

（丁）鼓励学生各自比赛：吾国提倡体育，近二十年所以尚离普及甚远者，率多偏重提倡与人比赛及小团体之比赛之故（如一校中之球队，以全体言，固一小团体也），不知各人禀赋不同，环境不同，因上述原因，故不能强人人以能代表某团体向外比赛为惟一促进体育之方法，诚以提倡方法愈偏，而技术稍次者愈裹足不前，而离普及之道益远矣！故本校体育部，极力鼓励学生各人对于自己比赛，但有进益，即嘉勉之。如此各自留意，既易周到，兴趣益浓，久之养成人人能比赛，随时随事是比赛，则普及目的自达矣。

（戊）注意运动道德：从事运动者，道德为重，精神尚次之，否则虽力大如牛，将如无羁之马，奔放逐斗，无往而非害事之母。如此影响其将来一生事业，实非浅鲜，故体育部极为注意于此。

（己）提倡国货：清华从前所用运动器具，率多购自外洋。近年国货运动出品日多，故体育部近年对于体育应用物品，除本国无出品者外，已一列改用国货。①

在清华大学体育普及的过程中，马约翰创造了许多体育训练方法。在体育的普及中，他强调一种“活跃的、自动的、勇敢的精神”。他经常对学生说：“你们要好好锻炼身体，要勇敢、不要怕，要有劲、要去干。外国人打棒球，你们也去打；外国人踢足球，你们也去踢。不要出去给中国人丢脸。不要人家一推你，你就倒；别人一发狠，你就怕；别人一瞪眼，你就哆嗦。”这也就是马约翰先生反复强调的“干到底，绝不松劲”的精神。②而在体育代表队的训练和比赛中，马约翰又特别强调运动员的体育道德，要有公正、果敢、胜不骄、败不馁的体育风格。

清华的体育教育地位及实际效果显著攀升，成为同期大学体育教育的佼佼者。马约翰从体育教育专业的视角阐释学校教育增进体能之外的价值。

他强调在体育运动中，要有“互相配合，互相帮助”的集体主义精神。从事体育运动如此，从事任何一项工作也如此。没有他人的帮助、支持和配合，做任何事情只靠“单干”，是很难达到高水平的。在体育运动中，不仅集体性的球类项目如此，个人项目也不例外，如参加一个田径运动会，要想获得团体总分的胜利，就必然有一个整体战略安排问题，即便是个人在单项比赛中要取得优异的成绩，也需要多方面的配合。一个球队在比赛中，没有发挥水平的队员被替换下场，或为了改变战术而换上另一队员，这在运动中都是很平常自然的事。通过有意识的教育，是可以把学生在体育运动中所培养起来的这种顾大局、识大体的精神迁移到其他工作中去的。

他特别重视对青少年的运动道德教育。他所指的运动道德是广义的。例如，比赛要以正当的方法，不欺骗，不偷巧，不指责对方；要在双方平等的条件下进行比赛，所取得的胜利才是真正的胜利；要自觉、严格地遵守规则，服从裁判，等等。体育教师、教练员、裁判员在体育运动中应当

① 刘述礼，黄延复．梅贻琦教育论著选［M］．北京：人民教育出版社，1993：44－46.

② 马约翰．我在清华教体育［M］//钟叔河，朱纯．过去的学校．长沙：湖南教育出版社，1982：112.

自觉地加强对运动员和青少年优良道德品质的培养。从体育运动中培养起来的这种道德品质，同样是有迁移的价值。

他所以一生从事体育工作，而又一心从事学校体育教育，最根本的原因，正是由于他看到体育运动所具有的深刻的教育因素，及其对人的全面发展的重要作用。他几十年的呕心沥血，将全副精力都用于体育事业上，结出了丰硕的果实。人们都很敬佩他。清华大学的许多老校友，如今有的已年过八旬，不论是在国内还是国外，只要碰到一起，总是提到他，总是想起他那“干起来，同学们”的教诲，一直激励着他们前进。①

这里所述的体育运动中的集体主义精神、体育德育，以及体育的全面发展意义，从教育学的学科而论，是现代教育理念视角下的阐发，很有价值。

四、注重国际学术交流

在中国现代学术交流史上，清华占有重要之地位。特别是在自然科学与技术科学方面，更是如此。清华的国际学术交流，始自20世纪20年代，正式拉开帷幕应在清华大学进入30年代办学的黄金时期。1925年12月，钱端升便在《北京晨报》刊文，论及聘请外国学者，尤其是美国学者任教清华。“中国各项新学术，尚属幼稚，延至外国同人为教授，固无不可；清华既有美国赔款关系，请美国人更无不可。”② 积极开展国际学术界交流，是梅贻琦掌校时期的重要工作。他认为：

盖今日之清华，已不仅为国内最高学府之一个，同时亦当努力负起与国外学术界沟通之使命也。关于延聘国外学者来校讲学，前节已言之矣，同时本校休假教授，赴国外研究，亦常有就近为国外大学挽任讲学者。本校出版刊物，近已日趋学术化，近刊材料，泰半为实验和研究之结果，外

① 马启伟．回忆我的父亲马约翰［M］//云南省政协文史资料研究委员会，西南联合大学北京、昆明校友会，云南师范大学．云南文史资料选辑：第三十四辑 西南联合大学建校五十周年纪念专辑．昆明：云南人民出版社，1988：177.

② 钱端升．清华学校［M］//清华大学校史研究室．清华大学史料选编：第一卷．北京：清华大学出版社，1991：423.

国专门刊物，时有转载，或作提要、索引，即外国近来出版之专门教科书籍，亦时有以此种材料为引证之资，此其对于我国在国际学术上地位之提高，实至重且大也。本校自二十四年（即1935年）夏起，与德国大学会订立互派研究生办法，去年本校派出三人，已分在德国大学作专门研究，进行良好；德国派来学生二人，亦均到校受教。此亦学术界互惠之盛举也。本校自二十二年夏起，遵照部令，选派留美公费学生，以三年为期。每年定额二十五名，计二十二年考送二十五名，二十三年考送二十名，二十四年考送三十名。成绩均颇不恶，在美学业亦均佳良，而所习学科，亦系事先由本校呈商教部决定，期能适合国家之需要。本校研究院毕业学生，其学业特优者，亦由校中资送国外，再求深造，为国外研究生，计二十二年派送三人，二十三年派送四人，二十四年派送四人，研究期限均为二年。①

清华大学开展的学术交流活动，是民国中外学术交流史的重要组成部分，是中国对外学术交流的一扇窗口。20世纪20年代中期以前的清华学校，是一所留美预备学校，学生在出国前，先要受到系统的预备教育训练，学生外出留学，是“镀金”获留洋归国的头衔。与此同时，一些外国教师被聘请来担任教职，以显示美国教育模式及血统之纯正。但严格来说，这些只是教育活动及办学形式的开放，并不是国际学术交流。真正具有对等、沟通及互动意义的学术交流，水准和层次更高。从梅贻琦掌校以后，清华大学才开始了这种质性的大学学术交流。对此，清华大学校史专家黄延复教授所作的阐释是很清晰的：

当时，清华延聘国外学者来华讲学，派遣大学和研究院毕业生出国深造，开展国际学术交流，是梅贻琦办学的主要方针之一。当时清华利用各种渠道，不惜一切代价地罗致世界第一流学者来校讲学。有的是本校出国留学生的导师，凭借师生关系请来的；有的是请各学科领域内的世界知名学术权威推荐而来的；有的是外校主聘的学者，学校了解后则特聘其来校讲学的。学校妥善为这些学者安排学术研究和工作、生活条件，使他们在

① 梅贻琦．致全体校友书［M］//刘述礼，黄延复．梅贻琦教育论著选．北京：人民教育出版社，1993：74－75.

清华工作期间不仅能充分施展才能，而且往往成为他们学科探索的新起点。美国控制论创始人维纳（N. Wiener）和法国数学家、当时世界数学会副会长哈达玛（J. Hadamard）分别是清华留美学生李郁荣和当时著名数学家、时任清华算学系主任熊庆来留法时的导师，他们在留学期间不仅受教于这些著名学者，建立了亲密的师生情谊，而且合作进行研究工作，成为他们的得力助手。正是由于这些关系，把这两位世界第一流的数学家请到清华来了。维纳1935年到校时，清华校刊作了题为“数学泰斗将来我校”的报道；哈达玛于1936年到校时，已是七十高龄，这是中国近代史上第一位来华讲学的法国科学院院士。到校当天，梅贻琦校长、叶企孙院长、熊庆来主任及算学系教授多人同到车站迎接，以示隆重。①

通过世界著名学者引荐建造五尺口径航空风洞、机架实验室、发动机实验室，选录有志学习航空工程而成绩优良的学生深造学习，这是国际化办学层次提升的反映。对此，清华大学的当事者认识到：“各国航空事业的突飞猛进，都有赖于研究工作的辅助；而航空研究的中心工作当以气动力学部分最为重要，那就是利用航空风洞，试验飞机机翼机身的特性，供制造飞机的参考与改良，……。同时我们主张，任何与国防有关的学术研究工作，学术机关应负重大的责任，予以推动。”② 显然，这些专业领域至今都是学术高新技术前沿，并极具开发远景，在将近九十年前的民国，更属极富魄力之举，而师资人才短缺和研究力量薄弱就成为瓶颈。鉴于此，及时意识到上述问题并加以解决，便成为主持清华大学校务的梅贻琦的重任。

1934年，清华大学利用机械工程系开办经费的余款，设立航空讲座，邀请一流科学家加盟。梅贻琦为此亲自从国际学科专业领域选聘知名专家，促进清华学术专业走向高地。他致函聘请美国加州大学航空工程系德籍教授冯·卡门（von Karman）前来清华任教，兼研究设计航空风洞等事，后因冯回德不能来

① 黄延复，钟秀斌. 一个时代的斯文：清华校长梅贻琦［M］. 北京：九州出版社，2011：112－113.

② 庄前鼎. 清华航空研究所工作报告［M］//清华大学校史研究室. 清华大学史料选编：第二卷. 北京：清华大学出版社，1991：558.

华，又分别请美国前航空部次长华纳（Warner）、美国麻省理工学院航空工程系主任亨萨克（Hunsaker）代聘高才。冯·卡门积极设法，聘美国空气动力学专家华敦德博士（Dr. F. L. Wattendorf）来校任职。1935年8月，冯·卡门复信梅贻琦叙述所荐者之经历："华敦德博士毕业于哈佛大学和麻省理工学院，1927年赴德留学，在哥丁根（Gottingen）和阿亨（Aachen）做研究工作，在风洞和飞行试验中的确是第一流的研究人才，他是一个很好的教师。在使他的工作适应于外国的条件方面，他有一种卓越的品格和巨大的才能。"①

华敦德1936年2月到清华担任"航空讲座"教授，推进航空研究事业。同时，组建的研究团队还有王仕倬、冯桂连、殷文友诸教授。他们共同攻关，取得累累成就：第一班航空组学生毕业后赴英美留学者五人，其余转入南京国民政府国防部航空委员会的高级机械班。航空研究所除在校内设计二十尺口径航空风洞后，又积极筹备，1937年年初开始在江西南昌建造更大的风洞，并于同年完成；后受抗战全面爆发影响，南昌空袭频仍，随同航空机械学校迁至四川成都。其中，华敦德的严谨求实精神和精湛专业技术，给当时的清华师生留下了极其深刻的印象。诚如有的学者所述那样：

> 历史证明，梅贻琦掌校时期提倡对外开放，聘请国外著名专家学者来校任教或讲学，是使清华较快接近世界科学技术前沿、有效提高科研水平和教学质量的重大措施之一。当时清华不仅吸取了许多新的科学技术知识，而且从实验设备到图书资料，从课程计划到教科书，都学到了很多先进有益的东西。②

国际学术交流既是平等开放的，也是双向互动的。早期清华大学实行教师定期出国研究，并通过出席国际会议、出国讲学等方式促进国内外的学术交流。据统计，这期间先后出国休假的教授有七十人左右。有的著名教授应邀出国讲学或出席国际会议。如萨本栋教授对于应用向量及能量子电路论研究甚多，重要结果先后在本校《理科报告》上发表，甚为国外同行所注意。20世纪30年

---

① 黄延复，钟秀斌．一个时代的斯文：清华校长梅贻琦［M］．北京：九州出版社，2011：113.

② 黄延复，钟秀斌．一个时代的斯文：清华校长梅贻琦［M］．北京：九州出版社，2011：113－114.

代，美国电机工程学会曾对此问题专门召开讨论会，确认萨本栋之研究结果已居领先地位。于是萨先生在出国休假期间，先后被美国俄亥俄州立大学和耶鲁大学邀往讲演。稍后，萨先生又被清华委派出席在华盛顿举行的第三次世界动力大会和第二次世界巨坝大会。这期间，清华物理系主任吴有训教授被德国自然科学院举为会员；袁复礼教授在西北地理考察中发现恐龙化石，被瑞典君主赠予“北星章”一枚。[①]

总之，在梅贻琦引领下，清华大学在办学黄金阶段取得的国际学术交流成就，不仅提高了学校自身办学质量，加快了国际化大学建设进程，而且为我国现代国际学术交流事业奠定了坚实的基础。

第三节　清华大学的学校文化

学校文化既是学校教育实践的依托积累，也是教育活动的重要影响因素，并成为形成其办学特色的重要力量。学校文化大体可以分为环境、教学氛围、校训、校歌及办学精神等诸多内容。

一、水木清华

从1911年清华学堂成立到1929年留美预备部结束，由清华园中走出的留美学生卓尔不凡。他们中的绝大多数有着优秀的留学业绩和骄人的工作成就，成为许多行业、领域的主力军或领袖人才。新中国成立以后，1955年公布的中国科学院首批二百三十六名学部委员中，清华留美生就有三十四人（其中含津贴生五人），占比高达14.4%。迄今为止，清华大学建校已一百一十余年，为国培育英才逾数十万之计。2004年，中国科学院历次公布的学部委员和院士名单中，清华学人达二百四十七人，占比更是高达33.1%。1957年首次获得诺贝尔物理学奖的美籍华人杨振宁和李政道，都是清华大学物理系毕业的高才生。中国科学院在清华大学建校九十周年致辞中赞曰：“水木清华，荟萃人文，教泽

---

① 黄延复，钟秀斌．一个时代的斯文：清华校长梅贻琦［M］．北京：九州出版社，2011：114.

文敷，桃李芳芬。”

（一）清华园胜景

清华园是清华大学教师各种育人活动和学生成长发展之环境依托。清华园不仅是清华大学的栖身之地，也是校名的由来。清华园原址为清康熙年间所建熙春园的一部分。道光年间，熙春园被分成东西两个园子，西边的园子起名为“近春园”，东边的园子仍名为“熙春园”。咸丰皇帝登基后，将东边的熙春园改名为“清华园”。1911 年用“庚子赔款”在清华园建立的清华学堂，是清华大学的前身。清华园成为清华办学校址所在，亦为其校园总称（见图 3－1）。

图 3－1　清华园

“水木清华”是清华园内最引人入胜的一处胜景，地处工字厅后校门外，常被人拿来与颐和园内的谐趣园相比，被称为“园中之园”。水木清华一带景色设计别具匠心：四时变幻的山林，环拢着一泓秀水，山林之间掩映着两座玲珑典雅的古亭，本为工字厅的后厦，一变而为“水木清华”区的正廊，正额“水木清华”四字，庄美挺秀（见图 3－2）。“水木清华”四字，出自晋人谢混诗：“惠风荡繁囿，白云屯曾阿。景昃鸣禽集，水木湛清华。”后来，“清华”

一词的含义从物之华美引申为人之清高显贵。清华大学史正应了“清华”之意，使“清华园”这个名称有了更深刻的含义。

图 3–2　水木清华

当年的清华学子，现代文学家梁实秋对清华园的自然环境这样描述：

海淀是一小乡镇，过仁和酒店微闻酒香，那一家的茵陈酒莲花白是有名的，再过去不远有一个小石桥，左转趋颐和园，右转经圆明园遗址，再过去就是清华园了。清华园原是清室某亲贵的花园，大门上“清华园”三字是大学士那桐题的，门并不大，有两扇铁栅，门内左边有一棵状如华盖的老松，斜倚有态，门前小桥流水，桥头上经常系着几匹小毛驴。

园里谈不到什么景致，不过非常整洁，绿草如茵，校舍十分简朴，但是一尘不染。原来的一点点中国式的园林点缀保存在“工字厅”“古月堂”，尤其是工字厅后面的荷花池，徘徊池畔，有“风来荷气，人在木阴”之致。塘坳有亭翼然，旁有巨钟为报时之用。池畔松柏参天，厅后匾额上的“水木清华”四字确是当之无愧。又有长联一副：“槛外山光，历春夏秋冬，万千变幻，都非凡境；窗中云影，任东西南北，去来澹荡，洵是仙居。”我在这个地方不知消磨了多少黄昏。

西园榛莽未除，一片芦蒿，但是登土山西望，圆明园的断垣残石历历可见，俯仰苍茫，别饶野趣。我记得有一次郁达夫特来访问，央我陪他到圆明园去凭吊遗迹，除了那一堆石头什么也看不见了，所谓“万园之园”的四十美景只好参考后人画图于想象中得之。①

梁实秋的笔调天然素雅，以写实恬淡的风格描述清华园清爽明快、厚实无华的景物及设施，尤其是以圆明园的遭际运数为映衬，更带有历史的苍凉。

现代著名哲学家冯友兰的二女儿冯钟璞是当代有影响的作家，她对清华的环境氛围及情怀体验的变动，做过如下深情的回忆与理性的反思：

那青草覆盖的地方，藏着一段历史和我一生中最美好的记忆。

清华园内工字厅西南，有一座小树林。幼时觉得树高草密。一条小径弯曲通过，很是深幽，是捉迷藏的好地方。树林的西南有三座房屋，当时称为甲、乙、丙三所。甲所是校长住宅。最靠近树林的是乙所。乙所东、北两面都是树林，南面与甲所相邻，西边有一条小溪，溪水潺潺，流往工字厅后的荷花池。我们曾把折好的纸船涂上蜡，放进小溪，再跑到荷花池等候，但从没有一只船到达。

先父冯友兰先生作为哲学家、哲学史家已经载入史册。……

1928年10月，他到清华工作，找到了“安身立命之地”。先在南院十七号居住，1930年4月迁到乙所。从此，我便在树林与溪水之间成长。抗战时，全家随学校南去，复员后回来仍住在这里。我从成志小学、西南联大附中到清华大学，已不觉得树林有多么高大，溪水也逐渐干涸，这里已不再是儿时的快乐天地，而有着更丰富的内容。1952年院系调整，父亲离开了清华，以后不知什么时候，乙所被拆掉了，只剩下这一片青草覆盖的地方。②

---

① 梁实秋. 清华八年［M］//孙哲，黄文辉，解红岩，等. 春风化雨：百名校友忆清华. 北京：清华大学出版社，2011：8－9.

② 宗璞. 那青草覆盖的地方［M］//宗璞，熊秉明. 永远的清华园：清华子弟眼中的父辈. 北京：北京出版社，2000：143－144.

冯钟璞的上述回忆情景交融，从自然风物中透露一丝清华的人文底蕴。

（二）清华园环境的育人价值

校园人物雕塑是构成学校文化的组成方式，既是物理环境，更是精神丰碑。雕塑人物因其品格学养或能力贡献而活化为一种榜样形象、潜在教育资源，鞭策牵引着莘莘学子的成长发展，踏步前行，永不停歇。

坐落于清华大学校园的闻一多塑像是红色的，站在那儿，有一种凝重感；仔细瞧，又仿佛是一团火焰在燃烧。沿曲径攀缘而上，蜿蜒碎步往小山眺望，就是闻亭，悬挂的古钟也在述说历史的沧桑。闻一多先生讲课有一种独特的诗人风度。他曾与学校再三交涉，把课程从上午改到黄昏，因他认为这时讲《楚辞》有一种独特的物候景观渲染弥漫，可形成一种独特的气氛。

朱自清于 1926 年应聘执教于当时刚成立的清华大学中国文学系。在这之前，朱先生就以他的新诗和散文蜚声于新文坛。来到清华园后，他又创作了《荷塘月色》《背影》等一批佳作，并于 1928 年 9 月结集为《背影》出版。这在文坛上激起了强烈反响，更提高了他作为作家的声誉。与此同时，他也是一位能代表清华文科的优秀学者。他的治学态度和精神，都堪称清华文科的代表。学术谨严有成，情操亦堪为人表。

> （朱自清）先生的塑像真的很素淡！是那种一眼就看得到气节的素淡！他坐在清华的荷塘边已经有很多个年月了，他会一直就这么坐着，静静地陪着清华的春秋。①

在长期的历史岁月中，“水木清华”激励下的清华大学莘莘学子荟萃中西，贯通古今，为国家的兴旺发达，为民族的自强自立，为科技文化的发展，作出了积极的贡献。

二、清华大学的学术氛围

大力发展学术研究事业，是梅贻琦大学教育思想的一个重要方面：“凡一大

① 齐家莹. 清华人物［M］. 北京：作家出版社，2001：33－34.

学之使命有二：一曰学生之训练，一曰学术之研究。清华为完成此使命，故其发展之途径不徒限于有效之教学，且当致力于研究事业之提倡。此在学术落后之吾国，盖为更不可缓之工作。”① 因而，清华大学教师当以研究为“第一责任”。只有这样，才会实现清华“步入世界名大学之林”的理想。

（一）梅贻琦构建清华大学学术生态

梅贻琦认为，清华大学的学术研究，应该有特殊的成就，应向高、深、专、精方面去做。为了实现清华大学作为大学科研中心的特殊成就，他采取如下措施，打造清华浓郁、活跃和开放的学术生态：

（1）“随时随地留意延揽”著名的教授。除了强调“设备”外，推崇“大师”。于是，各科名师云集清华。

（2）办好清华大学研究院三大研究所。文科研究所设中国文学、外国文学、哲学、历史学、社会学五部；理科研究所设物理、化学、算学、地学、生物、心理六部；法律研究所设政治、经济二部。研究院院长、各所各部主任由院长及各系主任分别兼任。各部研究生录取，须经此考试，各系助教参与研究。据当年清华学子、北京师范大学教育史专家邱椿教授的报告称，清华在近十几年来的确很有进步。最初，清华不过模仿美国的中小学校，后来模仿美国的大学；现在创造出一种中国式的大学了。“总之，对于研究学问，均能努力从事，始终不懈。将来于学术上可有贡献于国家者，数年之后，可以见之矣。”②

（3）增加学术刊物。陆续创办和增办《清华学报》《理科报告》《社会科学》《气象季刊》等学术刊物，这些媒体主要刊载“本校师生对于理科研究之成绩”“社会科学方面之著作”。由此，“可见校内同人努力研究之一斑，而亦极足以告慰于校友诸君也”③。

（4）办好清华五个特种研究所。抗战前，根据“复兴农村工作”的需要，

① 梅贻琦．致全体校友书［M］//刘述礼，黄延复．梅贻琦教育论著选．北京：人民教育出版社，1993：70.

② 邱椿．清华教育政策的进步［M］//清华大学校史研究室．清华大学史料选编：第一卷．北京：清华大学出版社，1991：271.

③ 梅贻琦．致全体校友书［M］//刘述礼，黄延复．梅贻琦教育论著选．北京：人民教育出版社，1993：72－73.

创办农业研究所；在成立工学院之始，“即注意于国家对于特种工程之需要”，创办航空研究所和无线电研究所；抗战期间，因地方与时势需要，将三个研究所次第迁至昆明。1938 年增设国情普查及金属学二所。凡此五所于抗战胜利复员回北平后，均继续发展。其中，农业研究所 1946 年扩充为农学院，设植物病理学系、昆虫学系、植物生理学系和农艺学系。1955 年，梅贻琦在台湾“清华大学”主持创办的原子科学研究所，则可谓他为两岸清华创办的第六个特种研究所。

（5）利用清华既有条件，根据国家人才培养和社会现实需要，提高办学层次和水平，聘请优秀师资，开展国际学术交流。清华学术成就于办学层次发生蝶变，使民国初年仍为留美预备学校的清华学校“从最‘低’学府升到最‘高’学府”①。

“三军未动，粮草先行。”这一时期，清华的院系规模不断扩大，各种设施不断完善，为师生的学术研究提供了强有力的保障。这一切都要得益于梅贻琦校长的精心筹划。对此，清华校友声情并茂、感人肺腑的追忆十分形象生动：

> 在短短的五年半——民国二十年冬至七七事变——的期间内，由原有的文、理、法三院扩增到文、理、法、工、农五院；图书馆、体育馆原来都只一所——两间大阅览室，和一个篮球场，也在那时候扩建了更大的阅览室、书库和篮球场、健身房，比原来的要大一倍还拐弯呢！……其他如化学馆，生物馆，气象台，工学大楼，电机、机械等系的实习工场，以及教职员宿舍，也都在这五年半以内完成了；而农学院筹建，则是在民国二十五年夏天以后的事，那时候我已离校到镇江教书去了，所以不能列举事实。总之，这么多的建设，全是他老人家一手建筑完成的。可是从没在报纸上宣传，只在开学典礼和校庆纪念日，向新生及毕业校友，一数劳绩；这够多么伟大可敬呀！②

这一时期，清华有充裕的经费，实验室设备充实先进，图书馆藏书也齐全

① 清华大学校史研究室．清华大学史料选编：第一卷［M］．北京：清华大学出版社，1991：272.

② 许世瑛．敬悼月涵校长［M］//黄延复．梅贻琦先生纪念集．长春：吉林文史出版社，1995：112.

丰富。同时，学校聘请了一些有学术声望的教师，多数教师也是初从国外归来，学有所成，在国外受过一些科学研究的训练，了解现代大学在学术研究、知识进步中的地位，对开展科学研究有强烈的要求。他们力图利用清华优越的人力、物力等条件，追随世界科学的发展，促进中国学术独立与进步，使清华成为全国学术研究的中心之一。加之，清华园环境清静，教师待遇好，生活比较安定，故全校学术研究空气愈益浓厚。

（二）清华大学的学术成果概览

清华大学在20世纪30年代出现的“黄金时代”和“跻入世界名大学之林”的主要标志，也在于这时期的学术研究成果成绩斐然。

梅贻琦任校长期间，主张从事教学的同时，开展高质量的科学研究，这一点也成为清华人的共识。从校长、院长到系主任和普通教授，都认识到研究是保持知识进步的最有效方式，强有力的研究成果是和完善的教育体制紧密联系的。梅贻琦反复强调，一所高水平的大学必须开展科学研究工作。清华大学成立理学院时，公开申明，其目的在于“除造就科学致用人才外，尚谋树立一研究科学之中心，以求中国之学术独立”①。理学院的物理学系一马当先，锐不可当，著名教授学者与师生一道，以此目标为导向，效果突出：

> 本系成立于民国十五年，十七年秋吴正之、萨本栋两教授先后到校，十八年秋周培源教授到校，廿一年春赵忠尧教授到校。数年来赖全系教师及研究院诸生努力于研究工作，本系幸成为全国学术中心之一。②

在教学的同时，开展高水平的科学研究，是清华大学实现办学第一轮辉煌的诀窍。这种定位和追求，在中国现代高等教育史上具有标杆特色，甚至开创了先河。清华的教授们既是教学第一线的骨干，又是从事学术研究的主力，将教学和学术研究紧密结合起来，以教学奠基研究，又以研究促进教学，臻达两者互促共赢，彼此推动，形成同频共振的良性循环。清华大学的研究院和研究

① 吴有训．理学院概况［M］//清华大学校史研究室．清华大学史料选编：第二卷．北京：清华大学出版社，1991：394.

② 叶企孙．物理学系概况［M］//清华大学校史研究室．清华大学史料选编：第二卷．北京：清华大学出版社，1991：395.

所众多，除农业研究所外，各所的编制与教学机构统一，并无专职研究人员，而是由教师兼职研究。精兵简政，高效低耗，合作无间，使清华大学的研究水平迅速走到各高校前列，并处于领先水平。

据中国近代教育史专家苏云峰先生的研究成果显示：1928—1937 年，最少有一百四十五位教师在教学之余积极从事于研究与著作，共出版专著三百四十八种，发表论文六百八十三篇，编译图书一百零二种，撰写书评一百零一篇。如以学院为单位，则文学院的研究发表率为 43.3%，出版专书一百八十一种，论文二百八十一篇，编译五十五种，书评六十篇，为全校之冠。次为法学院，研究发表率为 47.9%，出版专著九十七种，论文五十五篇，编译二十种，书评三十三篇。理学院的研究发表率为 38%，发表专著五十九种，论文二百九十四篇。这一时期清华全校教师总数约三百八十三人，而有专著出版及论文等发表在国内外学术刊物者，共计一百四十五人，教师总数中至少有 37% 以上的人于教学之余，从事专题研究。成果学科领域及刊发园地均丰富多样，对学校办学研究风气，有鼓舞作用。①

在自然科学和技术科学方面，算学系熊庆来关于亚纯函数理论的研究、孙光远在微分几何方面的研究，物理系吴有训关于 X 射线散射理论、赵忠尧关于原子核物理、周培源关于广义相对论和流体力学湍流理论方面的研究，化学系黄子卿关于热力学及等张比容之测定方面的研究，生物系李继侗关于植物生理、陈桢关于金鱼遗传方面的研究，地学系袁复礼对中国西北地理的研究，均达到了国内一流水平。

清华大学教师从爱国主义的动机出发，抱着“工业救国”“学术独立”的愿望，试图使外国的先进科学技术在中国土地上得到普及、生根发芽、茁壮成长，并适应中国社会的情况，为此他们也做过可贵的努力。如理学院及工学院曾有几位教授，在这一时期先后编译了十多种大学用的中文教科书，在商务印书馆的“大学丛书”中出版。如理学院萨本栋曾编辑《普通物理学》《普通物

---

① 苏云峰. 从清华学堂到清华大学：1928—1937［M］. 北京：生活·读书·新知三联书店，2001：131－132.

理实验》及《实用微积分》三种；熊庆来曾编辑《高等算学分析》一种；赵访熊曾编辑《微积分及微分方程》一种。工学院陶葆楷曾编辑《给水工程学》一种；吴柳生曾编辑《工程材料试验》一种；夏坚白曾与陈永龄合编《应用天文学》及《养路工程学》两种；刘仙洲曾编辑《机械原理》《热工学》及《经验计划》三种；顾毓琇曾编译《电工原理》及《直流电机原理》两种。这些教科书，就当时国内的水平来说，都是上乘力作。

在人文社会科学方面，研究成果更为突出。如：中文系朱自清的散文，闻一多关于《诗经》《楚辞》的研究，俞平伯关于《红楼梦》的研究，王力关于音韵和语法的研究；历史系陈寅恪关于唐代政治史与隋唐制度的研究，蒋廷黻关于《中国近代史大纲》的著述，吴晗对明史的研究；哲学系金岳霖编著的《逻辑》、冯友兰编著的《中国哲学史》在国内学术界受到广泛的重视，影响深远。此外，在文法学院的学术研究中，中文系和历史系部分教师在整理古籍与史料工作方面所做的工作，具有创新性。

三、清华大学的学校文化精神

学校文化精神是办学的灵魂，也是学校文化的内核，其外延主要包括学校校风、教风、学风和学校人际关系、校训及校歌等。优秀大学文化精神一经形成，便极大地丰富全体成员的精神生活，激发、鼓舞其意识力量和心理潜能，从而促进学生全面发展，呈现墨子所述“染于苍则苍，染于黄则黄”的效应。

（一）争鸣探讨的教育生态

教育生态是教育活动健康有力、蓬勃旺盛、具有生命力的形象比拟和实质概括。清华大学治学育才的目标是追随世界前沿，走向世界一流高地。学术自由、各派争鸣、思想活跃为促成一流大学目标所必需之教育生态的主要内容。

新文化往往产生于自由空气浓厚的校园。唯有学术自由，才可能产生各种各样、不拘一格的言论和思想。也正因为它们“不合时宜”，甚至不合乎将来，新文化因素才得以从中诞生，进步的机缘才由此显现。

学术自由是梅贻琦治校路向中高远而独到的见解。在近现代中国大学历史中，每当政治风浪波及校园，学术自由便会被挤兑得退避三舍，而在每次风浪过后的反思中，人们又会发觉这一观点的正确与可贵。

有着数十位大师的清华园出现了“流派共存，百家争鸣”的局面。张申府、雷海宗、闻一多、周炳琳、冯友兰等学界宗师所持社会观念和政治向往有所不同，但都在各自专业领域造诣精湛，独树一帜，在大学讲坛占有一席之地。他们间的差异争端或许是难以协调的，但却绝不会因流派不同而有偏见。教授们公开辩论，争得面红耳赤，而会后感情仍极为融洽，胸中了无芥蒂，大家只有一个目标，那就是服从真理。当代著名哲学家张岱年回忆1933—1937年与1946—1952年两个时段，自己在清华大学哲学系前后工作近十年，称其体会有两个：一个是同事们都很勤奋，无日不思考哲学问题；另一个是同事之间很团结，从来没有无端的内耗。春秋鼎盛，精力充沛，学术思想趋向成熟，教学著述的成果令人钦羡。这种学术生态是学科发展和研究创新的土壤、空气和阳光。而其中的关键则是交往沟通的无间自由，默契互惠。

梅贻琦倡导的学术自由不仅限于校内，他还重视与国际学术界的沟通交流，利用各种渠道罗致世界第一流学者来校讲学。

控制论的创始人，美国麻省理工学院数学系教授、著名数学家维纳曾于1935—1936年应邀来清华大学访问讲学。这不仅是清华校史上的一件大事，在现代中外科技交流史上也有着重要的意义。当时，清华电机工程系教授李郁荣在致维纳的信中，称道清华的科研条件：

> 我们的工学院有了相当大的扩展，添置了大量电工和机械装置。就在昨天，我们搬进了新建成的电机工程馆。我觉得一切都很顺利，有许多有趣的工作等待着我们去完成。①

1934年12月4日，李郁荣写信给维纳，表达了希望维纳来华的迫切心情：

> 我们这儿有相当多的人早在国外留学时就介入研究领域，现在正一如既往，为数学、物理学和电机工程的发展做贡献。面对这种情形，我立刻意识到您将可以和这群人协调地配合起来，共同从事研究工作。依靠您的

① 李旭辉. 30年代N. 维纳访问清华大学函电始末［J］. 中国科技史料，1998，19（1）.

指导，再加上您的灵感和思想，我们定会取得更多更好的结果。①

维纳到清华后，如约为数学系师生授课，系统讲傅里叶积分、傅里叶级数和勒贝格积分的理论，参加听课的有赵访熊、曾远荣、华罗庚、徐贤修、吴新谋、段学复和庄圻泰等。维纳所讲的内容既有他以前的研究成果，也有当时正在思考的课题，而在讲课过程中，他不但传授数学知识，还注意在思想方法上进行指导，这些对于清华年轻学者日后的学术发展起到了积极的作用。此后，傅里叶级数论和近代三角级数论正式列入清华研究院理科研究所算学部的选修科目。②

清华素有教员定期出国的传统，名为休假，实为搞学术研究，并出席国际会议，到名校讲学以促进学术交流。如萨本栋被邀到美国俄亥俄州立大学及耶鲁大学讲演，并出席在华盛顿举行的国际学术研究会；冯友兰应聘赴英讲演多次，深受欢迎，对中英学术交流有很大贡献。梅贻琦校长认为，“此足引为荣幸之事”。

这种思想活跃、探讨争鸣的理念构建及推行，其重要保障在于教师培养的国际化及学生对外交流的开放。留洋研究生毕业成为清华教师队伍的主体组成部分。1928—1930 年，梅贻琦曾担任清华留美学生监督，有着较为丰富的留学生管理经验。他掌校清华之后，十分重视留学生的选派，并把留学生选派作为清华教师培养的主渠道。他负责制定了清华大学《选派赴德交换研究生简章》，分三组十五个学科专业领域，每年选派五名研究生赴德国研究所学习、研究。专业门类涵盖文、史、哲等主要人文社会科学，也包含理工科代表性类别。此举开创了我国与国外大学互派研究生之先河。20 世纪 30 年代，清华除向国外选派清华留学生近百名外，还先后接纳了美、英、德、日等国的留学生二十多人。1936 年，清华颁布《国外研究生管理规程》，规定“国外研究生留学期满归国，有首先服务本大学之义务”③。无疑，实行大学对外开放办学，与国际学术界开展交流，是梅贻琦采取的使清华尽快接近世界科学技术前沿，有效地提

① HEIMS S J. John Von Neumann and Norbert Wiener [M]. Cambridge: MIT Press, 1980: 174.

② 清华大学校史研究室. 清华大学史料选编：第二卷 [M]. 北京：清华大学出版社，1991：629 - 631.

③ 刘述礼，黄延复. 梅贻琦教育论著选 [M]. 北京：人民教育出版社，1993：282.

高科研水平、教学质量和教师素质的措施。他的教师培养策略是其具有国际视野的明证，更是思想自由、学术沟通激扬的不竭动力。

（二）汇通中西的办学风格

“汇通”主要指思想文化的中西汇合，学科专业文理交融；“广博”主要指学科专业内容广阔、思想旨趣高雅。这是清华大学办学的个性特征。

清华大学的初期发展，虽然渗透着西方文化的影响，但是清华学子十分珍视中华优秀传统文化。以国学研究院四大导师王国维、梁启超、陈寅恪、赵元任为首的清华学者，主张中西兼容、文理渗透、古今贯通，在国内形成一个颇有影响的学派，被称为“清华学派”。以金岳霖、冯友兰、张申府、张岱年等为代表的学者，主张博采中西文化之长，熔铸成一种新的中国文化。在清华大学，形成了“中西文化，荟萃一堂”的优良传统，对清华大学的发展产生了深远的影响。

前述“清华学派”的诸多学者，其共同特点在于学识的广博、眼界的开阔和思想的开明。他们大多在国外游学归来，因而对中西文化均有较透彻的了解；大多有较深的旧学功底，但又能握紧时代的脉络。他们秉承着中西文化无基本对立、学术文化可以衔接沟通的要旨，以西释中或以中释西。用一种文化来阐明另一种文化，因而就能更好地理解这两种文化。他们所注意的是东西方文化的相互阐明，而不是相互批评。这种学术理念，引导着清华的人文学者们。如闻一多先生，在对《周易》《诗经》《庄子》《楚辞》的研究中，就采用了大量现代西方的符号学、语义学、阐释学、统计学等科学方法，因而他的研究结论总是骇世但又令人信服。后期，杨振声、朱自清、闻一多先生还曾提议，将中文、外文二系合并，改为文学系与语言系，外文系的突出成绩开创了中国现代比较文学教学与研究的先河，吴宓先生的《文学与人生》更是在东西方文化的“相互阐释”方面有突破性贡献。

清华大学文学院较集中地体现了清华校园文化中人文精神的特色，强调知识广博、中西兼重的原则，而且极为重视外国语文。如清华大学外文系的培养总目标可以用“博雅”两字来概括。培养博雅的文化人就是清华大学外文系的办学宗旨，而且是一种风格：知识唯其广博，学问才能精深；抱负唯其远大，志趣才能高雅；学术思想唯其精深博大，才能培养出高洁博雅之通儒。“博”是一种学术境界，“雅”是一种思想境界，“博雅”就是一种人格境界，是一种具有高贵的人文品质和素养的书生风骨，是一种“心向往而不能至”的境界。另外，高雅脱俗的言谈举止和气质来自“汇通东西之精神思想”的学术涵养；通博教育境界需要高雅的志趣来提升。这样，知识通博是教育的外形，志趣高雅便是教育之内质；思想通博是教育的内质，言谈举止高雅便是教育的外形。“博”与“雅”互为形质内外，形成一个完整的教育思想体系。

（三）校训与校歌的思想内涵

大学校训与校歌是大学思想文化的重要元素，是大学文化精神的表征符号或特质所在。

1. 清华大学校训

清华大学创办初期深受西方思想的影响，但是清华大学的精神并非全沿袭照搬西方而来，而是重视对中国传统文化的继承和创新，对中国传统典籍的诠释和汲取，从而形成了独具魅力的校训和办学特色。早在清宣统三年（1911年）制定的《清华学堂章程》，明确办学“以培植全才，增进国力为宗旨”，“以进德修业，自强不息为教育之方针”，同时严令“凡本学堂职员、学生，均须体会遵守”。[①] 1914年冬，梁启超应邀到清华做了题为“君子”的演讲，以“自强不息，厚德载物”勉励学生。梁启超根据清华的办学方针，结合西方的教育精神，提出学校应该培养具有君子健全人格的人才，并且用《周易》六十四卦中乾坤两卦的卦辞来阐发君子健全人格的基本内涵：

> 乾象曰：“天行健，君子以自强不息。”坤象曰：“地势坤，君子以厚德载物。”推本乎此，君子之条件庶几近之矣。乾象言，君子自励犹天之运行不息，不得有一暴十寒之弊。……坤象言君子接物，度量宽厚，犹大地之博，无所不载。君子责己甚厚，责人甚轻。1917年，清华大学修建大礼堂，将这八个字嵌入校徽高悬于大礼堂上额，成为清华师生共同遵守的校

① 清华大学校史研究室．清华大学史料选编：第一卷［M］．北京：清华大学出版社，1991：259.

训，并一直沿用至今。①

“自强不息，厚德载物”作为中国传统文化的重要内涵，集刚健与柔顺两种不同的特质于一身，标志着人格发展的一种全面性和协调性。“自强不息”用以教导师生自立图强、勇往直前、生生不息；“厚德载物”用以教导师生积德修业、宽以待人、善待万物。也可以说，这八个字在一定程度上概括了清华师生的精神风貌。清华一百一十余年的历史多灾多难，但“灾难铸就辉煌”。灾难所激发起来的自强不息的精神，贯穿于整个清华历史。其中，最动人的有两段：一段是在抗日战争中，在敌机不断轰炸的艰难条件下弦歌不辍，无论于教学、学术都创造了史诗般的辉煌；另一段则是“文革”之后，瞄准世界先进水平急起直追，不仅迅速地恢复了十年动乱所造成的创伤，而且创造了新的辉煌。拯救民族的集体尊严意识是清华发展的一个基本动力源。清华校训中除“自强不息”之外，还有“厚德载物”四个字，它要求清华人具有如大地般博大的宽厚胸怀。这一点，就大多数清华人的行止来说，是无愧于祖先遗训的。清华敢于组织多科性大兵团作战，如核反应堆研制，密云水库设计，小卫星的研制……大多仰赖这种难得的抱团精神。

2. 清华大学校歌

校歌是时代精神的折光，又是师生的灵魂家园。汪鸾翔先生作词、张慧珍女士谱曲的《清华校歌》，传唱一时，堪称佳作。

关于清华校歌创作过程，歌词撰写者汪鸾翔曾言：

> 本校中文校歌选择于前两年征求校歌之时，在作者对于世界学术思想之变迁，以及我校教育方针之择定，颇费一番斟酌，而后敢于发言。即学校采用之时，亦几经请北京名人之审定，而后乃毅然采定。采定后，复请何林一夫人精心制曲，始琅然可歌。②

校歌开头“西山苍苍，东海茫茫，吾校庄严，巍然中央”，雄浑有力。既

① 清华大学校史研究室．清华大学史料选编：第一卷［M］．北京：清华大学出版社，1991：260－261．

② 汪鸾翔．清华中文校歌之真义［M］//清华大学校史研究室．清华大学史料选编：第一卷．北京：清华大学出版社，1991：265－266．

道出清华所处的地理位置（“西山”与“东海”之间），又寄寓着深远的文化意象。古代中国，自认为处于世界之中心位置，是谓“中国”也。但“中”又具有“中和”，即汇聚世界文化于一堂之意，由此意象流畅地引出“东西文化，荟萃一堂”之句。词作者汪鸾翔先生撰文解释说：

今世最亟需之学术，尤莫亟于融合东西之文化。故本校歌即以融合东西文化为所含之“元素”。盖一国之有文化，犹一人之有技能。人无技能，不能生存于社会；国无文化，不能存在于地球。大略言之，凡国家之富且强者，必有其固有之文化，或外来之文化，贫且弱者反是。我国闭关之时，只用固有文化，已足自治；海通以后，外来文化，有胜我者，亦不能不并蓄兼采共炉而冶之。故仅守固有文化，而拒绝外来文化者固非；而崇拜外来文化，以毁灭固有文化者，更无有是处也。本校之最大责任与目的，即是为本国及世界作此一件大事。而本校歌之“元素”，亦即为此大事，略示雏形。然则是歌含有深微之意，非寻常粗浅之歌所能比也。①

在歌词产生的20世纪20年代初，如何对待中国的传统文化与外来西方文化思想，学术界颇有争议。《礼记》之《大学》篇：止于“至善”即“服膺守善心无违”。儒家传统强调教育的目的在于学会“做人”。这种教育观念的缺点之一在于轻视科技教育，不能适应时代的要求，但面对眼下商业化流弊造成的道德水准下降的状况，我们又有必要强调教育的根本目的在育人，可高度诠释为“立德树人”。近年强调加强素质教育，进一步提升了这层意蕴。事实上，若缺乏高深思想文化境界，在科技的研究上也必然行之不远。第二段接下去唱出的“海能卑下众水归，学问笃实生光辉”，即意味深长地指出，只有胸怀博大，容纳百川，而不拘于一豆之见，才能使自己的学问焕发光芒。

对第三段歌词的开头“器识其先，文艺其从”，贺麟有精彩的阐释。他以唐刘晏“士先器识而后文艺”为依据指出“器识”即“质量与识见”，学者首重器识，次重事业，末重语言文字。而“现在青年大都目光如豆，喜凭一才一

---

① 汪鸾翔．清华中文校歌之真义［M］//清华大学校史研究室．清华大学史料选编：第一卷．北京：清华大学出版社，1991：267.

艺天生的鬼聪明，来出小小风头，绝未作丝毫涵养器识的功夫”。因此，“‘器识其先’句实对症良药，予吾人以极大的教训”。贺麟的话于今亦不失为警语。校歌鼓励全校师生“万悃如一”，团结起来实现“立德立言，无问西东”的宏伟历史任务。作者相信“水木清华众秀钟”，莘莘学子必然不辱使命，为学校争光。这句歌词以“赫赫吾校名无穷”的预言收束。历史过去了一个多世纪，清华虽不好说“赫赫吾校名无穷”，但确实声名远播海内外，析其原因实同历届学子自强不息、荟萃西东，为发展我国与世界科学文化作出的突出贡献分不开。总之，为祖国增光的远大理想、荟萃东西的博大胸怀、自强不息的实干精神就是校歌的意义，也是清华传统中的精华所在。①

（四）自由而严谨的学风

梅贻琦十分重视清华的校风建设，其要义所在是自由与严谨矛盾的化解，冶为一炉，共生合拍，和谐统一。他在1932年欢迎新同学的讲话中曾说：

清华的风气向来是纯净好学的，这亦可以说是因为地势处在乡间，少受城市里的牵动，其实大原因还是在本校师生一向注重学问，顾全大局，所以虽亦经过几次风波，大家的学业未曾间断，这是在国内今日很难得的现象。但是一个学校的风气养成很难，破坏却很容易。诸君现在已是清华的一分子，在今后四年内，诸君的行动要影响到清华风气的转移的一定不少，吾们盼望诸君能爱护它、保持它、改良它。吾说“改良”，因为吾们知道还有许多地方是不整齐，或是大家还没有十分注意的。在一个大团体里，虽是很小的事（在一个人独居的时候，很不必注意的），倘若随便起来，也许发生很坏的影响。所以如同宿舍的安静、食堂的整洁，以及图书馆的秩序，虽都是课外的问题，亦于大家的精神上很有关系，为公众利益起见，各个人都应当特别注意。②

梅贻琦这里所谈的校风主要是从学风层面叙述的，要求维护、持续和坚持

① 徐葆耕．紫色清华［M］．北京：民族出版社，2001：34－35.

② 梅贻琦．大学的意义及学校之方针：欢迎新同学的几句话［M］//刘述礼，黄延复．梅贻琦教育论著选．北京：人民教育出版社，1993：21.

学校风气，课外具体细碎行为的认真、严格都有助于学校风气创设。

清华大学自由而严谨的学风，构成清华大学学校文化的独特之处。周诒春理校时期是以纪律规程的秩序习惯养成为主的。清华学校在周诒春任校长时，有一套非常严格的制度和办法，学校为管理学生食、宿、游、息和课外社团活动，设立了斋务处。斋务处主任陈筱田，对中等科学生实行近乎军事化管理：每天早晨七点起床（以起床钟为号），赴盥洗室，每人的手巾脸盆都写上号码，脏了要罚。七点二十分，吃早饭，实行早餐点名，斋务处主任手持纸笔，面对餐厅大门而立，对迟到的，记其学号；十分钟后，在各饭桌检查，记下未到者名字（累积成过，三小过合一大过，三大过开除）。晚十点，熄灯睡觉，不得说话，不许随地便溺。学生的脸盆毛巾，都要放在固定的位置。①

当时清华学制为八年，分为高等科和中等科两部分。清华之所以能培育出无数的英才，是与严格的学生管理分不开的，对中等科学生的管理更是如此。例如，每天按时吃早餐，学生身上不许带钱，一星期至少洗两次澡等，都在规定之内。据梁实秋回忆：

看小说也在禁止之列，小说是所谓“闲书”，据说是为了成年人消遣之用，不是诲淫就是诲盗，年轻人血气未定，看了要出乱子的。可是像水浒、红楼之类我早就在家里看过，也是偷着看的，看到妙处心里确是怦怦然。

我到清华之后，经朋友指点，海淀有一家小书店可以买到石印小字的各种小说。我顺便去了一看，琳琅满目，如入宝山，于是买了一部《绿牡丹》。有一天晚上躺在床上偷看，字小，纸光，灯暗，倦极抛卷而眠，翌晨起来就忘记从枕下捡起，斋务先生查寝室，伸手一摸就拿走了。当天就有条子送来，要我去回话，我还不知道是什么事。只见陈先生铁青着脸，把那本《绿牡丹》往我面前一丢，说：“这是嘛？”“嘛”者，天津话“什么”也。我的热血涌到脸上，无话可说，准备接受打击。也许是因为我是初犯，而且并无其他前科，也许是因为我诚惶诚恐俯首认罪，使得惩罚者消了不少怒意，我居然除了受几声叱责及查获禁书没收之外没有受到惩罚。

---

① 钟叔河，朱纯．过去的学校［M］．长沙：湖南教育出版社，1982：158.

依法，这种罪过是要处分的，应于星期六下午大家自由活动之际被罚禁闭，地点在“思过室”，这种处分是最轻微的处分，在思过室里静坐几小时，屋里壁上满挂着格言，所谓“闭门思过”。凡是受过此等处分的，就算是有了记录，休想再能获得品行优良奖的大铜墨盒。①

……

严格的生活管理只限于中等科，我们事后想想像陈筱田先生所执行的那一套管理方法，究竟是利多弊少，许多做人做事的道理，本来是应该在幼小的时候就要认识。许多自然主义的教育信仰者，认为儿童的个性应该任其自由发展，否则受了摧残以后，便不得伸展自如。至少我个人觉得我的个性没有受到压抑以至于以后不能充分发展。我从来不相信“树大自直”。②

清华改为大学后，虽然强化民族性的成分，并扩充其“元素”，但毕竟深受欧美现代大学的洗礼，走的是“自由教育”或“通才教育”的道路。这主要表现在如下几个方面：

（1）课程门类及学时不多。每学期一般仅六门课，每周不足二十学时，比美国大学稍多一点，学生有着很多的自由探讨和活动时间。

（2）自然科学如数、理、化、生物，社会科学如政治、经济、社会学，人文科学如文、史、哲三大类基础课，鼓励学生尽量涉猎，每类选若干门。

（3）增加选修课，学生根据兴趣和个性需求自由选修，达到规定学分才能顺利毕业，走向社会。

（4）鼓励学生充分利用图书馆资源，拓宽视野，打破学科专业束缚所带来的狭隘和封闭。在自我成就“通才”的同时，提升专门化的高度和适应广度。清华大学的藏书丰富，当时推为国内最现代化的图书馆建成之后，典藏更充实了，环境更吸引人了，借阅更方便了，清华园的读书风气也就更盛了。

（5）提倡探究式教学和研究性学习。师生课程教学中，注重研究和创新方

---

① 梁实秋．清华八年［M］．北京：华夏出版社，2008：110－111.

② 梁实秋．清华八年［M］．北京：华夏出版社，2008：12.

法的应用和总结，要求学生理论结合实践，善于发现问题，着力探究和总结，写作成文，长短不拘，但要别出心裁，有所突破，不蹈前人窠臼。①

这些措施，对清华早期形成自由探索、讨论的学风，乃至整个校风起到了非常重要的作用。

自由而活跃的求学生活应有活动组织的保障，使课内外乃至校内外的教育力量形成合力，发挥统一的正向影响，这也正是当前潜在或隐性课程的教育促进价值。

清华大学每年级都有年级会，年级会之上设校学生会。年级会与学生会项目组织丰富而活跃，如：模仿西方国家议会制，成立“学生法庭”，开展三权分立的政治演习，以宣传现代“自由”“民主”思想，熟悉议会政治；组织各类学术和文艺活动，邀约在北京的或到北京的中外名流到校访问，请他们做演讲，像梁启超、胡适、罗素、杜威等都到清华做过演讲。文艺活动中包括音乐和戏曲。学生管弦乐队和戏剧俱乐部在华北高校中声名鹊起，一度“光大过清华的门楣”。有的学者就清华大学学生演说辩论的活动加以钩沉刻画：

> 在各类课外活动中，令早年清华学子感受最深的莫过演讲辩论了，这种源于西方古希腊智者派雄辩术，并传承延续于欧美现代大学的课程及教学方式确实打破了传统儒学教育“敏于行而讷于言”的静默寡言保守内敛弊端，而起到言辞逻辑及思维抽象加工的科学教育价值。演说与辩论，有练习形式的，也有比赛性质的；有班级性的，也有全校性的，也有相关的学生社团组织举办的。比赛时，参加者都由自己所在班级的观众为其助威呐喊，很是热闹。赛后，胜者兴高采烈，如同过节一般，多少年后仍记忆犹新，不肯忘记。②

清华大学成立了大量的学生社团。怀抱“科学救国”理想的学生，仿效1915年近代科学家、教育家任鸿隽在美国康奈尔大学成立中国科学社的方式，组建了“清华科学社”。发起人是现代著名物理学家、清华大学工程教育家叶

① 刘克选，方明东．北大与清华［M］．北京：国家行政学院出版社，1998：175.
② 刘克选，方明东．北大与清华［M］．北京：国家行政学院出版社，1998：183－184.

企孙教授。喜欢书法的学生，专门组织“戏墨社”；文学爱好者则成立了“小说研究社”，后改名为“清华文学社”。梁实秋、顾毓琇、李迪俊、孙大雨、谢文炳、闻一多等清华学子当年都曾是该社的热心者或骨干成员。

清华大学的刊物也很多，全校性的有《清华学报》《清华周刊》等多种，前者分中、英文两种，是学术性的，标志着学校的学术水平；后者则有相当多的版面、篇幅发表报道和刊发学生的优秀作品。上述学生社团也有自己的刊物。这些传媒途径与其他方面因素共同营造出清华园浓厚的学术环境，熏陶滋养着清华学子的情思哲理和科学智慧，使他们从中得到锻炼和提升。

（五）科学实干的实践方式

实干践行不是盲目、空洞的，而是建立在科学理性和正确方法基础之上的。清华学校“改大”在1923—1925年的“科学与玄学”论战之后。在科学优势上扬的历史背景下，清华国学研究院一建立，主任吴宓就宣称本院与其他大学不同之处，在于重视科学方法在国学研究中的运用。四大导师梁启超、王国维、陈寅恪、赵元任及吴宓、李济的研究成果证明此言不虚。梅贻琦到任后，办校重学术自由的同时，更重“科学家的眼光和态度”，强调理性和纪律，主张一切以事实为出发点。这种科学精神不仅贯彻于理工科建设，而且渗入人文学科。冯友兰说清华文科研究风格的共同追求在于，“所以然”“科学精神”。新中国成立后，清华多位校长明确提出继承发扬严谨、科学的传统，并且要求在广度和深度上超越历史。蒋南翔在1958年“大跃进”以及“文革”中多次坚持实事求是的原则，表现出非凡的勇气，对整个清华大学的管理者以及教师队伍有深刻影响，对弘扬清华的科学传统起了不可估量的作用。

注重实证方法和科学精神，是清华人治学的原则。忠于科学，热爱科学，才能求得科学的真谛，清华人在任何情况下都不会忘记自己的责任，不敢忘记自己的追求。

清华人很早就提出了“从小事做起，心怀天下”的口号。他们认为真正的生命哲学是：以出世之精神做入世之事业，既不过分计较名利得失，但也不得超脱得近乎麻木。要以一种积极的态度对待生活和事业，在遇到挫折烦恼时又要乐观、理智地战胜和消除它。

20世纪30年代，朱自清把清华精神文化归结为“实干”二字。“实”可谓中华传统美德中最宝贵的一种，它包含：诚实、真实、踏实、务实……千百年来，无数先贤无论是做人还是做事，皆将“实”字首推为第一原则。“务实”，在品格上，它是正直的象征；在学习中，它是求真的基石；在工作中，它是求效的原则。在清华大学，近一个世纪以来，就是凭着“务实”这一精神，实实在在地为社会培养出一批批实干型的人才，进而广受赞誉。

校长梅贻琦曾对清华同学致辞说：“我只希望大家能有勇气去做一个最平凡的人，不要追求轰轰烈烈。”

毕业多年的清华学子谈起对清华精神的感受时说：“从学校里的生活、训练到社会上的作风、操守，清华人所执的是民主、自由、进步、实干、独立的精神。”① 关于清华文化精神没有准确的定义，清华园里没有开设这门课程，但每一个清华人，以及对清华有所了解的人，都能够理解它，感觉它。

当年就读于清华的每一位同学，并没有人认为梅校长是何等了不起的人物，但又几乎每个人对他都有一分倾慕之感。梅校长的淡泊与热忱、显赫与清苦潜移默化一代清华人。梅贻琦外圆内方，从不以威言慑服别人，而是以身作则地使别人心悦诚服。他终身服务于清华，心无旁骛。梅校长“寿与校同”，他的一生就是清华的一生。对责任决不放弃、一丝不苟、开明民主，梅校长的精神也成了清华精神的代表。他默默创造着、书写着清华的历史，同时他也是清华历史的化身。

清华大学大师云集，灿若群星。朱自清、闻一多、俞平伯、王力、陈寅恪……这些人，都是在各自领域里的权威性人士，但在他们的身上，又有着共同之处：务实、谦逊。

朱自清的治学态度是实事求是，谦逊严谨。他的创作遵循现实主义的原则，十分强调对客观事物进行仔细观察、深入体味。这种创作态度反映在他的作品中，他对描写对象观察之细微、之认真，达到锱铢必究的地步。正是科学严谨

---

① 禹青华．清华人的务实风格［J］．书摘，2002（5）．

的精神，使他成为现代文学史上杰出的散文家。

百余载风烟，在清华园平静划过。作为出现过无数大师，在中华文化历史上享有不朽盛誉的高等学府，一亭一阁一草一木都让人嗅出浓浓的学术气息。

第四章

直面血与火：从长沙临时大学到西南联大

抗日战争时期，中国一百余所高等学校先后在艰苦跋涉中大规模内迁。这种“文化长征”，在中外教育史上是空前的，谱写出一首永垂史册的抗战教育史诗。

第一节 长沙临时大学创建的历史场域

长沙临时大学的创设绝非偶然，而是日本发动全面侵华战争后中国高等教育界的被迫反应。北大、清华、南开三所著名高校组建长沙临时大学，是战时中国高校内迁的典范。

一、抗日战争时期高等教育的深创巨痛

抗日战争时期，日军对中国以大学为主的教育机构轰炸、摧毁，同时开办日伪学校，推行奴化教育。为了避免战火下办学活动的中止，以北平高校为主体的大学被迫内迁办学。

（一）日本侵华战争推行奴化教育

1931 年 9 月 18 日，日本发动“九一八”事变，侵略中国东北地区，由此开始了长达十四年之久的侵华战争。这是近代侵华史上使用兵力最多、持续时间最长、给中华民族造成的灾难最深重的一场侵略战争，直接将中华民族推向了生死危亡的境地。

为了配合对沦陷区的军事、政治侵略与经济掠夺，日寇借助傀儡政权，大肆推行文化侵略，利用文化教育对被占领区民众实施思想的控制与奴化，企图消灭中华民众的民族意识。

（二）日军对中国高等教育的摧残

日本侵华期间，对我国高等教育机构的基础设施极力摧残与破坏。抗日战争爆发前，由于地理位置及其他原因，中国现代高等教育以东部为中心。无论是公立、私立，还是教会的大学，多集中于东南沿海和平津等主要城市，日本侵华战争攻击之区也集中于上述区域。卢沟桥事变即发生在北平西郊的宛平，1937 年“八一三”事件发生在学校林立的淞沪。在军事进攻的同时，日军对我国的高等院校和文化机构也有计划、有系统地摧残，派出大量飞机对各地高等院校狂轰滥炸。学校不是军事机关，按理不应成为敌人轰炸的主要目标。1946 年 11 月，中国代表团在向联合国教科文组织第一届大会递交的“报告书”中写道：

> 抗战八年间，我国教育文化曾受敌人之重大摧残。日人认为各级学校均为反日集团，所有知识青年均系危险分子。为欲达其长期统治中国之目的，故极力奴化我青年之思想，摧毁我教育及文化机关，欲以消灭我固有之文化。因此之故，战时我国教育文化之损失，乃至是惊人。[①]

由于日军的蓄意破坏，我国高等教育损失惨重。抗战第一年，据国民政府教育部统计，高校财产损失达四千一百七十二万元。[②] 及至1938年，共九十一所高校遭到破坏，十所遭完全破坏，二十五所因战争而陷于停顿；高校教职员减少了17%，学生减少了50%。

> 员生流离转徙，不遑居处，而设备欠缺，图书损失，教学与研究之进行，困难孔多，精神上之损失，尤不可计数。此种学术文化之浩劫，实为中外空前所未有。[③]

1937年7月29日下午，敌人到清华校园横行。9月中旬，日本宪兵队带俄籍翻译来校搜查，校长办公室、秘书处、庶务科、学生自治会、外籍人员住所，无一幸免。随即，三千多名日军入驻校园，新体育馆全部地板被拆后改作厨房，图书馆成了厕所，土木工程学系及气象台的图书、实验仪器、打字机、计算机等被日军汽车装载而去。[④]

同年7月29日，日机连续轰炸天津四个小时，“其轰炸的目标集中南开大学”[⑤]。两架日机飞到八里台南开大学上空投弹，“该校秀山堂及图书馆已成灰烬”。至8月1日晨，“火犹未熄”，南开大学“已成瓦砾之场”。经此浩劫，整个校园几乎被夷为平地，师生财物殆尽，大批珍贵图书被日军掠走。南开大学校长张伯苓发表谈话：“敌人此次轰炸南开，被毁者为南开之物质，而南开之精神，将因此挫折而愈益奋励。”[⑥] 随战事的发展，日军不断向内地渗透，战火从沿海城市烧向武汉、长沙等华中、华南地区，聚集于此的高等学府终于无法摆

---

① 《一九三七年以来之中国教育》，国民政府教育部档案，中国第二历史档案馆藏，卷号5－1695。
② 《教育统计》，《教育通讯》1939年1月，第2卷第5号。
③ 孙本文．现代中国社会问题：第2册［M］．上海：商务印书馆，1946：261．
④ 杨立德．西南联大教育史［M］．成都：成都出版社，1995：1．
⑤ 石岛纪之．中国抗日战争史［M］．郑玉纯，纪宏，译．长春：吉林教育出版社，1990：60－61．
⑥ 《申报》1937年7月30日、8月1日载中央社天津讯（7月29日、31日）。

脱惨遭浩劫的命运。

日寇除了以飞机轰炸、纵火等手段摧毁高校校舍建筑外，还用极其野蛮的方式毁坏基础设施。日军的野蛮行径不仅使学校校舍、图书、仪器遭受惊人的损失，还使各院校无法以金钱计算的珍贵资料，如南开大学关于华北经济研究资料、清华大学关于中国近代史档案资料、北大关于中国地质研究资料等无价之宝，全遭破坏。

梅贻琦在长沙临时大学结束，南渡云南创建西南联大之后，对校友的演说词中追溯了日军侵略战争造成清华大学灾难的情形：

> 清华大学图书馆，被占用后，即作为病院之本部，除新扩充之书库外，其他部分，殆全被利用，楼上大阅览室为普通病室，研究室为将校病室，办公室则为诊疗室、药房之类。病者多系骨伤，故病室多标为“骨伤病室第几××”等字。各阅览室、研究室、办公室内之参考书及用具，多被移集一处，有移入书库者，有焚毁者，亦多有不知下落者。大部参考书，如《大英百科全书》《韦氏大辞典》及打字机之类，无一幸存。迨至今年（三十年）五月中旬，日本华北军司令部（多田部队本部）始有整理清华图书、标本模型之议；二十九年底，满铁北支经济调查所及华北交通会社，即有整理清华图书之倡议，因故未成事实，并拟有规程四种：（一）押收图书、标本、模型整理中央委员会则；（二）北京清华大学押收图书、标本、模型整理实施要领；（三）押收图书、标本、模型整理纲要；（四）押收图书、标本、模型整理实施要领（以上均日文）。同时指定的参与之机关七处，及各机关的遣派之整理员若干名（略除），于五月十四日起，即开起整理。①

上述文字内容的表述虽在1944年4月，抗战胜利的曙光已在眼前，闪亮而透明，但仍是清华执掌人对世人就日军劫掠清华罪证的控诉。文中又称，“至此，整个的清华园，实质上已被破坏净尽，我们只有等胜利来临，再与敌人清

① 梅贻琦．抗战期中之清华（五续）［M］//梅贻琦．梅贻琦自述．合肥：安徽文艺出版社，2013：83－84.

算这一笔账”，其捍卫教育主权的精神面貌跃然眼前，动人心魄。这段文字直接源于梅氏口笔，更有深意力道。

> 故园情形，渺无消息者，已数年矣。昨岁曾于中华图书馆协会会报见到关于本校书库中图书被掠夺经过，至仪器设备，则久已荡然无存。时至今日，揣想园中景况，恐更将兴“无复旧池台”之感，他日胜利归来，总须逐一补充修理。本校在长沙岳麓山南麓之建筑，昨岁湘战再起，在保卫长沙战中，被包围在炮火圈内，嗣后长沙沦陷，在敌人占据之下，该建筑遭破坏至何程度，亦尚不可知。故园新址，同遭厄运，尤使吾人未能一日去怀。所幸抗战结束，为期已近，一般建国工作开始之日，亦即吾人复校努力实现之时，刻已与同人在切实计划之中。①

日本侵华战争给中国大学带来了一场空前的灾难，打断了中国现代大学的发展进程。为了挽救民族教育、高层次教育基础及核心力量，高校爱国师生没有坐以待毙，而是在政府组织协调下，内迁至大后方，艰难办学。梅贻琦主持的清华大学就是其中的代表，可谓内迁高校的样本。

（三）国民政府的战时高等教育应对

抗日战争期间，在日军的炮火和铁蹄之下，战区和沦陷区教育组织机构遍体鳞伤。1937 年 7 月 30 日，日军将南开大学图书馆炸毁，数百名侵略者进入大学校园横行，烧毁学生和教职工宿舍及主要标志性建筑，大量宝贵文献也未能幸免，被抢掠一空；1937 年 8 月 25 日，日本宪兵强行进驻北大，并进行搜查。此外，对其他各地方高校的侵略和破坏也是不胜枚举。据统计，到 1939 年 4 月，日本侵华战争已对我国九十二所公立、私立专科以上学校造成巨大损失：死伤一百零八人，财产损失约六千五百三十六万元法币。② 侵略战争对中国高等教育事业的打击甚为惨烈。为保留高等教育的火种，国民政府把高等学校内迁作为一项重振教育的应对举措。

---

① 梅贻琦．抗战期中之清华（五续）［M］//梅贻琦．梅贻琦自述．合肥：安徽文艺出版社，2013：91－92.

② 教育部教育年鉴编纂委员会．第二次中国教育年鉴［M］．上海：商务印书馆，1948：371.

面临敌人对学校及学术文化机关的破坏，如何保存中国高校之脉络成了国民政府及社会有识之士的共同愿望。当时，平、津、沪等地的机关学校均因事起仓促，来不及准备，能将图书设备转移内地者仅属少数，其余大都随校舍毁于炮火，损失惨重。在这种情况下，南京国民政府教育部采取应变举措，于 1937 年 8 月 27 日颁布了《总动员时督导教育工作办法纲领》：

1. 战争发生时全国各地各级学校及其他文化机关，务力持镇静，以就地维持课务为原则。

2. 比较安全区域内之学校，尽可能范围内，设法扩充容量，收容战区学生。

3. 各级学校之训练，应力求切合国防需要，但课程之变更，仍须遵照部定范围。

4. 各级学校之教职员及中等以上学校之学生，得就其本地成立战时后方服务团体，但须严格遵照部定办法，不得以任何名义妨害学校之秩序。

5. 为了安定全国教育工作起见，中央及各省教育经费，在战时仍应照常发给。倘至极万不得已有紧缩之必要时，在中央由财教两部协商呈准省市政府核定后办理。①

同年 9 月，国民政府教育部因敌机四处骚扰，战事蔓延，为谋各级教育安全，特电告学校于开学前一律完成最低限度的避难设备，以防空袭。在颁布的《社会教育机关临时工作大纲》中规定：在轻微袭击时，应力持镇静，必要时可作短时停闭，激烈战事时可暂停或迁移，应加紧自卫训练，宣传防空防毒知识等工作。② 这种思想多多少少反映了国民政府缺乏准备的滞缓被动状态。可以说，“攘外必先安内”“忍让和戎”等心理始终伴随着国民政府的决策。在战争初期，更是如此，从而导致了教育应变调整颇为滞缓，使民族教育事业在战前和战初招致了重大损失。

---

① 中央教育科学研究所．中国现代教育大事记：1919—1949［M］．北京：教育科学出版社，1988：374.

② 中央教育科学研究所．中国现代教育大事记：1919—1949［M］．北京：教育科学出版社，1988：372.

在学校内迁这个问题上，国民政府一开始要求各学校务持镇静，当许多学校纷纷自发地向后方转移时，许多教职工携家眷随校奔徙，大批学生筹措盘费跟随学校背井离乡。至于究竟迁于何处，未来如何安置，却是各自为政，一片混乱。惊慌失措中由南京迁至武汉，再“西渡”重庆的国民政府，最初也缺乏通盘计划，造成了大量的资源浪费。但随着战事的发展，为了既保证中国教育现代化事业不致因战事而中断，又能够通过教育来争取最后胜利和保障国家长远利益，在中日正式宣布开战近半年后，国民政府终于有了较为清醒的认识，开始积极致力于各级各类教育事业的全面应变、调整和发展，高校内迁便是其中亮点。

二、高校被迫内迁

全面侵华战争爆发后，为避兵燹，以延续我国高等教育机构，从这场浩劫中抢救和保存我国教育文化的命脉，各所高校自1937年夏起就被迫开始了大规模的西迁。不仅如此，连一些原本设在后方的学校，也为了躲避日机的轰炸，而迁至了更偏僻的地区。

其实，早在抗日战争全面爆发前的1935年，当时华北地区局势紧张之时，许多高等教育战线上的专家及社会上的有识之士就已经开始酝酿高校内迁的建议，部分著名高校纷纷在内地建设新校区，以备战争内迁时使用。如北平的清华大学在长沙岳麓山营造校舍新址，南京的中央大学也在校长罗家伦的动员下将校址选在重庆大学附近的沙坪坝松林坡。1937年7月，蒋介石在庐山发表“庐山谈话”后，宣布实施“抗战国策”。之后，罗家伦向蒋建议把东南沿海的主要大学迁往重庆。1937年8月28日，教育部指令清华大学、北京大学、南开大学南迁长沙，组成长沙临时大学。

抗战时期我国内迁高校近一百四十所。由于战时高校在迁移中的合并、分离、改组以及新建较多且复杂，这一数字仅为约数。

抗日战争炽热化的八年间，高校内迁从未停歇，大致分为三个阶段。

第一阶段：1937年8月到1940年年初。东南沿海各大学中，除部分西方教会大学在英美等国的保护下得以存在，还有少数大学就近迁入租界外，绝大多数高校或迁往西南、西北的大后方，或迁往就近山区暂时维持。在整个高校内迁运动中，因受敌寇摧残而被迫作出迁徙之举的，首推东北大学。“九一八”事变后，该校被迫迁入关内的北平，于1938年迁入四川省三台县。中西部地区一下子集中了许多高校，中国的高校大致分布如下：四川、重庆三十七所，湖南十二所，江西十二所，广东十一所，云南十所，贵州十所，广西九所，浙江八所，陕西七所，湖北六所，安徽五所，甘肃、河南、山西各二所。

第二阶段：1940年7月至1944年年初。这一时期英美与日本关系日趋紧张，国际远东利益角逐日益恶化。1941年12月，日本偷袭美国的“珍珠港事件”引发太平洋战争，上海租界和香港等地沦于日军占领之下，华南各地形势紧张，岌岌可危。许多教会大学和原迁入租界或暂时避居华东、华南山区的高等院校，又陆续转往大西南后方落脚，艰难维系，“弦歌之音不绝”。

第三阶段：1944年年初至1945年。日军为打通大陆交通线，发动了豫湘桂战役和黔南战役，又使中西部内陆部分国土沦陷，原来已内迁分散在广西、云南、贵州等省的高校，再次被迫迁入四川、重庆境内。

广大高校在颠沛流离、辗转迁徙过程中，蒙受了巨大的财产损失及人员伤亡。因为各地高校匆忙迁移，长途跋涉，许多珍贵图书、仪器、设备或不能及时运出而遭日寇掠夺，或于途中丢失而无法寻觅，或遇轰炸被毁而损失惨重。如1937年年底，复旦大学图书馆在西迁时运出图书三百六十五箱，途经江西时遭敌机轰炸，四个月后到达重庆北碚（今重庆市北碚区）时，发现有三十四箱书遗失。清华大学的图书则两次遭难，除1937年日军进驻清华园时把未来得及运走的约二十万册图书掠走外，迁出的部分贵重图书运存汉口，继又转运重庆北碚，在敌机空投中再次被毁，待辗转运至昆明西南联大时，已所剩无几。

日寇对内迁高校不停歇轰炸，使这些高校的办学异常艰难。当时，不仅是教育经费短缺困扰着办学，敌机空袭导致的恶劣办学环境也直接影响了各高校教学与科研工作。日寇对流亡办学的西迁高校的摧折，严重挫伤了中国高等教育的元气，从而使数十年惨淡经营的中国现代高等教育事业备受摧残，丧失了加快发展的历史机遇。与此同时，高等院校纷纷辗转内迁至西南、西北大后方，在异常艰苦的条件下继续教学，各大学内迁之艰辛和悲壮，令人叹为观止。在敌人炮火的威胁下，处于战火纷飞中的大学教育不但没有被摧残，反而得到了恢复和进一步的发展，为抗战培养了一批人才。

第二节　长沙临时大学

1937 年 9 月，奉教育部令，北大、清华及南开三所名校，南迁到长江以南、湘江中游名城长沙，联合组建长沙临时大学。但随着日军炮火节节逼迫，武汉失守，长沙告急。长沙临时大学只能短暂办学，迅即南撤，另寻大后方新址开业办学。从长沙临时大学到西南联大，沿袭更替，谱写了战时大学南迁、文化教育绵延聚汇的一曲壮歌。梅贻琦始终是其中的引路人及领航者，以他为代表的三校管理者写下了战时迁校大学教育成就的丰碑。

一、清华、北大、南开三校联合办学

在抗日战争期间，由于日寇的大举进犯，战区和沦陷区迅速扩大，各级教育机构在敌人的炮火和铁蹄践踏下，危如累卵，被迫内迁。第二次世界大战中，没有哪一个国家的教育事业，像中国这样遭受到侵略者如此严重，而且是蓄意的摧残。日本帝国主义对中国文化教育灭绝人性的大破坏，成为中日教育关系史上最黑暗的一幕。

1937 年的秋天，是灰色的、黑色的，动荡的、悲愤的；是兵荒马乱、烽火连天的战争岁月，也是同仇敌忾的日子。

1937 年，“七七”事变爆发，平津沦陷。当时北方最为著名的三所高校北大、清华、南开，有着高度相近的命运，三校都在探寻延绵办学方略，以保存我国高校之命脉。三校的管理者与广大师生的认识是高度一致的，教育事业的损失虽然惨重，但抗战建国需要人才，即便在炮火之下，人才的培养也不能中断。如若培养人才的高等学府也听其毁灭，国家民族的前途将不堪设想。

北大、清华、南开三校创办的时间有先后，但在不同的基础上，从不同的道路，发展成为现代中国第一方阵的高等学府。蔡元培、蒋梦麟、梅贻琦、张伯苓等教育家，对办学的许多重大问题，看法十分接近。他们都提倡通才教育，主张加强基础知识的传授和基本技能的训练，以适应社会的需要；在行政管理上，都强调民主管理，实行教授治校；三校都罗致了一批学有专长的学者、专家，他们教学认真，对学生要求严格（入学既不易，淘汰率又高），因而以办学的高水准闻名于学界；三校师生都有深厚的爱国主义思想，经历过“五四”“一二·九”运动的锻炼与考验，抗日战争爆发后，更是同仇敌忾，共赴国难。这些正是三校团结合作的坚实思想基础。加之三校教师原有亲密联系，北大与清华教师互相兼课，来往较多。清华文学院院长冯友兰、中文系系主任朱自清都是北大毕业的，北大文学院院长胡适则是清华游美学务处派遣的第二批“庚子赔款”留美生，还是南开的校董。清华大学校长梅贻琦是南开中学堂最早的毕业生。南开秘书长黄钰生是南开中学毕业，后经清华留美预备部派赴美国留学的。这样千丝万缕、错综复杂的人际关系，可谓“通家之好”。这对联合办学有不少交流沟通之便。长沙临时大学的设立，直至西南联大联合办学之所以能善始善终，成为战时大学的一面旗帜，在中国现代高等教育史上留下光辉的篇章，与此也不无关系。

在炸弹和机关枪横行无忌的年月里，文化显得多么无用！文化人显得多么弱小！1931 年“九一八”事变后不久，贺麟在 1931 年 11 月 2 日上海《大公报》副刊发表《德国三大伟人处国难时的态度》，列举三个典型、三种态度：歌德于拿破仑直捣德国时，依然保持“诗的本真”和“意志自由”；黑格尔则坚信知识是立国之本，继续文化研究；费希特则以必死之心，到处演说抨击拿破仑。而贺麟似乎更赞赏黑格尔的话：

> 只有知识是惟一的救星。……惟有知识才能使我们不至认为国运之盛衰、国脉之绝续仅系于一城一堡之被兵占领与否。

黑格尔的话，令我们想起陈寅恪在美留学期间对吴宓讲的：“救国经世，尤必以精神之学问为根基。”①

把文化的作用提到如此高度，多少有些堂吉诃德与大风车的味道。但是，除此之外，文化人还能做什么呢？正是秉持着这样崇高的信念，北大、清华、南开师生才能在国难当头时保持一种诗的心态，走向学术抗战、文化救国的道路。

长沙临时大学师生间就当时教育方向属于平时教育或战时教育而发生的分歧和争论，引起了学校领导的重视，准备将学校教育纳入抗战救亡的渠道，让教育为抗战大业服务。但随着国民政府“战时须作平时看”的抗战教育政策确立，大学教育中基础性的课程、专业课程依然稳定，并不是把学校办成军事院校及军事专业，开设军事课程。由于长沙临时大学开办时间短暂，课程设置上体现不多。自长沙临时大学迁移昆明改为西南联大后，这方面特点就明显加强了。

二、湘江之滨的长沙临时大学

浏阳河注入湘江，湘楚大地远古楚文化源远流长；八百里洞庭湖、岳阳楼与浩渺天际、奔腾东去的长江，交织成古老湖湘文明的摇篮。抗战时期长沙临时大学即驻足于此，短暂滞留。

（一）长沙临时大学的筹建

卢沟桥事变爆发之后，位于华北地区的各个高校领导均四处奔走，计划内迁，以减少日军战火带来的毁灭性打击。1937 年 7 月 9 日，时任国民政府总裁的蒋介石开始在庐山举行国事谈话会，分批邀请各界人士参加，并发表“庐山谈话”：“如果战端一开，那就是地无分南北，人无分老幼，无论何人，皆有守土抗战之责，皆应抱定牺牲一切之决心。”北大、清华、南开的校长蒋梦麟、梅贻琦、张伯苓和不少教授，如陈岱孙、浦薛凤、顾毓琇、庄前鼎等，以社会名流身份去电告急。北平教育界著名学者、教授李书华、陆志韦、潘光旦等二十

① 吴宓．吴宓日记：第二册［M］．北京：生活·读书·新知三联书店，1998：102.

一人更联名向谈话会呼吁“守土抗敌”。1937 年 7 月 17 日，梅贻琦在蒋介石主持庐山“国是问题”讨论会后，电告清华校务会议成员潘光旦等，传出“当局表示坚决，并已有布置”等语，至于返校一节，还须等回到南京以后再定。7 月 29 日，北平陷落；次日，天津随即沦陷。南北交通一时阻断，梅贻琦等无法返回学校。8 月 5 日，日军占领并进驻清华园。

当时，清华、北大的二年级学生正和其他高校学生在北京西苑兵营接受军事训练，事变发生，形势紧急，军训提前结束。清华大学土木工程系大部分学生正在山东实习，清华留校生有二百余人。教职员除少数南下参加庐山谈话会或短期旅行外，大部分仍留校内。北平陷落后，日军进占清华园，留校师生纷纷迁往城内。

至于北大方面，校长蒋梦麟去庐山参加谈话会，文学院院长胡适已于 1937 年 7 月 8 日赴宁转庐山开会，杨振声不久也去南京。此时尚留在校内的主要负责人只有理学院院长饶毓泰、秘书长郑天挺、教务长樊际昌等数人，但学校正常工作并未受卢沟桥炮火的影响。北大与清华联合招生的试题十二万份，7 月 10 日在红楼地下室印刷，北大研究院招生试题于 7 月 13 日印制。之后，举行几次教职员会，议决通电，表明坚决抗战态度，以及组织团体对外宣传抗日救国等。29 日，日军入北平城后，人心更加不安，教职员有的紧闭门户，有的离平暂避。北大、清华及南开在长沙成立临时大学方案确定后，蒋梦麟即电告北大南迁办法，大部分教授分批南下，最后一批于 11 月 17 日离平赴津，从海道到香港，经广州去长沙。

清华大学最早设计在湖南发展教育事业，在 1936 年就已提出计划设想。1936 年 11 月 25 日，校评议会议决：推定七人拟具本校在湘举办特种研究事业方案，会议由叶企孙召集。1937 年 2 月 8 日，校评议会议决：通过校长梅贻琦报告，在湘商购夏家冲救济院及县教育局田地三百四十亩。2 月 24 日校评议会上，梅贻琦又做了报告，对在湘办学的经费预算、机构、建筑设施及教职员安置待遇等做了规划。三校联合，组成长沙临时大学的方案，是三位校长回到南京与教育部进一步磋商后决定的。诚如有的学者对联合办学校址初选长沙的缘由所做的分析，“一则因清华大学的研究院房舍建盖于此；二则因为清华大学与湖南大学关系亲密，而且清华对时局的发展早有戒心，已将部分图书仪器存于湖南大学；三则长沙远离战区”①。因此，选择长沙也是三校校长的主张。

与此并行展开的工作是，1937 年秋，国民政府发出《教育部设立临时大学计划纲要草案》，对高校内迁、筹设临时大学加以设计和管理，“政府为使抗战期中战区内优良师资不至无处效力，各校学生不至失学，并为非常时期训练各种专门人才以应国家需要起见”，特选定适当地点筹设临时大学若干所。其中，第一区设在长沙；第二区设在西安；第三区地址在选择中。②

临时大学第一区设在长沙，临时大学筹备委员会设主席一人，由教育部部长兼任，设秘书主任一人，常委三人，常委会商决一切。随后在南京成立长沙临时大学筹备委员会。1937 年 8 月 28 日，教育部高等教育司给梅贻琦等的一封公函说：“奉部长密谕：指定张委员伯苓、梅委员贻琦、蒋委员梦麟为长沙临时大学筹备委员会常务委员。杨委员振声为长沙临时大学筹备委员会秘书主任。”③ 梅贻琦接信后，立即赴长沙。

1937 年 9 月 10 日，教育部以部令正式宣布成立长沙临时大学。于是，“筹委会”即通知北大、清华、南开三校教授设法南下，并就校舍、经费、院系设置、组织分工等开始实际落实和积极推进。④

1937 年 9 月 28 日，长沙临时大学关防（即当时的公章）开始启用。当日通告各地散居的三校旧生于 10 月 18 日开始报到，24 日截止，25 日开学注册选课，11 月 1 日上课。到 10 月底，全校共有教师一百四十八人，其中清华七十三人，北大五十五人，南开二十人。11 月 20 日止，共有学生一千四百五十二人（旧生一千一百二十人，借读生二百一十八人，北大、清华联合在武昌招收的及南开附中升班的新生一百一十四人）。这些学生总量中，清华六百三十一人，北大三百四十二人，南开一百四十七人。由于战事，许多地方消息不通，交通阻

---

① 杨立德．西南联大教育史［M］．成都：成都出版社，1995：3.

② 北京大学，清华大学，南开大学，等．国立西南联合大学史料：总览卷．昆明：云南教育出版社，1998：53.

③ 清华大学校史研究室．清华大学史料选编：第三卷．北京：清华大学出版社，1994：19.

④ 刘克选，方明东．北大与清华［M］．北京：国家行政学院出版社，1998：247.

断，后又有陆续到校的师生。到1939年1月，学生达一千五百人。

经过几个月颠沛流离，甚至九死一生的学子，终于在湘江之滨、岳麓山下找到了一块能暂时搁下书桌的地方。在各方面的努力之下，1937年11月1日，长沙临时大学在湖南省长沙市韭菜园圣经书院正式开课。流亡路上的艰辛困苦，穿越封锁线时的惊险、紧张，走投无路时的茫然，终于被琅琅的书声所取代。师生人数超过了三校总人数的一半，后来，还不断有人从全国各地赶来。长沙主校区男生住的四十九标营房是清末建筑，破旧潮湿，阴暗漏雨。长沙雨天又多，学生为高枕无忧，便常常要在被子上蒙块油布，枕畔支柄雨伞，亦自成一风景。

南岳分校教师宿舍在山上，上课吃饭，要走三百多级台阶，遇大风雷雨天气，电闪雷鸣、风吹树断、板壁作响、冷气逼人，着实令人害怕。当时的一位学子赵瑞蕻对辗转来湘上学的情形有如下的回忆：

> 那时正值暑假，学校登报，发出紧急通知，下学期在长沙开学，于是三校原有的师生，以及外校来借读或转学的学生，先后克服路途险阻，各种困难，到达了长沙——那个一时成为30年代末期狂风暴雨中的中国知识分子密集团聚的据点。那年10月底，我和三个同乡同学从温州沿瓯江北上，经过丽水、金华、南昌，赶到长沙，向临大报到，办理入学手续。①

长沙临时大学就在这种拼拼凑凑的情况下，完成了特殊时代联合办学肇始起步的艰难使命。北大、清华、南开三校的师生员工齐心协力，共赴国难，经过千里跋涉，克服重重困难，抱着拯救国家与民族的神圣责任感，在不到三个月的时间里，使遭遇空前洗劫的清华、北大和在炮火中被彻底破坏的南开复课，写下了中国教育史上的奇迹。几十年以后，著名导演吴贻弓在他的电影《流亡大学》中，对长沙临时大学的艰辛、曲折以及师生们不屈不挠的爱国精神，进行了真实的描写。

① 清华大学校史研究室. 清华大学九十年［M］. 北京：清华大学出版社，2001：96.

（二）长沙临时大学的办学活动

1. 教育管理及经费

根据教育部制定的长沙临时大学规程，以北大校长蒋梦麟、清华校长梅贻琦、南开校长张伯苓、湖南省教育厅厅长朱经农、湖南大学校长皮宗石及教育部代表杨振声为临时大学筹备委员会委员。每校还增派代表一人，北大为胡适（未到任）、清华为顾毓琇、南开为何廉。长沙临时大学的领导体制和行政组织不同于战前清华大学，学校行政管理较为简略，由筹备委员会的三个常委加秘书主任一人，组成校常委会主持校务，商决一切行政方针。此外还有文学院院务委员会、图书委员会、理工设备设计委员会等专门组织，聘请教授参加办理各项事务。三个常委略有分工：蒋梦麟负责总务，梅贻琦负责校务，张伯苓负责建筑设备，各系设有教授会，由常委会在各系教授中指定一人为教授会主席协商各系工作。①

北大、清华、南开三校原来院系较多，组建后的长沙临时大学为节省开支、提高教学效率，对院系进行了调整重组。如历史、社会学合为一系；哲学、心理、教育合为一系；地质、地理、气象合为一系。全校共设文、理、工、法商四个学院、十七个学系，其中文学院设有中国文学、外国语言文学、历史社会学、哲学心理教育四个系；理学院设有物理、化学、生物、算学、地质地理气象学五个系；工学院设有土木工程、机械工程、电机工程、化学工程四个系；法商学院设有经济、政治、法律、商学四个系。而为应对战争的需要，三校在原有课程的基础上，增加了一些应对形势压迫的新科目。理工学院增添了化学战争、堡垒工程、当代工业三门服务于战争的课程；文学院增添了国际形势、国际概论等课程。这些新课程的添置反映了长沙临时大学面对日本侵华战争进行教育调整的努力。

长沙临时大学在战乱之际开办，困难很多。长沙临时大学的经费分开办费和经常费两项，开办费二十万元，主要用于理工设备和图书购置方面，约占全额五分之四，经常费每月为三校原有经费七成的一半（即3.5成），合计约七万一千

---

① 刘克选，方明东. 北大与清华［M］. 北京：国家行政学院出版社，1998：247.

七百五十元。预算分配比例为：薪金65%，办公费12%，设备购置费14%，特别费2%，学生用费7%。由于经费短缺，教师的薪金根据教育部规定，从1937年9月起，一律以五十元为基数，余额按七成发给。学生大多来自战区，生活无着，学校决定，东北四省、察哈尔、绥远、河北、山西、上海等战区学生准予缓交学费，并从学校经费中节省出五千元作为贷金，用作救济困苦学生之用。此项贷金资助对象，“不限籍贯，凡属清寒学生，皆得请求”；“贷金分为三种：甲种二十五元，共三十名；乙种二十元，共一百五十名……合计学生可受贷金接济者，得有二百八十名。”① 此后救济贷金虽有种种名称，而长沙临时大学，实开其端。例如1940年1月，国民政府颁布《国立中学战区学生贷金暂行办法》，规定国立中学学生贷金分为膳食贷金、特别贷金、零用贷金三种。贷金制推行后，无论是中学还是大学，凡是战区家庭经济来源断绝者，皆可向政府申请贷金，政府补助的数目是自费生缴纳数目的数倍以上。此举使沦陷区青年继续求学的困难得以缓解，越来越多的青年基于爱国热情和后方求学的安稳，纷纷冲破敌人封锁，辗转到后方来求学。

2. 艰苦求学

长沙临时大学的教室宿舍均是东租西借的，因而特别分散。南岳分校的条件更差，无图书，无教材，甚至连小黑板也不能满足供应。许多教师讲课仅能凭原讲稿，做些修订补充。英籍教师燕卜荪讲授莎士比亚时，只好凭记忆把莎翁作品打印出来给学生作教材。②

一位当年在长沙临时大学求学的校友对学习生活的悲酸有如下回忆：

1937年“七七”卢沟桥事变后，北大、清华、南开被迫南迁，先湖南而后云南，我们广大战区、沦陷区学生生活之艰苦，是不难想象的：我们每人每月只靠政府发的八元贷款维持生活。其中六元学校留作伙食费，发到我们手上归我们自己支配的仅有两元。尽管抗战第一年“法币”尚未贬值，但只能满足日常生活最起码的需要。直到现在我还清楚地记得，我到

① 北京大学，清华大学，南开大学，等．国立西南联合大学史料：总览卷．昆明：云南教育出版社，1998：6.

② 刘克选，方明东．北大与清华［M］．北京：国家行政学院出版社，1998：248.

达蒙自文法学院读书时，口袋里所装的手帕，身上所穿的内衣内裤，全都千洞百孔，不堪入目，而我们却仍然精神焕发，刻苦攻读。为什么？因为心中只有一个信念，那就是学成报国。①

由于三校的图书仪器大部分没有运出，抢运出的部分又因交通阻断而不能运到长沙，加上经费短缺不能大量购置，困难较多。图书方面，遂与北平图书馆合作，各出资四万元购图书报刊，专供长沙临时大学师生教学之用；同时借用湖南国货陈列馆图书室的图书，以弥补不足。仪器设备方面，除清华大学有部分仪器存于湖南大学可资应用外，土木工程学系也从山东携带回一些测量仪器能供该系用于教学，其余理工学院都感仪器缺乏。理学院借用当地湘雅医学院的设备及教具，电机工程学系将学生送往湖南大学易地教学，借用设备及教室上课，机械工程学系航空班送往江西南昌的航空机械学院寄宿苦学，化学工程学系的学生送往重庆大学借读。不久，学校在邻近的孤儿院和涵德女校的空地上修建了简单的化学实验室和物理机械室，添置了部分设备，缓解了部分困难。

投桃报李，礼尚往来。长沙临时大学也分批派出一些教授前往上述各校支教，通校际之友好，同时提升各校办学水平和人才培养质量。

长沙临时大学的创设，正值日军铁蹄践踏祖国大好河山之际，举国昂扬斗志，团结抗战，一致对外。虽然办学条件困顿，师生的物质生活和教学设施异常贫乏，但并未因此使师生懈劲敷衍，而是促使他们以高昂的精神教研求学。“临大的学生特别踊跃；教授们预备功课，更特别起劲。我们以这些事实警告敌人，中国的文化不是飞机大炮可以摧毁的。临大学生以此自慰，以此告慰于国人。”②

3. 充分反映抗战的社会形势

长沙临时大学延续三校优秀传统，坚持开放办学，体现社会全面抗战的时代主题。梅贻琦等学校管理者广泛聘请社会各界名流到校演讲，其中就有八路

---

① 刘重德. 跋山涉水赴联大 读书写诗为中华：献给联大蒙自分校［M］//蒙自师范高等专科学校，等. 西南联大在蒙自. 昆明：云南民族出版社，1994：35.

② 叶公超. 长沙教育近况［N］. 大公报，1931－11－21（3）.

军驻长沙办事处负责人徐特立、刚刚出狱不久的前共产党领导人陈独秀、国民政府军事委员会政治部部长陈诚、国民政府湖南省主席张治中、国民党高级将领白崇禧，以及著名新闻家、《大公报》撰稿人张季鸾等。他们演讲的内容虽多为预测国际形势，分析抗战发展前途，但由于政治立场不同，思想观点各异，引起同学们的极大兴趣。因此，有学者称："在这个搬迁中的临时大学，设备虽然简陋，大家却那么富有朝气。而生活愈简单，做事的效率便愈高，纠纷也愈少。"而且三个学校合在一起，"短长互见，既可取长补短；而人才集中，也为任何一校所不及"①。

由于抗战救亡的特殊社会形势需要，长沙临时大学重视国防军事教育，并理解和认同学生奔赴抗日前线与敌人浴血奋战的爱国行为。这也是抗战教育渗透大学的明显反映。血性男儿，血洒疆场，保家卫国。长沙临时大学受全民抗战浪潮洗礼，部分学生奔赴抗日救亡的前沿阵地。他们有的去了陕北，有的走向了津浦前线。当事人回忆也足以证实：

> 初冬的一天，长沙火车东站被日寇的零式飞机轰炸了。一些无辜平民被炸死或炸伤。消息传到南岳，同学们的心情很不平静。想不到远离战争前线三千多里的长沙古城，也并非安全的地区。形势日益紧张，一部分同学毅然决然地离开了这"世外桃源"，奔赴陕北革命圣地和前线参加抗日战争。老师和同学们还给即将远行的学友开了个欢送会，临别赠言，互相砥砺。②

这些学生的行为无疑在长沙临时大学校内掀起一场轩然大波，甚至在客观上对艰难办学的秩序和组织管理产生了某种冲击，在教师中间也引发了不小的争议。但以梅贻琦为代表的校常委会十分开明，表现出充分理解和支持同学们行动的姿态，决定为赴前线救亡的学生保留学籍，做休学处理，他们可随时申请复学。《教育部设立临时大学计划纲要草案》中规定"各区临时大学之教学

---

① 杨振生．北大在长沙［M］//北京大学五十周年纪念特刊编委会．北京大学五十周年纪念特刊．北京：北京大学出版部，1948：35.

② 西南联合大学北京校友会校史编辑委员会．笳吹弦诵在春城：回忆西南联大［M］．昆明：云南人民出版社，北京：北京大学出版社，1986：49.

应注重国防需要”①。为此，长沙临时大学于1937年12月10日第三十三次常委会决定成立国防服务介绍委员会及国防技术服务委员会，后又合并为国防工作介绍委员会。这在学生培养教育工作中，有充分体现。学校将“学生军训之设施”作为“荦荦大者”之事项之一，并要求“全校学生”一律应行军事管理，“设军训队，以资规划”，“务期养成每一学生除有专门之知能，同时须具一切战时之精神”。②

（三）长沙临时大学迁移

1937年12月13日，南京陷落不久，武汉又告急。虽然湖南省政府主席张治中表示，长沙绝对安全。但是长沙临时大学常委会考虑到武汉万一弃守，长沙告急，到那时人心慌乱，再要从容迁校就来不及了，遂决定迁往昆明。事实证明，这种预想与迁移是正确的。这一决定，不仅为学校选择了一个比较安全的地区继续办学，而且可从容组织迁校工作。

局势继续恶化，长沙城已不再太平。吴征镒在《西南联大侧忆》中回忆过当时的一段经历：

> 然而，就在我和周家炽同赴南岳衡山采集标本回来，在圣经学院左侧大楼整理之际，日寇九架重轰炸机的沉闷金属声忽然从头上飞来。不到一分钟，我们也从四楼阁楼上“飞下”了草坪。跟着，炸弹也在五百米处开了花。事后，我才知道小吴门火车站附近旅馆被炸，炸死举行婚礼的人家，而我仅从墙边的人丛中看到一个飞来的人头，眼睛还睁得大大的。③

在此情况下，长沙临时大学常委会不得不再次考虑迅即迁移。由于高校经费一向严重不足，加上火车、轮船、卡车等运输工具都被征为军用，运输能力极为有限，高校内迁的征途极为艰难，其困难程度远远超过常人想象。学校南迁云贵高原不仅路途遥远、重峦叠峰，而且要时时提防日本侵略者的空袭和追

---

① 北京大学，清华大学，南开大学，等．国立西南联合大学史料：总览卷．昆明：云南教育出版社，1998：54.

② 北京大学，清华大学，南开大学，等．国立西南联合大学史料：总览卷．昆明：云南教育出版社，1998：6.

③ 赵新林，张国龙．西南联大：战火的洗礼［M］．上海：上海教育出版社，2000：19.

击。最后常委会选中办学地为昆明，主要出于两种考虑：一则昆明地处西南，距离前线较远；二则滇越铁路可通海外，采购图书设备比较方便。1939 年年底，学校当局请准教育部，作出了迁校昆明的决定。战局紧张，容不得半点迟疑。

1938 年 1—2 月，长沙临时大学校方连续发布《长沙临时大学常委会关于迁校的决议》《长沙临时大学关于迁校的布告》《长沙临时大学关于迁校步行计划的布告》《长沙临时大学关于步行赴滇路线之布告》，就迁校昆明设办事处及人选、组织机构人选、经费预算、师生行动路线及交通方式、迁徙计划方案及纪律要求、沿途研学调研及安全措施等做了具体而翔实的方案，极具现实依据、可行性和操作性，显示出政府支持、军队保障、民众协助多方一体的文化大工程运作。例如，内迁路线分水陆两条，前者由女生、体弱多病者、经医生证明不宜步行者和愿走水道者构成，经粤汉路到广州转香港，乘海船到安南（今越南）海防，由滇越路经河口入昆明。后者由自愿报名、身体健康核准步行者约二百八十四人构成，由湘西步行经贵州至昆明。除以上水陆两路大部队外，另有教师十余人从长沙出发，经桂林、柳州、南宁，从镇南关（今友谊关）进入越南，到河内转乘滇越铁路火车赴昆明，他们中有陈岱孙、朱自清、冯友兰、郑昕、钱穆等。

北大、清华、南开联合而建的长沙临时大学在经历湘江之畔短暂岁月的办学实践之后，又重吹号角，踏上征程。三校西迁南渡行动立即展开。

第三节　西南联大的诞生

国民政府开明派官员张治中在抗战前期主持湖南省大局，他听说长沙临时大学准备搬到云南去，认为无此必要，并表示：即使长沙不安全，尽可以在湖南另找一地，省政府仍愿全力以赴支持办学。广西省政府听说长沙临时大学要搬迁，积极建议迁到桂林或广西别的城市，他们同样愿意全力支持。对于这些善意的建议，梅贻琦等常委会负责人都深表感谢，但并没有因此而改变迁滇计划。

一、湘滇黔旅行团

长沙临时大学南迁的主力团队是湘滇黔旅行团，从南迁高校栉风沐雨，历尽艰辛，亲身社会实践的诸方面内容而言，都是具有代表性的。

（一）湘滇黔旅行团的组成

1938 年 2 月 4 日，长沙临时大学常委会修订通过学生赴滇就学手续及路程。学生经批准领取赴滇许可证，分甲乙两种：甲种编入旅行团，由长沙步行经贵州到昆明。参加者自愿报名，条件是身体健康并得到核准。乙种须领取护照，由长沙经广州、香港，转经越南境内的海防，再由河口入境至昆明。参加者多为女生，体弱多病、经医生证明不宜长途步行者和愿走水路者。2 月 10 日核定赴滇就读学生共八百七十八人，其中甲种赴滇许可证二百八十四人，乙种五百九十四人。同时，又对旅行团人员要求：沿途应做调查、采集等工作，借以多习各地风土民情，务使迁移之举本身即是教育历程；步行时适用行军组织，到昆明后，所交报告成绩特佳者，学校予以奖励。①

参加步行入滇的二百八十四名学生组成湘黔滇旅行团，参加步行的教师十一人，闻一多、曾昭抡、袁复礼、李继侗组成湘黔滇的旅行团指导委员会，由黄钰生任主席，负责日常具体的领导工作。来自南开大学的黄钰生教授平易近人，与步行同学最为接近，将至昆明前夕，黄夫人梅美德特从昆明赶来迎接，其家庭和睦温馨、琴瑟和鸣的生活情状，引起全团称羡。

湘滇黔旅行团于 1938 年 2 月 20 日出发，4 月 28 日抵达昆明，历时六十八天。除车船代步、旅途休整外，实际步行四十天，平均每天走三十多公里。旅行团采用军事管理模式，除团本部外，学生组成两个大队、三个中队，每中队又分若干小队。湖南省主席张治中特派黄师岳中将担任团长；三位教官，军训教官毛鸿少将任参谋长，另两位教官邹镇华等任大队长；中队长和小队长则由学生担任。每一大队有一伙食班，由学生五六人组成，学校配备炊事员一人。医官徐行敏与教师均属团本部。另有两辆卡车运送行李，学生除带被褥及换洗

---

① 清华大学校史研究室．清华大学九十年［M］．北京：清华大学出版社，2001：96.

衣服外，多余物品均于出发前交学校代运，抵昆明后再领回。旅行团学生一律着土黄色军服、黑棉大衣、裹绑腿，背干粮袋、水壶，还有一柄雨伞。他们栉风沐雨，翻山越岭，经受了体力的考验和意志的磨炼，也学到了许多在课堂上、书本上学不到的东西。一路上，他们瞻仰古迹，游览名胜，观赏祖国的壮丽山川，访问了少数民族的村寨，了解各地的风土人情，更体验到了人民群众的困苦生活，同时还采集了不少标本，收集了上千首民歌民谣。钱能欣先生更是把自己六十八天日记整理出版了《西南三千五百里》，闻一多先生也在路上作风景写生数百幅。

（二）湘滇黔旅行团的经历

湘滇黔旅行团师生共二百余人一路同行，其中有颇多可圈可点之事。团长黄师岳，年已五十，身为中将之衔，日夜与团员同甘共苦，对团员照顾备至。刚出发时，每到一地，他总以“国立长沙临时大学湘黔滇旅行团团长”名义出面联系。向长清是旅行团中一名学生，他以切身经历描述黄师岳中将放下中将身份，为维系行动秩序而表现出甘于冒险、无所畏惧的情形：

> 为了制止一些人的瞎冲，可苦了我们的团长。一次，他骑了车（自行车）飞快地想赶到最前面去，正当下坡，遇着一群载重的马匹遮拦了前面的路。地势是那样的：一边是山坡，一边是深谷，公路打从山腰经过，掉下去准只能拾起一把骨头。车已经收不住势了，马却并不曾让开，于是人倒了下来，滚到悬崖边。幸而有一块石头拦住，同时一个同伴飞快地赶过去扶起，就这样，他的头部已经受了几处重伤。鲜红的血滴下来，只好用水洗洗，再用布紧紧地裹扎。然而他到底是一条好汉，当我们的队伍到达宿营地的时候，却见他虽说缠了几道难看的白布，而精神却仍然非常地抖擞，站在那里，对别人讲述事情的经过。①

湘滇黔旅行团团员查良铮系西南联大师范学院教授、教育家查良钊之弟，于参加旅行团前，购得英文小字典一册，沿途边走边读，背熟后陆续撕去，抵

① 向长清．横过湘黔滇的旅行［M］//西南联合大学北京校友会校史编辑委员会．笳吹弦诵在春城：回忆西南联大．昆明：云南人民出版社，北京：北京大学出版社，1986：17.

达昆明时，字典已完全撕光了。在艰苦的旅程中，广大师生仍不忘抗日宣传。在贵州炉山，师生们同当地苗汉同胞举行联欢会，积极宣传抗日救亡。

当时，旅行团师生跋山涉水，于艰难困苦中坚毅挺拔的精神实在令人叹服。从吴征镒所作日记片段，可略窥当时的旅行境况：

(3 日) 雨不止，过太平铺入沅陵境。杉林茶山渐盛。男女老幼皆以布包头。宿小村张山冲，阴雨地湿。人挤，宿营甚苦。

(4 日) 渐入深山，山回路转，路间见煤、银、铁诸矿，杉林甚多，且多较大者。村女装束古旧，但甚美观，时有长大脖子的。晚宿黄公坪一小村。本日行八十里，疲甚。

(5 日) 昨夜云有匪万余渡河来犯，同学多半未睡。今日李师押车，余等迟行。过文昌坪时人家多闭户，从小路上坡后并闻枪声一响。夜宿凉水井，正街均为步行西去之军校学生千余人所占。余等宿山边小村，行李车来得很迟，恐匪惊动，禁用手电，黑路走细田埂三里多，来回扛行李，甚苦。

(6 日) 于连宵风雨中出发，二十里至沅陵，宿辰阳驿，见马伏波祠。

(12 日) 大队乘公路局汽车出发晃县。余所乘车中途抛锚，修理甚久，雪地足冷异常，修好后勉强开至辰谿。辰谿在两江合流处。渡口极美。在此候公路局车甚久，晚抵芷江，借宿车内。①

如果说，以上的日记偏于旅行团环境、气候条件及生活艰苦等诸多苦难的描述；那么，另一位经历者向长清回忆这段旅程则重在反映沿途的城乡社会状况、民众生活、风俗礼仪，揭示落后、愚昧和萧条的社会问题及灾难困苦，有社会民族学的调查价值。同时，也反映出此种经历增强了团员对底层乡村民众现实状况的认识，激发出团员们在体验中生成学习知识、服务社会、建设国家的激情。

行军的开始，的确我们都曾感到旅行的困难。腿的酸痛，脚板上磨起

① 吴征镒．“长征”日记：由长沙到昆明［M］//西南联合大学北京校友会校史编辑委员会．笳吹弦诵在春城：回忆西南联大．昆明：云南人民出版社，北京：北京大学出版社，1986：3 - 4.

的一个个鲜明的水泡，诸如此类，实在令人有“远莫致之”的感觉。而且那时候行军队形是二列纵队，一个人须提防踩着前面那个人的脚后跟，又须提防后面的人踩着自己，两只眼睛脱离不开那狭长的队伍，只好暗地叫苦而已。……当行经山岳地带的时候，一见小路，不待大休息的命令，整齐的队伍立刻就会化整为零，哪怕勇敢的朋友们一口气就到了山顶，而大半却坐在山腰喘息。好半天才又懒洋洋地爬上一段，重新坐下。

……

三千多里的行程中，我们的宿营地只是学校、客栈，以及破旧的古庙，在这里是不能讲究许多了。有时候你的床位边也许会陈列有一口褐色的棺材；有时候也许有一栏猪猡陪着你睡，发出来一阵阵难闻的腥气；然而过惯了，却也就都并不在乎。不论白天怎样感觉到那地方的肮脏，一到晚上草填平之后，你就会觉得这是天堂，放倒头去做你那甜蜜的幻梦。过度疲乏的人是有些“饥不择食”的。七十天中我们也过惯了兵爷们所过的生活，无论草地或者公路上，只要自己一发懒就一屁股坐下，没有谁还顾及会沾上一大块难看的印渍的。

夹路的山从湘西直送我们到贵州的平坝，蒙蒙的、滂沱的雨直送我们过贵州的境界。那山，那水，那雾霭，那雨滴，将在我的记忆中画下来一个鲜明的轮廓，清晨的朝霞和傍晚山间的暮色愈加增了我的亲切。但一天天的远去，瞧着异乡的一切是颇容易使我们触目伤怀于那已经或者尚未沦陷的迢迢的故乡。

也许有人会嘲笑我们一群的懦弱无能吧？在这里用不着分辨，对已上前线的同伴，我们是万分地表示敬意。可是，难道来到这遥远后方就当真是为着苟安的？①

湘滇黔旅行团经六十八天的长途跋涉，终于在 1938 年 4 月 28 日胜利抵达昆明。

---

① 向长清．横过湘黔滇的旅行［M］//西南联合大学北京校友会校史编辑委员会．笳吹弦诵在春城：回忆西南联大．昆明：云南人民出版社，北京：北京大学出版社，1986：21．

（三）湘滇黔旅行团至昆明

1938年4月29日上午，湘滇黔旅行团全体成员在昆明市东郊贤园集合。蒋梦麟、梅贻琦常委以及杨石先、马约翰、潘光旦等教授及其他同学伫立欢迎。杨步伟（赵元任夫人）、陶曾縠（蒋梦麟夫人）、梅美德（黄钰生夫人）和她们的女儿向旅行团献花。之后，整队入城至圆通公园，在唐继尧墓前举行隆重的欢迎仪式。梅贻琦常委、黄师岳团长及师生代表先后致辞。黄师岳团长按照旅行团花名册逐一点名，点名毕，将花名册郑重而庄严地交给梅贻琦常委，表示他没有辜负长沙临时大学常委会的重托，已把全体成员平安地带到昆明，完成了所交托的使命。此行所作所为已无负于国民政府军事委员会、湖南省主席张治中的指派、信任，以及长沙临时大学师生的期盼与热望。

对于此次三校联合办学后又再次南移的内迁事件，胡适曾盛赞道："临大决迁昆明，当时有最悲壮的一件事引得我很感动与注意：师生步行，历六十八天之久，经整整三千余里之旅程。后来我把这些照片放大，散布全美。这段光荣的历史，不但联大值得纪念，在世界教育史上也值得纪念。"① 冯友兰在远赴西南联大途中浮想联翩，夜不能寐，辗转反侧，想到北京失陷，内难外患，远离故园，不禁心潮腾涌，遂成如下诗作：

兵败城破日已昏，抛妻舍子别家门。
孟光不向门前送，恐使征人见泪痕。
水尽山穷路迂环，一车疾走近南关。
边墙已满英雄血，又教书生续一斑。
窗外骄阳升复沉，淹留不料到如今。
为问南行诸友伴，可都顺利胜风云。②

二、西南联大定址昆明

西南联大于1938年5月4日在昆明开学。本科生连同专修生、先修（进修）

① 胡适．在联大校庆九周年纪念会上的演讲［N］．益世报，1946－11－02（4）．
② 向祚铁，侍卫华．清华大学演义：1911—1998［M］．合肥：黄山书社，1998：325－326．

生，在校学生总数发展到三千多人的规模，是当时国内规模最大的高等学校。

西南联大的行政管理组织不设校长，由北大校长蒋梦麟、清华校长梅贻琦、南开校长张伯苓和西南联大秘书主任杨振声组成常委会，下设教务处、总务处和训导处。梅贻琦任常委会主席，主持校务。西南联大没有评议会，只有校务会议和教授会。校务会议由常委会委员、秘书主任、教务长、总务长、训导长、各学院院长及教授代表（由教授会选举十二人为代表）组成；教授会由全校教授、副教授组成。常委会主席梅贻琦则同时是校务会议和教授会的主席。由此可见，梅贻琦在西南联大的地位十分耀眼。

1938 年夏秋，西南联大挂牌运行之初，由于昆明没有集中的校舍，理、工学院设在昆明的昆华农校、昆华工校、昆华中学、昆华师范，拓东路迤西会馆、全蜀会馆、江西会馆，为西南联大校本部；文学院、法商学院暂设在蒙自，成为西南联大蒙自分校。1938 年秋，增设了师范学院，分设国文、英文、算学、史地、理化、教育、公民训育七个系，以及师范专修科、大学先修班、体育部各一个，以昆华中学校舍为院址。同时，工学院增设航空工程学系。1939 年春，在昆明北部大西门外建造了文学院、法商学院和理学院的简陋茅屋教室和学生宿舍，文学院、法商学院由蒙自迁入；工学院仍设在昆明拓东路三会馆，并在电机工程学系增设电讯专修科。1940 年 6 月，文学院历史社会学系分为历史学、社会学两系。

1940 年因日寇进攻越南，昆明连遭轰炸，西南联大又有迁校之议。是年 8 月，西南联大在叙永设分校，作为以后迁往四川的准备。是年 11 月，一年级新生及先修班在叙永开课。1941 年后，敌机轰炸减少，昆明局势稍定，迁校之议作罢。1941 年 9 月，叙永分校迁回昆明。是年，社会学系划归法商学院。至此，西南联大发展为五个学院、二十六个系、二个专修科、一个先修班的规模。全校教师三百五十多人，教授副教授约占一半，学生约三千人。[①] 院系设置见表 4－1。

① 郑登云. 中国高等教育史［M］. 上海：华东师范大学出版社，1994：256－257.

表 4－1　西南联大院系设置一览

院　名	系　名
文学院	中国文学、外国语文学、哲学心理学、历史学
理学院	算学、物理学、化学、生物学、地质地理气象学
法商学院	政治学、法律学、经济学、商学、社会学
工学院	土木工程学、机械工程学、电机工程学、化学工程学、航空工程学、电讯专修科
师范学院	国文、英文、算学、史地、理化、教育、公民训育、师范专修科
其他	大学先修班、体育部

由于当时特殊的政治环境，西南联大校政处理起来也极为不易，据赵赓飏的描述及分析，梅贻琦在管理中遇到的棘手问题和运转困境便十分明显：

战时中央对迁至行都后之新局，颇多重新筹划之措施。教育受战争之冲击，七零八落，救济第一；但远念国家前途，不得不于偏重收容安抚之中，统一规划制度化。廿八年举行全国教育会议以还，教育部之行政方针，趋向“集中”与“统一”之路，陆续颁布多项制度规章，对大学阶层者，如大学课程表、学籍规划、招生办法、师资审查及聘任待遇、休假进修办法等，皆详为厘定；并为加强青年思想意志之集中，增设训导处，加强党化组织与运用。部中实行三项控制办法，以达上项政策之目的：a. 经费之支配与核销，适用会计财务审计各项法规（清华基金之外币来源已断，经费亦受政府分配与考核）；b. 教师（自助教至教授）均经资格审查，通过后始加发研究补助费（数量渐加），不送审者免发；c. 学生历年成绩均须报部审查，毕业时须修毕部定学程，举行全国大学毕业总考，学生历年学分成绩及总考成绩均合，始得颁发教育部验印之毕业证书。

上项各办法规定颇详，对于一般院校，自属统一之整顿。然对联大三校原已有甚为严格之传统习惯，难免认为繁琐苛细，许多手续及表报程序，于战时贫困紧张生活中，师生多对上项措施，表示不耐而反对。先生一面偕同院系负责人分别劝慰，同时尽可能免行功令。其间尖锐问题时有发生，因应极为困窘。就当时在联大人士零星提及，联大先后八年，若干成名资深教师因拒绝送审而他就，甚至改业或出国，有人宁愿一面教书一面兼营副业补助生活，而避免求取研究补助费。又因学生学绩考察办法，执行多阻，联大连续数年未将毕业生成绩报部审查，直至抗战胜利，朱部长家骅予以疏解变通，联大始将历年成绩表册，一次运送教部（装大卡车数辆），使数千毕业生得以合法化，取得有效证书。此类问题尚不止一端，先生深感学校行政确实不易处理，难怪甚多学者拒担行政职务。①

梅贻琦以其非凡的大学管理智慧和兴办教育奉献牺牲精神协调、变通政府与学校之间，以及学校与师生之间的诸多难题。举例来说，国民政府教育部建立训导制度，要求各所高校设立训导处，西南联大也不得已依照规章建立，训导主任是查良钊教授。国民党确立此制度本为整肃控制学校，在梅贻琦常委的默许支持下，西南联大将这制度变为关心培养学生的途径和方式。查良钊主研教育学，深谙情感教育的正向激发力量。在管理环节中，他化高压严厉为沟通互动，对学生极为关心，丝毫没有国民党训导长的习气，因此，深得学生信赖与尊敬，被称为“查菩萨”“查婆婆”“查妈妈”。例如，训导处负责管理学生社团和壁报的登记，作为管控学生组织及思想的举措，查良钊执行起这项制度很具灵活性。按相关管理规章的规定，凡学生组织社团，创办壁报都须向所在学校训导处申请、登记。西南联大管理手续很简单，但若有不去登记或手续不全而贸然出版壁报时，就毫不客气地予以没收，这是训导处讲究原则性“死”的一面。但学生补好手续后，又二话不说，毫厘不差，物归原主，这又是训导处变通处理“活”的一面。尤其对于壁报文章使用笔名或真名，主管者就更是听之任之，睁一只眼闭一只眼了。不同思想观点、不同政治立场的壁报可以自由张贴，所以才有了战时高校闻名遐迩的西南联大“民主墙”。

从中可知，西南联大从立校之初到办学结束面临战争危机、轰炸威胁，办学举步维艰，特殊背景下分散于多个教学区，在云南设分校，甚至往昆明城西北延至金沙江、长江汇合处的四川宜宾市叙永设校，但始终未曾放弃育才、学术救国的坚定信念。战火纷飞下，大学教育的绵延责任重大，可歌可泣。同时，大学在大师而不在大楼，学术自由、思想独立，实验条件、设备以及图书仪器

① 赵赓飏．梅贻琦传稿［M］．台北：邦信文化资讯公司，1989：65．

的充实，以及加强学生知识的实际应用、操作动手能力的培养，这些都表明梅贻琦的高等教育思想仍在实施和贯彻之中。

对这一波折动荡、探索前行的办学活动，梅贻琦在不同阶段分别做了叙述，艰辛曲折，悲情与兴奋交织。引述如下，可作印证：

联大在昆明大西门外新建校舍，已全部完成，但其教室及宿舍之容量，尚不及全校所需之一半。此外则总办公处，仍须设工业学校内，而昆华中学及昆华师范之一部，仍须租作教室及宿舍之用，工学院则仍设城东迤西会馆，自去春租得附近之江西会馆，而工院各系之实验室得以布置，今已粗见规模矣。①

在敌人进占安南，滇境紧张之日，敌机更番来袭，校舍被炸之下，弦诵之声，未尝一日或辍，此皆因师生怵于非常时期教学事业即所以树建国之基，故对于个人职守不容稍懈也。自昨岁秋间，因滇边紧张，联大奉到准备迁移之令，经二三月之筹划，乃于四川叙永勘定校址，作一年级新生（近七百人）上课之地，是为联大分校；二、三、四年级学生仍在昆明，除工学院仍在城东迤西会馆、江西会馆及全蜀会馆外，文、理、法三学院，均集中于自建之新校舍内上课，总办公处亦于去冬迁至新校舍，惟师范学院自去年十月旧址被炸后，迁于昆华工校新楼之东区，凡此各部校舍，类多因陋就简，但于图书馆、系图书室、实验室等部，则尽量使之充实，以使教学工作维持相当水准，不因环境困难而草率从事也。②

原在叙永之分校，亦于去秋因一年级生归来升学之机会，全部移回。自敌人进占安南，昆明已由后方转成前方，迨太平洋战起，星洲沦陷，敌人进窥缅甸，昆明局势益见紧张，然而幸职教同人均能闹中取静，持之以恒，故一切计划，尚能按步进行。③

---

① 梅贻琦．抗战期中之清华（四续）［M］//梅贻琦．梅贻琦自述．合肥：安徽文艺出版社，2013：97－98.

② 梅贻琦．抗战期中之清华（三续）［M］//梅贻琦．梅贻琦自述．合肥：安徽文艺出版社，2013：69－70.

③ 梅贻琦．抗战期中之清华（三续）［M］//梅贻琦．梅贻琦自述．合肥：安徽文艺出版社，2013：77－78.

这预示着学校办学再次步入辉煌时代！从长沙临时大学起，学校先后几次校分两地，至此全校作为一个整体才告安顿。以后虽然有过日军由缅甸窥伺西南和日军直驱桂黔的紧急军事情况，但西南联大均以岿然不动的态度应之，校内教学如常，有条不紊。

盖自二十六年秋，迄二十七年春，长沙临时大学时代，学校情形，可谓最坏。校舍一再迁移，师生转徙数千里，其间颠沛流离，困苦难状。经两年来之惨淡经营，校舍既定，设备渐充，学生程度，亦年有进步，三校原有之精神，已潜滋默化，融洽于整个联大之中。斯琦于叙述学校情形之余，所至感欣慰者也。①

1941—1946 年，全校集中在昆明的时期，也是西南联大教学科研最突出的时期。尽管局势紧张，处境艰难，三校依然秉承着联合办学的宗旨，在艰难困苦中重生，并取得了显著的成就。

西南联合大学由五院二十七学系，及其他部分组织而成，一如昨岁所述，无烦再赘。本年学生人数，将及三千人，……师生之一部分且能抽暇直接间接为抗战工作努力。同学中应征入战地服务团及航空学校者，为数亦复不少。……

联大之研究院系由三校各就原设所部招生训练，在清华所部者本年共有三十一人，在书籍、仪器极度缺乏下，学生研究精神尚属良好。窃念目前海外交通困难，大学生毕业后欲求深造者，将惟国内各大学研究院是赖，如何充实研究院之师资与设备，实为校中要图之一。最近教部允拨联大二十四万元作研究院补助费，清华方面亦拟筹拨二十五万元作三校研究补助之用。联大同人之研究工作，可有更多之进展矣。

去年八月十四日，联大自建校舍遭敌机大批轰炸，落弹至数十枚之多，其间凡常委办公室及事务组、出纳组、图书馆书库一部分，理院试验室数间均被炸平，学生宿舍亦有四分之一被毁，经月余之赶工修理，幸终能于

① 梅贻琦．抗战期中之清华（三续）［M］//梅贻琦．梅贻琦自述．合肥：安徽文艺出版社，2013：63－64.

预定日期内照常开学。去年八月十日至十五日为敌机进袭昆明最猛烈之时期，而十四日一日专为摧毁我联大而来。但除校舍一部分被毁外，师生数千人均经安全疏散，无一死伤，诚大幸。①

战争危机重重，敌机轰炸下人身安全涉险。但以梅贻琦为舵手的西南联大却依然岿然屹立，稳健前行，运转办学航向，勇往直前。真不愧一代勇毅刚强，富有智慧才干的教育家！由此，不得不从内心发出呐喊与钦佩之声："伟哉，梅贻琦！伟哉，西南联大、清华大学！"

三、西南联大的出色领导人梅贻琦

西南联大并无校长职衔，而是由三校校长等组成学校常委会，共同管理。这当然是维持联合办学三方平衡、协调的权力分配方式。非独裁专制而行民主管理运营，固然是西南联大联合之基础，但为了避免"群龙无首"的混乱，"三个和尚没水喝"的尴尬，历史的重担、西南联大发展的命运落在梅贻琦肩上。

（一）北大、清华、南开三校联合中的大局意识

面对极端贫困的处境，三校的三个最高领导人，也都有过茫然不知所措的时候，形势比他们在流亡路上所想象的要更加严峻。在战时办西南联大，论设备、论经费，清华有"庚子赔款"做后盾，学科专业中工科技术应用性突出，社会需求及其效益都更为明显，因此其经济实力远胜其他两校。诚如梅贻琦所述：

经费方面，今年较去年经费总数，增加十六七万。但因学生人数之骤增，各物价格之飞涨，入不敷出，反较去年为甚。学校设备，两年来，幸得中基会、英庚款董事会，及教部分批之补助，陆续购置，外有清华由汉运渝、由渝转滇之器物，尽量供用。最近南开之一批书籍仪器，不久亦可运滇，则普通教课上之参考与实习之需要，可以勉强应付，尤以工学院增设实习工厂，接受外间委托制修物件，使学生参与实际工作，收效最多。②

---

① 梅贻琦．抗战期中之清华（三续）［M］//梅贻琦．梅贻琦自述．合肥：安徽文艺出版社，2013：77－78.

② 梅贻琦．抗战期中之清华（三续）［M］//梅贻琦．梅贻琦自述．合肥：安徽文艺出版社，2013：63－64.

依世俗眼光看来，这种联合，清华是“划不来”的。当时西南联大的领导机构为三校校长组成的西南联大常委会，原定常委会主席由三校校长轮流担任，第一任从清华校长梅贻琦开始。西南联大成立之初最为艰难动荡，头绪纷繁。百废待兴的阶段，梅贻琦勇挑重担。

1946 年，西南联大在完成了自己的使命之后，各校欢欣而散。这种成功的、复杂的联合办学是史无前例的。其中，人力之关键在任职八年之久的西南联大常委梅贻琦的身上。有人曾说：“联大成功的奥妙就在于梅校长的‘大’，他心中只有联大，没有清华了。”清华大学校长梅贻琦没有把随校南迁的清华人员都放入西南联大编制内，他减少了清华在西南联大的名额，使三校在西南联大体现了较好的平衡。同时，清华以它大部分教学力量和设备参加西南联大的工作，还利用庚款基金，建立了航空、无线电等若干研究所。梅贻琦的背景也起到了很好的协调作用。这种礼让大度、宽广胸怀，恰是协作勉励，从而共襄大业的素质与品性。

关于梅贻琦在西南联大主持校务时，行政管理及三校联合组织的变化，清华大学校友吴泽霖曾这样回忆评价说：

> 大学联合是一种新生事物，在过去是不能想象的。抗战一开始，上海的复旦、大夏曾一度联合内迁，但到目的地后不久就散伙了。北大、清华和南开既已正式联合，问题就成堆出现。首先，三校的教学力量和设备有相当的差距。为了避免由于一校的分量过于突出可能引起的问题，梅先生没有把所有随校而迁的清华人员都放入联大编制内，他利用庚子赔款基金所拨给清华的经费，在昆明建立了国情普查、农业、航空、无线电、金属学等研究所，使清华人员参加了这些机构的工作，减少清华在联大中的名额，从而使三校在联大体现了较好的平衡，促进了学校内部的团结，为嗣后八年的顺利合作，奠定了初步基础。[1]

① 吴泽霖. 记教育家梅月涵先生［M］//黄延复，马相武. 梅贻琦与清华大学. 太原：山西教育出版社，1995：139.

（二）西南联大的主角地位

蒋梦麟、张伯苓两位原北大、南开校长，也进入了西南联大行政最高管理层。但这两位名流，因西迁重庆陪都的国民政府另有所用，先后离开了昆明，常住重庆。他们对西南联大实际办学心力不及，又兼之当时通信不便，交通阻隔，难以遥控。蒋梦麟是国民党中央委员，在担任北大校长前，就一度接替蔡元培，出任国民政府大学院院长（相当于后来的教育部部长）。此时此刻，身为国民党中央委员的蒋梦麟，产生了到重庆另谋高就的念头，自然在所难免。至于张伯苓，也许是中国近现代史上任期最长的一位大学校长。从五四运动前夕创办南开大学，他有整整二十年的校长生涯，在南开一直没挪过窝。大清帝国海军军官出身的张伯苓，他的学生又岂止国民党的教育部部长王世杰、清华校长梅贻琦？共产党要人周恩来、邓颖超、郭隆真、刘清扬等，皆有缘于南开。抗日战争爆发以后，他以其出众资历和社会影响，被推选为国民参政会的副会长。国民参政会的会长是蒋介石本人，张伯苓此时俨然已是蒋介石的智囊高参、国策顾问，他逗留重庆履行更高的职位应是想象中的事。

相比之下，已经四十九岁的梅贻琦，在三人当中，仍然是资历最浅的一个，更有书生气质、教育家本色。梅贻琦生于天津，少年时代就读于严氏家塾。当时张伯苓刚从海军退伍，被严范孙聘为教师。于是，梅贻琦和张伯苓之间便有了一层师生关系。严氏家塾便是天津南开中学和南开大学的前身，所以梅贻琦既是清华系的美国留学生，又是南开系张伯苓的门徒，有了这个双重出身，梅贻琦在西南联大的影响力自然也就比其他人大一些。

西南联大由清华、北大和南开三所高校联合而成，各有自己的历史传统与风格，竟能团结一致、相得益彰长达八年，从未出现重大裂痕，其中的原因只在于三校负责人均为现代高等教育家，他们有着教育救国的事业情怀，更有思想理念的相近，乃至于合拍。以通才教育理念为例。西南联大实行的是通才教育，所培养的目标是“新民”，即具有通才的新时代国民。这显然是以人为本的。对此，西南联大三位常委的认识基本一致。这种一致，即体现在“三育并进”教育观上。张伯苓先生提出：“教育一事非独使学生读书习字而已，尤要在造成完全人格，三育并进而不偏废。”① 三育，即德育、智育、体育。蒋梦麟认为，教育之目标除学习知识外，应注重养成健全的人格、独立不移的精神、精确明晰的思考力。他极注重个性教育，认为教育的功能在于发展个人之天性，尊重个人的价值，只有发展个性，才可能养成健全的人格。“个人之价值，即存在于尔、我、他天赋秉性之中。新教育之效力，即在尊重个人之价值。”“个人之天性愈发展，则其价值愈高。一社会之中，各个人之价值愈高，则文明之进步愈速。吾人若视教育为增进文明之方法，则当自尊重个人始。”② 梅贻琦指出：“办学校，特别是办大学，应有两种目的，一是研究学术，二是造就人才。”③ 他所指的人才，就是他那篇十分有名的《大学一解》中的“新民”，所谓“新”，代表了一种“革新”的教育思想，主张培养全面发展、具有独立人格的人才。他认为，三育是“健全人格”的关键。其实，除了三育外，梅贻琦还兼重美育、群育和劳动教育。

西南联大的最大问题是生活的艰苦，西南联大学生长期挣扎在饥饿线上。在西南联大成立之初，梅贻琦就把校长专车交给学校充作公用，自己外出开会办事则步行前去。梅家和普通教授一样租用民房，阶沿上摆把椅子，就成了客厅。梅贻琦还从重庆政府教育部申请来一些补助金发给学生，学生们至今仍记得这样一幕场景：梅校长匆匆出校，边走边告诉同事，“我现在去弄一些钱来，学校没钱了，弄点钱来让师生度过这段时间”。在艰苦的条件下，梅贻琦不仅要在国民党内部的矛盾斗争中，微妙地维持学校的安定，还要考虑如何进行有效教学，如何安排职工生活。千头万绪，任何一件事都要躬亲操劳。在社会的混乱状态下，他主持一切校务，办校经费都要经过他之手。许多人认为总是有油水可捞的，实际上他自己却和师生们过着一样的生活。

国民政府当局曾几次任命梅贻琦为教育部部长，都被他拒绝。他抛弃了所有功名的诱惑，专心致志于自己的事业：育人育才。在他任校长的几十年间，

---

① 张伯苓．三育并进而不偏废［M］//王文俊，杨珣，等．张伯苓教育言论选集．天津：南开大学出版社，1984：1.

② 张伯苓．个人之价值与教育之关系［M］//曲士培．蒋梦麟教育论著选．北京：人民教育出版社，1995：38－39.

③ 刘述礼，黄延复．梅贻琦教育论著选［M］．北京：人民教育出版社，1993：10，100－102.

国难当头，学生运动迭起，梅校长以超人的冷静态度维持了稳定的局面。

当时，蒋梦麟、张伯苓两位校长大段时间未在昆明，而是在陪都重庆，与学生同甘共苦的只有梅贻琦。在学生们看来，这位总是从从容容的梅校长是最亲近的师长，大家都亲切地称他为“梅常委”。

北大自蔡元培在五四新文化运动期间确立“学术自由，兼容并包”的办学方针以来，以学术自由探讨，彼此交流、吸收融合为其办学特色。西南联大延续，并继承了这一办学理念。在西南联大开展的丰富多彩的教学活动中，同样呈现出兼收并蓄、百花齐放的学术研究和思想传播热潮。例如，文法学院一年级的共同必修课“中国通史”，先后由钱穆、雷海宗、吴晗共同讲授，方法、观点均存在差异，甚至尖锐矛盾。然而，彼此相安，求同存异，和而不同。清华大学、南开大学的管理要求高，治学严谨，稳健踏实，这也在西南联大得到淋漓尽致发挥。西南联大理学院、工学院各系，办学尤为严格，各种考试接连不断，考试评分也极为严格，不及格率很高。工学院学生算尺、绘图仪器不离身，专业知识学习和理论应用于实际的练习一丝不苟。西南联大化学系，以高标准著称，淘汰率极高。学生从大一到大二，必须通过化学、定量分析、有机化学、无机化学和定性分析五门基础课的“五关”，各课教师都很严厉，一关更比一关难。这种考评方式不仅针对专业课而言，而且同样贯穿于基础课教学的始终。文法学院的大一国文、大一英语被视为专业培养训练阶梯和基础，必须稳扎稳打，容不得半点儿草率、松懈倦怠。比如国文课学生两周必须交一篇作文，还要看大量的参考书。理工学院高度认识到基础课的通才教育意义，许多院系规定大一学生某两门基础课必须及格，才能进一步升级学习；同时又提高及格标准或难度系数。

北大向来对体育的重视程度不足，而清华大学、南开大学则极其重视体育教育。在西南联大，体育被列为必修课，不及格不准毕业。但又保持了一定的宽容之风，往往重在参与，学生只要坚持上课，都能及格。西南联大在校风上往往体现出三校融合并存的特点。北大的宽容自由、清华的规矩严谨、南开的活泼开拓，合而为一。

1941 年 4 月，梅贻琦在昆明主持清华大学的三十周年校庆。当时张伯苓校长自重庆打电话说，清华与南开是“通家之好”，因为清华校长梅贻琦是南开第一班的高才生。冯友兰闻讯告诉大家，北大与清华更是通家之好，北大文学院院长胡适是清华人，而自己这个清华文学院院长又出自北大。一时会场异常活跃，纷纷述说三校之间的亲密关系，西南联大的三校团结，更胜往日。这种融洽氛围是对梅贻琦西南联大治校成就的赞赏与肯定，表明其实际管理者的担当作为是深受认同及称道的。

清华、北大、南开三校有不同的历史和校风，在梅贻琦的主持下，集思广益、兼容并包，“内创学术自由之精神，外树民主堡垒之称号”，卓有成效地完成了战时西南联大教学的使命，使得中国在战乱频仍、半壁沦陷的情况下，于教育和人才方面仍然保存了元气，又造就出整整一代科学、文化英才，被称为“战时高等教育的奇迹”。

梅贻琦在西南联大办学近三年以后，以清华大学加入联合校一方的体会发表感言称：

> 今年八月，琦服务本校，将满三十周年。溯自一九〇九年（宣统元年）应母校第一次留美考试，被派赴美，自此即受清华之多方培植。待民国四年秋返国，即在本校服务，流光如驶，忽忽三十年矣。吾昔曾言：“在这风雨飘摇之秋，清华正好像一个船，漂流在惊涛骇浪之中，有人正赶上负驾驶它的责任，此人必不应退却，必不应畏缩，只有鼓起勇气，坚忍前进，虽然此时使人有长夜漫漫之感，但我们相信不久就要天明风定，到那时我们把这船好好地开回清华园，到那时他才能向清华的同人校友说一句‘幸告无罪’，此天明风定之日，不久可望来到。”①

此言充分反映梅贻琦乐育英才的教育家品性追求，他回忆在清华园的诸种往事，希冀北返复校创业之期来临。

（三）与西南联大师生患难与共

群体活动中的个体交流，以及个体与群体之间的交流与深厚感情的形成，得

---

① 梅贻琦．抗战期中之清华（五续）［M］//梅贻琦．梅贻琦自述．合肥：安徽文艺出版社，2013：97－98.

益于彼此的平等互助、信任友爱。其中，群体中的领袖者在履行个体责任的同时，发挥管理者的榜样表率及协调组织作用。据当时西南联大的学生朱益宏回忆：

> 有一年的一天，梅贻琦校长来到图书馆前一个不足二平方米的土堆上，向周围几百名同学讲话。他以长者的身份关心同学们的健康，他说："生命之于人只有一次，大家要保重身体，爱护自己。"校长的关怀，十分感人，我一辈子也不会忘记。①

西南联大即便是在云贵高原南端的昆明办学，也躲不开日寇战火的蔓延焚毁。日军敌机不断出动，空袭轰炸西南联大简陋不堪的校园，打乱教学秩序，危及生命存亡及人身安全。为此，西南联大被迫把学校教学时间改为上午七时至十时，下午三时至六时，晚上七时至九时，每节课四十分钟，课间休息五分钟。遇有空袭警报，一律停课疏散，警报解除一小时后照常上课。职员办公时间也一样，若警报在下午四时以后解除，就不再上课，办公时间则延至晚上七时至九时。但即便这种应急性的调整设计和有效安排也无法摆脱日军的空袭。

西南联大日常教育工作运行过程中，最要紧的事情就是"躲警报"。每次警报一来，梅贻琦跟随学生一起往后山跑，飞机来时，趴在学生身边，飞机走了，站起来带学生们再往学校去。这种爱生如子、共度危机的深厚情谊与高尚人格，感动了西南联大师生。他们在处境危险的形势下克服困境，教书育人如沐春风，纹丝不乱。

当年西南联大学生，现为山东大学历史文化学院教授的孔令仁先生就梅贻琦在空袭中关怀爱护学生的场景做了如下回忆：

> 关于躲警报的问题，梅校长在大会上说，有的同学不愿躲警报，说昆明天上有那么多鸟，没见到鸟屎拉到谁头上，日本飞机的炸弹也不一定偏偏会落在我头上；还有的同学说，躲飞机不够英雄，不够体面。这都是错误论调。鸟是没有目的拉屎的，所以往往拉不到人头上；日本飞机是有目的投弹的，所以每次都炸塌房屋炸伤人。难道你们非等炸伤才算英雄，非

---

① 朱益宏. 回忆西南联大的读书生活［EB/OL］.［2023 - 01 - 02］. https：//www.tsinghua.org.cn/info/1954/13363.htm.

等炸死才算从容就义？所以，你们以后一定要躲警报，把躲警报当作一项任务来完成。①

（四）主持西南联大叙永分校的办学始终

梅贻琦为了西南联大东奔西走，叙永分校也是梅贻琦亲力亲为的结果。

1940年初秋，日本军队已攻占安南（今越南），云南本是安宁的大后方，此时也成了前线。英国正式宣布封锁滇缅线路，切断了我国从海上输入战时物资的西南国际交通线，形势日益紧张。教育部提议西南联大必要时应做迁移之准备。西南联大在昆明已安定下来，又不得不开始酝酿迁校。

1940年8月，梅贻琦主持了常委会会议，会议上讨论了这个问题。会后，于同年8月31日、9月12日给教育部发电报，《蒋、梅电教育部关于迁校事》《西南联大急电教育部关于迁校地点事》，商讨迁校的相关问题。教育部在《密电西南联大关于迁校及物资转移事》中，允准年级新生可在四川设分校，并拨付迁建费一百万元，提出“仰撙节支配”。随后，四川省政府对西南联大迁川“极表欢迎”，并提议校址选择于“泸县、宜宾、叙永一带为宜”。在经过部省批复和实际支持后，西南联大叙永分校按计划设立，并正常办学。

叙永位于川滇黔三省交界处，是一个偏僻闭塞的小县。分校以城内庙宇为校舍。分校的校本部和大部分教室在东城文庙，男生住西城春秋祠（关帝庙），楼上住文法学院，楼下住理学院，工学院男生住南华宫，那儿的大殿作为大课教室、女生一律住帝主宫（供奉刘备）。学生食堂在西城城隍庙（叙永有两座城隍庙，一座称府城隍庙，已破烂不堪；一座称县城隍庙，有地下室，西南联大把它改成膳堂）。叙永人都开玩笑地说：“我们城里来了一帮‘城隍’，把庙里的小鬼都赶走了，他们住下了。”这群“城隍”下课后，成群结队地从东城走到西城，十分引人注目，大概成了“叙永第九景”（叙永有“叙永八景”之说）。叙永没有电灯，学生照明用的小油灯是以桐油做燃料，点燃时黑烟缭绕。每天晚饭后，学生们一灯在手，联袂穿街过巷到图书馆去，颇为壮观，也许恰好凑成了“叙永十景”之说。同昆明一样，图书馆的座位无法满足全体学生的

① 孔令仁. 关于几位学术大师的片断回忆［J］. 文史哲，2001（6）.

需要，有些学生就上茶馆去自习，茶馆的汽灯总比桐油灯亮得多，既可以解决喝水问题，还可欣赏茶博士高超的续水技术。

西南联大叙永分校是不是还要办下去？过了八个月后，这个问题被提上议事日程。1941 年 5 月的一天，梅贻琦带着这个问题从昆明来到叙永。他先察看了各行政部门办公室和分校的教室，帝主宫的女生宿舍，再看了城隍庙的食堂、南华宫的工学院男生宿舍和大课教室，又去西城春秋祠察看男生宿舍、天上宫的阅览室和理科实验室。

之后，梅贻琦以民主办学，沟通交流的方式征求意见，再由校方讨论决议的方式解决叙永分校去留难题。

> 学生们都来齐了，他们都来到南华宫。梅贻琦主持了这次国民月会。他用沉稳的语气向大家报告了昆明本部的近况以及关于分校前途的决定，同时表示学校不打算再迁移了。梅贻琦末了幽默地说：“倘要安全，只好迁到喜马拉雅山去了。”梅贻琦作出此重大决定，见大家都很拥护，他心里感到很快乐，觉得天空也格外地明朗起来。他回到昆明后，将此行的结果向常委会作了报告。常委会决定，将叙永分校迁回昆明。也就是在此期间，大批敌机空袭昆明，专门轰炸大西门一带，西南联大新校舍的办公室、教室被炸毁若干处，损失惨重。但这只能增强联大师生同仇敌忾的心理，丝毫也没有动摇在昆明办学的意志。①

在征得教育部同意后，1941 年 8 月 1 日，叙永分校校委会改组为结束委员会，请郑华炽、李继侗、刘云浦、吴之椿等为委员，负责办理分校结束事宜。

1941 年 8 月，西南联大校委会对教育部相关管理者郑华炽，“通报分校结束办法”。伴随 1941 年 8 月 31 日西南联大叙永分校撤并，在以梅贻琦为主的常委会领导下，西南联大的院系设置，经过几次调整，至 1941—1942 学年度趋于稳定。由此，进入西南联大创立战时大学教育奇迹的白热化的后五年。

① 向祚铁，侍卫华．清华大学演义：1911—1998［M］．合肥：黄山书社，1998：331.

第五章

中流砥柱：梅贻琦与西南联大的教育奇迹（上）

在抗日战争严峻的国内外形势与后方办学的艰苦环境中，梅贻琦团结不同历史、不同学风、不同性格的三校师生，在偏远的南疆昆明持续设学育才、开展学术研究以及社会服务，写下了中国近现代高等教育史上的光辉篇章，创造了世界高等教育史上的奇迹。

第一节　西南联大的办学精神

西南联大的联合办学能维持八年之久，并且成绩卓著，得益于三校师生之间共赴国难、团结协作的精神。尤其是三校的校长，领导风格本不尽相同，但在实际工作中三位常委以其谦和的作风形成了和谐的集体，相互信任与支持。梅贻琦以其卓越胆识与宽宏大量发扬了民主治校的精神，进一步完善了教授治校的体制，取长补短，形成了西南联大民主团结、和衷共济、严谨活泼的新特色。

何为大学精神？大学精神是抽象的，也是具体的；是无形的，也是有形的；是不成文的，却铭刻在人们的心中。学生在学校学到的知识，会由于时代的进步而淡忘，但大学精神却会影响学生的事业长远。西南联大的精神是深刻而弥长的，但如何概括表述，却是众说纷纭，莫衷一是。笔者从三校的历史传统，战争的环境及大学的使命，梅贻琦办学的指导思想以及三校师生各方面活动进行立体观察，得出以下几个方面。

一、爱国主义

在民族危难、个人流徙中，西南联大向我们展示了大学精神巨大的力量与作用。梅贻琦在这一时期的大学教育纲领性文件《大学一解》中着重指出：大学师生既要与全国各民族共命运，关注现实，又“不能为一时一地之所限止”，“不能不超越几分现实”，“其所期望之成就，势不能为若干可以计日而待之近功”。[①] 正是在这种思想的指导下，西南联大师生在昆明建立了一个既关注现实又超越于现实之上自足的精神家园。在初期的挫败和忧愤中，无论是学富五车的学者，还是意气风发的学子，每一双眼睛都热切地关注着现实——前方的战事、动荡的时局、苦难深重的人民，但又超越现实、远眺未来，以培育英才、振兴中华并助力国家走向战后建设的昌盛发达之境。

① 刘述礼，黄延复．梅贻琦教育论著选［M］．北京：人民教育版社，1993：109.

（一）爱国主义的心路历程

在西南联大校园，上上下下所有人心中，最为浓烈的情感就是爱国主义的情感，最感人的精神就是爱国主义精神。爱国主义在西南联大经历了忧国—报国—救国或强国的心路历程。

“七七”事变后，面对严重的民族危机，西南联大教师多忧心如焚，对国家和民族的未来多焦虑难安。吴宓在1937年7月14日日记中写道“阅报，知战局危迫，大祸将临。今后或则（一）华北沦亡，身为奴辱。或则（二）战争破坏，玉石俱焚”，并责难自己“不克振奋，不能为文天祥，顾亭林，且亦无力为吴梅村”①。他们认识到了抗战全面爆发后民族危机的严重性，忧国之思反而使他们找到了自己的位置：以传播文化维系民族命脉为自身使命。因此，基于这样的人生立场，他们未停留于忧国忧民的喟叹中，而是直面血与火，坚定地投入学术救国的行列，以自己的知识才华服务大学，建功立业报效祖国。1937年9月，长沙临时大学成立，10月开学。通过登报公告、电台广播、私人通信，已经南下或尚滞留北平的三校教师和学生纷纷向长沙会聚。有的教授在自身生活异常困难的情况下，仍毅然选择了南下。如吴有训先生，在妻子产后不足一月的情况下，全家一起南下；有的冒着失去生命的危险，历尽艰险，从沦陷区越过封锁线赶来。种种情形具体而微，同中有异，无法一一细述。

与此同时，正在国外求学的学者，不惜牺牲个人广阔的学术平台和优厚物质待遇，冲破重重阻力，毅然回国，期冀以自己的才学报效正陷于战火纷飞、铁蹄践踏的祖国。在英国剑桥大学访问的年轻数学家华罗庚两年间在国际顶级期刊发表了十多篇科研论文，引起了数学界的关注，并极得其导师、具有“世界数学盟主”之誉的哈代教授的赏识。华罗庚认为，中华民族危亡时期缺乏的不是一流的将军和士兵，而是科学。“科学救国”，科学家应义无反顾地与全国同胞共赴国难。黄子卿战前在美国麻省理工学院完成了世界级物理化学前沿课题突破研究，麻省理工学院化学系主任及芝加哥大学原子能研究所的负责人都

① 吴宓．吴宓日记：第六册［M］．北京：生活·读书·新知三联书店，1998：168．

想留下他，并劝说："你的祖国正像一只破船在风雨中飘摇，哪里会有美国这样好的条件？"而黄子卿答道："我愿和我的祖国一起受苦。"[①] 1937 年，德国汉堡大学博士陈省身回国，后任教于西南联大数学系；美国麻省理工学院博士范绪筠于西南联大物理系任教；德国柏林大学博士张青莲先在"中央研究院"工作，1939 年到西南联大任教；1938 年，德国剑桥大学博士王竹溪放弃即将获得的博士学位，入西南联大物理系任教；英国剑桥大学物理博士张文裕告别导师卢瑟福，到西南联大物理系任教；英国曼彻斯特大学博士余瑞璜、美国威斯康星大学博士严仁荫等海外优秀人才陆续回国。他们纷纷放弃优越的研究条件和待遇，回国加入学术报国、教育救国，以及科学救国的行列，使"国家兴亡、匹夫有责"的民族救亡交响乐铿锵有力，高潮迭起。

西南联大蒙自分校的办学体现了学生立志报国的斗志及由此产生的积极成效。朱自清先生 1938 年 8 月在蒙自为清华第十级毕业生题词中说："诸君又走了这么多的路，更多地认识了我们的内地，我们的农村，我们的国家。诸君定会不负所学，各尽所能，来报效我们的民族，以完成抗战建国的大业的。"冯友兰先生的题词中也说："第十级诸同学由北平而长沙衡山，由长沙衡山而昆明蒙自，屡经艰苦，其所不能，增益盖已多矣。"[②]

陈岱孙认为，西南联大在其存在的八年中，"不只是在形式上弦歌不辍，而且在极端艰苦条件下"为国家培养出一代国内外知名的学者和众多建国需要的优秀人才，"不得不把这成果归功于同学的求知愿望和教职员的敬业精神。而这二者实植根于以爱国主义为动力的双方共同信念和责任感"。[③] 的确，西南联大教育之所以会为中华民族造就了一代英才，其根本就在于爱国精神的有力推动。如果没有这种动力驱使，西南联大的教师就不会沉潜于学术研究，努力通过课堂及其他方式向学生传授前沿成果、学习策略和研究方法；没有内在力量激发，西南联大的学生也不会刻苦学习，自觉自愿地接受老师的传道、授业和解惑，

① 北京大学校友联络处. 笳吹弦诵情弥切：国立西南联合大学五十周年纪念文集［M］. 北京：中国文史出版社，1988：247.

② 赵瑞蕻. 离乱弦歌忆旧游：纪念西南联大［J］. 新文学史料，2000（2）.

③ 西南联合大学北京校友会. 国立西南联合大学校史：一九三七至一九四六年的北大、清华、南开［M］. 北京：北京大学出版社，1996：序.

从而使教师的学术创新、科学发现、教书育人活动与学生的进步成长建立有机联系。历史学家郑天挺在完成西南联大所担负行政职责之余，全力投入学术研究中，取得累累成果，正如他所自述的那样："在抗战期间，一个爱国知识分子，不能亲赴前线或参加战斗，只有积极从事科学研究，坚持严谨创造的精神，自学不倦，以期有所贡献于祖国。"① 陈岱孙在谈到西南联大学生为什么在动荡、危机不断的背景下忘我学习、勤勉不懈时，说："联大许多同学勤奋好学，大家都感到现在是抗战时期，他们没有扛枪去同敌人打仗，那就应该好好读书，利用这个难得的时机，求得知识，培养自己，将来为建设国家作出贡献。这是许多同学强烈的愿望。"② 上述例证可谓诠释爱国主义精神之于师生互动协作共同完成教学任务、培育英才成长的典型论据。当然，这也只是"弱水三千，但取一瓢"而已。

（二）校训与校歌

西南联大诞生之前，北大、清华、南开三校各自都有自己的校训。北大的校训是"博学，审问，慎思，明辨"，要求师生有广博的学识和独立的思考能力；清华的校训是"自强不息，厚德载物"，要求师生要做德才兼备的人才；而南开的校训则是"允公允能，日新月异"，和清华校训有相似的精神。西南联大成立于抗日的烽火之中，三校师生为了国家的教育事业，由华北而华南，由华南而西南，万里跋涉，历尽艰辛，共赴国难，显示了顽强的生命力和不屈不挠的爱国主义精神。因此，建校之初，西南联大便把"刚毅坚卓"四个字作为自己的校训（见图5－1）。"刚毅坚卓"的精神，虽然一直未得到国民党当局正式的书面认可，然而，这凝结着不屈信念和血火经历的四个大字，在西南联大每一个师生心目中，是铭心刻骨的。

---

① 冯尔康，郑克晟．郑天挺学记［M］．北京：生活·读书·新知三联书店，1991：802－803.

② 方靳，方群．陈岱孙教授谈西南联大［M］//云南省政协文史资料研究委员会，西南联合大学北京、昆明校友会，云南师范大学．云南文史资料选辑：第三十四辑 西南联合大学建校五十周年纪念专辑．昆明：云南人民出版社，1988：5－6.

图5－1　西南联大校训

西南联大的校歌，写作于1938年10月间。西南联大在1938年10月召开的第八十九次常委会中决定，成立“编制本大学校歌委员会”，并请文学院院长冯友兰先生任该委员会主席，朱自清、罗常培、罗庸、闻一多为委员，开始制定校歌。校歌委员会从众多来稿之中，选中冯友兰先生和罗庸先生所写的两首歌词。1939年6月14日，西南联大合唱队第一次试唱了校歌。后来又经过再一次的集体评议，7月17日，西南联大常委会正式通过了将罗庸先生作词、张清常先生谱曲的《满江红》作为西南联大校歌的决议，之后，冯友兰先生为校歌写了引词和勉词、凯歌词。

罗庸先生的歌词为：

万里长征，辞却了，五朝宫阙。暂驻足，衡山湘水，又成离别。绝徼移栽桢干质，九州遍洒黎元血。尽笳吹，弦诵在山城，情弥切。

千秋耻，终当雪。中兴业，须人杰。便一城三户，壮怀难折。多难殷忧新国运，动心忍性希前哲。待驱除仇寇，复神京，还燕碣。

在抗战期间，西南联大校歌鼓舞全校师生同仇敌忾，为国分忧，为民族复兴的千秋大业造就栋梁之材，其歌词极其悲壮，寄调满江红也大有深意。[1] 它概述了西南联大产生的时代背景，抒发了西南联大师生热爱祖国的壮志豪情，境界高，胸怀远，是西南联大师生爱国主义情感的寄托与深沉的展现。西南联大历尽千辛万苦，为国家培育人才，意志坚，决心大，充满乐观必胜的民族精神。

西南联大校友马曜这样回忆西南联大的生活，从中呈现西南联大校歌所蕴含的坚定信心和壮怀风骨的卓毅品性，并充满了深沉的爱国主义精神：

> 一个学校的校风的物化，体现在校容、校貌和校纪上，西南联大的校容是简陋的，校貌是朴素的，生活是艰苦的，校纪是自爱自律的，是自由与纪律的统一。这种优良的校风一经形成，便具有一种潜移默化的巨大力量。
>
> 西南联大 1938 年正式在昆明招生，在以后八年的时间里，她常被人们称为茅草房大学，多数教室是以茅草或铁皮为顶的土坯房，窗子是不安装玻璃的木格窗；学生寝室也是茅草房，土坯墙和木格窗。在冬天，寒风可以直接穿堂入室，在雨天，雨打铁皮屋顶的声音有如擂鼓鸣金；在这样的环境读书，正所谓“风声、雨声、读书声，声声入耳”。同学们每天两顿糙米饭，营养不良，穿着一般也很差。许多年过去了，人们发现，当年如此简陋的学校，却居然桃李满天下。在新中国振兴科学文化的事业中，有许多联大的校友，身负重责，在当代世界科技发展的新成果中，有联大校友作出的贡献。当我在一所大学担任领导职务时，我时常思索，为什么如此贫寒的母亲，却能培育出众多才华卓著的儿女？简陋的大学，为什么能够培育出当代世界的第一流人才？为什么我们今天在昆明市和全省各地方建立起“广厦千万间”，而在师资和教学质量上却比当年的联大略逊一筹呢？当时祖国的半壁河山沦陷，许多同学颠沛流离，跋涉数千里，历尽艰辛才到达昆明，途中耳闻目睹中国人民遭受日本侵略者蹂躏的惨状，体会到国家贫穷落后的痛苦，爱国主义思想十分强烈，……自然奋发努力。联大的教师是来自北大、清华和南开的一流学者，怀着“中兴业，须人杰。

---

① 江崇廓，刘文渊，孙敦恒．世界著名学府 清华大学［M］．长沙：湖南教育出版社，1995：21－22.

便一城三户，壮怀难折”西南联大校歌的壮志，一腔热血倾注于教育事业。嗷嗷待哺的青年人，遇上“润物细无声”的及时雨，自然茁壮成长。①

（三）艰苦环境下的教学坚守

西南联大师生生活极为艰苦。教师们在昏暗的油灯下伏案沉思，孜孜写作，在漏雨的破庙中实验探求，在堆满杂物的走廊里绘画描摹，在山坡下、农田旁互相开展学术讨论、争鸣思想观点。强烈的爱国主义情感诉诸笔端，凝聚成篇章、论著，开出朵朵绚丽的学术之花，结出累累的科研之果。广大师生用各种形式捧出他们滚烫的爱国之心、真挚的爱国之情。

现任山东师范大学历史系教授、山东省史学会名誉会长刘祚昌先生在青年时代曾就读过三个大学——北平辅仁大学、西南联大和四川大学，但是其中最使他怀念不已的便是西南联大。半个多世纪后的今天，西南联大的旧事仍不断地从记忆深处浮现在他的脑际，萦绕在他的心头。这是因为西南联大对他的影响太深了，以致在这几十年的事业、思想及作风上留下了无法磨灭的烙印。他将体验到的校歌内涵，深情地叙述如下：

> 一言以蔽之，师生备尝辛苦，而“弦歌不绝”。为什么会这样？对于这个问题我是这样解释的。当时，中国已有半壁江山落到日寇的铁蹄践踏之下，广大同胞陷入水深火热之中。绝大多数师生是怀着家国之恨离开沦陷区逃到大西南的。他们既同仇敌忾，又对抗战前途充满希望，因而都有高度的觉悟，教师能自觉以教书育人为己任，以便为国家培养人材，学生能自觉地刻苦读书，以便学好本领为中兴大业贡献力量。正是因为有了这样一种时代使命感，大家才能甘心含辛茹苦，表现了“卧薪尝胆”的精神。而且，环境越是艰苦，就越能锻炼人。孟子所说的“苦其心志，劳其筋骨，饿其体肤，空乏其身，行拂乱其所为，所以动心忍性，曾益其所不能”，正是联大师生的共同体验。联大校歌歌词中的“千秋耻，终当雪。中

① 马曜．珍视西南联合大学留给云南的遗产［M］//云南省政协文史资料研究委员会，西南联合大学北京、昆明校友会，云南师范大学．云南文史资料选辑：第三十四辑 西南联合大学建校五十周年纪念专辑．昆明：云南人民出版社，1988：85.

兴业，须人杰……多难殷忧新国运，动心忍性希前哲”几句话，也正是他们时代使命感的最佳写照。①

西南联大迁到昆明，三路师生会聚，已经是1939年4月28日，仅用一星期时间报到、开学，办事效率不可谓不高。也因为草创急就，校舍房屋全为租借民房、庙宇、货仓、会馆和已疏散的中学校舍，由此可见环境之艰难。

八年来，西南联大的师生们在简陋的物质环境和艰难的生存条件下，不断地吸收着科学文化滋养，海纳百川，气象万千，接受世界先进科技潮流和思想文化剧烈变革的洗礼，提升自我并成长，投射出“智慧之光”，同时辐射着“爱国之热”。

（四）投身抗日救亡活动

西南联大学生在校内求学钻研、勤勉努力的同时，校外的爱国运动及救亡活动也留下他们火热而奔放的身影，当年校友姚秀彦的回忆真切而感人：

> 学生们组成了各形各色的抗日救亡工作队，下了课，忙不迭地一招手，比召集令还快速有效，大批学生涌向街头，涌向农村。小纸旗一挥，人们不期然地围拢来，不知谁是导演，谁是作曲，谁是演员，激昂的抗日救亡歌声，漫天彻地地响了起来，连牙齿稀落的老太太，和流着鼻涕的孩子，也都含泪带笑地，不成节拍地和着。
>
> 到烽火密集的地方去，到最艰苦的地方去，都是出于自愿，没有人命令他们那样做，甚至白发的爹娘苦劝也阻止不了他们的热情和爱国运动。大学生是优异分子，他们有深沉的思考、敏锐的感觉、丰富的知识，对这个伟大的时代，他们感受更深、表现更有效而落实、更能代表时代的突出征象。西南联大就是从战火中诞生，与抗战相始终；也是一部抗战史实的缩影，承受了民族的情感，贡献出时代的要求。②

全民抗战背景下，高校无法割舍战争救亡、驱赶侵略者的崇高使命。自美

---

① 刘祚昌．西南联大忆旧：兼论“西南联大精神”［J］．学术界，2000（1）.

② 姚秀彦．永远怀念西南联大［M］//云南省政协文史资料研究委员会，西南联合大学北京、昆明校友会，云南师范大学．云南文史资料选辑：第三十四辑 西南联合大学建校五十周年纪念专辑．昆明：云南人民出版社，1988：134－135.

军十四航空队来华协助作战后，翻译人员的需求因而逐渐增多。最初，昆明的战地服务团创办了一个训练班，专门训练翻译人才，当时便有一大部分西南联大的同学志愿去参加。后来，由于需要日增、供给不够，所以1944年11月17日西南联大举行的教授会通过了征调四年级男同学作译员的议案。在这决议之下，三百余名男同学除有重病及曾服军役者外，都参加了军委会译员训练班的短期训练，后分散在国内外各地担任着翻译的工作。同时，外事局选拔成绩优异的译员到美国去任翻译。在五十个名额中，西南联大的同学便占了十一名。①这是充满民族情感的爱国主义，西南联大的师生心系国家兴亡、民族安危，以自己专业所长报效国家，为反法西斯战争服务。

爱国、科学、民主，是西南联大留给我们的宝贵遗产。西南联大爱国主义精神是有其历史渊源的。五四运动时期，北大、清华及南开等曾点燃了科学与民主的火炬，划破了封建专制时代的黑暗长空，宣告中国现代思想解放新时代的到来。1935年，日本帝国主义威逼、蚕食华北，“华北之大，放不下一张安静的书桌”。以北大、清华、南开为主力的平津各大学掀起了“一二·九”运动，提出“停止内战，一致抗日”的呐喊，为第二次国共合作的建立作出积极贡献。在抗日战争的艰难岁月中，西南联大把爱国、科学与民主的焰火传递到长沙，带到了昆明，1945年年底至1946年年初的“一二·一”民主运动，1948年的“七一五”学潮，正是这种精神生长的结果。正如有的学者所述：“在中国现代史上，从北京到昆明，从北大、清华、南开校园到西南联大的‘民主草坪’，科学与民主的火炬一直没有熄灭，使全国人民在黑暗中看到了新中国的光明。”②

① 叶方恬．苦难中成长的西南联大：外三章［M］//云南省政协文史资料研究委员会，西南联合大学北京、昆明校友会，云南师范大学．云南文史资料选辑：第三十四辑 西南联合大学建校五十周年纪念专辑．昆明：云南人民出版社，1988：105.

② 马曜．珍视西南联合大学留给云南的遗产［M］//云南省政协文史资料研究委员会，西南联合大学北京、昆明校友会，云南师范大学．云南文史资料选辑：第三十四辑 西南联合大学建校五十周年纪念专辑．昆明：云南人民出版社，1988：86－87.

二、艰苦奋斗

艰苦奋斗堪为梅贻琦治校管理及个人生活所一贯坚持的原则，这与他生活俭朴和廉洁奉公的高尚人格有直接关系。在近现代的大学校长群英谱系中，梅贻琦是廉洁奉公的表率。西南联大艰苦办学、化不利为有利，渡过难关，维系秩序，并成效显著，这些都是教育管理者协同师生员工通过积极努力、顽强拼搏取得的。

（一）梅贻琦“身先士卒”的表率作用

1928 年，梅贻琦奉派去做留美学生监督，是因为那里的经济混乱。他一到任，就大刀阔斧地进行整顿，从自身做起，力行节俭。冬天全楼的温暖全靠地下室的一只大火炉供应，司机和烧炉工合为一人，他自己经常下地窖从炉子里掏出有用的煤渣。梅贻琦初任清华校长，一住进校长住宅（甲所），就主动放弃了过去校长所享有的几项“特权”：家里的工人改为他自己付工资，电话费也自己付，不要学校无偿供应的两吨煤。虽然款项有限，但他认为这是个观念和制度的问题。一次，梅贻琦的弟弟梅贻宝出国前到昆明看他，发现兄长的住处逼仄，伙食寒酸。晚上，一家人更是闷闷不乐。因为梅贻琦的儿子梅祖彦“跑警报”时，把眼镜连带盒子都跑丢了。没了眼镜就看不清楚，看不清楚就没法上学，但家里买不起新眼镜！①

西南联大的常委办公室，设在校园东北角上的一个铁皮顶土屋里，这里也许是世界上最简陋的校长办公室。在这里办公的三个校长，除梅贻琦之外，蒋梦麟是国民党中央委员，张伯苓是国民参政会副会长，资历最浅的梅贻琦，当时也曾任国民参政会的参政员。1939 年的冬天，学校没有钱买煤烤火，梅贻琦下令撤了所有的办公室火炉，教授们在办公室常常冷得直打哆嗦，梅贻琦本人亦然。到了夏天雨季，办公室外道路泥泞，青苔疯绿，往日颇有绅士范儿的梅贻琦，和大家一样踏着泥泞小路上下班，皮鞋上积下一层厚厚的泥巴。年迈体胖的张伯苓，需要一只手拄拐杖，另一只手被人搀扶着才能到达办公室，其状

---

① 刘超，田亮. 永远的校长：梅贻琦［EB/OL］.［2023－02－01］. http：//www. sohu. com/a/201635622_163796.

狼狈不堪。

抗战期间，梅贻琦同教授一样住在租用的民房里，阶沿上摆几把椅子就算客厅。作为首席常委，因校舍分散，他每日常常步行二十里之遥，却任劳任怨，无怨无悔。他四处奔波，为学校筹谋经费，有时不得不到重庆找教育部相关部门“坐要”办学经费；但他在西南联大办服务社，服务社转来的款项却没有三位常委的份儿，不是受之有愧、取之无道，而是但求奉献，不谋获取。梅贻琦的榜样表率和品德修养为领导西南联大师生在艰苦环境下办学，并取得举世瞩目的成就提供了思想支撑与理念引导。

（二）办学经费短缺

据教育部拟具的《平津沪专区专科以上学校整理方案》，西南联大经费应按北大、清华两校原预算及南开原有补助费移拨四成，学生救济费及保管费暂缓。据此而言，西南联大的经费是相当紧张的。在西南联大办学经费当中，教职员的津贴薪俸占65%，办公费占12%，购置费占14%，特别费占2%，学生费用占7%。为此，学校只能在经费管理上采取增收、节支双管齐下的举措。增收，主要是向教育部不断反映学校的实际困难，请求增加经费，同时办服务社及提供社会所需的技术开发，以期使办学活动得以正常运转。为此，梅贻琦作为主持者、责任人不断奔走于重庆、昆明之间。

即便是政府对西南联大的正常额度拨款，也常常一拖再拖。教育部关于划拨经费的指令下达后，经常迟迟不见款到。学校不得已数次电文催促，教育部催财政部，财政部催国库，等款到时已过数月，甚至近一年的事也是常有的。在物价飞涨的情况下，款到时已经贬值缩水了相当比例。在学校急需用钱之时，数次电文催促，或者无回音，或者答曰先由学校垫付，这种尴尬局面屡见不鲜。因此，学校与教育部就经费问题来往的函件、电文，不仅耗时费力，造成管理上人力、物力极大浪费，还占去了现存校史资料相当的篇幅。

诚然，国民政府教育部后来增发部分西南联大经费，尤其在教师生活待遇提高上曾制定了一些补助办法：自 1941 年 11 月起，发给平价食粮代金；教职员，每人每月可报领二市斗一市升的代金；家属符合有关规定的，享受教职员的同等待遇；推行“久任教员奖金”“特别补助费”“兼课钟点费”。但这些津贴每领一次，物价已暴涨在先。当时教师们把薪金与物价比作龟兔赛跑，而这兔子（物价）却不是那只知睡觉的兔子。因此，上述举措也只是杯水车薪的应急。

西南联大教师的困扰之一就是生活异常艰辛。起初，处于大后方的昆明物价还不太高，教师虽然没有余钱剩米，但还是勉强够用的。但随着大批工厂、机关、学校内迁昆明，法币便不断贬值，度日就相当艰难。当年经历者的回忆及感人肺腑的刻画书写，犹如将人带回往昔的特殊岁月：

> 西南联大经济系教授杨西孟曾写过一篇题为《几年来昆明大学教授的薪金及薪金实值》的文章，他从生活费指数为100、薪金约数与薪金实值相等的1937年上半年算起，到1939年上半年生活费指数已上升为273，薪金约数300元等于战前法币的109.7元。可是下半年就不美妙了，生活费指数上升为472，薪金约数仍为300元，实值就下降到63.8元，不过，这还说得过去，战争时期大家都应该节俭过日子。此后通货膨胀便像脱缰的野马，无法控制。数字是冷酷无情的，是铁一般的事实。[①]

节支，首先必须保证教职员的基本薪俸，否则，办学主导力量无法保证，更谈不上稳定和加强。以教授为例，许多教授为了糊口，不得不去兼差。闻一多除在昆华中学兼任教员外，晚上还要在油灯下埋头为人刻治印章，以换取一家八口人的糊口费用；汤用彤等一些教授也只能一度食粥度日；梅贻琦经常吃的是白饭拌辣椒，没有青菜，有时吃上菠菜豆腐汤就很高兴了；吴大猷经常穿着贴着大膏药一般的补丁裤子去上课；曾昭抡穿的鞋，也常是前后见天的。一些教授夫人也不得不干点手工活（如绣围巾、做帽子），以补贴家用。梅贻琦的夫人就曾自制些“定胜糕”（取抗战一定胜利之意），在小店寄卖。[②]

学生费用的财务支出份额也不能压缩。西南联大学生绝大多数来自沦陷区，经济来源断绝，一个个都穷得一文不名，所以只能靠政府发放的“贷金”糊口。他们吃的是“平价米”，即在粮仓中存放多年的陈米，煮成饭后，不但有一股发

---

① 吴大猷．抗战期中之回忆［J］．传记文学，1964，6（3）：9.

② 金以林．近代中国大学研究：1895—1949［M］．北京：中央文献出版社，2000：266－267.

霉的味道，而且里面谷壳触目皆是，还夹杂着腐虫。学生们感到有饭吃就是万幸了，因此都不暇挑拣就吃进肚里。在这种情况下，许多学生罹患胃肠病。学生食堂八人一桌，根本没有椅子、凳子，大家都站着吃饭。不用说，学生吃的菜基本上都是素的，往往一连数月不知肉味，只有逢年过节时才“打一次牙祭”。不少学生为了解决吃饭问题，不得不在课余去校外兼差，做家庭教师、送信送报、卖报纸、放子午炮（报时）等。西南联大学生衣着难有讲究，虽然还不至于“鹑衣百结”，但是学生穿得都很寒碜。许多人一年四季一件大褂不离身，因为根本就没有可替换的衣服。衣服脏了，自己洗，等着晾干，才能穿上出门。购置费主要用来购置图书仪器，再减少势必影响教学和科学研究工作的开展。

西南联大师生刚到昆明时，校舍不敷使用，图书资料、实验仪器在战争中受损十之七八，要恢复正常的教学功能，至少要添置到原先规模的一半。因此，保障教学活动正常开展的费用是经费中重要部分，无法砍削，只能上调。当时状况是教学设施条件不敷师生教学和科研需求，西南联大理工学院因设备简陋、药品缺乏，以致不得不削减实验项目，乃至停开一些实验课程。在北平时，清华大学化学系二十多门课有实验，现在只有五门课有实验。地质地理气象学系因仪器少，只好减少课堂实习课时数，而增加野外实习。生物系显微镜太少，只好将切片固定于显微镜上，让学生排队轮流看。在工学院，由于战前曾南迁一部分仪器设备，尚能应付教学需要，但在实验、实习的数量与质量上都不如战前。经济系由于买不起手摇计算机，算盘数量也不够，学生只能靠笔算来做会计、统计习题。这一时期，图书缺乏，学生阅读的指定参考书或者没有，或者只有很少几本，学生要上图书馆排长队抢借，馆门屡次被挤破。因抢借参考书或过期不还而被记过的学生，占西南联大受校纪处分学生的大多数。同样，由于进口困难，教科书也发生书荒。有的已成绝版，无法买到。有的是国内影印翻版书，印刷质量低劣，阅读不便。不少学生买不起书，靠上课记笔记或课后向同学借书来读。当时纸张缺乏，各系实验报告用纸和绘图用纸，十分粗劣，也影响学习质量。穷学生买不起纸张，所用习题纸正面写完后反面再写，作废了再用作草稿纸。

统观上述情况，西南联大经费压缩也只能指向办公费了。梅贻琦估计战争结束后学校即可很快复原，便将有限的财力，主要用于添置图书设备和实验器材，办公资金则省之又省。学校三处不再增加人员，各院各系办公室既不设主任也不设秘书，仅由助教一人协助系主任工作。办公用品也尽量节省，一张旧日历，一页废讲义，也须翻过来再用。西南联大的教务、训导和总务三长、五个学院院长和二十六个系的系主任，都是由教学任务不轻的教授兼任，还不设副职，系办公室也只有专职文书一人。机构精简，各种教学行政工作照章办事，效率也高。而且，他们都一致认为，兼任行政职务，完全是“当然之义务，并不希冀任何权利”。在那抗战生活日益艰苦的时期，梅贻琦及西南联大管理层这种与同事们同甘共苦的高尚精神，真是难能可贵。

（三）西南联大自行筹措经费

在学校经费极度困难的情况下，学校想尽一切办法提高办学实力，不断提高教学和科学研究的水平，使教师职工的生活得以维持，使学生的学业得以继续。除了向政府提出增拨实发经费资金外，只有进行生产自救。西南联大拥有专业人才优势，可以充分挖掘其才智；此外，金工、化工方面熟练的技师和工人也为数不少，另有从北平抢运出的部分机械设备可资利用。于是，在梅贻琦的倡导下，学校办起了清华服务社。1943 年 8 月，《清华校友通讯》刊登《为征募清华服务社股本告全体校友书》启事，校友纷纷响应，接着按照章程，服务社设有机械工程、应用化学、电机工程、土木工程、矿冶工程、无线电、理化、农艺等部门，开展社会服务。在空军“飞虎队”到达昆明后，空中防御作战能力增强了，使得昆明的空袭逐渐减少。也因为美国空军驻在昆明，产生了自来水和下水道器材与装备、制冰等一系列的后勤供应问题，这些问题在当时的昆明是无法解决的。于是，清华大学服务社便活跃热闹起来了。制冰的设备是“卢沟桥事变”时从机械系热工实验室中抢运出来的；自来水的管道、接头和阀门的生产，由机械工程部负责；土木工程部还承包了修建美军营房的工程，包括伐木制材、烧石灰、五金配件；家具部制造美式家具；化工部为美国空军的探空气球制备氢气，创造性地运用土方法，从煮沸的氢氧化钠溶液中加入铝粉制取。所有这些项目任务，都是在教师指导下学生运用所学专业理论和知识加以操作实践完成的。服务社在赚取服务报酬的同时，也生产了一些产品供应昆明的工厂和市民使用。商品化贸易流通增加了收入，为学校办学补充经费，支持教学和科学研究，对教职员加以补助。1942—1944 年，每位教授每次可补助一百美元。当然，机械系参加服务社的工作者，也大约酬金一百美元。在教职员生活每况愈下之时，这无疑有雪中送炭作用。

在学校办服务社之时，各系也为着增收，开展一些对外的合作项目。如 1942 年夏季，土木工程系的二位助教和三位学生与云南省资源委员会合作，勘测大理洱海的水电资源。在以往的资料记载中，洱海深度属未知数，民间传说"水深无底"。历经三个月的暑热潮湿、早出晚归，数次勘测后，科研团队测得最深处为二十三米。此次合作中所得到的报酬都用来添补系上的图书资料。工学院的各系都联系了一些工厂，或学生赴厂参观实习，或厂方工程师来校担任讲师等。土木工程系与外界合作做实地测量，如川滇公路、可保村兵工厂、巫家坝飞机场等。此时，西南联大还建立了自己的"机械实习厂"，木工组装置大刨床一部及小刨床一部，还自行设计了手摇钻床，又仿制三英尺床。学生在每周六下午学习金工，木工、锻工、铸工学习则安排在每周四下午。该厂仿制的产品一部分留厂应用，一部分出售，所得上交学校，统一安排规划。

（四）建筑大师无奈修建茅草房教学楼

西南联大迁滇办学期间，恰逢建筑学家梁思成、林徽因夫妇流徙迁居昆明。梅贻琦遂请梁思成夫妇为西南联大设计校舍。两人欣然受命，花了一个月时间，拿出了第一套设计方案：一个中国一流的现代化大学赫然纸上。然而设计方案很快被否定了，此后两个月，梁思成数易其稿：高楼变成了矮楼，矮楼变成了平房，砖墙变成了土墙。几乎每改一稿，都要落一次泪。当他交出最后设计方案时，建设长黄钰生很无奈地告诉他：经校委会研究，除了图书馆的屋顶可以使用青瓦，部分教室和校长办公室可以使用铁皮屋顶之外，其他建筑一律覆盖茅草，土坯墙改为用黏土打垒，砖头和木料使用量再削减二分之一，希望再做一次调整。为西南联大设计茅草房，也许是梁思成一生中最痛苦、最委屈的工程了。半年以后，一幢幢低矮的茅草房填满了原来空荡荡的校园空间。[①]

经过一年多东拼西凑、捉襟见肘的尴尬，西南联大终于在昆明大西门城外的新校园里安顿下来，这就是西南联大人的家，一个暂时能够遮风避雨、续以学业的栖身之所。

初来乍到，西南联大办学条件十分艰苦，校舍紧张，临时搭起的简易房屋不敷用，只得租民宅、借庙宇。学生的住宿条件就更差了，共有茅屋宿舍三十六座（东西走向的十二座，南北向的二十四座）。在一次轰炸中，1 号、2 号、28 号、32 号四座茅屋宿舍被炸毁，1 号、2 号未再恢复，28 号、32 号复建。茅屋是长方形的，面积与外形跟教室、办公室相同。两端都有双扇木门，两侧土墙上各有几个窗口，嵌上几根木棍，代替窗子。顶着窗口放一张长桌，桌两旁各一张双层木床，中间有一盏光线暗淡的电灯，这就组成一个小小的“单元”。每间宿舍放二十张双层木床（十个这样的“单元”），除两端的四张床紧靠土墙外，其余十六张都是两两相靠，学生用床单或帐子把紧靠的两床隔开，以减少干扰。宿舍低矮、阴暗，每个宿舍要住四十人，一半以上的人没法在宿舍里看书、写作业。下雨天到来的时候，茅草房经常漏雨，睡在上铺的同学只好把脸盆、水桶、口缸、饭盒拿来，接住漏水的地方。有人一边听着漏水的滴答声，一边口念杜甫的《茅屋为秋风所破歌》：“八月秋高风怒号，卷我屋上三重茅……”

茅草顶的学生宿舍如此，铁皮顶教室也别有洞天。教室分散在图书馆的前后，是铁皮顶的平房，室内除了黑板、讲桌、课椅（右边扶手上有木板，便于记笔记），就别无他物了。大教室是一整间，中小教室则是按3：2的比例分为两间，中间的土墙谈不上隔音，相邻两个教室讲课，干扰是免不了的。一旦下起瓢泼大雨，铁皮屋顶上会有叮叮咚咚的雨声，压过教授的讲课声，真成了“风声、雨声、读书声，声声入耳”，不过，西南联大师生们也确实做到了“家事、国事、天下事，事事关心”。明代东林书院的办学风格以其独特的方式在现代高等学府中鲜活呈现。法商学院有位教授，讲课的时候正赶上暴雨，无法讲课，只好在黑板上写下“停课赏雨”几个字，成为西南联大的灰色幽默。

---

① 李洪涛．精神的雕像：西南联大纪实［M］．昆明：云南人民出版社，2001.

教室的简陋，宿舍的阴暗，图书馆的拥挤，下雨天黄泥巴路的泥泞，生活的寒酸，都没有动摇西南联大人求知的欲望、报国的志向。

（五）“躲警报”下的师生协同教学

西南联大师生除了忍受艰苦生活的煎熬外，还要时时刻刻受到敌机轰炸的威胁。日寇的飞机时常前来狂轰滥炸，警报一响，师生们即使正在上课也不得不抛下书本，急忙跑到校舍北面的荒山上去“躲警报”。美国学者易社强对此的记录颇为写实而感人：

> 空袭警报打乱了学校的时间表。从 1940—1941 学年开始，大学当局调整了授课日，把它同日机来袭的时间错开：上午七时开始上课，十时午餐后，各个单位自行分散直到中午；下午三时恢复上课直至六时。即使如此，也很难像平常那样坚持下来。1940 年年末的一段时间，上午六时半或七时就早早疏散。有时只好在晚间上课甚至这时也偶有空袭。对那些一心要把课讲完的教授来说，这种状况是令人沮丧的。有一天，吴晗一早来上历史课，发现他的学生全都上了山坡。他气得不肯上课，经学生代表劝说后才消了气。即使不按吴晗的标准看，这学期的缺课率也是很高的。
>
> 空袭对学生造成的麻烦较小。在最坏的情况下，他们顶多丢失少许个人财物，或者搬往别的宿舍时感到不便。可是对于在昆明安家的教授，利害关系就非同小可了。在费孝通教授家里，吃完早餐便照例忙于对付空袭的事儿：他的夫人煮好一小锅米饭，留待午后回来加热再吃。上午十时左右警报一响，费夫人赶紧弄灭厨房烟火，家里人人捆包一个“空袭袋”。随着第二次警报传来，他们立即加入走出文化巷的人群，穿过城墙上的一个缺口，走过联大校园和英国式花园，爬上一座小山。由于费夫人身体虚弱，他们一般在山后一片开阔地歇脚，直到最后的警报催促他们在附近的壕沟里躲避为止。警报没有解除时，费教授一家总是同联大和云大的朋友和同事闲谈。费教授有时随身带来一本书，但他无心阅读，总是装出随遇而安的样子，享受温暖的阳光和昆明特有的温和气候带来的柔风。……
>
> 1940 年 10 月 13 日，午后一时刚过，费教授像平常那样，在山脚下同朋友们闲聊。这时有二十七架银灰色日机从东边飞来，炸弹落得这样近，

以致他感到一阵又一阵的冲击波。……他们只损失一个热水瓶。费夫人哭了，费教授则笑，虽然谁也不知为什么。他们接着拂去米饭和一小锅红烧肉上的尘土，坐在院里共进晚餐。

费教授向门外望去，所见使他不禁发呕：街上全是血污和碎尸。他把门关上，回到落满尘土的屋子。夜幕降临，可是没有电。他们点燃一支蜡烛。月光透过窗户和屋顶裂缝照了进来。谁也睡不了觉，屋子已变得面目全非，所有接缝的地方均已松动。房东前来察看受损情况，然而没有钱修理。费夫人临近分娩，再也张罗不了日常疏散的事儿。空袭后的第二天早上，费教授把她送往一位住在城东铁路沿线呈贡的朋友家里，然后在僻远的乡下寻找新的住所。

10 月 13 日的空袭对昆明西北部造成了大破坏，联大和云大都设在那里。在师范学院，男生宿舍被炸平，其他建筑也受损严重。西仓坡的一些屋宇已经消失。清华办公楼——也住着梅贻琦及其一家——的前前后后落下许多炸弹，留守在那儿的两位校工被炸死，但是在后院防空壕里的清华重要文件却幸存下来。在文林街地区，所有学生餐馆和茶室都遭到严重破坏，云南大学的教室也是如此。①

英国科学家李约瑟博士在访问西南联大时，曾记下了西南联大教师薪金和物价两者间的比赛结果：“薪金的增长仅 7 倍，而在云南生活费用已高达 103 倍。”但他同时又盛赞道：就是在这种环境中，广大教师仍表现出“不屈不挠的耐心和勇气，在他们国家的边远地区工作，同时在他们所处的逆境中，还表现着极端甚至快乐的情绪”②。西南联大教师冯至回忆说：

我们在昆明住的地方不是没有电灯，但是常常停电。战争时期，煤油奇缺，买个煤油灯也等同虚设。夜间停电时，照明只能靠最原始的泥制的灯碟，注入菜油，点燃用棉花搓成的灯捻，发出微弱的灯光。它被放在桌子的中央，我和妻对坐桌旁，读书、读报、改学生的作业，写诗、写文、

① 易社强，曾景忠．抗日战争中的西南联合大学［J］．符致兴，译．抗日战争研究，1997（1）．
② 李约瑟．战时中国之科学［M］．徐贤恭，刘建康，译．上海：中华书局，1947：99－104．

译书，打毛线以及缝缝补补，后来初入小学的女儿也凑上来温习功课，都仰仗那点微光。我现在视力衰退，四十支烛光的电灯泡还感应到光照不足。我真难以想象，那时这点如豆的灯光竟能对我们发挥那么大的作用。而且这盏菜油灯，我们还要为它费尽心思，倍加保护，睡前把它用盆子盖好，以防老鼠偷油吃。白天出门，也照样办理，因为在白天室内无人时也出来活动。

首先是我带来的几件“来路货”，由于昆明地处偏僻，很受欢迎，容易卖出，还可以取得较高的售价。于是照相机、留声机、跋涉千里未忍抛弃的几件玻璃器皿、外国朋友送给我的女儿的玩具等等，都相继与我们含泪告别。其次是从有限的衣物中拣出几件暂时可以不穿的衣服交给寄售店，从不舍得出卖的书籍中挑出目前不需要的书卖给旧书店。写文章换点稿费，自然不在话下。妻在赣县重病之后，得不到适当的营养，体温长期在35度左右，我则不断生病，回归热、疟疾，以及背后的疽痈，女儿患百日咳和不起免疫作用的各种麻疹，却都没有导致付出最后的资本“生命”。出乎意料，每次病后，反而换回来新的健康，上课、写作、与朋友和学生交往，好像更有精神。妻的体温恒低，仍然坚持教学和家务工作，不感到疲劳。在这一点上，我们跟杨西孟所开列的最后要销蚀的“资本”，就略有不同了。“新的健康”和“更有精神”的由来，分析起来也并不悖乎常情，一来我们那时正是三十几岁的壮年，二来是抗日战争在鼓舞着我们。①

许多教师在极艰苦的条件下，仍坚持严格认真教学。如文学院的闻一多先生每天在豆油灯光下工作至深夜，认真备课。他讲《楚辞》时，拿着四易其稿的《天问疏证》给学生逐句解读。朱自清讲“中国文学史”时坚持学生定期交读书报告，学生一年中就写了十几个报告，甚至长达一百页左右。他不同意那种只顾教师个人学术研究，不肯为学生花工夫改作业的态度，认为“文化是继

① 冯至．昆明往事［M］//云南省政协文史资料研究委员会，西南联合大学北京、昆明校友会，云南师范大学．云南文史资料选辑：第三十四辑 西南联合大学建校五十周年纪念专辑．昆明：云南人民出版社，1988：12－15.

续，总应该给下一代人着想，如果都不肯替青年人服务，下一代怎么办?”① 理学院的教师克服教学设备上的种种困难，设法维持教学。生物系的动物生理实验因缺乏原料与设备，不能做肌肉神经实验，他们便就地取材，以昆明本地特产蝾螈为材料做蝾螈呼吸实验。地质地理气象学系把校舍附近的碉堡改作气象台。工学院各系教师在基础课方面对学生保持严格的要求，仍继续执行战前清华大学的严格考试制度（周考、月考、期考）。工学院学生在困难的条件下也秉承并发扬刻苦学习的学风。

由于经费短缺，用于教学和科学研究的费用相对减少，文法和理工学院各系教师为了保证教学质量，采取了一些必要的办法。文法学院主要是用“师授生录”的形式，教师将自己的研究心得讲授给学生，学生认真地听，教师为方便学生做笔记，遂将要点抄在黑板上。记录做得快的学生，将教师的讲课内容记录下来，稍加整理，就是一篇好文章；一学期结束，就成为一本好书。文法学院也强调学生的动手能力，即实际能力的培养，作文自由出题，各种文体都进行训练；或者到社会上做调查，写调查报告等。理工科学生涉及实验室问题，也涉及实验仪器和药品的问题，困难更多一些。所建盖的实验室，以及新校舍建盖的实验室都非常简陋，因仪器药品不全，不得不削减某些项目；非做不可的实验，须事先写出报告，包括用哪些仪器，用多少药品，怎么操作，要达到什么目的等，经教师审批合格才能去做实验；有些药品一时难以买到，不得不用代用品，代用品问题较多，因此实验结果误差大得惊人。化学系没有电炉，就用云南产的土炉子烧木炭代替。地质地理气象学系因实验仪器不足，就增加野外考察，增强学生的感性知识。买不起手摇计算机，就用普通算盘代替。化工系许滇阳教授在讲重心时，让同学做重力实验，实验用品却是一条双人座的长凳。他让两个同学各执一端，两端一边高一边低，同时向后用力拉，结果低的一端胜过了高的一端。这个实验，揭示了重心原理。总之，因陋就简，土法上马，保证教学质量。

教师不仅是以知教人、以情感人、以德育人，而且在这过程中也伴随“以

① 刘克选，方明东．北大与清华［M］．北京：国家行政学院出版社，1998：134.

教人者教己”式进德修业、专业提升的自我成长。在异常困难的西南联大岁月，其情形十分特别，以下的文字片段就是一个侧影：

> 穷，总有穷的办法。读书时，没有卡片做索引或记录要点，就利用学校注册组发的学生“选习学程单”。这种“选习学程单”，学生每人一张，选课时交给老师，它比正式卡片小一半，它的背面可以代替卡片使用。在昆明的前两年，还买得到商务印书馆的标明年月日的《袖珍日记》。我一年作两年用，一年用钢笔写，一年用铅笔写，以示区别。这样，两本袖珍日记记了四年的事。后来，日记本上不能再记第三年的事，到 1943 年冬季，日记也就中断了。[①]

西南联大学生多数来自战区，经济来源断绝，生活非常清苦，但他们勤奋学习、刻苦钻研的精神却令人钦佩。那时西南联大上课既不点名，自学也不督促，但无人缺席，课堂上专心听讲，认真记笔记，课后抓紧时间复习。每当华灯初上的时刻，挤不进图书馆或阅览室的学生便到大西门一带的茶馆里做功课，一坐就到深夜。在课间休息时，有的学生仍然手不释卷，他们对时间的观念真是“一刻千金”。

当年西南联大的学生，现任中国民主促进会云南省委员会副主任的杨绍鸿在《西南联大优良传统激励我们前进》一文中曾这样描述学生学习勤勉、刻苦的状况：

> 联大同学热爱祖国、孜孜好学、艰苦奋斗的形象，也给昆明人民留下深刻的印象。他们住茅屋，居陋室，穿蓝布大褂，食淡饭，半工半读，涌现出大批优秀人才，这些办学的历史经验，是值得借鉴的。[②]

以穆旦为代表的“九叶派”诗人，可以说是西南联大对中国新诗的杰出贡献。为什么在 20 世纪 40 年代的西南联大会集中出现一批诗人呢？也许是偶然的。但联想到西南联大当时的文化氛围，特别是外国语文学系的具体情

---

① 冯至．昆明往事［M］//云南省政协文史资料研究委员会，西南联合大学北京、昆明校友会，云南师范大学．云南文史资料选辑：第三十四辑 西南联合大学建校五十周年纪念专辑．昆明：云南人民出版社，1988：14.

② 中国人民政治协商会议西南地区文史资料协作会议．抗战时期内迁西南的高等院校［M］．贵阳：贵州民族出版社，1988：45.

况，我们又会说这种现象并不出人意料。王佐良曾这样记述当年集中在西南联大的这批青年：

这些诗人们多少与国立西南联大有关。联大的屋顶是低的，学者们的外表褴褛，有些人形同流民，然而却一直有着那点对于心智上事物的兴奋。在战争的初期，图书馆比后来的更小，然而仅有的几本书，尤其是从国外刚运来的珍宝似的新书，是用着一种无礼貌的饥饿吞下了的。这些书现在大概还躺在昆明师范学院的书架上吧？最后，纸边卷如狗耳，到处都皱叠了，而且往往失去了封面。但是这些联大的年青诗人们并没有白读了他们的艾里奥脱与奥登。也许西方会吃惊地感到它对于文化东方的无知，以及这无知的可耻，当我们告诉它：如何地，带着怎样的狂热，以怎样梦寐的眼睛，有人在遥远的中国读着这二个诗人。在许多下午，饮着普通的中国茶，置身于乡下来的农民和小商人的嘈杂之中，这些年青作家迫切地热烈讨论着技术的细节。高声的辩论有时伸入深夜：那时候，他们离开小茶馆，而围着校园一圈又一圈地激动地不知休止地走着。①

陈岱孙在《国立西南联合大学校史：一九三七至一九四六年的北大、清华、南开》一书的序中这样称：

西南联大，这所其实体虽然今日已不复存在的大学，但其名字所以能载入史册，其事迹所以值得人们纪念者，实缘于此。

……其一，为联大师生对抗战必胜的信念。尽管，在这抗战八年期间，前方战事有时遭到挫折，但联大师生对抗战必胜的信念是绝不动摇的。“楚虽三户，亡秦必楚”，我们终究要“驱除仇寇，复神京，还燕碣”的，其次，是联大师生对国家和民族前途所具有的责任感。联大预测到，胜利之后，满目疮痍，百废待兴，我们国家此时将需要一大批各方面的建国人才。“中兴业，须人杰”，责无旁贷，我们将要承担起提供这人才的重任。②

---

① 王佐良．一个中国新诗人［M］//《中国新文学大系1937—1949》编辑委员会．中国新文学大系1937—1949：文学理论卷一．上海：上海文艺出版社，1990：567.

② 西南联合大学北京校友会．国立西南联合大学校史：一九三七至一九四六年的北大、清华、南开［M］．北京：北京大学出版社，1996：序2－3.

陈岱孙教授在西南联大校史上拥有威望和地位，颇有公信力和代表性。以上文字内容从爱国救亡与振兴民族使命担当视角，阐释危难下西南联大管理者、教师与学生三位一体合力构建的能量爆发的成效。应该说，这种分析是深刻而准确的。

三、自由民主

（一）梅贻琦倡导自由民主的教育

思想独立，学术自由，民主平等，是梅贻琦办学的灵魂所在。他认为学术自由与独立思考是一个问题的两个方面，或者说前者是建立在后者的基础之上的，而民主平等则是架接沟通两者的纽带或桥梁。早在 1932 年，他在清华大学欢迎新同学会议上就勉励新同学："要拿出恳求的精神，切实去研究。思想要独立，态度要谦虚，不要盲从，不要躁进。吾们以前吃亏的地方，多半是由于事实没认清楚，拿半熟的主义去做试验，仿佛吃半熟的果子，不但于身体无益处，反倒肚子痛。"[①] 独立思考不盲从，是做学问的根本原则，也是做人的基本要求。由此出发，1941 年，他又把"无所不思，无所不言"作为思想自由的核心内容。

西南联大的优良办学传统是"学术自由""民主平等"，追求真理的精神很突出。西南联大的校风是值得我们继承的一项珍贵遗产。一个学校的校风包括学生的学风、教师的教风和学校领导的作风。西南联大学生继承了五四运动和"一二·九"运动的爱国光荣传统，政治上追求进步，学术上崇尚自由，生活上艰苦朴素。随着时局的发展，同学们为了反对独裁，反对贪污腐败，主张国共团结抗日，反对内战，西南联大和全昆明各大中学团结一致，把爱国民主运动一步步推向高潮。西南联大校风兼有三校之长，而人才荟萃，教授名流云集，为全国青年所向往。西南联大师生不仅埋头钻研学术，而且关心国家大事和世界风云的变幻；不仅追求自己美好的未来，而且更关心国家民族的前途和安危。

---

① 梅贻琦．大学的意义及学校之方针：欢迎新同学的几句话［M］//刘述礼，黄延复．梅贻琦教育论著选．北京：人民教育出版社，1993：21.

西南联大学术空气自由，百家争鸣，政治空气浓厚，“民主墙”壁报耀眼，是供人呼吸新鲜空气和获得营养的“窗口”。西南联大大草坪的民主集会，经常吸引成千上万要求进步的青年和市民，成为学习天下大事的课堂。

五四运动起源于大学这个独立的精神家园，最终的传承恐怕非靠大学不可，西南联大在抗战中所坚守的正是五四运动的传统，无论是教师和学生，都将校园视为追求自由和民主精神的独立家园。在这里思想是自由的，个性是解放的。

西南联大的办学原则是坚持民主平等，对不同思想兼容并包，校方不干预教师和学生的自由思想，支持学生在课外从事和组织各种社团活动。在一系列的爱国民主运动中，西南联大师生始终团结一致，闻一多、吴晗等许多进步教授的言传身教，为青年学生树立了榜样。在学生遭受迫害时，西南联大的领导和教师，对学生关心爱护备至，主持正义，积极奔走营救，这也体现了当时学校领导和教师们的品德和作风。①

（二）自由民主的管理制度

在西南联大，教师参与学校管理的民主权利通过教授会的设立得到了确定与保证。在梅贻琦领导下，西南联大并没有因为战火的摧残而失去民主管理制度，他将教授治校的传统带进了西南联大并且逐步发扬。对此，朱自清教授曾说：②

> 清华的民主制度，可以说诞生于民国十八年。十八年到二十年，这两年多实际上没有校长，但学校一切，如常地进展。于是从民主精神的表现，到民主制度的确立，这中间曾经过一回大风险，居然安稳地度了过去。但这制度究竟还是很脆弱的，若是没有一位同情的校长支持的话。
>
> 梅月涵先生便是难得的这样一位同情的校长。他和清华关系之深，是大家知道的；他爱护清华之切，也是大家知道的。但难得的是他知道怎样

---

① 马曜．珍视西南联合大学留给云南的遗产［M］//云南省政协文史资料研究委员会，西南联合大学北京、昆明校友会，云南师范大学．云南文史资料选辑：第三十四辑 西南联合大学建校五十周年纪念专辑．昆明：云南人民出版社，1988：84－85.

② 朱自清．清华的民主制度［M］//黄延复．梅贻琦先生纪念集．长春：吉林文史出版社，1995：22－23.

爱护清华；他使清华在这七八年里发展成一个比较健全的民主组织。在这个比较健全的民主组织里，同人都能安心工作，乐意工作。他使同人觉着学校是我们大家的，谁都有一份儿。

有人也许惊奇，为什么梅先生在种种事件上总不表示他的主见，却只听大家的。是的，这的确可惊奇。但是可惊奇而且可敬佩的是他那“吾从众”的态度和涵养。他并不是没有主见的；只看抗战以来，教授会、评议会不得已而暂时停顿的时候，他的种种措施，就可以知道。但教授会和评议会的停顿，究竟是清华民主制度的损失，虽然校务会议还存在着。

梅先生比别人更明白这种情形。在学校迁到昆明第二年，一切渐入常轨的时候，他便和校务会议诸先生决定恢复教授会和评议会。一年来开会虽然还不多，但清华的民主精神已经重新活跃起来了。相信在梅先生领导之下，清华的民主机构，最近的将来就会恢复常态的。

但这个民主的机构，由大家的力量建成，还得大家同心协力来支持；梅先生和校务会议诸先生虽然领导有方，但单靠校长和少数人还是不成——只要同人都能像梅先生一样地爱护清华，并且知道怎样去爱护，一切顺其自然，不去揠苗助长，清华的民主制度，前途一定是光明灿烂的。

朱自清是以散文创作和语文教育闻名的文学家、教育家。他的特长及业绩并不表现在大学教育理论和教育管理实践方面，这是大家所熟知的。此处所述重点在于清华大学教授治校管理模式的沿革，表明西南联大对其的沿用及弘扬光大，或许有些纠葛和困扰，但深信在梅贻琦掌校下会如愿以偿，前景光明。自然，这种管理体制是大学自由民主及思想独立、学术活跃、争鸣探讨氛围浓郁的机制保障。

（三）教师的自由民主

学校充分尊重教师在教学环节的主导地位，允许教师根据自己的专长自编教材，独立讲授课程考核学生，学校一般很少干预。同时，不同学派观点的教师常常同开一门课，但授课的方式和角度各不相同，西南联大教师的学术自由权就格外凸显。由于教师来自三校，具有各种学术专长、各派学术观点、各种政治倾向，各就所专所好开课，在各系讲坛上出现了旧中国学术界各家纷然杂陈、自由讲学的局面。课程名目繁多，各个学术领域都有所涉及。教师的教学与学术观点更是各色各样的。学术思想上的自由主要表现在学术不受个人政治信仰和学术流派的影响。在西南联大教师中，既有直接反对蒋介石的进步教授，也有“战国策派”，还有文化传统派。西南联大教师学派很多，既有旧式的学究，也有留洋博士；有新学，也有旧学；有的教授彻底否定封建文化，有的却向慕古风——“宁坐三年牢，也绝不读一句新诗”；有的坚持中学为体，有的主张全盘西化，等等。西南联大的课程没有统一的教材，也没有统一的教学大纲，即使同一门课程也往往由不同教师根据个人的研究特长进行讲授。如共同必修课中国通史曾分别由吴晗、雷海宗、孙毓棠和钱穆等人讲授，其内容、观点差别很大，方法也不同。吴晗主要讲制度演变史，用“纵法”讲授，讲得系统；雷海宗的主要观点是历史循环论，用“横法”讲授，故事性较强；孙毓棠则主要是侧重于经济方面的讲授；钱穆主要是讲他所著的《国史大纲》的观点。[①] 讲授内容是否自由，是衡量教师精神自由的主要尺度。在西南联大，因为学术自由，讲授内容当然也就自由。姚从吾、陈雪屏可以尽情地宣讲三民主义和国民党党义；陈铨也可以宣扬尼采哲学，罗庸可以“诅咒”新诗；潘光旦则大力宣扬妇女解放，研究性心理学；闻一多演讲时可以无所顾忌地赞扬苏联诗人高尔基和马雅可夫斯基。因此，已故西南联大学生、美国哈佛大学教授王浩曾这样形容西南联大的风气：昆明的物质生活异常清苦，但师生们精神生活却很丰富。[②]

西南联大管理部门对上述种种并不干涉，而是遵循学术自由原则，充分展示了兼容并包、民主宽容的学术精神。教师讲课讲自己研究所得，自由发表自己的见解或观点，充分体现了教师的自由创造精神。同时，西南联大学生的学习生活表现出很大的独立性和自由。同学之间真像庄生所说“相望于江湖”的游鱼，而不是“相濡以沫”的涸辙之鲋。

---

① 萧超然，等．北京大学校史：1898—1949［M］．增订本．北京：北京大学出版社，1988：393.

② 王浩．谁也不怕谁的日子［M］//云南省政协文史资料研究委员会，西南联合大学北京、昆明校友会，云南师范大学．云南文史资料选辑：第三十四辑 西南联合大学建校五十周年纪念专辑．昆明：云南人民出版社，1988：66.

（四）学生的自由民主

学生有自由听课的风气。各教授讲课时，课堂往往人满为患，而学术水平差的教师讲课时，则听课者寥寥可数。这无形之中形成了教授之间的竞争。

西南联大推行选修制，学生只要修满分，就可以毕业，不必等到四年，学完三年即可毕业，这可发挥学生学习上的积极性。其中，主要环节是选课自由。西南联大经济系校友陈为汉回忆："我先后选修了吴景超先生的'美苏经济制度比较'、费孝通先生的'中国乡村经济结构'、潘光旦先生的'优生学'、甘介侯先生的'西洋外交史'；旁听了闻一多先生的'庄子'和'唐诗'、罗庸先生的'孟子'、郑天挺和吴晗先生的'明史''清史'、李广田先生的'小说'等。"由此，西南联大选课个性化及尊重学生兴趣需要的主体性教学得以具体而微地实现。与学生自由选课相协调，教师测评考试的方式也充分自由。例如，徐毓枬先生讲授的西洋经济史，见解独到，考试也特别：出四道题，可以全答四道题，也可只答三道、两道甚至一道题。只要言之有理，一样给分。有次考试，有道题是：什么时候人们视黄金如粪土？这样的测评方式及试题设计打破了书本知识记诵和僵化教条堆砌，可谓开放性教学和创造性思维发挥的标杆，对启发学生的思考、培养创造性思维大有裨益。

学生在课外也享受最大限度的自由。他们大多对于课程本身不甚措意，而特别重视课外阅读与彼此间的交流与谈论。他们如饥似渴地阅读与课程相关的各式各样的书刊。阅读的材料选择不受任何限制，也没什么"禁书"，甚至可以随便阅读马列主义书籍。他们思想活跃，具有强烈的进取毅力和民主团结精神。他们不迷信权威，不论这种权威是政治的还是学术的，真理认同上具有独立的价值判断能力。在西南联大流行这样一句话："吾爱吾师，吾尤爱真理。"这正是他们思想和学习生活的真实写照。他们不仅刻苦学习，寻求真知，而且勤于思考，勇于探讨，对许多问题有自由独特的看法，对各种问题都力求得出自由的见解。在待人处世上，大多数同学既有严肃的态度，又有容人精神，对各种问题，大家都可畅所欲言，充满着团结和谐的气氛。西南联大校友的感言能增添我们对此的体会：

谈到广义的行，除作学术工作以外，你可以参加各种不同的活动。如果你是属于内向一类的人，你可以在饭后站在校内陈圆圆梳妆台的遗址上俯瞰郊外。这时，笔立的西山，濯濯的童山，附近绿色的田畴……都奔来眼底，让你一览无遗。你可以在新校舍后面的铁路上散步，同时数数枕木。你可以到翠湖去散步，看鸢飞鱼跃，听燕啭莺鸣。礼拜天你可以到大观楼去划船，或者到龙门去眺望。这时海阔天空，远行的轻帆会引发你不少的遐思。你可以坐马车或公共汽车到黑龙潭去看唐梅宋柏，同时追思明末薛尔望先生忠烈的事迹。归途中你可以绕道金殿去看茶花，这时，你可以想到吴三桂当年的威风，同时会忆起"冲冠一怒为红颜"的往事。你也可以到海源寺探寻幽洞，沿松堤前进。每当晚春时节，你还可以看麦浪滔滔，听松涛滚滚。如果你属于外向一类的人，则不妨尽量就性之所近去参加各种团体活动。你可以参加体育会，也可以参加歌咏团。如果你是基督教徒，每逢星期日你可以到文林堂去做礼拜，平常也可以去听布道的演讲或欣赏唱片音乐。如果你对政治有兴趣，你也可以参加各种时事座谈会。此外，联大各级各系会不时也举办集体旅游。你可以参加到海埂去的旅行。在那儿，你可以在水里游泳一会儿，然后躺在沙滩上行着日光浴。你可以参加到西山去的旅行，沿途游华亭寺、太华寺，从千步崖拾级而上，到三清阁啜茗，再攀登龙门去远望。暑假里，你可以到阳宗海畔去消夏，那儿有渔歌舟子，游人荡漾。寒假中你可以到大理去览胜。苍山雪，洱海月，鸡足山葱郁的奇峰，都是令游客流连忘返的仙境。你可以参加到路南去的旅行团。在那里，你可以看到峥嵘的石林，平静的长湖，深远的芝云洞，瑰丽的天生桥。你也可以参与黑龙潭的盛会，与夷族女同胞共舞，极尽耳目心情之乐。①

（五）梅贻琦的君子"和而不同"

梅贻琦是一位温和敦厚、朴实的民主主义教育家。他平易近人，作为国民

---

① 叶方恬．苦难中成长的西南联大：外三章［M］//云南省政协文史资料研究委员会，西南联合大学北京、昆明校友会，云南师范大学．云南文史资料选辑：第三十四辑 西南联合大学建校五十周年纪念专辑．昆明：云南人民出版社，1988：113－114.

政府委任的西南联大主要行政负责人，有与当局合作的责任，维护学校秩序的义务。一方面，他是一位具有民主思想的开明管理者，容忍并尊重教师与学生的政治选择。例如，他与闻一多无论是在个人秉性，还是政治主张上都存在很大差异，但在西南联大相处的八年中，于公于私，他仍然与之保持很好的友谊，并未因政治歧见而交恶，真可谓“己所不欲，勿施于人”“和而不同”的谦谦君子。当闻一多遇害后，梅贻琦表现出强烈的愤怒和悲痛，并立即采取措施，将可能被列入暗杀者名单的西南联大其他人，如潘光旦教授等人保护起来。作为一校之长，他从内心爱护学生，最大限度地允许学生在学校开展民主活动，基本态度是站在学校的立场上，为广大师生说话，尽最大力量保护学生。这种态度也影响着西南联大的其他领导。1945 年 11 月 29 日，“一二·一”西南联大集会前，梅贻琦因公不在西南联大，云南省当局多次当面警告西南联大负责人，不得举行集会。代替梅贻琦主持校务工作的叶企孙教授代表西南联大行政当局回复云南省当局：“学生在校内集会，过去情况良好，似无必要阻止。”并通知学生，可以在校集会。像这样民主融通的态度，若非有梅贻琦持续一贯的开明政策，是难以想象的。

从此看出，梅贻琦在西南联大八年，确乎在尽量为广大师生营造一个良好的民主氛围。他不得不以一位大学校长的身份尽力周旋于各方，最大限度地求得西南联大的自由生存空间。这使梅贻琦常常处在上下左右的夹攻之中，举步维艰，十分吃力。当难以斡旋时，时起辞职之念。西南联大师生得知之后，十分焦急，推举中间人出面劝阻，使他打消辞职的念头。以此观之，西南联大教育精神的创始者恰是梅贻琦，他也是西南联大办学灵魂的塑造者。

第二节　西南联大教师队伍建设

办好学校，提高教育质量，一定要依靠教师，发挥教师的主体性和积极性。无论是在和平建设时期，还是在烽火硝烟的战争年代，都是如此。西南联大的教师队伍建设，对自身的发展，以及对我国社会产生的巨大作用，都充分地证明了这一点。

一、实力雄厚的师资队伍

出生于19世纪末的中国学者，以陈寅恪、汤用彤、吴宓、傅斯年、胡适、冯友兰、钱穆等人为代表，这批人当时是五十岁左右，已经完成了中西教育，回国后分散在各个大学的重要学术岗位上，正处在学术上的最佳年龄区；晚他们一代，即出生于20世纪初（1910年前后）的那一代知识分子，以钱锺书、费孝通、冯至、卞之琳为代表，当时是三十岁左右，在度过国内新式教育的前提下，刚刚完成在国外的留学教育，学成归来，正分赴各个大学。这两代知识分子构成了西南联大的教授群体，这个群体的基本特征是完整的中西文化教育背景，特别是欧美化程度很高。所以，无论从人才培养时机，还是大学教育文化的积淀等方面来看，1937年都是一个将要起飞并步入现代大学教育快车道的时刻。然而，令人沮丧的是，日本发动的侵华战争打破了这一切。西南联大就是在这样的历史场域下建立起来的。

西南联大教师群体思想方法新颖，知识面广博，在不同研究领域有独创的见解和发现。他们中的教授、副教授大都是20世纪20—30年代留学归来的博士、硕士，而且其中很多人后来又常到国外讲学、休假考察和开展科学研究，都具备了当时最新的专业结构——中西汇通。正如美国学者费正清所评价的，像西南联大能够不聘外国师资，而在许多方面都办出了超过教会大学的学术水准的原因，就在于有一支高水平的中国教师。所有教授都是科学、文化、学术素养很高的新型专家。然而，这种成就的取得，又是与卓越的大学行政管理者梅贻琦紧密相连的。

（一）梅贻琦的大师论

梅贻琦的教育观念赋予教师崇高的地位，其著名的大师论，将教师地位提到了一个新的高度，并做了理论升华。这也成为梅贻琦教育思想的核心部分。西南联大聚合了三校众多著名大师、专家，以及跻身世界学术前沿的青年学者。梅贻琦根据自己管理清华大学的经验，对于师资是非常注意的。他认为，教师，特别是教授，是学校办学的主体；那些有名望的教授，是学校的一面旗帜。因此，在一些办学的重大举措上，他注意听取有威望的教授的意见，“吾从众”，使教授治校的制度逐步建立起来。教授治校的制度，不单纯为清华大学所有，实际是三校在各自的发展历史中所形成的共同传统。在抗战前，三校就以教学质量高、出人才而著名，究其原因，关键是三校都有一批富有爱国心、学术造诣深、治学严谨、教学有方的教授，他们既是教学和科研的中坚力量，也是主持和参与学校各方面工作的中坚力量。

西南联大常委会虽然是学校的最高领导机构，但从不独断专行，能充分尊重由教授担任的行政、教学、科研、总务等方面领导人的意见，并放手让他们开展工作。西南联大的常委、各学院院长、各系主任，甚至各处处长、各专门委员会召集人，都由教授担任，更不用说校委会、教授会的成员了。即便某位领导因事因病离岗，常委会都会指定另一位教授来代理，就算是代理，也不会敷衍塞责、推诿懈怠。因此，纵观西南联大的始终，各部门领导虽时有变动，但从没有过多头管事，意见混杂，无人负责，甚至回避扯皮的现象。在《国立西南联合大学大事记》中曾有记载："梅贻琦常委因公赴京，其常委职务，暂由汤用彤代理。"一星期后，又有这样的记载："汤用彤因公离校，在梅常委离校期间，其所代理之常委职务，改由黄钰生暂行兼代。"这些都是可资印证的案例。

（二）大师云集

大学须有大师。西南联大加强了对一流师资的网罗与聘任，各系都有一些大师。这些大师不仅是学校的一面旗帜，也是各院系教学和科研的中坚。他们博学多才，专业造诣精湛，治学踏实，能够较深入而迅疾地追踪国际学术前沿，有的甚至两系合聘。以中国文学系和历史系合聘教授陈寅恪为例。一方面，他对国学下过很深的功夫，一般教授在国学方面能背诵"四书""五经"就不错了，他却能背诵"十三经"，而且对每字都求正确解释，能较深把握中国学术的传统精神。另一方面，他对西洋的新观点、新知识也相当擅长。仅以语言为例，他就精通英、法、德、俄、日、意等国的文字，对蒙古文、满文、阿拉伯文、梵文、巴利文、突厥文、波斯文、暹罗文、希腊文、拉丁文、匈牙利文、土耳其文，甚至中亚细亚现有的或已经死亡的文字都通晓。他借助这些媒介工具，以求得学术领域的创新突破，享誉国际汉学界。日本史学界有教授在研究中亚问题时遇到难题，求教于德国柏林大学教授，而该教授说应请教中国的陈寅恪。在史学、文学、宗教学、人类学、校勘学、文字学、史学史、文字史等方面，陈寅恪学贯中西，自成一家，被称为“教授的教授”。

因为教师在学校中的位置极为重要，为着学校的办学质量和长远发展考虑，西南联大对教师，特别是对教授、副教授的选聘极为严格。三校聘任教授、副教授，并不以资历或担任某一职称的长短为据，都强调“有特殊成绩”，强调“于所任学科有重要学术贡献”，把真才实学摆在第一位。对于教授、副教授的聘任，也没有多少烦琐的手续。当某位副教授任职二年以上，于所任学科有重要学术贡献，或某讲师任职四年，有特殊成绩，据此，系主任认为他可以担任教授或副教授，只需写一函条送常委会；常委会讨论认为符合规定，同意聘任，即通知聘任委员会再议，然后就发出聘书。或者系主任介绍某校教授到西南联大执教，而那个专业又非常需要这样的教授，也是通过常委会讨论后就由聘任委员会发聘书。由于师资聘任的要求规范既严格，又带有一定的灵活性，以西南联大教授为代表的教师群体确实学有专长、卓越优异，能够保证学术创新和教学质量的稳步提高。

西南联大在存续期内，可谓大师云集，人才济济。文学院教授如冯友兰、朱自清、闻一多、陈寅恪、魏建功、唐兰、游国恩、雷海宗、傅斯年、钱穆、汤用彤、金岳霖、贺麟、吴晗、邵循正、郑天挺、叶公超、吴宓、陈福田、朱光潜、柳无忌、闻家驷等，他们之间各具不同观点，探讨争鸣、思想活跃，学派林立，异彩纷呈。法商学院也聚集了许多著名的教授，如陈序经、陈岱孙、张奚若、张佛泉、钱端升、罗隆基、赵迺抟、周炳琳、燕树棠、罗文干、芮沐、潘光旦、吴泽霖等。

理学院的教授更是“漪欤盛哉”，聚精英于一堂。其中，有不少教授名噪国际，如吴有训、饶毓泰、叶企孙、江泽涵、申又振、杨武之、陈省身、姜立夫、华罗庚、吴大猷、朱物华、郑华炽、霍秉权、王竹溪、周培源、赵忠尧、张文裕、任之恭、杨石先、黄子卿、曾昭抡、张子高、李继侗、张景钺、陈桢、沈同、孙云铸、袁复礼、张印堂、赵九章等人。如此济济之士，才能孕育出诺贝尔奖奖金获得者杨振宁、李政道等人。工学院的著名教授有施嘉炀、李谟炽、蔡方荫、李辑祥、庄前鼎、刘仙洲、赵友民、章名涛、马大猷、陈克忠、苏国桢、谢明山等，都属该学科相关专业领域的先驱，呈现“春色满园关不住，一枝红杏出墙来”的景致。

在这些教授当中，有不少人担任当时“中央研究院”的院士。根据统计，西南联大教授担任院士的就有二十六名，占整个“中央研究院”院士总数的32.1%。其中，“中央研究院”数理组有院士二十八名，西南联大教授就占十一名，占39.3%；生物组院士有二十五名，西南联大教授就占五名，占20%；人文组有院士二十八名，西南联大教授就占十人，占35.7%。这种情况，在国内外的大学中，都是极少见的。[①]

（三）教师之间和衷共济

对于西南联大的名师荟萃，一些人曾为之担心，认为中国自古学术有门户，文人相轻已成恶习。这么多名教授在一起，会不会不能协作共事，抑或壁垒森严呢？事实上是多虑了。教授们互相尊重，团结互助，虚心求教，取长补短，蔚然成风。正像现代哲学泰斗冯友兰所作“国立西南联合大学纪念碑”碑文中所说：

> 三校有不同之历史，各异之学风，八年之久，合作无间。同无妨异，异不害同；五色交辉，相得益彰；八音合奏，终和且平。……万物并育而不相害，道并行而不相悖，小德川流，大德敦化，此天地之所以为大。[②]

每位教师考虑的是如何把自己的研究成果贡献学界，影响或作用社会，并促进教学质量提升，以及开展师生互动的研究性教学。特别是有的教授担任几年行政工作以后，便感到需要追踪学术前沿，“充电”提高，以解决旧知陈旧，新知“饥渴已深”的问题。他们总是利用岗位职责之余刻苦钻研，晚上点不起电灯，就在一灯如豆的情况下看书写作。他们的心思并不在谋取官职，或因门户之见而拒人于千里之外，更不愿去做文人相轻的勾当。每位教师术业有专攻，隔行如隔山。学术领域门类广泛，许多领域非自己的专长，即便所聚焦的领域，也还有大量尚未认识到的，更何况“山外有山，天外有天”呢？新学年伊始，

① 杨立德．西南联大教育史［M］．成都：成都出版社，1995：67.

② 北京大学，清华大学，南开大学，等．国立西南联合大学史料：总览卷［M］．昆明：云南教育出版社，1998：283－284.

西南联大教务处公布的选修课程单，贴满墙壁，围观师生水泄不通，摩肩接踵。此时此刻，即使是选修课开得最多的教师看到自己的选修课程单，也不过是寥落可数而已，没有任何矫情自傲的资本。因此，谦虚谨慎、戒骄戒躁便成为心理常态。教授之间彼此交流，并秉持门户开放，要求学生学无常师，业高为师，广泛求教。毫无疑问，教授们这样做的结果，受益的是学生。

西南联大许多教师都有相互欣赏、提携后辈的容人之量，不仅反对文人相轻，而且竭力鼓励学生超过老师，以“青出于蓝而胜于蓝”为荣。这种襟怀影响了后辈。物理系毕业生、中科院院士冯秉铨，在毕业四十多年后还写信给当年物理系教授叶企孙，深情地说道：“四十多年来，我可能犯过不少错误，但有一点可以告慰于您，那就是我从来不搞文人相轻，从来不嫉妒比我强的人。”冯秉铨始终记得，1930 年他们毕业时，叶企孙在酒意微醺之际，对弟子说：“我教书不好，对不住你们。可是有一点对得住你们的就是，我请来教你们的先生个个都比我强。”①

二、学术自由

在西南联大，由于三校教师会集，各人的学术思想、流派以至作风，各不相同，在一定程度上增加了领导上的难度。但梅贻琦兼容并包，民主的管理方针和治理才略，使得许多看来是不利的因素化为有利。他以身作则，经常以民族气节、廉明作风，以及孔子对教育事业始终如一的事迹自勉和勉励他人。正如“国立西南联合大学纪念碑”碑文所说：“联合大学以其兼容并包之精神，转移社会一时之风气，内树学术自由之规模，外来民主堡垒之称号。”② 由此西南联大才创造出“战时教育的奇迹”。

学术自由是根源于“思想自由”的一种特殊形式的自由。现代意义上的学术自由观念产生于 19 世纪的德国。深受启蒙运动和理性主义影响的柏林大学，

---

① 刘超．清华物理与晚近中国：兼论旗舰大学与民族国家的互动［J］．清华大学教育研究，2011（3）．

② 北京大学，清华大学，南开大学，等．国立西南联合大学史料：总览卷［M］．昆明：云南教育出版社，1998：283－284．

在其初创时期即把“尊重自由的科学研究”以及“教学和学习自由”作为现代大学的基本原则，它赋予大学教师以充分的思考、研究、发表和传授学术的自由权利。作为一种学术价值观，它既是大学学者长期孜孜以求的学术理想，又因其巨大的学术影响力而成为现代大学组织管理的基本指导思想。在某种意义上，学术自由已经成为与现代大学共生共荣的基本组织制度。在我国现代高等教育史上，北大、清华都是成功地实施“学术自由，兼容并包”办学思想的范例。

西南联大师生强调民主学风，勉励从事教研的学术自由。那时校舍简陋，多数教授的住宿也差，备课、研究只能挤在斗室之中。但有的学者胸襟却很开阔，主张“有教无类”、仰俯天地、纵览古今，并吞世界国际。所以，西南联大没有森严的门禁，学校不是衙门，课堂向社会打开，校外青年都可自由来校听课。上课时，教师大都没有点名的习惯，只要不妨碍别人听讲，可任由学生自由进出。一般认为讲得好，不点名也会来；讲得不好，勉强来听也没意思。只有少数个别的落伍教师，别有用心，将点名作为刁难进步学生的手段。[①] 教师教学主要呈现研究心得成果，使教学与研究相辅相成，双向互动，彼此结合，浑然一体。有的教授讲到一段落，便课堂讨论，旁听的人同样可以提问题，可以发言。有些勤于学习肯钻研的人，往往通过这种渠道受到关心和指导。昆明有些中小学教师、公务员、职业青年等，当时都可自由进出西南联大，利用这一方便学得很多知识。各系教师与研究所的成员交错，起到效率并收之益。那时条件很差，学校无力印发讲义，只能师传生录；许多精彩之作和独到之见，多经由讲授笔记传之于世。

西南联大各系开的课程远远超过国民政府教育部规定的门类。有些共同必修课常会有两三位教授同时开，如中外通史、普通物理、化学、数学等；有些专业选修课则由名家轮换教学，如《诗经》《庄子》《楚辞》，以及新的科技专题等，内容范围因专业限定而大致相近，重点、难点理解则各有不同，教学思路及方式、学术思想则更是各有千秋。这样，学生就有幸听到不同的观点，思

---

① 王康．联大的学风［M］//西南联合大学北京校友会校史编辑委员会．笳吹弦诵在春城：回忆西南联大．昆明：云南人民出版社，北京：北京大学出版社，1986：190－191.

维不致僵化，可以起到启发思考，想象纵横，开阔眼界，引导深入自学、钻研讨论的功用。①

西南联大教授们教学的风格互不相同，教学的个性化十分明显。有的讲解清晰、干脆利落，没有废话，每节课自成一单元，笔记整理就是一篇文章。有的先指定参考书，设计问题，由学生先自学讨论做准备，到了课堂就边讲边议，沟通交流，启发诱导，教学相长。有的对高年级和研究生的课程，除了安排主要时段做课堂系统讲授之外，还另外专门划出时间组织讨论会来实验德国19世纪柏林大学“习明纳”（seminar）的教学模式，开展师生对话和深入讨论：由参加者根据各自兴趣选认有关的题目，准备好发言提纲或写好论文在讨论中报告，然后召集与会者畅所欲言，或提意见，或做补充，看法不同可以各抒己见，相互启发，各有所得，气氛活跃。

对于“习明纳”中的具体思想方法，围绕着理论与实践结合，学科间交叉融合，以及知能促进的问题，当年的经历者做了现身说法：

> 这些发言或论文限于当时条件，大多是些书本理论的探讨，多难超越经院的束缚，也有少部分是从社会调查实践中得来的看法或发现的问题。除理论和调查本身的研究，还着重在指导思想和方法论的探讨。一个好的老师不仅在于传授知识，更重要的在善于启发学生自觉掌握探索知识的方法，明白如何治学，老师培养学生，不仅成材，还望成器。那时教授多在三十到四十岁上下，年纪不大，各有专长，虽然由于时间短暂、生活艰苦、科研条件太差，但经过学术思想交流，自愿结合，相互问难……实际上在联大文理各科流派甚多，成就颇高，在国内外学术界受到重视，这些师长也深受学生尊敬。②

① 王康．联大的学风［M］//西南联合大学北京校友会校史编辑委员会．笳吹弦诵在春城：回忆西南联大．昆明：云南人民出版社，北京：北京大学出版社，1986：184－185.

② 王康．联大的学风［M］//西南联合大学北京校友会校史编辑委员会．笳吹弦诵在春城：回忆西南联大．昆明：云南人民出版社，北京：北京大学出版社，1986：191－192.

三、言传身教

一位优秀的教师，知识、德行两者不能偏废，“言传身教”是极好的概括。教师如果只注重扩充知识，钻研学理，不注重自身道德修养，是无法培养好学生德行的。教书需育人，教师必育人。这在西南联大蔚然成风。

（一）梅贻琦的教书育人观

教师的职责又是什么呢？仅仅讲好课就算是好的教师吗？梅贻琦指出：“教授责任不尽在指导学生如何读书，如何研究学问。凡能领学生做学问的教授，必能指导学生如何做人，因为求学与做人是两相关联的。凡能真诚努力做学问的，他们做人亦必不取巧，不偷懒，不作伪，故其学问事业终有成就。”[①] “为教师者……其日以孜孜者，专科知识之累积而已，新学说与新实验之传习而已，其于持志养气之道，待人接物之方，固未尝一日讲求也；试问己所未能讲求或无暇讲求者，又何能执以责人？”更有甚者，有的教师形成了一种观念，认为专业教师只应注重传授知识、发展能力，而对学生的非智力因素及德性养成可以不在乎。梅贻琦这样描述：“为教师者果能于一己所专长之特科知识，有充分之准备，为明晰之讲授，作尽心与负责之考课，即已为良善之教师，其于学子之意志与情绪生活与此种生活之见于操守者，殆有若秦人之视越人之肥瘠；历年既久，相习成风，即在有识之士，亦复视为固然，不思改作，浸假而以此种责任完全诿诸他人，曰‘此乃训育之事，与教学根本无干’。”[②] 他认为这是教师未尽到责任，这样的“大学教育”不符合《学记》中所称“善喻”的条件。

梅贻琦的思想深深地影响着西南联大的教育教学活动。

学高为师，身正为范。这是最普通的择师标准，亦即古人所说的“道德、文章”德艺双馨，既是经师，又是人师；或者说是能“立德、立功、立言”之人。而西南联大在慎选师资方面又具有两个特点：第一个特点是突出教师的人

---

① 梅贻琦．教授的责任：在廿一年度开学典礼上的讲话［M］//刘述礼，黄延复．梅贻琦教育论著选．北京：人民教育出版社，1993：24－25.

② 梅贻琦．大学一解［M］//刘述礼，黄延复．梅贻琦教育论著选．北京：人民教育出版社，1993：101－102.

文素质。在这方面是不拘一格的，像华罗庚、沈从文这样连大学本科都没有读过的人，因有真才实学，同样被聘为教授；第二个特点就是强调道德、文章，而且道德放在文章之前。所谓德的标准是极宽泛的，在教师道德修养中主要包括如下四方面：①怀有“天下兴亡，匹夫有责”，“治国、齐家、平天下”，“为天地立心，为生民立命，为往圣继绝学，为万世开太平”的社会良心和历史责任感；②建构自己中西合璧的学术体系，将孜孜不倦研究学术的精华毫无保留地教给学生；③不为名，不为利，为学术自由及真理敢于舍去自己的生命；④热爱事业，热爱学生，专心致志地从事自己的事业，认定教师是一种事业而不是谋饭吃的职业，绝不把三尺讲台作为以知识换金钱的场所等。西南联大用此来衡量每一位教师。

西南联大教师的奉献敬业精神和高尚的职业道德是有口皆碑的，讲课迟到、早退、缺勤的现象从未发生过，有时少数选修课只有几个学生选，老师在教室里还是照写板书，高声讲课，一丝不苟。教师们备课很认真，讲课时不搞满堂灌，强调少而精，注重启发性，调动学生积极思维。二年级的文法课程和全校三四年级的很多课程，都注意采用课堂讨论方式。教师先指定参考书，提出思考题，由学生准备发言提纲，到了课堂上，让学生自由发言，各抒己见，教师只做指导，促使讨论步步深入，最后讲讲必要的结论。老师对学生的作业，无不精心批改。现代著名文学家、蜚声文坛的《边城》作者沈从文教授，教授各种体裁的文章写作，从不命题，要学生想到什么，就写什么，他都一一批改，有时批文达三四百字之多。当然，沈从文对低年级的作文还是命题的，比如《我们的小庭院里有什么》《记一间屋子里的空气》。之所以如此，沈先生认为，要先学会制造零件，然后再学会组装。所以，对于学生的习作，他“写的比说的多”，写的主要是指对习作的批文，有时针对习作的不足，还建议作者去看哪几本书。这些批文都不是大而化之的议论，而是贴近学生的实际，意见都非常中肯，让学生得到启发。教师指导学生论文，不仅细致认真，而且总是以平等态度，用商量的口吻和学生讨论问题，启发学生独立思考，让学生自己动手修改提高。在教学过程中，学生如果发现教师讲课有不妥之处，可以当堂提出意见，教师总是虚怀若谷地表示考虑、感谢。有时一些教师发现自己讲错了，也会当众承认错误，绝不文过饰非，因而更加赢得了学生的爱戴和尊敬。

（二）西南联大教师课堂教学中的道德感化

西南联大教师通过教学将道德人格教育贯穿于各门学科的教学之中。这种结合与贯穿是自觉的。冯友兰在课堂上就对学生讲过，人生的境界可以分为四种，即自然境界、功利境界、道德境界和天地境界。他解释说，自然境界是指人对其行为只有生物直觉；功利境界是指人的行为只是为满足自己的私欲；道德境界是指其行为是利他的，是对社会公益有利的；天地境界，也即哲学境界，指人对其行为自觉地有超社会、为天地立心的意义。在这四种境界中，前两者是自然的产物，后两者是精神的创造。作为一个前进的社会，应该倡导后两种，抑制前两种。① 政治学系的张奚若教授曾向毕业生提出三点希望：第一是奋斗。他说："社会是浑浊的、黑暗的、复杂的，诸位在学校里所得书本上的知识，是不足以应付裕如的，将来势必会遇到许多压迫和阻碍，可是我们不能因此就屈从迁就，虽然在小节上也不妨姑且从权，可是我们的宗旨、正义所在的地方，都万万不能迁就，不能屈服。我们必须要奋斗抵抗，否则就有负我们在校时的修养了。"第二是续学。他指出，学问无止境，我们在校时，尽管成绩很好，但是一到社会上应用起来，立时就会感觉到自己学问不足，而且学术是与时俱进的，我们若不继续求学，即使以前所学的没有抛荒，也会落伍的。第三是耐劳。他说："我希望诸位出校之后，抱定为社会服务的宗旨，把个人的享受看轻些。"②

文科教师注重人文学科教育，似乎是顺理成章的事，其实西南联大许多理科教师也十分注意人文学科教育。1942 年，时逢中国物理学会成立十周年和牛顿诞辰三百周年，理学院物理学系吴有训教授对同学们说了一番激人奋进的话，他说："如果西方近代的科学技术从牛顿开始算起的话，到现在也不过三百年，我国是一个有五千年文明历史的古国，三百年与五千年相比，并不是一个很长

① 冯友兰．中国哲学简史［M］．涂又光，译．北京：北京大学出版社，1985.

② 张奚若．奋斗 续学 耐劳［EB/OL］．［2023－03－01］．https：//www.tsinghua.edu.cn/info/1686/70365.htm.

的时间。我们中国人是聪明的、勤奋的，我们一定有能力在不太长的时间里，在科学技术方面赶上西方！我们一定要有这个信心，我们一定要努力。”

西南联大的教师在课堂教学中更注重身教，十分注意一点一滴的小事所包含的意义。这也就是孔子的“身教胜于言教”：“其身正，不令而行”，“其身不正，虽令不从”。吴宓曾为学生开设了“文学与人生”课，便以文学形象的新思想陶冶学生的情操，对学生说：“道德在于做好事，不做坏事。”“刘备在临终前对儿子阿斗说了两句源于《易经》的名句‘勿以善小而不为，勿以恶小而为之’，以及‘己所不欲，勿施于人’，这些金玉良言，我们可以终身受用。”说到己所不欲、勿施于人，我们不能不想起费孝通先生为纪念潘光旦先生写的《推己及人》。他对“己”字做了新的解释，他说自己与潘先生一代人的差距是在怎么做人：“潘先生这一代人不为名，不为利，觉得一心为社会做事情才对得起自己。他们有名气，是人家给他们的，不是自己争取的。他们写文章也不是为了面子，不是做给人家看的，而是要解决实际问题。这是他们自己的‘己’之所需。”①

（三）课外活动中的德育教育

利用课堂外的活动进行德育教育，是一种方式。西南联大的教师不仅积极参与，而且十分热情地指导。如曾昭抡带领学生徒步考察大凉山，跋山涉水、过架于两山之间的“溜索”；闻一多参加学生的路南夏令营等，使学生不仅了解课堂上的教授，也了解生活中的教授。这样，既密切了师生关系，学生们还从教师身上看到了如何做人。如吴韫珍教授除认真备课授课，还利用假日带领学生考察了昆明西山和西双版纳的植物群落，他原有胃病，又因劳累过度，旧病复发，不治而亡。“横眉怒对国民党特务手枪”的闻一多，“宁愿饿死也不领美国救济粮”的朱自清都是学生求学和做人的光辉典范。西南联大教师，为学生如何做人、如何成才作出了样板。教授们的凛然正气，深深地感染和教育了学生，至于像闻一多、吴晗这样追求民主光辉的进步教授早已和学生打成一片，闻一多常讲：“我总从你们青年人的身上得到热情，得到活力，哪里是我在领导

---

① 费孝通．推己及人［M］．北京：大众文艺出版社，2000：177.

你们，而是你们推着我前进！我们既是师生，又是战友啊。"①

西南联大教师对学生社团的指导，也属于育人的范围。学校训导处规定，学生组织社团，必须有教师作为导师。只要有教师当导师，训导处对于社团的宗旨及开展活动的方式、内容并不过问，对于壁报稿也不做审查。凡是学生请求教师当导师，教师并不感到是额外的负担，而是觉得是学生对自己的信任而欣然应允。

师生一道深入社会实际，不仅是运用知识，更是培养道德。如组织学生参加国情普查及社会调查，让学生在社会实践中认识社会。即便是夏令营、环湖旅行等游玩，教师们也热情参加，更不用说学生们组织的"暑期生活教育团""暑期服务队"了。"暑期服务队"是西南联大、云南大学的进步学生组织起来的，他们到路南撒尼族聚居的海邑，在少数民族中间，白天与群众一起下地劳作，边劳作边谈心；晚上举办识字班，或就地演出。在此基础上，有目的地进行社会调查，亲眼看到劳动人民在封建势力的压迫和帝国主义的盘剥下的悲惨生活。地质地理气象学系、生物系等都有许多野外考察和实习的机会，教师带领学生野外实习和考察，一路上与学生一道风餐露宿，同甘共苦，既让学生学到了不少专业知识，也让学生学到了教师的为人处世之道。

① 余明阳，等．大学品牌［M］．广州：广东经济出版社，2004：269.

第六章

中流砥柱：梅贻琦与西南联大的教育奇迹（下）

第一节　西南联大的教学活动

一所大学培养目标的实现，教育功能的发挥，教育资源效用的获得，都有赖于学校按照目标及人才培养规格开展多种形式、丰富全面的教学活动。可以说，学生培养的基本途径是通过教学活动完成的。自 19 世纪下半叶德国新人文主义教育狂飙突进以来，柏林大学首先明确了大学的科研功能。大学应将科研摆在重要地位。科学研究有助于大学教学的深化和提高，同时也是提升大学学术水平，为民族国家创造物质和精神财富，推动社会进步的重要手段。在一所著名高等学府，教学与科研是有机统一，不分彼此的。但两者的独立性及办学中的侧重点也是存在的。从教学育人的视角出发，科研的功能会更多融入教学。这一点，对于普通高校，乃至教学科研型大学而言，更为显著。西南联大的校训是“刚毅坚卓”，突出了严格的科学作风和一丝不苟的治学精神。西南联大形成的这种严谨的治学作风和开拓进取的研究风格，对他们的教学活动产生了直接的影响。

一、教师教学中的主导力量

任何学校，从小学、中学到大学，主要的成员是教师和学生，起主导作用的是教师。现代教学论认为学生是教学的主体，但同时也是客体；教师也是教学的主体。教师主体在教学过程中的主导作用主要表现在组织、引导学生学习，系统教学，解疑释难，并塑造学生的高尚道德等方面。在学校中，教师的职责和作用是崇高而伟大的，他们担任教学工作，教育学生，培植人才。教师的职责可以不一样，但目标一致，就是促进学生的全面发展。

梅贻琦在大楼和大师之间，首选大师。这并不意味着大学不要大楼，而是说学校必须有好教授，尤其是各专业的大师。这体现出梅贻琦对教师在学生成才中发挥主导作用的深刻理解。

（一）教师发挥教学主导作用的表现

教师在教学过程中要发挥主导作用是有条件的，如职业道德、专业素养、教学艺术及智慧等要素。西南联大教师中有极高比例的大师，或日后的大师，这些条件是充分具备的。

西南联大有许多大师，文理工科都有，这只要翻翻《西南联合大学校史》中的“院系史”部分就可以明白了。当年那些大师的年龄在三十岁至五十岁之间，正处在壮年时期，而他们在科学、文化研究各方面已取得成就，作出闪亮的贡献。此外，还有一批跻身世界学术前沿的青年学者。著名物理学家、诺贝尔奖获得者杨振宁，曾是西南联大物理系的本科生和硕士研究生，他在《读书教学四十年》一文中提到“扎实的根基在西南联大”。教他的教师，海内外知名者就有赵忠尧、吴有训、周培源、王竹溪四人。他集各位教师之所长于一身，打下了扎实的基础，杨振宁深有感触地说：“物理系那时的教师阵容也非常强。……西南联大的教学风气是非常认真的。我们那时所念的课，一般老师准备得很好，学生习题做得很多。”西南联大师资力量雄厚，教师有充裕的时间备课改作业。有比较就有竞争，教师都想得到学生的好评、领导的信任，维持尊严。

冯友兰先生是西南联大唯一穿长袍马褂的教授，他讲课时，从不看讲稿。虽略有些口吃，但他能够自《周易》讲到孙中山，随口说出中国哲学家著作的主要特点，顺手板书，头绪清楚，脉络分明。这一点，如果没有很高造诣，是做不到的。他讲课，听者津津有味，不致陷入哲学史的迷雾中，这是难能可贵的。潘光旦先生曾担任过西南联大教务长。他右腿膝盖以下被截肢，得使用拐杖，行动很不方便。那时昆明不时有敌机空袭，潘先生住在郊区，便雇人抬他到学校来上课。潘先生讲课语言生动流畅，深入浅出，富有感染力，很受同学欢迎。他的课有好几千人选听，小教室容纳不下，都是在大教室上。吴宓意识到自己从哈佛时代就萌生的“以西方先进方法改造中国文化”的事业远未完成，在西南边陲的青山绿水之间，重新执起教鞭。现代著名历史学家、新儒学代表钱穆先生如此追述吴宓的教学态度：

> 当时四人（教师）一室，室中只有一长桌。入夜雨僧（吴宓别号）则为预备明日上课抄笔记，写提要，逐条书之，有合并，有增加，写成则于逐条下，加以红笔勾勒。雨僧在清华教书，至少已逾十年，在此流寓上课，其严谨不苟有如此。……翌晨，雨僧先起，一人独自出门，在室外晨曦微

露中，出其昨夜撰写各条，反复循诵，俟诸人尽起，始重返室中。余与雨僧相交有年，亦时闻他人道其平日之言行，然至是乃始深识其人，诚有卓绝处。非日常相处，则亦不易知也。①

吴宓对教学如此认真，是因为深信文化是民族之根，青年学生的成才是民族未来的希望，教师在其中所发挥的组织、引导以及开发学生智力、培养创新力的作用是巨大而深远的。教师有义务和责任担当此项使命。

彭仲铎、李觐高、詹锳、李嘉言、张盛祥、赵仲邑合开的“大一国文作文”课，就将作文分为教员命题和学生命题，教员命题者占三分之二，学生自拟者占三分之一。而且命题时务使叙事、议论、描写等皆有练习的机会，课堂上的写作主要是训练学生的思维敏捷，堂下习作主要训练文采。学生的每次作文，先由教师指出瑕疵，如别字、误字、文法错误、用字不当以至意思不明、层次不清等，然后发还学生自行修改，修改后再交教师批改后发还。学生的作文，要两次交给教师，教师需两次阅其习作，无疑是加重了教师的工作量，但这样做也训练了学生，使他们知道为什么修改及怎样修改，比起由教师一次批改发还学生要好得多。一些习作，教师批改的字数甚至与学生的习作字数相等，比较好的习作还被教师推荐到报纸刊物上发表。这是具体学科教学中教师发挥教学主导作用的切实体现。于细微处见精神。教师的教育者崇高形象和师者威信力的形成在很大程度上有赖于课堂教学实施环节的作用发挥。

一些教师在“跑警报”中对教学依旧认真负责，颇有孔子周游列国遭困，仍讲学不辍的遗风。如陈达教授，一天早晨在空袭警报发出后，“欣然”同意学生“到郊外躲警报兼上课”的建议，把人口问题带到郊外讲授。“学生十一人即在树林中坐下，每个人拿出笔记本”，他坐在一座泥坟上，讲人口理论历一个半小时有余。这固然说明了西南联大师生即使空袭临头，也照样坚持“弦歌不辍”的精神，但更说明了日机空袭对西南联大的教学以及师生员工的生命造成很大威胁。当时，为了及时躲避空袭，一些教师们纷纷在房舍附近挖了防空洞，如闻一多就在住宅后院挖了一口防空洞。冯至时为西南联大教授，在里面

① 黄世坦．回忆吴宓先生［M］．西安：陕西人民出版社，1990：94．

躲过多次空袭。敌机在防空洞口落了一枚炸弹，幸好未炸。他在《昆明往事》中记述了这次惊险经历：

> 那时我住在东城节孝巷内怡园巷，巷口对面是闻一多、闻家驷的寓所，寓所后五华山坡下挖有一座防空洞。我们便跑到闻家，与闻氏兄弟一家躲入防空洞，闻一多，我还是初次见面。大人和小孩屏息无声，只听着飞机的声音在上边盘旋，最后抛下几枚炸弹，都好像落在防空洞附近。飞机的声音去远了，又经过较长时间，才解除警报。大家走出洞门，只见一颗炸弹正落在洞门前，没有爆炸。①

抗日战争仍在艰难地进行，举国同心，勠力驱逐侵略者。此后虽然日军仍不断窥伺滇西南，甚至直驱入桂黔境内劫掠，紧急军事战况不断，但西南联大岿然不动，以处乱不惊、稳重应对的态度和“躲警报”的方式对付它。西南联大校内教学如常，有条不紊。西南联大校史充分证明正是从这时起至西南联大结束，在这一段特别岁月中，西南联大教学科研成果最为突出。

在既教书又育人方面，可以说西南联大绝大多数教师都比较自觉地去做。他们热爱学生，教书育人，奉献敬业，表现出崇高的职业道德。身教重于言教。因此，教师们在课堂上，都注意向学生们讲做人的道理，希望学生们做一个对国家有贡献的人。然而要做一个对国家有贡献的人，首先要摆正自己与国家的位置，处理好奉献与索取的关系，还必须具有为国家服务的本领。朱自清先生给学生讲过：“整个儿人类只是一个小圆球上的一些碳水化合物。”② 因此不要把自己关在“丁点大的世界里”，要看得远、想得开、把得稳；要认识自己是世界的、时代的一环，不脱节才算真好，自己的力量无论怎样微弱，可是总是自己的；要相信自己，依靠自己，为国家随时随地尽自己的一份儿，而且要往最好里做去。这样自己才会活得有意义，一分一秒这样去做，一分一秒就会活得有意义。社会学系张奚若教授也谆谆嘱咐学生：攻读社会学、政治学绝不是为了做官，要立志当一个社会改革家，这是上策；立志当一个正派的政治学者，

---

① 向祚铁，侍卫华．清华大学演义：1911—1998［M］．合肥：黄山书社，1998：324.
② 朱自清．我，朱自清［M］．哈尔滨：哈尔滨出版社，2020：87.

这是中策；但如果这两种都当不成，就当一个普普通通的人，但绝不要做趋炎附势、钻营做官的人。①

（二）教师主导作用产生的缘由分解

教学活动中教师何以会有主导地位或作用力，教学原理对此的解读是多样而丰富的。下文就抗战时期的特殊条件下，西南联大教师的爱国主义思想和敬业育才的神圣使命两个层面加以诠释。

西南联大教师具有强烈的爱国主义思想。他们是在民族灾难深重的环境中成长起来的，从入学受启蒙时起，无数的国耻告诉了他们作为中国人的艰辛和应尽的责任。1940 年以后，国民党反动派专制腐败、消极抗日、倒行逆施，广大人民陷于水深火热之中，一批又一批西南联大教师在现实教育下，从单纯教育救国、科学救国思想中逐渐觉醒，转而积极参加群众性的进步民主运动，闻一多、张奚若、吴晗、朱自清、费孝通、潘光旦等教授在斗争实践中把自己逐步锻炼成爱国民主战士。他们中的一部分怀着救国救民的愿望出洋求知，学成后，他们想的就是如何报效祖国。很多人之所以投身教育，就是把科教事业作为实现自己救国、报国愿望的根本途径。由于他们当学生时，大多数都参加过反帝爱国运动，受到锻炼，爱国思想很强烈，所以，当民族危机深重之际，都不想出国去追寻个人前途。即使当时身居海外的知识分子也都纷纷放弃国外优越的治学环境和丰厚待遇，赶回祖国，共赴国难。例如，1936 年在美国麻省理工学院留学，因化学研究有突出成就而获得博士学位的黄子卿毅然在抗战前回到祖国，后来在西南联大过着清苦的生活。然而，他却在给朋友的信中说以苦为乐，甘之如饴。华罗庚以发表高水平的数学论著受到国际数坛赏识，英国剑桥大学留他继续在那里从事研究，但他听到卢沟桥炮声后，坚决中断研究计划，于 1938 年赶回西南联大执教，在昆明郊区农村艰苦环境中备课、研究，并发表了震动国际数坛的《堆垒素数论》。这样的教授、专家在西南联大为数很多，他们过着清贫的日子，淡泊名利，兢兢业业地教书、研究，全身心地扑在教育事业上。

---

① 吴与点．联大论语［M］．长沙：湖南文艺出版社，2016：159.

西南联大教师具有敬业育才的神圣使命。他们对学生的教学与培育是倾心执着的，也是全面长久的，究其根源在于对教育事业的敬业精神。应该说，绝大部分教师都是这么认识的，也是这么做的。他们致力于学术，把抗战建国的希望寄托在学生身上，一心想把学生培养成才。学术是学校的生命，这一点可以说是教师们的共识，只有营造学术氛围，将学术气氛造得浓浓的，学生一进校门就能感受到这种氛围，自己才会努力成才。"民主墙"上琳琅满目的各种壁报，教务处墙上公布的选修课目单、若干请教授演讲的海报和举办学术报告的通知，图书馆门口排队的长龙，都形成了一种学术氛围。这无形之中，就会敦促那些想混文凭的人丢掉幻想，认真踏实地求学，刻苦钻研学术。同时，学生能考入西南联大读书是很不容易的，大部分学生来自沦陷区、战区和边疆省份，经济来源断绝，学业难以为继，尽力把他们培养为"通才"，于国、于家、于个人都有利。出于这种思想，教师十分尊重自己的职业，把一腔热血都倾注在学生的身上。他们的使命担当和教育情怀是一种人格魅力，感召、激励着学生，发挥出最大的教育效益，充分体现出教师在教学中的主导地位。

二、学生学习的主体性力量

现代教学论强调，在教学活动中，强调教师主导作用与学生学习的主体性地位一致。教师主导作用必须以学生主体性力量的发挥为落脚点，学生的"学"是在教师的组织、引导下进行的，教师"教"的最终目的是使学生充分发挥主观能动性来"学"习知识、修养。在很多教学论著中，专家们总是强调在教育过程中要充分发挥学生的主体性力量。所谓学生的主体性力量，主要表现在教学互动过程中学生主体性品质的培养和建构上，包括学生学习动机中主体意识的觉醒，教学互动中学生主动性、创造性的发挥等。学生学习的主体性力量在西南联大得到淋漓尽致的展现——即便面临校舍破烂凋敝、教学秩序时常被打乱、教师方言口音复杂等极端困难的学习条件，学生们对于学习仍旧能够产生极大的热情，充分发挥自身主体性作用，竭尽所能克服艰难困苦。

西南联大是在民族危机加深、全民奋起抗战的紧张环境中创立的，所以一切因陋就简。校舍都是在仓促之间用土坯垒起来的，教室、图书馆、食堂、学生宿舍莫不如此，几乎没有一间砖瓦房。学生宿舍是一排排兵营式的、长长的房子，每所房子形成一个大寝室。房子两端各设一门，中间是一条狭长的通道，外人也可以穿过这条通道，任意行走。通道的两旁立着一架架双层木床。每个大寝室共住四十个人。虽然有窗户，但是没有玻璃，屋内四面通风，一年四季学生就是在飕飕的风中度过的。对此，有的学者是这样描述的：

> 新校舍虽然冠以“新”字，条件也十分艰苦。因为建在坟地和荒地上，土地土墙茅草顶，不仅潮湿，而且阴暗，窗户用纸糊，安装不起玻璃。一到雨季，房子漏雨，打伞睡觉就成了寻常事；一到风季，桌上床上全是沙土。四十名同学挤在一间宿舍里，四人才有一张书桌，新校舍虽有电灯，白炽灯泡仅有钨丝的红光，照明都觉得困难，更谈不上看书写字了。每逢旱季，学校内的水井常常干涸，只有晚上九点以后早上五点以前才渗出一点水来，学生们便用美军的空罐头盒来汲水，也仅能洗洗脸，至于洗澡就困难了，饮水也成了大问题。①

为此，西南联大的领导及广大教师尽心竭力，图谋改善办学条件，做了应有的努力，也有一定的作用，但并未能扭转整体局面。西南联大曾数次上书国民政府教育部，请求解决学生求学困难的问题。一份呈文中谈道，学生们“颠沛流离，辗转来昆，虽身受春风，固属万幸。然以物价高涨，百物贵腾；生等又家乡沦陷，接济无门，是以身心苦痛无日或灭。此生活既处风雨飘摇，伏案又岂得安心?”因此请教育部拨款救济，学校又从校款中拨款加以救济。读书人离不开书，学生的第一任务是读书，而那时教科书奇缺。北大、清华、南开三所大学的图书，大多在战乱中散失，带到昆明的仅是其中很少的一部分。学校方面在经费极其有限的情况下，最大限度地购进大量书籍，供教学之用，并成立图书设计委员会，由各学院院长及权威教授担任设计顾问。然而尽管如此，对于众多的学生来说，这仍是杯水车薪。

一般意义上的学生求学，是在学校中进行的。教学的基本要素除师生之外，还有教学环境和学生必备的物质基础。舍此之外，任何教学活动无法进行。西

① 杨立德．西南联大教育史［M］．成都：成都出版社，1995：171．

南联大的物理环境是薄弱的，物质基础是不足的，战争的威胁始终存在。但是，在烽火连天中，通过梅贻琦的多方努力，尤其是在其办学思想的深切感召之下，学生的积极性被调动起来，在艰苦条件下求学，克服了难以想象的困难，取得了成效，这是教育史上的奇迹。

由于责任感和使命感，学生们产生了一种执着的追求，因为学校经费掣肘，不能全部印发讲义，参考书和教材又少得可怜，只有采用“师授生录”的办法。然而，教师来自全国各地，方言口音复杂，上课需要认真听讲，听不清的地方只有课下核对笔记或者设法去问老师。由于老师学识高，治学严谨，条理清楚，认真记下来就是一篇好文章，积累一学期或一学年就成为一部书，特别是学有专长的教授亲自讲绪论，几句话就能引人入胜，极大地调动了学生学习的热情。

图书馆里座位极其有限，宿舍里拥挤不堪，教室又经常不得空，许多同学课后没有地方做作业、复习功课、写论文，更没有钱去收费高的娱乐场所。于是，泡茶馆就成了西南联大学生课后生活的一项重要内容。西南联大学生平时看书、复习功课、写论文、写剧本、做作业都是在城北的小茶馆里找地方。许多学生经常坐在里边泡杯茶，主要是看书、聊天、讨论问题、写东西、写读书报告，甚至论文等，自由自在，舒畅随意，没什么拘束；也可以在那里面跟老师们辩论，常争得面红耳赤。对此，西南联大毕业的著名诗人赵瑞蕻做了这样的描述：

西南联大颂

八个年头！那么艰苦，又那么香甜，
在南天，壮丽群山翠湖边，
双层破床，雨漏点灯读书；
师生情谊犹如一泓清泉。
在茶馆里谈心，红了耳朵争论，
追求民主真理，有个共同的信念。
狂炸中仍然弦歌不绝——
联大啊！早已开花结果，在海角天边。[①]

① 赵瑞蕻．离乱弦歌忆旧游：纪念西南联大［J］．新文学史料，2002（2）．

汪曾祺先生在他的文章里，还对那时西南联大学生泡茶馆进行了很“严肃”的总结：

泡茶馆对联大学生有些什么影响？答曰：第一，可以养其浩然之气。……那是一个污浊而混乱的时代，学生生活又穷困得近乎潦倒，但是很多人却能自许清高，鄙视庸俗，并能保持绿意葱茏的幽默感，用以对付恶浊和穷困，并不颓丧灰心，这跟泡茶馆是有些关系的。第二，茶馆出人才。联大学生上茶馆，并不只是穷泡，除了瞎聊，大部分时间都是用来读书的。……联大同学上茶馆很少不挟着一本乃至几本书的。不少人的论文、读书报告，都是在茶馆里写的。有一年一位姓石的讲师的《哲学概论》期终考试，我就是把考卷拿到茶馆里去答好了再交上去的。联大八年，出了很多人才。研究联大校史，搞“人才学”，不能不了解了解联大附近的茶馆。第三，泡茶馆可以接触社会。我对各种各样的人、各种各样的生活都发生兴趣，都想了解了解，跟泡茶馆有一定关系。①

西南联大在短短八年间，虽然教学条件极其艰苦，物质生活极其贫困，然而，全体师生员工艰苦办学，以惊人的毅力，克服各种困难，先后培养各类人才八千余人，其中正式本科毕业生二千五百二十二人，研究生六十五人。这里所指的本科毕业生，仅包括 1942 年以前入学的本科学生。在西南联大八年间，共有近二千学生为了抗战，毅然中断学业，投笔从戎，此外，西南联大在抗战八年间，招收进修生、师范专科生，为军队代培特种技术人才也将近二千人。因考试成绩不及格而未拿到本科毕业文凭者，仅是少数人。当时西南联大学生的物质生活虽然极端贫困，但是因生活无着而中断学业者极少。那时的西南联大学生学习条件和学习环境之恶劣，在世界大学中是罕见的，而他们的成才率之高，作出的贡献之大，在世界教育史上也是罕见的。西南联大教学活动中教师主导作用与学生主体性的发挥互相结合，相辅相成，教学相长，彼此促进，结出了累累硕果。

---

① 汪曾祺．在西南联大［M］．北京：文化发展出版社，2021：93－94．

三、选科制与学分制

西南联大的校舍极为简陋，师生生活十分清苦，一切物质条件不仅不能和昔年的清华、北大、南开相比，事实上也远不如战前的二三流大学。可是，它培育的人才之盛，却为新中国成立以前的任何大学所不及。许多人赞誉它，称它是中国高等教育史的奇迹。怎么会出现这个奇迹呢？这就离不开西南联大的选科制和学分制。

（一）西南联大实施的选科制与学分制

大学课程和学分的规定，关系到培养什么人和如何培养的问题。西南联大常委梅贻琦认为，在大学阶段应给学生的是“通识教育”，做“知类通达”的训练，社会所需要的人才是“通才为大，而专家次之”。所以，西南联大在贯彻执行课程学分制时，更多的是本着梅贻琦的办学指导思想，按照行之有效的成规，结合实际情况来设计的。

选科制是指设置选修学科供学生自由选学的制度。选科制通常与学分制相结合。德国最早实行此制。美国从 18 世纪末到 19 世纪中叶逐步在大学推行，以后又在中学实行。

学分制的核心机制是学生自主选择（系、专业组和课程），是公认的比较有利于实现全面培养和因材施教的重要方略。因此，其教学计划的全部课程包括：必修课程；校、院或系指定选修课程，即院、系或专业在组织的多门课程中，指定学生自由选修其中少数几门课程；同修课程，如某门理论和实验同时分别设课的课程，某门设计理论和设计实践同时分别设课的课程等，则其两门课程在选课时必须同时选修；任意选修课程，由学生根据自身兴趣和需要加以自主判断选修的课程。同时注明各课程学满后所得的不同学分数。从大二开始，很多课程都要求先修某一两门课程后才能选修，以便学生前后修习课程知识的衔接过渡和程度的依序递升。因此，每门课程的先修要求，也要明确标明，以便选修者预备和学习衔接。

学分是一种学习时间的计量单元。现在多采用的是课时学分制，即以每周上课时数来计算学分（同时隐含课外学习时间）。基本原则是，在本科各学年春、秋两个周数相同的学期内，以每周的上课学时为计算学分的依据；理论课以每周上课一学时为一学分，实践课（制图、实验、设计作业等）以每周上课二至三学时为一学分。例如，春、秋每个学期为十六周，则理论课的十六学时为一学分，实践课则以十六学时的二至三倍才算一个学分。一个学分的学时数，若与学期周数（或周数倍数）不同，那是不行的。（夏季短学期一个学分的课内学时数，也要与春、秋学期的学时数相同）。西南联大采用的就是这种课时学分制。①

西南联大实行的不只是选科制与学分制，而是将选科制、学分制与学年制相结合的制度，其目的在于保证质量地造就优秀学生。1939 年 5 月第四次校务会议上修订颁行的《西南联合大学本科教务通则》规定："本大学采用学分制，但学生在校修业期限至少四年。"这说明，学校实行的这套管理制度，实际上是学年制与学分制、选修课制和必修课制相结合的制度。这样表述虽然有些累赘，但较完整地表述了学校的教学管理制度。这里所规定的四年，仅针对文学院、理学院、法商学院、工学院的本科生而言，不包括师范学院学生在内。师范学院学生的修业年限是五年。学年分春、秋两个学期，每个学期上课十六周，考试一周。具体实施则按照《西南联合大学本科教务通则》，其把入学到毕业的所有环节，都规定得非常具体详尽，并且学校严格按规章办事，毫不含糊。大学本科应修满一百三十六学分，师范学院应修满一百五十六学分，包括必修课和选修课两种。学分可以多修，但是不能少于这个数目，否则无法取得毕业资格。② 这一百三十六学分，相当于三十九门左右的课程。换句话说，一个大学本科生只有学完四十门课程并且考试合格，才能取得毕业的资格。必修课和选修课的学分比例，各学院略有不同，文学院的必修课为五十学分，选修课为八十六学分，后者所占比重很大，法商学院、理学院也大致如此。显而易见，选修课学分之多是这一制度的突出特点。不仅如此，西南联大还把选修办法扩大至必修课程。如文法学院学生，必修一门自然科学，可以由学生在数学、物理

① 何水清．我所亲历的西南联大本科教育［J］．中国大学教学，2008（10）．

② 杨立德．西南联大教育史［M］．成都：成都出版社，1995：76－77．

学、化学、生物学、地质学中任选一门；学校又规定，必修两门社会科学，由学生在经济学、政治学、社会学中任选；又如哲学概论和科学概论都是必修课，选修其一便可。其他如中国通史、西洋通史、大一国文、大一英文等课程，都同时开出几个班，由不同教师担任，学生也可以选修某一个班。由此可见，选课制渗入必修课程之中，不过范围略有限制罢了。

至于八十六个学分的选修课，就没有院系限制了，学生可以选本系的课，也可选别系的，还可以跨学院选课。例如，潘家洵先生开的英语语音学是外国语文学系必修课，陈梦家先生开的文字学概论是中国文学系必修课，非两系学生也可选习，只要上课时间不冲突，学生得到任课教师在选课单上签字同意后，就可以正式选修。假如听课后，觉得不合适，两周内可以退选，改选别的课程。显然，这种选课制给学生很大的自主权。可以说，这是西南联大教学制度的一大特点。

何水清是当年西南联大工学院的学子，他记忆力惊人，对当年西南联大实施的这一独特教学制度回忆真切，细节翔实，从中不仅可获得相关规程内容，更有助于我们分享其中的实施情形及具体状况。

> （1）每学期开学前，各系都会在系办公室门口，公布该系详细的教学计划所有必修和选修课程与周一至周六的上课时间表，供学生选修课程（一年级都是公共必修课，在校部注册组外面公布）。这里要特别指出，所有课程的讲课，一天只许讲一次一个学时，不允许一次讲两个学时。这对讲课要少而精、突出重点等方面，是很有好处的，也是减少各门课程讲课时数的重要方法之一。至于实践课，则可根据需要一次安排 2 ~4 学时。
>
> （2）学生在学期开始上课前，要用注册组印制的选课单填表选课；所选课程以 17 学分为准，不得少于 14 学分，也不得超过 20 学分。而且，学生必须在规定日期到校注册，逾期注册而未请假的，每逾一日便作无故缺课 2 学时论；逾期两周的，则以休学论。
>
> （3）学生在学期开学时的请假，有严格规定：开学后请假两周的，选课不得超过 17 学分；请假 3 周的，不得超过 14 学分；请假 4 周的，不得选课，令其休学一年。

（4）选课上课后，可以增选或退选；增选必须在每学期开学后两周内进行，退选必须在该课程开始上课后的 4 周内进行，逾期不予办理。我在三年级上学期就选修过赵访熊教授讲授的高等微积分，他用自编的讲义为教材，深入浅出，讲得很好，一开始就讲授戴德金分割（Dedekind Cut）颇有趣味。但其数学理论性甚强，复习做题，费时较多，而其他必修课程的学习负担又甚重，所以在听课 3 周以后就退选了。

另外，未经退选，不参加考试的，便作选修不及格论。至于大一年级，都是必修课程，并且都是上、下学期连续的基础课程（仅有个别学分少的课程例外），不许退选。

（5）升级是有明确的学分要求的。一年级以上各年级的学生，都按其所得的学分数来编定其年级，即：已得 33 学分及以上的，升入二年级；已得 66 学分及以上的，升入三年级；已得 99 学分及以上的，升入四年级。体育、党义和军训等课程的学分不计在内。

……

（6）考试采用百分制，以 60 分为及格。……一学年中不及格课程的学分数占该年学分总数 1/3 的，留级；达 1/2 的，退学。不及格的课程不得补考，不给学分，以零分计算。不及格的如果是必修课，必须在下一学年该课开班时重读，若隔一学年再修习，即使及格也不给学分。工学院各系在一年级数、理（化工系为化学）基础上的技术基础和专门理论课程的先后相关连续性强，因而只要有一门先修课程不及格，其后续课程就不能选修，就会影响毕业年限。如果不及格的是选修课，以后另选其他课程补足学分总数即可。另外，理学院算学和物理等系分别对一年级的微积分和普通物理等基础课程还有其特殊要求。例如物理系一年级的普通物理，学年成绩必须达到 70 分，才能选修二年级的后续课程，否则就要重读或转到别系去。同样，算学系的微积分，学年成绩也要达到 70 分才行。……

补考于每学期开始时举行。只有那些因不得已事故（如疾病、亲丧等）不能参加学期或学年考试，并且事先呈交家长或医生证明，经教务长核准后的学生，方可参加。无故缺考的，不得请求补考，其所缺各课程成绩均以零分计算。①

自由中求规范、个性兴趣发展中须有质量要求，这种活泼主动中的水平程度保障，是一种高智慧的教育设计。梅贻琦在担任清华大学教务长期间就有这种意识。他主张加强对学生选课的统一考试，尤其是实行毕业考试，以检验考查学生自由选科的掌握程度和运用能力的发展情况。这样更能保证学生个性自由发展与统一素质要求之间的协调一致，保证学生的教育质量。梅贻琦说：

> 专修学程四年修毕矣，所得学分足数矣，然而学生对于其所专修之学科是否已有系统的了解，贯彻的领悟，而能用其所学以应社会之需要，是不可不预为之测验。故各系学生于毕业之前，须受该系之毕业考试，考试及格，方为毕业，不然，虽已得限定之学分，只能认为已修毕某某课程若干门，而于某系之专门学识，非实有所得也。此法在英国及欧陆各国，行之已久；美国大学，近七八年来，渐多采用，以补救选课制之弊。中国行此制者尚少，在清华试行之初，办法与范围，尚须详慎拟定。总之，其目的非欲使其考者多经此一番烦恼，实欲藉师生之合作，以达此目标，庶知诸生所学较有把握耳。②

从中可知，梅贻琦选课制与学分制的教学管理及学业测评思想，在清华学校“改大”后期就已形成，走在国内大学教学改革前列。西南联大的上述举措是对其思想方法的实践及具体化推行。

（二）西南联大选科制与学分制的优势

西南联大实施选科制与学分制的长处在于充分调动学生学习的积极性，让学生根据自己的爱好及就业需要选习课程，使人才在较短时间内脱颖而出，落实个性发展和卓越教育理念。但为什么又要用学年制加以限制呢？这是认真考虑到学生的实际情况、通识教育要求，以及工作能力的广泛适应性之后作出的决定。也正因如此，《西南联合大学本科教务通则》规定，学生每学期所选课

① 何水清．我所亲历的西南联大本科教育［J］．中国大学教学，2008（10）．

② 梅贻琦．清华学校的教育方针［M］//刘述礼，黄延复．梅贻琦教育论著选．北京：人民教育出版社，1993：6．

程以十七学分为准，不得少于十四学分，也不得超过二十学分。这样的规定正是学分制与学年制相结合的具体体现，也是个性化与现实性二者的结合，确实是现代大学教育学中所论述的学生成才观的重要主张。

很显然，选科制与学分制对于学什么的问题给了学生们很大的自主权。可以说，这是西南联大教学制度上的一大特点。对其优越性及内在缘由，当年西南联大学子做了较为详细而深刻的解读。

> 若用一套课程把不同爱好、不同长处的学生捆在一起学习，这样做的结果常常是爱之实足以害之，使许多学生的爱好、长处，甚至于天才，被抑制、被伤害。矫正的办法只有多开设选修课程，破除院别、系别的界限，让学生们自行选习，而且由于学生的爱好和长处多种多样，应允许他们跨学科、跨学系、跨学院，配套选课。对于扩大知识面，活跃思想，接触更多的老师和同学，莫此为便。同时，也使自己选定的努力方向和中心得到最好的发展。与我同窗的许多学长和室友便是这样成长起来的。我在钱穆、吴晗、张荫麟诸位老师的启迪下，也是这样做的（虽然由于鲁钝，我未能实现他们的期许）。当然，不能说每个学生都能很好地、充分地利用选课制的优点，但只要这种制度存在，任何学生都有可能得到成才的最好机会。①

西南联大吸引着无数有志青年的向学之心。当时是各大学自行招考，考生只要有中学毕业文凭，便可以自由报考。只要考试时间不冲突，考生可以考了甲校，又考乙校、丙校。但谁都想考上西南联大，所以报名者特别多。这就给学校提供了一个优先地、广泛地挑选高才生的机会（西南联大录取新生很严格，从未有过“走后门”之说），因此，经选拔录取的学生一般都是成绩优异、基础扎实，特别是中、英文水平都较高，自学能力较强的。大家怀着爱国的热忱，学习的积极性很高。

> 西南联大的学生，由于基础好，又经过一年级听著名教授讲必修课的训练，一般都具有较好的鉴别力，口味是比较高的。他们怎么肯把宝贵的

① 李埏．西南联大的选课制及其影响［M］//云南省政协文史资料研究委员会，西南联合大学北京、昆明校友会，云南师范大学．云南文史资料选辑：第三十四辑 西南联合大学建校五十周年纪念专辑．昆明：云南人民出版社，1988：77－82.

时光，花去听索然无味的课呢。……它使掌握聘请教师权利的领导者不能容许不学无术的人尸位素餐（即使是他的至亲好友）。西南联大的课程开设还有一种情况，就是，常见几位教师同时分别开一门课。不仅公共必修课，因学生多，总是分为几个班，由几位教师分别讲授，就是选修课也有一门课程由几位教师同时分别开出的……会促使每位教师努力增进学识，提高教学质量，而不致引起互相倾轧排挤的弊病，因为竞争优劣的鉴定既不是靠手腕，也不是靠谁的庇护，而是靠学生的选课单和校园舆论，是只有学术水平和教学质量能得到学生敬重的教师方能赢得。

……

学生的自由配套选课符合学生的爱好和长处，因而能更大限度地激发学生的学习热情，在学生中造成一种刻苦好学的风气。教师方面，由于开课成败的刺激和鼓舞，也人人思奋，于是形成一种勤奋治学、力求有所创获的学术气氛。这种气氛使绝大部分教师毕生尽瘁于学术研究和教学工作。许多知名教授，尽管学术地位和学生信仰都已经很高很巩固，但仍孜孜矻矻，至老不衰。这对青年学生有很大的感染力，实是一种不言之教。[①]

（三）西南联大选科制与学分制的成效

西南联大实行自由选科制和学分制，为学生的自由发展提供了广阔的天地。郑敏是当年西南联大哲学系的学生，因酷爱外国文学和诗歌，常听外文系课程，并以诗歌创作而崭露头角，后被称为“九叶诗人”之一，现为北京师范大学外文系博士生导师。她在《金黄的稻束》这首诗里描写了1942年的昆明郊外，时过半个世纪读来仍保有浓浓意蕴和鲜活生命力，反映了作者的文学才华与思想卓识。如果没有西南联大开阔的学术自由环境和跨学科融合教育实践，灵动诗情和深刻构思的产生是不可能的。

有学者描写了物理学家邓稼先和杨振宁当年在西南联大跑警报时背诵古典

---

① 李埏．西南联大的选课制及其影响［M］//云南省政协文史资料研究委员会，西南联合大学北京、昆明校友会，云南师范大学．云南文史资料选辑：第三十四辑 西南联合大学建校五十周年纪念专辑．昆明：云南人民出版社，1988：77－82.

诗词的趣事儿，鲜活生动地展现了他们文理兼容、博雅疏通的中西汇通“范儿”，而临危不惧、气节刚硬的铮铮铁骨更令人钦佩。① 邓稼先与杨振宁在当时都是物理系的学生，而对古典诗歌如此爱好，修养如此之高，固然同家学渊源和个人禀赋有关，但同当时西南联大“文理兼通”式的选科制与学分制教学也显著性相关。

第二节　西南联大的学术研究

众所周知，清末民国以来近现代中国高等教育经过不断的发展与完善，逐渐具备了教学、科研与服务社会的三重功能。当然，不同的时期或不同地区的高校，在这三重功能的比重方面还是有所侧重的。不可否认的是，传授知识、科学创新和培育人才的高等教育，对于一个国家的昌盛与民族地位的提高，将起着举足轻重的作用。在这一方面上，近现代中国高等教育的发展对中华民族的崛起有着不可替代的作用。

一、学术研究蔚然成风

仅有大教育家、大师还远远不够，大学还必须有浓郁的学术氛围，只有发展学术事业，大学在社会上才有立足之地。从这个意义上来说，学术是大学的生命。梅贻琦把握世界一流大学发展脉象，以思想自由、学术独立为办学活动理念引领，大力提倡研究学术，使全体教职员都潜心于学术的研究。既然在大学工作，就要将学术作为自己终身追求的目标，而不是作为职称的附庸和沽钓名利的手段。西南联大教职员重视科研，透过化学系教授曾昭抡的事迹可窥一斑。他作为我国化学科学研究工作的开拓者之一、中国化学会的会长，兼《中国化学会会志》的总编辑，研究领域广泛，包括有机化学、无机化学、分析化学以及中国化学名词。人们经常见他在小油灯下工作到深夜，在其任总编辑的

① 郭兆甄，苏方学．娃娃博士：中国原子弹氢弹元勋邓稼先［M］．郑州：河南人民出版社，1993：62－63．

专业期刊上，每一期都撰写长达一二十页的“中国化学撮要”栏目，将我国化学研究的新成果介绍给国内同人和世界，这项工作一干就是二十多年。与此同时，他还担任《科学》《化学》《化学工程》等杂志的编委和撰稿人。他所改进的马利肯熔点测定仪，为国内各大学普遍使用；关于“亚硝基苯酚”的研究，已载入《海氏有机化合物词典》并被国际上采用；主持编写的《元素有机化学》受到化学界一致好评。

当然，不同教师的学术研究，通常呈现自由研究的态势。依据梅贻琦的办学理念，学校对这种情况要有“兼容并包”的大度，尽量营造“百花齐放，百家争鸣”的环境，因为学术只有通过争论才能发展。

在西南联大，教师们见面总是互问对某问题的研究到什么地步了，这充分反映出学术研究在教职员心中的地位。报刊上大量文章的发表，若干著作的出版，教务处几面墙上开列的选修课目，足以说明教师学术研究成果之丰富。西南联大教师学术研究有其显著的特点：第一是不做井底之蛙，不会夜郎自大，而是时刻关注着世界科技的发展前沿；第二是坚持东西方文化交融的思想方法，教师们出国前受的是中国传统文化教育训练，在国外受到西方文化熏陶习染，将中西文化融为一体，冶为一炉；第三是能自觉地贯彻梅贻琦的通才教育理念，极力争取学术独立和思想自由。

西南联大学术风气的浓厚，可以从以下三方面表现出来：

（1）结合教学需要编著高水平教材。西南联大所用教材、讲义都是教师编著的，主要是他们自己的科研成果。据不完全统计，1941—1944 年，西南联大教授编写的教材被教育部专家评审委员会通过定为部定教材的有二十五部；在八年中被其他院校选作教材、教学参考书的，加上各著名出版局出版的在内，共出版了学术著作约一百五十部。

（2）选定科学前沿课题开展研究。西南联大理科方面成果不少已经达到了当时国际先进水平，或者为后来取得重大成就打下了坚实基础。如华罗庚的《堆垒素数论》，陈省身关于微分几何中高斯—波涅公式和拓扑学的研究，吴有训关于 X 射线的研究，吴大猷的《多原子分子的结构及振动光谱》，赵九章的《大气之涡旋运动》，赵忠尧关于中子引起的人工放射性同位素的研究，曾昭抡关于原子半径与沸点关系、密度关系及与临界温度关系的系列研究，周培源的湍流理论研究，沈同关于维生素对促进血液的研究，孙云铸的古生代地层研究，等等。杨振宁多次讲过，他们对对称原理发生兴趣，后来到美国继续研究并获得诺贝尔奖，实际上是来源于西南联大期间吴大猷等老师的引导。杨振宁在美国获得诺贝尔物理学奖后，给老师吴大猷的信中说："我后来的工作及获得的该奖金，都可以追溯于那年跟随您所作的论文。"[①] 工科虽由于国内工业落后受到很大限制，但在土木建筑、改进产品工艺、水电水利设施、航空工程、动力机械等方面也取得了一系列科研成果。

西南联大文、法、商三科研究创新所取得的学术成就也十分耀眼夺目。科研论文上千篇，出版专著百余部。闻一多的多种文学史著作、朱光潜的《诗论》、王力的《中国语法理论》、钱穆的《国史大纲》，以及冯友兰、贺麟、汤用彤、陈寅恪、金岳霖等人在这一时期的学术研究成果，都在中国学术史上占有重要的地位。其中，陈寅恪、冯友兰、钱穆、闻一多被学术界分别公认为一代宗师、哲学大师、史学大师、古典文学大师。1941—1945 年，在当时教育部连续举办的五届学术评奖中，西南联大获一、二等奖项目占该两项获奖总数的 40%，涵盖了文、理、法、工各科。

哲学家冯友兰，为美国哥伦比亚大学毕业的哲学博士。在抗战时期，他著书立说，建立了恢宏的哲学体系。名著《贞元六书》与抗战同始终。第一本《新理学》写在南渡之际，最后一本《新知言》成于北返途中（1945 年）。其他四部均是在西南联大从事教学和管理的过程中利用闲暇间隙得以完成，刊行问世，分别是《新事论》（1940 年）、《新世训》（1940 年）、《新原人》（1943 年）、《新原道》（1945 年）。在该书系各自独立的序言中，他表达了对国家和民族深刻博大的挚爱和高度的责任感。他引用张载的"为天地立心，为生民立命，为往圣继绝学，为万世开太平"，并说"此为哲学家所自期许者也"。[②]

中文系教授、留学美国芝加哥大学美术学院的闻一多先生，学术成就突出，

---

① 吴大猷．抗战期中之回忆［J］．传记文学，1964，6（3）：7.

② 冯友兰．新原人：自序［M］//冯友兰．冯友兰选集．长春：吉林人民出版社，2005：139.

写出了《神话与诗》《周易义证类纂》《楚辞校补》《尔雅新义》《庄子内篇校释》等独特著作，目光犀利，考索翔实，显示出深厚的国学功底。如《神话与诗》不囿于传统的方法，从多学科、多角度进行综合研究，把研究我国神话学传统的考据方法和西方的现代"理性"精神结合起来，把诗歌与神话中一些看似孤立的意象串联起来，把散漫的神话片段还原成先民的生活画卷，从而在中国古典文学研究领域开辟出一条新的道路。①

（3）学术研究形式方法多样。西南联大二十六个系每两周各举行学术报告会、讨论会一次，由师生结合或教授参加指导组成的学术社团、学术性壁报有几十个。他们还经常举办学术笔谈，吸引校内外教师、大学生和有关人士自由参加。在充满商业气息的昆明，只有西南联大校园里到处呈现学术繁荣的景象。

除学科理论研究及论著发表外，广泛的社会调查及现实问题研究拓展了学术的视域范围。地质地理气象学系袁复礼、冯景兰先后去西康对地质矿产进行调查，归来后分别写有《西康麻哈金矿》《西康荥经铜矿》等著述多篇。1942年夏，地质组与云南省建设厅合设"云南地质调查所"，野外工作所需旅费由该厅协助解决，并可取得地方上的协助，因之研究工作取得较好的成果，初步调查了昆明附近各县的地质矿产。冯景兰写有《云南地质矿产》《川康滇铜矿纪要》等具有经济价值的论著五种。孙云铸有《云南西部之奥陶纪海林檎动物群》《滇西中志留纪地层》等研究论文，并与张席褆合作进行《滇西寒武纪之发现》等研究。② 西南联大工学院所设土木工程学系曾与地方政府合作，在水利工程、公路研究、材料实验等方面做了不少实际工作，直接促进了该系科学研究的发展，据不完全统计，先后发表的科学论文有七十四篇。在水利工程方面，1938年土木工程学系与资源委员会合作组成"云南省水力发电勘测队"，由施嘉炀主持，经过两年的工作，完成了两期的勘测任务，提出了初步的水利资源开发计划，设计出一批小型水电站。其中，螳螂川水力发电的设计，被资源委员会采纳，并动工兴建，还出版了《昆明水工研究室研究丛刊》。关于水

① 周棉．中国留美学生与国立西南联合大学［J］．清华大学教育研究，2011（3）．

② 黄延复，马相武．梅贻琦与清华大学［M］．太原：山西教育出版社，1995：56－57．

利方面的科学论文有：施嘉炀的《昆明急雨之分析》《水力发电厂木引水管设计》《云南之水力开发问题》等。①

西南联大学术研究的浓厚氛围是在艰难困苦的条件下凝聚形成的。当时，教授是在何等艰苦的条件下进行研究的？华罗庚有如下的描写：

> 想到了40年代的前半叶，在昆明城外二十里的一个小村庄里，全家人住在两间小厢楼（还没有现在我的办公室大）里，食于斯，寝于斯，读书于斯，做研究于斯。晚上，一灯如豆。所谓灯，乃是一个破香烟罐子，放上一个油盏，摘些破棉花做灯芯。为了节省菜油，芯子捻得小小的。晚上牛擦痒，擦得地动山摇，危楼欲倒，猪马同圈，马误踩猪身，发出尖叫，而我则与之同作息。那时，我身份是清高教授，呜呼！清则有之，清者清汤之清，而高则未也，高者，高而不危之高也。②

西南联大重视学术、尊重智慧的氛围使得英才脱颖而出。在西南联大八年中，仅物理系造就的优秀人才就有李政道、杨振宁、朱光亚、邓稼先、陈芳允、戴传曾、李荫远、肖健、黄祖洽、林家翘等；算学系有廖山涛、万哲先、严志达（以上三位为中科院院士）、王宪钟（我国台湾地区“中央研究院”院士）、王浩（美国文理学院院士）；化学系毕业生中有十一位现为中科院院士，如曹本熹、唐敖庆、张滂等都在自己领域中作出重大贡献；在海外的则有火箭专家朱汝瑾、药物专家陆迪利等。

西南联大校歌唱道：“中兴业，须人杰。”他们这样唱，也这样去做。

二、丰硕的研究成果

有学者通过研究，得出如下认识：西南联大的教师大多数来自清华、北大、南开三校。人才荟萃，阵容强大，其中有不少知名学者；同时，继承了清华、北大、南开三校教学与科研并重的传统；学校负责人又十分注意提倡和鼓励学术研究，因而出现了浓厚的学术研究气氛。尽管当时处于战争环境之中，受到

① 黄延复，马相武．梅贻琦与清华大学［M］．太原：山西教育出版社，1995：60－61．

② 顾迈南．华罗庚传［M］．上海：复旦大学出版社，1998：44．

设备条件与政治、经济因素的影响，西南联大所属各院、系仍然在各个学术领域里不同程度地开展了研究工作，不论在理论探讨方面，还是实际应用方面，都取得了显著的成果。①

抗日战争期间，虽然条件艰苦，但是西南联大师生同仇敌忾，共赴国难，研究成果层出不穷，不仅促进了学校的学术发展，而且有利于联系社会、服务社会，为开发大西南、大西北打下初步的基础。在西南联大，几乎每一研究所、学部，每一学院、系都有最新、最优秀的学术成果。对此，清华大学校史编写组著《清华大学校史稿》以及黄延复等著《梅贻琦与清华大学》均辟有专章系统论述。以下仅作片段呈现。

西南联大文学院系教师的学术研究成果较多。闻一多这一时期完成的学术著作，在数量上胜过战前，他先后完成的著作有《神话与诗》《周易义证类纂》《楚辞校补》《唐诗杂论》《诗选与校笺》。朱自清完成了《诗言志辨》《新诗杂话》《经典常谈》《语文零拾》和《伦敦杂记》等书稿，及《中国新文学研究纲要》讲义稿。此外，他在1940年以后又陆续与叶圣陶合作编著了《精读指导举隅》（1942年）、《略读指导举隅》（1943年）及《国文教学》（1945年）等书。王力先后出版了“语法三书”——《中国现代语法》《中国语法理论》和《汉语语法纲要》。这一时期其他清华教师完成的著作，还有许维遹的《管子集释》《韩诗外传集释》《国语校诂》《尚书义证》及浦江清的《花蕊夫人宫词考证》等论文。

历史系教师中，吴晗发表了《灯下集》（1940年）、《记〈明实录〉》（1940年）、《大明帝国与明教》（1940年）以及《元史·食货志·钞法补》、《记大明通行宝钞》等论文和《明太祖》一书（该书后经过重写，增加了大量材料，改名《朱元璋传》）。陈寅恪出版了《唐代政治史述论稿》（1944年）一书及《隋唐制度渊源略论稿》《陶渊明之思想与清谈之关系》等稿本。②

---

① 张映庚．为了提高语文教学水平：简介联大师院国文月刊社出版的《国文月刊》［M］//云南省政协文史资料研究委员会，西南联合大学北京、昆明校友会，云南师范大学．云南文史资料选辑：第三十四辑 西南联合大学建校五十周年纪念专辑．昆明：云南人民出版社，1988：126.

② 黄延复，马相武．梅贻琦与清华大学［M］．太原：山西教育出版社，1995：50－51.

哲学心理学系，除冯友兰外，金岳霖出版了《论道》（1940 年）一书，并撰写了数十万字的《知识论》（稿本），这两本书与他在战前所著《逻辑》一书，构成他的认识论与思想方法的体系。

西南联大机械工程学系是工学院中规模最大、学生人数最多的一个系。课程设置方面由于筹办机械工程组的需要，增加了一些新的（主要是技术性）课程。如金希武开的“制造方法”，周惠久开的“金相热炼”“工程冶金学”，吴学蔺开的“高等铸工学”，孟广喆开的“焊接学”，宁榥开的“农业机械”，殷祖澜开的“纺织工程”，刘仙洲开的“气阀机关”，庄前鼎开的“兵器学”，贝季瑶开的“工具机械”“工具设计”等。此外，该系还将四年级全部的必修课程，大部分改为选修。

教科书的编著是西南联大工学院这一时期较为突出的研究项目。工学院教授编著和翻译的教科书较多。据初步统计，出版发行的有八种，其中被国立编译馆列为“部定”大学用书的有：刘仙洲著的《机械原理》、吴柳生著的《工程材料试验》。被本校采用为教材的有蔡方荫著《普通结构学》，陶葆楷著《军事卫生工程》，吴柳生著《航空站设计》，夏坚白、陈永龄合著《应用天文学》等。在此时期内已有稿本，因印刷困难，未能出版的还有十四种。其中由大学用书编辑委员会特约编著的有《热工学》《气阀开关》（刘仙洲），《画法几何》（刘仙洲、褚世荃）、《高等微积分》（赵访熊）。[①] 另外尚有《下水工程》（陶葆楷）、《土壤力学》（阎振兴）、《铁路工程》（张泽熙）、《制造方法》（刘德慕）等，主要是依据美国流行的教科书进行编译的，但作者引证了一些中国的实例，变换了局部的教学方法，推出了不同的结果。在当时外文书进口日趋减少和中文教科书不多的情况下，颇受国内工程教育界的重视。除此以外，这一时期翻译的教科书还有王德荣译《材料力学》，庄前鼎、顾逢时合译《应用空气动力学》，周惠久与张听聪合译《飞机材料学》等六种。

梅贻琦认为，中国工科教育的课程教学尽量不再引进外国大学的教材，应

① 教育部教育年鉴编纂委员会．第二次中国教育年鉴：第五编 高等教育［M］．上海：商务印书馆，1948：506.

编写适合中国情况的教材。工学院土木工程学系教授积极响应，纷纷编写适用本国的中文教材。这些教材由于切合中国情况，更能为学生所接受，因此，发行使用后，深受师生及广大社会读者欢迎。

专题研究合作是西南联大工学院的重点工作。该院曾与资源委员会合作进行开发研究。① 在这些专题中，关于机械工程方面的有《内燃机用酒精燃料之特性研究》（宁榥、董树屏、吴仲华、杨捷），《水轮机之设计与制造》（郑林庆、张德骏、王宝基，由施嘉炀指导）等；关于电机工程方面有《多相交流整流电动机对于增加或调整感应电动机之功率因数及速度之应用》（章名涛、曹建猷），《电压稳定法》（马大猷、洪朝生、陈同章、唐统一）等；关于化学工程方面有《褐煤之分析及炼焦试验》（谢明山、汪家鼎）、《靛青之制造》（苏国桢、谢明山、张建侯、黄乙武）。

电机工程学系是西南联大工学院的主体部分，自1941年以后，到此一时期终结，据不完全统计，发表的学术论文共有十四篇。在电机分析方面，有章名涛与曹建猷合著的《多相交流整流电动机对于增加或调整感应电动机之功率因数及速度之应用》。该文综合了一些文献，做了一些推导，对于此种电机的理论部分写得较为深入。在电力工程方面，共有论文六篇，如章名涛的《中国电气铁道问题》、范崇武的《铁路事业之用电》等。马大猷与唐统一等合著的《电压稳定法》，论述例证十分踏实，自制了稳压器，有较完整的实验数据和曲线，从理论上介绍了外国的科学成就，还结合本国的实际情况，做了试验，有一定的实际意义。

三、西南联大学术繁荣的缘由

按照常规，战争带给学术的消极影响是深重的，但中国的学术界在战争中的经历，却有它相对例外的一面。也就是说，战争虽然对学术产生了负面冲击，但这种影响不是致命的。何以会出现如此的意外情况呢？我以为从大的方面说，要从这个时代的政治文化中去寻找；从小的方面说，就是生活在这个时期的学

① 西南联大《合作研究专题及添设课程计划大纲》，见1942年11月西南联大档案《合作卷》。

者，对于学术的热情和执着，是完全以独立和自由的精神去完成的。抗战时期艰苦的环境下，西南联大取得如此之多高水平的研究成果，是与梅贻琦重视教授的大师论，尤其是倡导学术自由的研究氛围分不开的。同时，也是广大教师受爱国图强、振兴民族理念的深层感召驱使而产生的效果。

学术自由意味着学术探讨中的思想自由。因此，以清华大学研究院组织机构在西南联大期间的艰难恢复为例，可以充分反映学术研究作为大学生命力之本的观念认同已经在领导和师生中形成并确立。清华大学研究院在抗战爆发后曾一度停办。1939 年恢复文科研究所（所长冯友兰）的中国文学部（主任闻一多）、外国语文学部（主任吴宓）、哲学部（主任冯友兰）、历史学部（主任雷海宗）及理科研究所（所长吴有训）的物理学部（主任吴有训）、算学部（主任杨武之）、生物学部（主任李继侗），并增设工科研究所，分土木工程、机械工程和电机工程三学部。化学部因仪器设备不足，法科研究所政治、经济二学部因参考书籍缺乏，当时均未恢复。1940 年起，先后恢复法科研究所（所长陈岱孙）的政治学部（主任张奚若）、经济学部（主任陈岱孙）、社会学部（主任潘光旦），理科研究所的心理学部（主任周先庚）。1941 年度理科研究所增设地学部（主任冯景兰），化学部在 1940 年度、1941 年度曾一度恢复招生，后因有的研究生未入学，有的中途退学，且仪器设备缺乏，终于停办。工科研究所也有始无终。故至后期，清华研究院共有三个研究所、十二个学部。学术自由的西南联大也就很自然地成为学术发展和人才辈出的场所了。不论社会如何变迁，大学之所以成为大学，离不开自由的学术气息和良好的学风，高等教育寻求可持续发展，必须保持其独立的思想和学术自由，而不能随波逐流，人云亦云。

面对生活的高压，教师们的敬业精神丝毫没有降低，他们坚信“驱逐仇寇，复神京”指日可待，认为抗战建国必需大批人才，因而不谋求高官厚禄，不“跳槽”去寻找生路。为维持一家生计，他们或者到中学去兼课，或者靠少量稿酬添补家用，即便是闻一多教授被迫在街上挂牌治印，也与他研究的古文字有关。他们尽管贫病交加，仍把主要精力放在教学上、放在研究上，矢志不移地相信“学术是大学的生命”。以科学研究促进教学，用教学培养人才，这几乎成了所有教师的共识。对于必修课，他们严肃认真，不断修改教案，把具有世界先进水平的科技研究成果加入其中，让学生接受专业课知识时，便与世界先进水平相衔接。同时，他们以重复别人讲过的为耻，尽力拿出自己研究的新成果，并且把它贯穿到教学之中。他们抓紧时间进行研究，晚上点不起电灯，就在一灯如豆的情形下看书写作。为着不断拿出新成果，他们摒弃门户之见，不搞文人相轻，而是围绕自己的研究开展学科交叉，甚至利用假日开学术讨论会，或者在饭桌上边吃边讨论，或者定期集会。冯友兰说过：

> 颠沛流离并没有妨碍我写作，民族的兴亡与历史的变化，倒是给我许多启示和激发。没有这些启示和激发，书是写不出来的。即使写出来，也不是这个样子。①

当时西南联大的校训是“刚毅坚卓”，突出了严格的科学作风和一丝不苟的治学精神。以梅贻琦为代表的西南联大管理层在战争阴霾笼罩、办学条件奇缺、环境异常艰难、经费捉襟见肘的背景下，竭心尽力为西南联大营造了良好的学术空间和研究氛围。这种严谨的科学作风和一丝不苟的治学精神，使得西南联大的教授在教学和科研方面取得了不少成就。他们以抗日救国、复兴民族精神和优秀文化为己任，为捍卫中华民族尊严、传承中华传统文化、光大中华民族精神，在中国现代科学研究事业上作出了骄人的业绩。《国立西南联合大学要览》中称：“本校播迁来滇，三校旧教员大多随校南来。虽在颠沛流离之中，并受物价高涨影响，几至饔飧不继，然对于学术研究，仍一本旧贯，不稍懈怠。各教员研究所得，除由三校学术刊物量为发表外，并在本校各学会公开演讲，或将稿件分送中外各杂志刊登。”② “饮水曲肱成学业，盖茅筑室作经筵。熊熊火炬穷阴夜，耿耿银河欲曙天。”这是著名语言学家王力先生1983年在西南联大北京校友会成立时所吟《缅怀西南联合大学》中的名句，极其精当地概括了西南联大时期人们艰苦的物质生活和崇高的敬业精神。在风雨如磐的八年中，西南联大犹如一盏高悬于西南一隅的明灯，是维系泱泱中华五千年文明的一缕学脉。

---

① 冯友兰．三松堂自序［M］．北京：生活·读书·新知三联书店，1984：248.

② 北京大学，清华大学，南开大学，等．国立西南联合大学史料：总览卷［M］．昆明：云南教育出版社，1998：9.

第三节　西南联大的校园文化

校园文化的外延广泛，内涵丰富，是学校办学成效的重要因素。当代教育学对此高度重视，将其纳入潜在课程的关键部分，或将之与学校物理环境相对应的学校人文环境加以探讨。在学科分化的态势下，往往作为课程与教学论和教育文化的相关部分受人注目。由于各所学校的教育背景和现实情况不同，校园文化也各有差异，呈现独特的个性，形成自身的风貌特色。在那烽火连天的年代，西南联大将三校传统、师生组成、民族战争、学校播迁以及边疆社会等各种因素协调统一，吸收融合，演绎出有鲜明个性风格的校园文化，可以概括为四个方面，以下分述之。

一、浓厚的学术文化氛围

西南联大在其退出舞台七十余年后，依然让人不断提起，而且充满敬意，即由于自由而浓重的文化学术气氛所发挥育人核心价值的普遍性意义。这种办学思想是梅贻琦孜孜以求的，集中体现在陈寅恪在王国维纪念碑中所述“独立之精神，自由之思想”。陈寅恪说：“惟此独立之精神，自由之思想，历千万祀，与天壤而同久，共三光而永光。”[①] 一个时代、一个群体的学术贡献，都是这种学术精神的体现，舍此而外，学术必是荒芜的旷野。

战争没有完全阻隔学术，反而从另一个侧面反映出战争爆发前中国学术的强大生命力。这生命力主要由当时一批学者的专业造诣和名家风范共同构成。

清华大学校长梅贻琦反复强调：“师资为大学第一要素，吾人知之甚切，故图之也至亟也”，“吾人所努力奔赴之第一事，盖为师资之充实。吾人常言：大学之良窳，几全系于师资与设备之充实与否；而师资为尤要”。[②] 当时的西南联大荟

① 陈寅恪．金明馆丛稿二编［M］．北京：生活·读书·新知三联书店，2001：246.

② 梅贻琦．致全体校友书［M］//刘述礼，黄延复．梅贻琦教育论著选．北京：人民教育出版社，1993：69.

萃了北大、清华、南开三校的济济人才，不少老师都是海内外知名的专家学者，教授阵容的鼎盛，在中国现代高等教育史上是绝无仅有的。自然科学方面有吴有训、饶毓泰、叶企孙、陈省身、华罗庚、周培源、杨武之、赵忠尧、任之恭、吴大猷……社会科学方面有闻一多、朱自清、冯友兰、吴晗、刘文典、费孝通、张奚若、金岳霖、陈寅恪……这些教授不是著名的科学家，就是文坛泰斗、一代宗师，真可以说是“人人握灵蛇之珠，个个抱荆山之玉”。作为学贯中西、博古通今的学者，他们通过身教言教，特别是通过学术讲演和课堂授课，培养了学生的读书兴趣和对学问的爱好，因而对于学术思想的活跃、学生的成长，发挥出主导的力量。

人才荟萃，可谓盛极一时。西南联大文学院的知名教授即可开出长长的一串名单：朱自清、闻一多、叶公超、冯友兰、钱穆、陈梦家、吴宓、罗常培、燕卜荪等。这群才情十足的学者吸引了众多的“文学青年”前来追随，他们共同在校园内形成了一个求知求思又无学究气的文学氛围，并使这些年轻的文学爱好者们在艺术殿堂里选择了各自的道路，迅速成长起来。诗人穆旦，正是在这种自由开放的文化氛围里，接触并选择了现实主义诗歌，逐渐形成了自己独有的现代诗风。

上述文化学术情景创设是与学校民主管理制度休戚与共、水乳交融的。在这方面，清华大学独树一帜，渊源深厚。我们当然无法断言是梅贻琦把清华体制引进了西南联大。但在西南联大，一个类似清华领导体制原则的确认和梅贻琦实际上主持西南联大常委会不无关系。经济学家陈岱孙当年经历了西南联大的办学过程，他对此的叙述颇为实在：

当然，在当时战火纷飞、空袭频繁、经济崩溃的情况下，谈不上有多少教学、学术方面的积极建树的意见需要讨论决定，学校更多的工作是忙于应付眼前的师生生活、空防和解决不可或少的教学设备等等具体问题。而这些具体问题也更多地由校行政部门负责解决。表面上，常委的独立决定和梅贻琦的领导作用更多、更明显了。但校内民主、自由的空气却起着潜在的作用，而在发生一些较大的事件时，这一潜在作用就会公开地表露出来。联大教师，除极少数外，均来自三校。在抗战前，校内民主、自由的要求在三校都有所反映。不满于校长秉承当道、在校内独揽大权、实行家长式统治的思想，是三校所共同的。

当时的政治气氛也是一个不可忽视的因素。处于当时所谓大后方的西南联大是不受当道宠爱的。……梅贻琦此时虽已挂名国民党籍，但没有派系背景和支持。他能在联大顺利地主持工作，主要靠联大师生的尊重和拥护。联大教师们觉得梅不是一个政治的"太空来客"，而是自己团体中的一员，对于他的为人极为尊重。

同时，在抗战期间，三校名义并没有撤销，而是和联大并行存在的。清华大学除了以它大部分的教学力量和设备参加联大的工作外，还保留和创建了若干研究所，在清华名义下进行工作。抗战前形成的领导体制从未因迁校联合而中断，仍然保持其传统。

总之，在清华实行了十八九年的校内领导体制，在很大程度上，是当时环境下的产物。在校内，它有以民主名义对抗校长独断专权的一面；在校外，它有以学术自由的名义对抗国民党派系势力对教育学术机构的侵入和控制的一面。这一体制的确立和巩固，是和梅贻琦先生掌校时的作风和支持分不开的。①

上述引证材料充分证明，西南联大在梅贻琦主持下继承了三校教授治校的优良传统，使得学校的重大决策都甚为民主，这种民主的风气有利于学校的教学和管理，尤其是学术文化生态的健康。

大学的学术文化在很大程度上发生于教学，其成果或价值也会在教师与学生协作交流的教学中体现出来。民主管理的活力反映在教学上首先是课堂教学的师生协作，沟通讨论和对话交流，并且互动提升。西南联大教师注重启发式的引导，在教学中极为注意调动学生学习的积极性，他们杜绝填鸭式的灌输，试图充分促进学生在课堂上的思维活动，从而使学生掌握学习方法，保持对课堂知识的牢固记忆。有的学者对此加以分析：

社会系的潘光旦教授在讲优生学时，谈到了家庭问题，他主张妇女在40岁以前最好在家带孩子，担起抚养和教育子女的责任，等孩子大了再参

① 陈岱孙．往事偶记［M］．北京：商务印书馆，2016：83－85．

加社会工作。这个论点立即遭到女同学的反对，但男同学却支持这一论点，双方立即争论起来，听着双方的辩论，潘先生却不动声色，听了一阵后才慢慢地阐明自己的观点……不少教授在进行下一课时，往往是先指定参考书，提出思考题，由学生事先准备发言提纲。到了课堂上，教师往往作点引导，就让学生自由发言，这种各抒己见的做法，能够互相启发、取长补短，教师仅仅是抓住某些关键问题适时地加以引导，促使讨论步步深入。不仅如此，这种做法还可以弥补图书资料的不足。学校因经费短缺，无法购置大量图书，因而指定的参考书数量也有限，只能为少数人看阅，少数人看了书后在课堂上发言，对其他学生亦不无裨益；一些学生结合自己亲身经历和社会实践的发言，不单对其他学生，对教师也有所启示。①

学术文化的深厚风尚构建有赖于师生双方的共同努力，不仅是课程知识技能的学习与掌握，更重要的是师生讨论和探究性教学活动。在这方面最有说服力的便是教学中学分制与选科制相结合的制度。西南联大在八年内所开的一千六百多门课中有大量的选修课，这都是新、老教师辛勤钻研的成果，不仅课目繁多，而且各有自己的特点、创见。有一些必修的基础课，则由几个教授同时开或者轮开、分段开，又各有自己的体系和侧重面。这些课都自编教材、讲义，并有自定考核成绩之权。这就既尊重老教师专长，鼓励新老师的科研，又在学生广泛的选择和比较中开展了学术上的争鸣与竞赛，促进了教师队伍的成长。同时，西南联大学分制的功课安排是，二年级以后，每周仅十七至二十个学时，除理工科实验作业较重外，都给学生留下充分自学的余地，在不断选择比较中扩大了眼界，又有广泛浏览的时间，因而培养了独立思考的习惯和能力。这就在学生中形成了认真读书，自由探索的风气。

刘祚昌先生对当年西南联大校园的课堂教学和学术讲演至今感受真切，记忆犹新，他说：

学术讲演照例在星期六晚上举行。讲演者多是名教授。在诸多学术讲演中给我印象最深的是刘文典教授讲的关于《红楼梦》的问题。刘先生是

① 杨立德．西南联大教育史［M］．成都：成都出版社，1995：86－88.

中国古典文学的权威，在学生中间享有较高的威信，因此学生听讲者空前踊跃。讲演地点本来确定在一个大教室里，但是听众越到越多，大教室里挤得水泄不通，而且屋外也站满了人。于是不得不把讲演地点移到大操场。听讲的学生都席地而坐，刘先生坐在中央的椅子上，边啜茶，边演讲。他讲演根本不用讲稿。他慢条斯理地讲，但内容非常精彩，学生们听得如醉如痴。事隔多年，但我依稀记得他把林黛玉和薛宝钗分别比之为理想主义和现实主义的化身，讲得头头是道，令人心折。

我还记得有一次是历史系教授孙毓棠先生讲中国历史上民族大迁徙对欧洲的影响问题，内容涉及的人名、地名及年代多得不可胜数，但是不看稿子的孙先生讲得如数家珍，一字不错。主持讲演会的闻一多教授也对孙先生的惊人的记忆能力表示惊叹。

关于课堂讲课，我感到罗庸（膺中）先生讲的“杜诗”最受欢迎，前来听课的不仅有中国文学系的学生及外系的学生，而且有校外的社会人士，有一位机关职员还特意从城内赶来听课。罗先生国学根柢深厚，是研究杜诗的名家，再加上他口才很好，讲得津津有味，引人入胜。他讲的杜诗中，反映“天宝之乱”的部分，更为感人，可能是因为杜甫颠沛流离的遭遇，与流亡学生的经历相近吧！此外，潘光旦教授讲的社会学课，也很有吸引力，听讲的人很多，常常是“座无虚席”。潘先生往往用社会学原理解释中国儒家思想，有许多独到的见解，听之可以增长智慧。而且，他讲课好像家人父子之间闲谈家常一样，娓娓动听，使人久听而忘倦。①

在教授们熏陶和诱掖下，学生们逐渐地体会到“书本中自有乐趣”，不知不觉中爱上了学问，因此读书问学，蔚然成风，学术风气或读书风气也就慢慢形成了。

大学校园学术风气虽然摸不着、看不见，但对学生的暗示习染和潜移默化作用是很大的。在充满生机活力的学术空气中，学生既增加了读书思考探求的兴趣，又养成了读书讨论的习惯。而这种渗透润泽的作用恰犹杜甫所作《春夜

① 刘祚昌．西南联大忆旧：兼论“西南联大精神”［J］．学术界，2000（1）．

喜雨》中所述的时雨滋润，万物生长，舒畅条达。诗云：

好雨知时节，当春乃发生。
随风潜入夜，润物细无声。
野径云俱黑，江船火独明。
晓看红湿处，花重锦官城。①

有的学者将西南联大师生间彼此沟通交流的思想之火花、收获之硕果，以及社会作用之效应，以“智慧之光”之形成以及智慧力量之现实表现加以比拟，生动贴切。

在联大，今天正有成千的人在吸收着“智慧之光”。这光源的所在不是太阳，也不是月亮，而是图书馆、实验室、教室和工场。每天教授先生们在教室里放光，同学们把光吸收到笔记里，吸收到脑海里。在图书馆，你可以看见许多人进进出出；进去的准备从书籍、杂志或报纸上吸收新的光，出来的则到旁的地方去吸光。在工场里，你可以看见铁锤高扬，齿轮飞旋，还可以看见许多人忙忙碌碌地在工作着。在实验室的桌上，你可以看见许多试管、烧瓶、仪器、显微镜等工具排列着，而且被一些人使用着。

他们把光储蓄起来，有时又各自把光放出去——交辉互映着。只要你到新校舍去观光，你便可以看见墙壁上放射着各色的光芒。这便是在木板上贴着的三十几种不同的壁报。那里有纯文艺的《文艺》《新诗》《冬青》等，有专门性的《法学》《社会》等，有综合性的《现实》《人民》《大路》等，有专门报道同学们动态的《联大半月刊》：真是琳琅满目，美不胜收。它们的内容有现实生活的反映，有学术问题的探讨，有玲珑隽永的小品文，有时代的颂歌，也有他们对时局的透视和主张。②

在西南联大还有不少的座谈会，教授们和同学们都热烈地参加着，而且各人都竭力放出自己的“智慧之光”。这些座谈会所讨论的对象非常广泛，有的

① 杜甫．杜甫集［M］．太原：三晋出版社，2008：32.

② 叶方恬．苦难中成长的西南联大：外三章［M］//云南省政协文史资料研究委员会，西南联合大学北京、昆明校友会，云南师范大学．云南文史资料选辑：第三十四辑 西南联合大学建校五十周年纪念专辑．昆明：云南人民出版社，1988：103－104.

属于专题研究，有的牵涉人生的意义，有的对现实问题加以分析和透视。

西南联大在昆明八年，就是凭借着梅贻琦所倡导的“兼容并蓄，民主办学”这种大学教育理念，造就了自由而浓重的学术氛围，为我国现代高等教育和学术创新作出卓越的贡献。在今天，西南联大虽然已经成为历史上的名词，但所遗留的优良传统和作风，却依然还是那样清新、年轻，并且富有朝气，永存青年学子们的心中。

二、丰富多彩的课外活动

西南联大学生不仅有名师云集的优越条件，在课堂上系统学习科学文化知识，而且有丰富多彩的课外活动。校内众多的社团、壁报、读书会、讨论会等，开展政治、学术、文艺、体育、学生自治、社会服务等各种活动，使学生尽情抒发爱国热情，交流思想观点，发挥兴趣特长，提高文化素质，锻炼活动能力。西南联大的学生社团是学生自我管理、自我教育的成果，主要是课外活动的组织形式，发挥课堂与社会联系的过渡衔接关系，同时作课堂教学延伸和补充。兴趣爱好相同的学生一商量，再联合一些同学，就成立一个社团组织，开展活动。对于这些自发的学生业余团体，学校管理宽松。一般而论，这些社团属于学生，只要在训导处登记，写明社团负责人和指导教师的姓名便行，若出刊物，也无须送审稿件，自行处理即可，学校从不横加干预。这充分体现了西南联大“兼容并包”和“思想自由”的办学座右铭。正因如此，学生的社团组织非常红火，类型多样，内容丰富，无论是对活跃学校校园文化，还是对学生的进步成长都有积极意义。

早在西南联大蒙自分校短暂的办学岁月，一些喜爱诗歌的同学共同组成了“南湖诗社”，出版南湖诗刊壁报。分校迁回昆明，融入西南联大本部之后，组成“高原文学社”继续开展活动。

蒙自是云南省东南角上一个古老的小城（现属红河哈尼族彝族自治州），这里种植着各种各样的热带植物，是奇花异草的王国。在这里，在闻一多和朱自清两位文学巨匠的指导下，成立了南湖诗社。当年西南联大的学生，现代诗人穆旦写下一首首动人诗篇。尽管岁月流逝快九十年了，穆旦仿佛仍在那儿漫步，一个满怀希望的年轻诗人仿佛仍在面对着大自然放歌。这样的形象和意境，一个二十岁年轻人的梦寐和追求，语言难得一见的简练又清新，这样的歌唱也是五四运动以来中国新诗中的精品。

此外，西南联大工学院的学生也先后办了“引擎”“熔炉”“铁马”等社团，理学院学生社团有“热风”。稍后又出现了“西南风”和“神曲”社，各社团都有社团宗旨和办刊方针。在叙永分校，也办有“流火”“布谷”“野草”“山泉”“红叶”“鹦鹉”等。壁报是学生社团办的刊物。西南联大的壁报犹如春笋怒发，气象一新。例如，“群声”“腊月”“冬青”“乱弹”“新生代”“画刊”“新诗”“木铎”“论衡”“现实”“春秋”“潮汐”“民主”“学习”“生命”“联大青年”“微言”“野火”“前进”“耕耘”“新苗”等异彩多姿，生机盎然。师范学院学生办有“春秋”。可以说，哪里有西南联大的学生，哪里就有壁报。名称各异、琳琅满目的壁报，有文艺性的、综合性的，有诗版画同刊的、时事评论的、学术研究的，形式上常配上几幅漫画，更能吸引人眼球。

三、深入开展社会实践

梅贻琦的办学宗旨是服务社会，培养建设国家的实用人才。他在 1927 年《清华学校的教育方针》中明确指出：“清华大学之教育方针，概括言之，可谓为造就专门人才，以供社会建设之用。”① 这成为梅贻琦实践教育，从事大学管理的终身指导思想。他在 1932 年欢迎新同学的会议上说：“吾们盼望不必太注意风景的良好、食住的舒适。诸君要多注意在吾们为诸君求学的设备，并能将这个机会充分地利用。……吾们青年人还是要安心耐性，脚踏实地地一步一步去探讨。如果四年之后，诸君每人能得到一种学识或技能，在社会上成一有用人才，可以帮助国家解决一部分的困难，诸君才算对得起自己，对得起社会。

① 梅贻琦．在 1932 届毕业典礼上的讲话［M］//刘述礼，黄延复．梅贻琦教育论著选．北京：人民教育出版社，1993：5.

这亦就是吾们向诸君所最希望的。”① 梅贻琦的这一办学理念在西南联大期间，一样坚持，毫不动摇。而且在战争年代，他更强调学生应走出校门，将理论知识与实际需要结合起来，为抗战事业服务。

走向社会实践的部分基础或前提是校内课程的实学实用，主动应对抗战形势的需要，以及生产生活的现实需求。在这方面应体现文理、师范不同学院专业的实用性及差异性。当然，理工科专业的优势是更为明显的。

从教育学理论分析校外社会实践的价值是存在的。发挥自身所学知识，将专业技能运用于实际需要，也是服务社会的途径之一，更有勤工俭学、以工助学的现实纾困作用，其理论上的价值无疑是书本知识的学习与社会实践的有机结合。对于求学期间的学生而言，应积极而为，量力而行，但也应适可而止。

（一）课内教学为社会实践铺路

结合抗战御侮和战后国家建设的形势任务，西南联大各系的课程都尽力贴近抗战，联系生产生活，适应战时社会的迫切需要，如理工学院的课程加大了实习操作的比例，培养学生解决问题和独立思考的能力。1938 年 5 月，学校迁到昆明以后，由原来清华大学机械系航空专业，扩建成为航空工程系。该系一年级仍是公共基础课，有国文、英文、微积分、普通物理、普通化学以及两门其他自然科学和一门社会科学；二年级的课程与机械系二年级的课程相同，有静动力学、材料力学、微分方程、机械原理、木工、金工及测量学、热机学；到三年级后，除一部分课程与机械系相同外，新增空气动力学、飞机结构及一个月的实习；四年级课程几乎全是航空专业课，有内燃机、高等飞机结构、应用空气动力学、飞机设计和发动机设计等，还有诸如航空气象学、航空仪表、机械振动学、金属学、金属切割刀具等选修课程。电机工程学系也附设了电讯专修科，开设培训电讯人才的专业课程。物理系在课程设置方面，有周培源的广义相对论、流体力学，饶毓泰的光学、电磁学，王竹溪的热力学、统计力学，

---

① 梅贻琦．大学的意义及学校之方针：欢迎新同学的几句话［M］//刘述礼，黄延复．梅贻琦教育论著选．北京：人民教育出版社，1993：21－22.

吴大猷的原子与分子光谱学，马仕俊的相对论量子力学，以及赵忠尧、张文裕、霍秉权合开的原子核物理，内容都比较充实。此外，还开设了大气物理、天文物理、量子化学、量子与原子光谱等研究生课程，同时也供四年级学生选修。化学系除必修课、选修课以外，还增添了一些实用性的专门课程，这些课程有曾昭抡的国防化学、杨石先的药物化学、张大煜的染料化学，还有发酵化学、酿酒化学、溶液理论、胶体化学等。一些科系还开设了部分军事课程，如堡垒工程、军事结构、兵器学、军事卫生工程、液体燃料等。

（二）形式多样的社会实践

学生们积极参加多样而丰富的社会实践，如国情普查、社会调查、暑期生活教育团、暑期服务队等活动，从中学到了知识，提高了能力。

对这些活动，梅贻琦都是支持的。

那时云南边疆同胞的文化程度不高，他们大部分只会说他们自己的方言，即使受过“汉化”的，也不过略识之胜于无而已。他们对于世界战局及国家大事，几无所悉，甚至对本省的情况有的也知之甚少。针对这种情形，西南联大一部分热心边地教育的同学便组织了边疆教育工作团，每年利用暑假的机会去教育边胞。他们主要的工作地是路南的尾则，该地甚为荒寒。因此，生活在那里的同胞们非常穷苦。大部分人都不能讲汉话。但经过这部分同学的努力教导以后，好些儿童都会讲汉话了。有的更会跳方阵舞，有的还到昆明来深造。这对于边地文化水准的提高实具有不可磨灭的功绩。[①]

西南联大工学院部分学生们利用暑假，参加由曾昭抡教授带队的“川康考察团”，徒步考察大凉山，对四川、西康两省矿产及各项生产事业做实地考察。此次考察，不仅搞清楚了铁矿、铜矿、煤矿的产地、成分以及估计储量，而且通过步行实测，对大凉山地区的主要道路里程进行了核实及改正，还对彝族的社会及语言做了调查，硕果累累。类似的考察很多，如昆阳磷矿的储量、石龙

① 叶方恬．苦难中成长的西南联大：外三章［M］//云南省政协文史资料研究委员会，西南联合大学北京、昆明校友会，云南师范大学．云南文史资料选辑：第三十四辑 西南联合大学建校五十周年纪念专辑．昆明：云南人民出版社，1988：106－107.

坝水电站的改建、大理一带民家语调查、边胞服务站等，学生从中受到了极大的锻炼。[①] 通过这些活动，学生们接触到社会底层人民的生活，看到了社会的腐败，更希望改变现实社会。因此，西南联大的学生较之其他大中学校学生，在要求把日寇赶出中国去，对反内战、争和平，反独裁、争民主方面的要求更为迫切，更具有斗争精神。

（三）文艺戏剧形式的抗日宣传

西南联大走向社会，响应时代号角的实践是参加抗日救亡活动，其内容丰富，形式多样。文艺戏剧是宣传、鼓动抗日救国行之有效的社会实践。

人民群众喜闻乐见的文艺形式和抗日文化新内容的结合，是西南联大与云南人民共同开展抗日活动的一个显著特点，西南联大抗日救亡活动的两大主要支柱形式是人民群众喜闻乐见的歌咏和戏剧表演。西南联大爱国青年、爱国志士用这两种形式宣传抗日，激发人们的爱国热情，深受群众欢迎。

1938 年年底成立西南联大话剧团，最先上演的是陈铨教授改编的抗战话剧《祖国》，请闻一多、孙毓棠、陈铨教授指导。该戏在剧院上演时，当剧中人英勇就义，高呼“打倒日本帝国主义！”“中华民族万岁！”时，观众也跟着高呼口号，演出非常成功。接着剧团又上演了宋之的、曹禺等剧作家集体创作的多幕剧《黑字二十八》（又名《全民总动员》）和曹禺的《原野》等，演出《雷雨》《雾重庆》《草木皆兵》等许多宣传抗日救国的大型话剧和独幕剧，并在昆明郊区先后演出《放下你的鞭子》《最后一计》等独幕剧。

西南联大学生社团“群社”的活动多种多样，“其中最能引起广泛兴趣的就是唱歌”。“群社”不仅定期组织同学教唱救亡歌曲，在大大小小的集会上，以及郊游等活动中，经常是歌声不断。1939 年年底至 1940 年年初，“群社”各小组单独组成社团，冬青文艺社、西南联大戏剧研究社、木刻研究会、群声歌咏队以及许多壁报组织先后成立。“群声歌咏队里虽然也不乏优秀的歌手和音乐家，但主要是以活跃同学的课余生活、普及救亡歌咏为主。”“群社有这么一条不成文的规定，许多群众性的课余活动，群社的骨干都要带头参加。……唱歌

① 洪德铭．西南联大的精神和办学特色：下［J］．高等教育研究，1997（2）：15.

就更不用说了，不会唱的、五音不全的，都积极参加唱歌，连群社的导师、著名化学家曾昭抡教授，也是一个热心分子，每唱必到。逢到有什么集会、演讲，也必然以唱歌开始，这也颇有些类似演剧时先打‘闹台’吸引观众的味道。所以群声歌咏队的艺术水平是相当参差不齐的，但是却拥有很多观众。”① 1940 年在五四运动二十一周年纪念会前夕，群声歌咏队组织了一批同学成立西南联大歌咏团，西南联大歌咏团的水平较群声歌咏队为高，它还参加过两次大型的昆明市内的文化活动。1940 年 8 月 31 日，昆明广播电台正式成立，特邀西南联大歌咏团参加广播音乐会，“这是联大同学的歌声，首次通过电波传向四方”。为有效地宣传抗日，西南联大剧团先后排演了《祖国》《夜光杯》《放下你的鞭子》《原野》《前夜》《雷雨》《阿 Q 正传》《雾重庆》《秋收》《家》《风雪夜归人》等，轰动了云南。

四、抗战时期的“民主堡垒”

就在这太阳旗席卷的瘟疫般的日子，侵略者的野蛮入侵，激起了全中国人民汹涌澎湃的抗日怒潮。西南联大这所在战争硝烟中诞生的大学，也用实际行动加入这滚滚的抗日洪流之中。

诞生于烽火连天之中的西南联大，在继承发扬北大、清华、南开光荣革命传统的同时，也继承发扬了云南人民抵御外侮、捍卫国家主权的爱国主义精神。他们发挥文化教育的优势，在云南这片红土地上，与云南人民携手，积极主动投入全民的抗战热潮，为抗战作出了贡献。西南联大的青年学生、名流学者、革命知识分子、爱国人士与云南社会各阶层爱国民主力量相结合，使昆明的文化救亡活动迅猛兴起，规模越来越大。西南联大起了突出的作用，被誉为“民主堡垒”。

（一）国民政府控制教育与梅贻琦的抵抗

西南联大碰到的最严重的问题，是国民政府加强了对大学教育的控制。西

① 施载宣．从群声歌咏队到联大歌咏团［M］//西南联合大学北京校友会校史编辑委员会．笳吹弦诵在春城：回忆西南联大．昆明：云南人民出版社，北京：北京大学出版社，1986：332.

南联大师生在梅贻琦引导下，对之展开抗争，发展学术独立思想与民主平等思想，恪守现代大学理念，彰显民主办学的精神，并促使西南联大成长为战时大后方民主堡垒的教育阵地。1939 年，蒋介石在“第三次教育会议”上公开向教育和学术独立宣战。他说：“今天我们再不能附和过去误解了许久的教育独立的口号”，“应该使教育和军事、政治、社会、经济一切事业贯通。”他要求“教育界要齐一趋向，集中目标”。[①] 对于西南联大，也在“集中”“划一”的名义下用行政手段强行贯彻一系列所谓“部订”规章制度。诸如课程表、教科书、教授资格审查、教师的聘任和待遇，一直到行政组织机构的设置等，都要按照国民党的“部颁标准”行事。具有民主传统的三校师生，对这些措施进行了针锋相对的抵制。他们指责“功课表成为法令”“训导处成为统治思想的工具”“学校教育不但成为统治教育，简直是特务教育”。他们要求“教育行政独立”“学校要与政治分开”“要求教学与学术的自由”，等等。[②]

在这种情况下，梅贻琦显然有两种选择：第一种是站在政府当局的一边，对师生进行思想和行动上的压制；第二种是站在师生的一边，对不利于教育和学术的事进行敷衍、应付以至于抵制。梅贻琦选择了第二种。作为行政管理的负责人，在西南联大教育方面，如课程安排、民主管理、学术自由等方面，他坚决和师生站在一边进行必要的斗争和抵制。西南联大创立不久，他就按照战前清华的模式，建立了西南联大教授会和校务会议的组织（西南联大没设评议会，但在清华办事处系统则恢复了评议会）。1941 年，以他为主席的西南联大校委会曾公开要求重庆教育部“在奉行部令中予我校以参酌旧例之余地”。对于国民党当局迫害进步师生的种种要求，他基本上没有采纳。重庆当局曾暗示西南联大解聘闻一多等进步教授，梅贻琦也不予理睬。一些“部订”教学上的规章制度，也由于广大师生的抵制和反对，有些流于形式，有些“变通执行”。[③]

---

① 教育部教育年鉴编纂委员会．第二次中国教育年鉴［M］．北京：商务印书馆，1948：54－55.

② 《中国现代教育家传》编委会．中国现代教育家传：第五卷［M］．长沙：湖南教育出版社，1987：123.

③ 黄延复，马相武．梅贻琦与清华大学［M］．太原：山西教育出版社，1995：83.

据西南联大1939年11月《训导处工作大纲》所载：西南联大的训导处，也并非国民政府教育部规定的党化教育机构，而是秉承西南联大“常务委员会意旨”，本着教训合一的原则，“注重学校事务之教育价值”，对学生积极引导，“以期实现严整的生活，造成纯朴的风气”。训导工作的目的在于“力求北大、清华、南开三校校风之优点在联大有表现机会”，培养学生互助为公的团体精神；促进学生对于时代的觉悟与对于青年责任的认识，以增强参加抗战建国的志向与努力。① 训导处的日常工作实际上只有两件：一是审批及发放贫寒学生的贷金和救济金，二是对违反学校纪律的学生进行教育及提出处理意见。这些与国民党妄图控制、束缚广大师生思想独立的党化教育的要求大相径庭，甚至相去甚远。总之，与其他学校相比，西南联大始终保持为一所民主自由空气较浓的学校。特别是后期，西南联大发展成为“民主堡垒”，也与梅贻琦的开明思想有关。在1945年发生的“一二·一”运动期间，他的思想和行动的表现尤其明显。

在这段艰难时期，进步学生受到广大正直教员的保护。西南联大继承了教授治校的传统，除校长外，行政领导和管理工作都由教授组成的教授会讨论审议，向校务会议提供参谋咨询，他们的意见有时也起决定性作用。当训导处主张开除逃亡的学运骨干时，大部分教授反对。长期的自由主义和民主传统熏陶，使得教授们尽管未必都赞同学生的政治观点，但也不容许随意践踏学府尊严。教授们还反对国民党推行的“以党治校”方针，强烈要求教育行政独立，多方抵制所谓“部订”规章制度，使其在执行中常常有名无实。教员开课、授课都有较大自由，因此吴晗开的书单上有马克思列宁主义著作。闻一多在课堂上朗诵革命诗人田间的诗，赞颂解放区的成就。

（二）课外活动中的民主自由精神

西南联大对不同思想兼容并包，校方不干预教师和学生的政治思想，支持学生在课外从事和组织各种社团活动，而学生们也围绕着学术交流、宣传抗日、争取民主等几个方面把课外活动开展得轰轰烈烈。据1946年西南联大学生自治

① 杨立德．西南联大教育史［M］．成都：成都出版社，1995：83．

会编印《联大八年》中载《八年来的生活和学习》一文所述，西南联大学生集体生活以“民二十七到二十九冬为联大同学生活最快乐最活泼的一段”。这一时期“几乎每晚上都有演讲、讨论晚会等等。每逢星期天或假日，我们经常结伴几百人几百人地出去旅行。月亮好时也会有几千人参加的月亮会，听一位老教授讲故事。……每当寒假暑假，同学们下乡去参加兵役宣传，还在文林堂内设了文林补习夜校，好几次夜校的学生还来学校参加节目”。这些活动最主要的组织者是西南联大最大学生社团“群社”，文法学院在蒙自时，北大同学会举办民众夜校，教蒙自大人和小孩语文、算学和音乐。当时蒙自只会唱《大路歌》《义勇军进行曲》《渔光曲》《开路先锋》《毕业歌》等歌曲，文法学院的师生们则教他们唱《大刀进行曲》《打回老家去》《救亡进行曲》。当西南联大同学教唱《松花江上》时，教唱的同学哭了，底下学唱的同学也哭了，这又使他们看到社团在对外文化传播方面的重要作用。抗战期间，国民党强化了国统区的统治，一些学校没有言论自由，政治不得民主，抒发公正言论者随时有被抓捕的可能。而在西南联大则不然，从学校领导到学生，政治是民主的，言论是自由的，爱国主义思想武装着年轻一代的头脑，民主自由的气氛笼罩着整个学校。教授们可以在讲台上公开斥责反动统治者贪污腐化、祸国殃民的行径；学生们可以对反动统治者的种种丑恶行为进行揭露和抨击。西南联大学术自由，政治民主。跨进新校舍北区时，便会看到两边的“民主墙”上琳琅满目的壁报，如百花争艳。有“耕耘”“文艺”“新诗社”“阳光社”“冬青”等，名目繁多，不胜枚举。它们形式新颖，如“新诗社”全为诗歌，“阳光社”全为美术漫画；它们观点各异，如“耕耘”壁报主张“为艺术而艺术”，“文艺”壁报则提出“为人生而艺术”的口号等。学生们以此为阵地，各抒己见，展开争论。

（三）抗战后期民主运动的高涨

1945 年春天，全世界反法西斯战争节节胜利，而国民党正面战场却连连失利。出于关心国家命运，西南联大师生发表了《国是宣言》：

> 历史在跃进，民主在昂扬，祖国在危难中，同胞在水火里。……但是政府故态依然，没有丝毫改革的迹象。这是为什么？因为中国没有民主。……

在这祖国十万火急的关头，我们——西南联大的二千五百位同学，实在不能再安于缄默，不能不以血泪的呼号，喊出我们的对国是的意见：

一、立即停止一党专政，……举行国是会议，组织联合政府……

二、立即取消一切特务活动，释放所有爱国政治犯……

三、立即以断然手段，没收因人民的饥饿死亡而发国难财者的财产。没收在美冻结的三万万美金存款，及一切逃亡海外的资金，以充战费。……

四、立即成立联合统帅部，平等提高全国抗日军队待遇，确实保障出征军人家属生活。

五、立即根绝党化教育，实施战时教育，确实保障公教人员生活。

六、加强与各盟国合作，目前尤应从速敦睦中苏邦交。①

《国是宣言》写得何等好啊！这是西南联大“民主堡垒”镌刻的铭词：壮怀激烈，内心袒露以捍卫国家前途命运为己任的担当；胸襟宽阔，气象令人生发无限汹涌、无限感佩。

抗战后期，国民党政权已渐失民心。世道不公，特务非常猖獗，西南联大的民主运动却一直极其活跃。闻一多、张奚若、曾昭抡、费孝通等是其中最活跃的一批人。罗隆基被称为“罗隆斯基”，而吴晗则被称为“吴晗托夫”。1946年西南联大解散，三校分别复校北上后，吴晗依旧非常积极。有人就看不下去了。国民党大员陈某某特地从南京到北平，邀请北大的胡适、郑天挺，当然少不了清华的梅贻琦吃饭。席间，陈某某对梅贻琦说：“你们学校的吴晗，也闹得太过分了吧，该约束约束他啦。”北平警备司令部的人也指名道姓地说：“是该管一管了。”梅贻琦当然明白“管一管”是什么意思。他立即解释说：“吴晗只是个读书人，他并没有怎么样，他也不可能怎么样。”

梅贻琦对所谓的“管一管”很不以为然。在他看来，大学是最高学府，天职就是追求真理、服务祖国。大学理应培养建设人才，但也不妨有些批判精神。只有提倡学术自由，才能建设杰出大学。而学术自由，本身就意味着包容新旧左右，允许百家争鸣。只要教师不在课堂上宣扬自己的主义，不是借学校的名

① 西南联大《除夕副刊》. 联大八年［M］. 北京：新星出版社，2010：39－41.

分去搞政治，不影响本职工作，他是不赞成干涉教师自由的。[①]

（四）抗战胜利后“一二·一”事件与“李闻惨案”中的梅贻琦

1945 年 8 月，日本宣布无条件投降。从 1931 年 9 月 18 日，日军在沈阳北郊制造事端，炮轰北大营开始，经历 1937 年 7 月 7 日，日军挑起北京西郊卢沟桥事变，到十四年艰苦卓绝的抗战取得最后胜利后，面对两种前途、两种命运，西南联大师生深感内战威胁，加入了反内战、争民主的斗争行列。1945 年 11 月 26 日，西南联大宣布罢课；12 月 1 日，发生了震惊全国的“一二·一”惨案。西南联大学生潘琰（女）、李鲁连和南菁中学教员于再、昆华工校学生张华昌四烈士为反对内战、争取民主献出了年轻的生命，激起了更大规模的“反内战、争民主”的爱国民主运动，席卷全国。“一二·一”运动教育了人民，促进了各阶层人士的觉醒。1946 年 7 月 11 日，中国民主同盟领导人、西南联大教授李公朴被国民党特务用无声手枪暗杀。闻一多把个人的生死置之度外，1946 年 7 月 15 日上午在云南大学至公堂李公朴追悼会上，发表了感人肺腑的《最后一次的讲演》。他说：

反动派暗杀李先生的消息传出后，大家听了都摇头，我心里想，这些无耻的东西，不知他们是怎么想法？他们的心理是什么状态？他们的心是怎样长的？其实很简单，他们这样疯狂地来制造恐怖，正是他们自己在慌啊！在害怕啊！所以他们制造恐怖，其实是他们自己在恐怖啊！特务们，你们想想，你们还有几天，你们完了，快完了！你们以为打伤几个，杀死几个，就可以了事，就可以把人民吓倒了吗？其实广大的人民是打不尽的，杀不完的！要是这样可以的话，世界上早没有人了。你们杀死了一个李公朴，会有千百万个李公朴站起来！你们将失去千百万的人民！你们看着我们人少，没有力量。告诉你们，我们的力量大得很！多得很！看今天来的这些人，都是我们的人，都是我们的力量！此外还有广大的市民！我们有这个信心：人民的力量是要胜利的，真理是永远存在的，历史上没有一个

① 刘超，田亮. 永远的校长：梅贻琦［EB/OL］.［2023 - 02 - 03］. http：//www. sohu. com/a/201635622_163796.

反人民的势力不被人民毁灭的！希特勒、莫索里尼不都在人民之前倒下了吗？翻开历史看看，你还站得住几天！你完了，快完了！我们的光明就要出现了。我们看，光明就在我们的眼前，而现在正是黎明之前那个最黑暗的时候。我们有力量打破这个黑暗，争到光明！我们的光明，就是反动派的末日！（热烈地鼓掌）

反动派故意挑拨美苏的矛盾，想利用这矛盾来打内战。任你们怎么样挑拨，怎么样离间，美苏不一定打呀！现在四外长会议已经圆满闭幕了。这不是说美苏间已没有矛盾，但是可以让步，可以妥协。事情是曲折的，不是直线的。我们的新闻被封锁着，不知道美苏的开明舆论如何抬头，我们也看不见广大的美国人民的那种新的力量，在日益增长。但是，事实的反映，我们可以看出。

……

我们不怕死，我们有牺牲的精神！我们随时像李先生一样，前脚跨出大门，后脚就不准备再跨进大门！（长时间热烈地鼓掌）①

“我们随时像李先生一样，前脚跨出大门，后脚就不准备再跨进大门！”闻一多教授本来是一位“痛饮酒，熟读离骚”的学者，在事实的教育下“拍案而起”，成为民主的斗士。

“一二·一”惨案发生，紧接着闻一多遇难，西南联大群情激奋，公开抗议国民党特务滥杀无辜，主持正义的教授则有梅贻琦、袁复礼、马大猷、叶企孙、雷海宗等。惨案发生时，袁复礼、马大猷教授也遭殴打。当天下午，代理常委叶企孙召开紧急教授会，发表宣言，谴责当局暴行。后来，梅贻琦不仅到灵堂吊唁四烈士，又与熊庆来举行记者招待会，报告“惨案真相”，指责地方党政军当局“处置大错”，“应承担责任”，并保证学校“根据法律，向政府有关部门提出法律上之控诉，以维护法纪”。闻一多遇难以后，梅贻琦亲自主祭、雷海宗宣读祭文并报告生平，显示出西南联大不畏强权、坚持正义、捍卫民主

---

① 闻一多．最后一次的讲演［M］//北京大学，清华大学，南开大学，等．国立西南联合大学史料：总览卷．昆明：云南教育出版社，1998：262－263．

的坚定信念。[①]

“李闻惨案”发生后，梅贻琦十分悲伤，一方面谴责阴谋及暴行，另一方面作为校长，他又冷静地协调、处理各种复杂多变的矛盾及关系。他在日记中写道：

> 夕五点余，潘太太忽跑入告一多被枪杀、其子重伤消息，惊愕不知所谓。盖日来情形极不佳，此类事可能继李后再出现，而一多近来之行动又最有招致之可能……而察其当时情形，以多人围击，必欲致之于死，此何等仇恨，何等阴谋，殊使人痛惜而更为来日惧尔。急寻世昌使往闻家照料，请勉仲往警备司令部，要其注意其他同人之安全。……发急电报告教部，并与法院、警部及警察局公函。一点余始睡。[②]

这是梅贻琦在闻一多遇难当天写的日记，表现出伤怀痛惜的心情，果断刚强的意志，凛然正义、不屈不挠的精神。第二天的日记中又写道：“关于同人安全问题，提议最好大家聚居一处以便保护。下午四点约黄、查、贺、雷、沈组闻教授丧葬抚恤委员会。”7 月 17 日，他派人购米、面、糖、茶、火腿、毛巾等，连同钱送到美领事馆供潘光旦夫妇、费孝通一家和张奚若先生等避险人员用。下午，全体西南联大常委往云南大学医院向闻一多遗体告别并亲视入殓。次日，他亲率全体丧葬委员会成员去云南大学操场守护闻一多遗体火化。下午召集全体丧葬委员会成员商谈为闻一多举行追悼会和修筑衣冠冢事。7 月 24 日下午，他在校中主持举行了闻一多先生追悼会。当日，他在日记中写道：

> 下午三时校中举行闻君追悼会于昆北院南教室，由余主祭。祭文乃闻之生平，为罗膺中作，由雷伯伦报告，后由黄子坚及张某演讲，到者二百余人，大半为同人及家属。[③]

综上，从“一二·一”运动到“李闻血案”，在这个全过程中，梅贻琦自始至终与民主进步力量站在一起，推动了西南联大自由、民主运动轰轰烈烈地

---

① 梅贻琦．梅常委在记者招待会上的讲话［M］//北京大学，清华大学，南开大学，等．国立西南联合大学史料：总览卷．昆明：云南教育出版社，1998：246.

② 黄延复，王小宁．梅贻琦日记：1941—1946［M］．北京：清华大学出版社，2001：236 －237.

③ 黄延复，王小宁．梅贻琦日记：1941—1946［M］．北京：清华大学出版社，2001：236 －237，239.

展开，为西南联大成为战时中国大后方高校中“民主堡垒”起到了催化剂作用。同时，这又表明梅贻琦经受了各种风浪的考验，能够在复杂多变的形势中，把握大学前进的方向，组织、团结广大师生，战胜各种困难，既能维护大学与社会的脉动，又保障大学主体精神的确立。正因如此，他才能受到清华，乃至西南联大，以及其他院校广大师生的格外敬重。时值三校北返，迁校工作繁重紧张的时候，在日理万机、千头万绪中做这样的努力，着实不易，而这就更体现了一位教育家的博大胸怀、执着奉献的品性以及以师生为本的崇高精神境界。

第七章

复校的努力：辞别清华大学

抗日战争取得胜利后，复校搬迁工程浩大。梅贻琦以巨大的精神担当，付出无量辛劳主持这项艰巨任务，实现了联合三校各自复员办学的目标。

然而，内战时局飘摇动荡，疲惫不堪的梅贻琦在新旧剧烈变革中，种种复杂心思纠缠，辞别了他倾注大半生心血的清华园。

第一节　西南联大回迁

中国人民经过十四年的浴血奋战，付出了巨大的民族牺牲，终于取得抗日战争的伟大胜利。抗战胜利后，经过残酷战争浩劫的中国各族人民渴望一个和平民主的环境，重建自己家园。可惜，历史没有完全按照中国人民的意志发展。国共两党举行重庆谈判后签订的《双十协定》墨汁未干，蒋介石就在美国的支持下，发动了全面大内战。三年解放战争，国民党遭到彻底失败。1949 年 4 月南京解放，国民党败逃台湾。西南联大重返平津复校，正是在这种复杂多变的历史场域下展开的。这对于梅贻琦而言，不仅是辛劳忙碌的，更是心绪纷繁、五味杂陈的。

一、战后的高校复员

1945 年 8 月 15 日，日本宣布无条件投降，举国欢腾。坚持抗战多年的内迁各大学，此时都盼望着早日返回故乡。消息传来，西南联大师生欣喜若狂，“驱逐仇寇，复神京”的愿望即将实现，怎不叫人流下激动的泪水呢？既然抗战已经胜利，复员北归顺理成章地摆在了三校面前。

（一）国民政府教育部的高校复员政策

国民政府教育部为统筹布置抗日战争胜利后的全国教育善后复员工作，于 1945 年 9 月 20—26 日，在重庆市青木关（今属重庆市沙坪坝区）召开全国教育善后复员会议，各专科以上学校、各国立中等学校、各省市教育厅局、各教育学术机关和有关部门的代表及教育专家，共三百余人出席了会议。教育部部长朱家骅在开幕词中提出了召开这次会议的四项要点：①如何利用各种学校复员的机会，将各级学校在地域上做比较合理的分布，以使全国教育平衡发展；②如何肃清收复区、光复区内敌伪奴化教育的流毒，及如何逐渐恢复正常教育；③后方各学校的许多教职员来自沿江沿海一带，如何使他们能安心工作，不致影响教学秩序和效果；④前方、后方直接间接参加抗战工作及因战争影响而失学的青年，人数很多，如何予以救济鼓励，使他们获得复学的机会。这次会议经过一个星期的研究讨论，共提出一百二十六件提案，得出了五个方面的结论，对各级各类教育的复员做了明确的政策规定。

教育部提出："复员"绝不是简单地"复原"，"对于战后专科以上学校之分布及其院系科别之增减，必须先有通盘计划，方足谋日后之合理发展"。蒋介石在复员会议上也表示：各校不要匆忙搬移，"准备愈充足愈好，归去愈迟愈好。政府不亟亟于迁都，学校也不应亟亟于回去"①。

按照梅贻琦参会后记录，会议所作具体指示关键内容有：勿急于迁移；注重西南、西北教育文化；道路运输工具；农工并重；建设人才之大量需要；大学之外专科及职校。②

根据国民政府教育部此次复员会议精神，西南联大北归复校进程放缓，其实自有其不能仓促离滇的情况。"西南联大因交通等关系，今年寒假暂不迁校，迁校时间可能为明年春季或夏季，本学年学期仍以每学期十二周计。""联大三校派往平津原校办理接收者，清华大学陈福田业已抵平，北京大学郑天挺、陈雪屏及南开大学黄子坚系于本月一日由渝飞京转往平津者。三校中南开校址已全被摧毁，北大尚称完整，清华大学过去为日本兵营及伤兵医院，房屋颇多损坏，修复尚需时日。"③ 鉴于此，学校注意稳定师生的情绪，继续上课，教学科研按部就班地进行。同时，三校各自设立的迁校委员会积极开展准备复校的工作。

梅贻琦提出意见：远途迁校是一项浩繁艰苦的工作，它既涉及北方校舍的接收修缮，也涉及众多师生的迁移、图书仪器的运输、交通工具的解决，还涉及西南联大校产的分配处理、学生的归属一系列具体问题，任何一个问题都需慎重对待。为了加强原办学点准备工作，原学校迁校委员会委员中数人已赴平津，又加聘了郑华炽、霍秉权、周炳琳、沈履等为委员，以便充实机构，开展工作。

---

① 教育部教育年鉴编纂委员会．第二次中国教育年鉴：第二编 教育行政［M］．上海：商务印书馆，1948：103.

② 梅贻琦．梅贻琦手拟1945年10月13日校务会议报告提纲［M］//北京大学，清华大学，南开大学，等．国立西南联合大学史料：总览卷．昆明：云南教育出版社，1998：271.

③ 清华大学校史研究室．清华大学史料选编：第三卷［M］．北京：清华大学出版社，1994：11.

（二）西南联大复校问题的磋商

关于复校计划，在日寇投降数日后，即1945年8月19日，西南联大管理层就已经提出来了。8月23日，西南联大常委会通过设置“西南联合大学迁移委员会”的决议，聘请郑天挺、黄钰生、查良钊、施嘉炀、陈岱孙为该会委员，并请郑天挺为迁移委员会主席。该委员会一成立，便开始了紧张的工作。在第一次会议上，议决建议学校以铁路轮船畅通后迁移为原则；学校设法推动滇越铁路的修复；学校由有关校别之学系商定图书仪器分配，不能解决者，请常委会决定。请总务处发函各系组调查现有校产，分为急需移运、暂缓移运和不必移运三种，分别开列数量、重量，以便计划。急运物件，以迁移后开学即须使用之文件、图书、仪器为限，请总务处调查前次准备迁移时所制木箱的数量，若无还须特制；请学校通知各系组，应尽量将在平津容易购得的普通书籍、仪器留置昆明；建议学校通知教职员，设法早日减轻迁移时个人行李重量；建议学校请求中央拨给迁移费。①

1946年1月28日，迁移委员会召开了第二次会议，2月19日举行了第三次会议，就复员路线、交通工具等一些具体问题加以磋商，如装图书仪器的木箱要防止承包商用湿木料，以免途中崩裂，损伤内贮物品等。另外，涉及学生的归属问题，西南联大学生拟分配改入三校，建议除参酌各学生志愿外，还应顾及调节三校学生人数太多太少的情况。至于迁校的路线，考虑到八年前从长沙西迁昆明的经验，自然联系取道滇越铁路经海防登轮船抵上海、天津的路线；但从碧色寨到河口一段铁路路基毁坏，一时不能通车。针对这种情况，西南联大派李继侗赴蒙自一线调查交通问题，结论却是该路线颇难利用；学校派张印堂赴蒙自至蛮耗一带考察交通，张先生建议采取走百色、广州路线。与此同时，学校还派霍秉权与后勤部接洽汽车运输，答复是须至明年4月底，人员行李可派车送至湖南常德，但须由学校另行筹划；至于请善后救济总署拨船运输，正

① 西南联大迁移委员会第一至第三次会议记录［M］//北京大学，清华大学，南开大学，等．国立西南联合大学史料：总览卷．昆明：云南教育出版社，1998：273.

在接洽之中。①

上述诸种情形，校常委代表梅贻琦曾在第二次教授会上做了报告。

1946 年 3 月 25 日，西南联大第 369 次常委会决定，“自 5 月 10 日起开始迁移，所有本大学各部分应结束事项，须于 5 月底以前办理完竣”，学校在昆明的办学历史于 5 月 4 日宣告结束。客观地说，促成西南联大北迁复校的作用力除学校管理层和广大教师的主导外，学校办学的另一主体学生的主动性极强，同时国民政府的相关政策规程也扮演了保障角色。

1946 年 4 月 10 日，西南联大学生自治会上书学校常委会，其中谈到“思归的心情，完全代替了学习的兴趣。这种现象不只发生在同学当中，即使教授们也莫不急于离开这暴雨欲来的高原而转回到阔别八年的故乡”。文中还谈到，自迁校消息传出以来，教授们、同学们都兴高采烈地准备着自己的归计，不惜将自己仅有的日用什物和书籍在低廉的价钱下忍痛出卖，其他公私事务也多在办理之中。在这种情况下，谁也不愿听到有关不能立即迁校的谣传。学生自治会提出：“我们愿意不避任何困难，坚决主张北上。”时隔两天，四百四十名学生呈文常委会，谈到对三番两次地听到学校不搬的消息，感到非常的诧异和不安，为什么一定要留在昆明？连私立中法大学都要搬了，为什么堂堂的西南联大不能搬呢？因此提出四点意见：第一，一定得搬，决不能在昆明开学。第二，请教授会要求学校当局详细公布交涉搬家经过及实在困难，以便寻求解决之道。第三，请即派教授赴香港上海交涉船只。第四，要求教育部立即发给搬家费。文中强调“我们无法安心在昆明开学”，一定跟随教授们回北方。② 可见，复校求学，结束颠沛流离的艰苦岁月中的侵扰磨难，寻求大城市更好的教学条件，这是学生内心的渴求。

（三）国民政府教育部高校复员的举措

1946 年 4 月 5 日，教育部公布《国立各级学校迁校办法》十五条，提出本

---

① 梅贻琦．梅贻琦手拟 1945 年 10 月 13 日校务会议报告提纲［M］//北京大学，清华大学，南开大学，等．国立西南联合大学史料：总览卷．昆明：云南教育出版社，1998：275－276.

② 杨立德．西南联大教育史［M］．成都：成都出版社，1995：190－192.

年度秋后，复员工作先后完成。除留原地之专科以上学校十七校外，迁移学校有国立大学二十所、独立学院十二所、专科学校十所，省私立大学十四所、独立学院二十三所、专科学校二十四所，合计一百零三所。此外，战时停办战后恢复之专科以上学校八所，接收改设之专科以上学校五所。

1946 年 4 月中旬，国民政府教育部核定了复员经费，复员经费包括迁移旅费和复校经费两种，迁移旅费共划拨七十亿一千九百四十万元，复校经费三十亿元。关于复校经费，教育部部长朱家骅曾召集三校代表商议，讨论分配办法，出席会议者有北大傅斯年等四人、清华沈履等五人、南开何廉一人。经过协商讨论，清华分十二亿元，北大分十亿元，南开分八亿元。复校经费从数字来看是极为可观的，但是在当时一个学生一万元的月伙食都难求饱的情况下，这区区三十亿元又办得成什么事呢！

梅贻琦就“联大结束与三校迁校”做了细密的思考：

> 今年五月初，西南联合大学之战时使命完成，三校之复员随即开始。在联大之学生，依其志愿，分发于北大、清华、南开三校。但北迁之举，三校师生仍联合发动。一因大家路线相同，联合自多便利；一亦以表现八年来通力合作之精神，彻始彻终，互助互让。固非欲以标示国人，抑吾三校同人所同感之快慰，或亦非局外人所能领略者耳。至迁校办法，实亦大难。全体师生及眷属，共约五千人，公私物品，共约五百吨，自西南边陲之昆明，迁移到辽远之平津，在现状下，水陆空交通工具，均感缺乏，行不得也，其谁助之？只得自行设法，分头接洽，有机可乘，有路可通，便当分段分批逐步进行，希望于夏间三四个月之时间可以陆续开动，十月前后可以到达平津。故三校已共同决定于十月十日复校开学，则国庆校庆同资纪念矣。①

1946 年 4 月 23 日，教育部电令西南联大三校复员。次日，第 372 次常委会照原案通过了校委会的四项建议，即“本大学应仍照原定日期结束，尽速设法

① 梅贻琦. 复员期中之清华［M］//刘述礼，黄延复. 梅贻琦教育论著选. 北京：人民教育出版社，1993：135.

迁移”，“转函北大、清华、南开三校，下学期定于10月10日同时开学”，“转函三校在平津负责人员，请预为10月1日以前到达平津之员生筹划住宿地点”，“加聘马大猷、吴柳生、胡志彬等12人为三大学联合迁校委员会委员”。虽然内中谈到“尽速设法迁移”六个字，却凝结着学校领导的一片愁心，尽快迁校是定局，交通工具怎么解决？事情到了迫在眉睫的地步，只好发动校友帮忙，最后得到善后救济总署的支持，从昆明出发，经贵阳到长沙，由总署提供汽车；从长沙到武汉、南京搭乘轮船，由南京乘火车到上海；之后，从上海乘开滦煤矿南下运煤的船只经秦皇岛到天津、北平。交通及路线问题解决以后，复员北迁的工作便有条不紊地开展着，学校派出了人员分别到长沙、汉口、南京、上海、秦皇岛等地进行接待工作及船票的办理；在校学生在一周内结束课程并完成考试。5月1日，除毕业生以外的肄业生填写入学志愿书，经过校方平衡后，入北京大学者七百四十三名，入清华大学者一千零三十三名，入南开大学者十八名；本届先修班学生经考试后升学者一百二十九名；电讯专修科从5月份起归云南大学办理。①

（四）西南联大三校复员的推进

西南联大三校复员的物资长途运输，比之在校教学及开展各项工作，还要滞后许多，其中的部分细节，当年参与物资大搬迁的主任押运员申泮文有所回忆：

> 自筹备复员北迁之日起至三校在平津复员建校上课当中的一段历程，可以说是由联大到独立三校的过渡时期。在这时期中的工作有分有合：分的是三校各按自己的建制实行独立职能，如制定各自的复校规划等；合的是所有复员部署均采取联合行动，例如三校师生复员北上的旅程安排、沿途接待和辗转等组织工作，又如三校公物的联合迁运复员北上等。……复员过渡时期竟延迟到1947年7月始克竟全功。而此时三校都各在平津上课

① 杨立德．西南联大教育史［M］．成都：成都出版社，1995：193－194．

一学年了。[1]

联大结束后，1946 年 7 月 25 日，又由三校分别推定代表第二次成立“三大学联合迁移委员会”。委员有贺麟、孙云铸（北大），霍秉权、沈履（清华），黄钰生、冯文潜（南开），霍秉权为主任委员。又根据三校推荐和协商决定，委派申泮文（南开）为主任押运员、王大纯（北大）和黄胜涛（清华）为副主任押运员，组成七人押运小组负责剩下的 300 吨公物的北运任务。

这些公物分属三校，北大和南开的主要是图书，清华的以工科仪器设备为主，装在技工制造的一定大小的木箱里。另外有三校教职员拖带的少量行李、书籍、物品，形式不一，行李包、书箱等都有。同首批启运的公物一样，这些东西也在三大学联合迁移委员会的主持下，包给裕和企业公司承运。裕和公司实际是皮包公司性质的私商。经理姓吴，40 岁左右，昆明人，原来是帮会头子，自己没有什么资本和运输工具。他以公司名义签订合同后，由银行或殷实商家作保，从学校预支一大部分运费，然后找一些小包商分包出去。从昆明到长沙是公路运输，小包商各拥有卡车数不等，有的三辆，有的五辆，甚至一辆卡车的主人也来分包。这样零零星星，拖延了运输时间，增加了工作的困难。[2]

1946 年 5 月 4 日上午，西南联大在新校舍图书馆举行结业典礼，常委梅贻琦讲话，三校代表汤用彤、叶企孙、蔡维藩相继致辞。会后在后山为“国立西南联合大学纪念碑”揭幕，冯友兰先生在揭幕时诵颂了由他撰写的碑文，然后在图书馆前拍照留念。西南联大选择 5 月 4 日这个光荣的日子，告别养育他们将近九年的红土地，告别红土地上的父老乡亲和长眠在这块红土地的校友、烈士。也就在这一天，第一批复员北上的学生九十人，搭乘善后救济总署拉酒精

① 申泮文．三校公物复员北运回忆［M］//云南省政协文史资料研究委员会，西南联合大学北京、昆明校友会，云南师范大学．云南文史资料选辑：第三十四辑 西南联合大学建校五十周年纪念专辑．昆明：云南人民出版社，1988：115.

② 申泮文．三校公物复员北运回忆［M］//云南省政协文史资料研究委员会，西南联合大学北京、昆明校友会，云南师范大学．云南文史资料选辑：第三十四辑 西南联合大学建校五十周年纪念专辑．昆明：云南人民出版社，1988：116.

的汽车出发。以后，又分十一批陆续北返，公物的运输也按计划进行。

许多高校回迁时，往往把一些图书仪器及教学设备无偿赠予内地省份，以示感激内地省份在抗战期间的支持帮助，还有一些教师为了发展内地教育事业，自愿留下来任教。如西南联大复员后，原西南联大师范学院留昆明独立设置，更名为“昆明师范学院”，教育部任命已受聘于南开教育系查良钊教授任院长，北大教授罗庸、谭锡畴，清华教授杨武之、胡毅，南开教授蔡维藩、蒋硕民等，也分别向各校请假，留在昆明担任教学及行政职务。

同时，西南联大常委会还通过《国立昆明师范学院设置办法》《国立昆明师范学院与北京大学、清华大学、南开大学合作办法》，并由梅贻琦、傅斯年、张伯苓具函。自 1946—1947 学年度第一学期起，将西南联大师范学院改组独立设置，设文学系、英语学系、史地学系、数学系、理化学系、教育学系、博物学系、体育学系及附属中学。将西南联大师范学院所有校舍、图书仪器及其他校产，学生成绩与考卷等有关资料清册，移交昆明师范学院使用。西南联大师范学院原有教职工、学生由该院全数接受，继续办理。① 在此基础上，又对昆明师范学院经费、学科建设、科学研究加以擘画，并强调建立原来三校对口支撑昆明师范学院的计划要求。历史证明，内地高校的增加，无疑对西南、西北地区政治、经济、文化等各方面的发展起着极其重要的作用。

抗日战争的胜利，使广大高校师生沉浸在快乐和喜悦之中。迁校内地的，在外面当了八年流浪汉；留沦陷区的，在鬼子屠刀下做了孤儿。如今这一切都结束了！师生们又回到了自己熟悉的校园。老教授热泪盈眶，百感交集，青年学生更是欢呼雀跃。他们看到希望之门已经打开，展现在眼前的是读书、工作、教学、科研、著书立说，一片安静、和平的美好前景。但是这欢乐、这喜悦，极其短暂，人们一口气还未来得及舒畅地透完，形势又开始严峻起来——内战开始了。

---

① 清华大学校史研究室．清华大学史料选编：第三卷［M］．北京：清华大学出版社，1994：18．北京大学，清华大学，南开大学，等．国立西南联合大学史料：总览卷．昆明：云南教育出版社，1998：281－282．

二、西南联大历史使命的完成

在民族危亡、血雨腥风的岁月里，中国的学子精英们，不远万里踏上西南边际这块铁红色的高原。西南联大为这块红色的土地，留下了汗水，留下了智慧，留下了顽强不屈的信念，甚至留下了鲜血和生命，同时也留下了友谊和美好的回忆。

为了纪念那段栉风沐雨、艰难治学的难忘岁月，西南联大在四烈士墓不远的地方，树立了“国立西南联合大学纪念碑”。由冯友兰先生撰写碑文，罗庸先生手书，闻一多篆额。碑文如下：

> 中华民国三十四年九月九日，我国家受日本之降于南京。上距二十六年七月七日卢沟桥之变，为时八年；再上距二十年九月十八日沈阳之变，为时十四年；再上距清甲午之役，为时五十一年。举凡五十年间，日本所鲸吞蚕食于我国家者，至是悉备图籍献还。全胜之局，秦汉以来所未有也。国立北京大学、国立清华大学原设北平，私立南开大学原设天津。自沈阳之变，我国家之威权逐渐南移，惟以文化力量与日本争持平津，此三校实为其中坚。二十六年平津失守，三校奉命迁于湖南，合组为国立长沙临时大学。以三校校长蒋梦麟、梅贻琦、张伯苓为常务委员，主持校务。设法、理、工学院于长沙，文学院于南岳。于十一月一日开始上课。迨京沪失守，武汉震动，临时大学又奉命迁云南。师生徒步经贵州，于二十七年四月二十六日抵昆明，文、法学院于蒙自，于五月四日开始上课。一学期后，文、法学院亦迁昆明。二十七年，增设师范学院。二十九年，设分校于四川叙永，一学年后并于本校。昆明本为后方名城，自日军入安南，陷缅甸，乃成后方重镇。联合大学支持其间，先后毕业学生二千余人，从军旅者八百余人。河山既复，日月重光，联合大学之战时使命既成，奉命于三十五年五月四日结束。原有三校即将返故居，复旧业。缅维八年支持之苦辛，与夫三校合作之协和，可纪念者盖有四焉。我国家以世界之古国，居东亚之天府，本应绍汉唐之遗烈，作并世之先进。将来建国完成，必于世界历史具独特之地位。盖并世列强，虽新而不古；希腊、罗马，有古而无今。惟我国家，亘古亘今，亦新亦旧，斯所谓“周虽旧邦，其命维新”者也！旷

代之伟业，八年之抗战，已开其规模，立其基础。今日之胜利，于我国家有旋乾转坤之功，而联合大学之使命与抗战相终始。此其可纪念者一也。文人相轻，自古而然；昔人所言，今有同慨。三校有不同之历史，各异之学风，八年之久，合作无间。同无妨异，异不害同；五色交辉，相得益彰；八音合奏，终和且平。此其可纪念者二也。万物并育而不相害，道并行而不相悖，小德川流，大德敦化，此天地之所以为大。斯虽先民之恒言，实为民主之真谛。联合大学以其兼容并包之精神，转移社会一时之风气，内树学术自由之规模，外来民主堡垒之称号；违千夫之诺诺，作一士之谔谔。此其可纪念者三也。稽之往史，我民族若不能立足于中原，偏安江表，称曰南渡。南渡之人，未有能北返者。晋人南渡，其例一也；宋人南渡，其例二也；明人南渡，其例三也。风景不殊，晋人之深悲；还我河山，宋人之虚愿。吾人为第四次之南渡，乃能于不十年间收恢复之全功，庾信不哀江南，杜甫喜收蓟北，此其可纪念者四也。联合大学初定校歌，其辞始叹南迁流离之苦辛，中颂师生不屈之壮志，终寄最后胜利之期望。校以今日之成功，历历不爽，若合符契。联合大学之始终，岂非一代之盛事，旷百世而难遇者哉！爰就歌辞，勒为碑铭。①

碑文内容丰富、含义深刻，既回顾了三校南下联合办学的艰难历程，又阐发了西南联大办学的宗旨、精神，以及成功的经验。而随之而继的碑铭则在痛定思痛之后，对未竟的事业充满希望。以下为西南联大纪念碑碑铭：

国立西南联合大学纪念碑碑铭

痛南渡，辞宫阙。驻衡湘，又离别。

更长征，经峣嵲。望中原，遍洒血。

抵绝徼，继讲说。诗书丧，犹有舌。

尽笳吹，情弥切。千秋耻，终已雪。

见仇寇，如烟灭。起朔北，迄南越。

---

① 北京大学，清华大学，南开大学，等. 国立西南联合大学史料：总览卷［M］. 昆明：云南教育出版社，1998：283－284.

视金瓯，已无缺。大一统，无倾折。

中兴业，继往烈。维三校，兄弟列。

为一体，如胶结。同艰难，共欢悦。

联合竟，使命彻。神京复，还燕碣。

以此石，象坚节。纪嘉庆，告来哲。①

1946年7月13日，西南联大常委会举行会议，要求“各部门应赶办移交报销清理结束等事宜”，决定西南联大的经常费一律在24日截止。此次会议宣告“本大学于7月31日结束”。

1946年7月15日，西南联大召开校史上最后一次校委会会议，宣告西南联大正式结束。

7月31日，西南联大举行结束纪念大会，同时宣布昆明师范学院正式成立。

会上，梅贻琦将象征西南联大精神的火炬，传递到云南省政府代表、滇籍教授徐继祖先生手中。

西南联大的火炬，在南方红土地上久久地燃烧着。

西南联大历史使命的圆满完成，得益于广大师生的团结奋进，政府教育部门的保障，以及社会其他热心人士的协助援手。当然，更离不开梅贻琦校长的领导与奉献。

第二节　离乱岁月中的清华大学

1946年秋冬，国民党不顾人民对和平的渴望，冒天下之大不韪悍然发动内战，中国人民在中国共产党领导下最终推翻了以蒋介石为首的南京国民党政府，建立了人民当家作主的新中国。在血与火的离乱动荡形势下，清华大学的复员依序进行，饱受沧桑忧患，困难重重。这对校长梅贻琦而言无疑是身心创伤，亦使他心思岐乱，难以消停。

① 北京大学，清华大学，南开大学，等．国立西南联合大学史料：总览卷［M］．昆明：云南教育出版社，1998：284.

一、清华大学的动荡不安

从日寇铁蹄踏入清华园起，清华师生避地南迁，就把重返清华园作为自己奋斗的目标。平时奉行“无为而治”的梅贻琦校长，更是勇敢地挑起历史重担。现在，这一天终于到来了。梅贻琦全力投入新的任务——把清华之船完好无损地开回清华园。

（一）日本侵华重创下的清华园

清华园在沦陷期间，被日本侵略军占领，沦为日军兵营和伤兵医院，学校遭到了严重的破坏。仪器设备和家具损失达90%以上。图书资料被劫掠一空。图书馆变成了手术室和伤兵病房。前体育馆先后被用作马厩和食物储藏室，镶木地板被损坏得残破不堪，健身设备荡然无存。后体育馆被充作厨房，地板全部被拆毁。科学馆、生物馆、化学馆、土木馆、水力馆、电机馆等系馆建筑外观虽然依旧，内部多半已空无一物。旧南院（照澜院）教授住宅成了马厩，新南院（新林院）宿舍竟成了日军随军医院。清华园遭到了前所未有的洗劫。

日本投降后，清华大学立即派人来北平，接收清华园，且于1945年12月成立了由陈岱孙主持的接收委员会，负责处理接收和复员工作。谁知祸不单行，1946年1月，清华园竟被国民党联勤总部第五军区司令部“接收”，作为第38兵站医院。清华园再次蒙受劫难。校内家具被盗卖，大礼堂帷幕被撕毁，暖气设备拆毁殆尽，水管全部冻裂，地下室锅炉积水深达七八尺。直到是年7月，学校才从国民党军队手中收回清华园，开始艰苦的恢复工作。但是由于战后国家政治腐败，社会黑暗，教育经费拮据，物资供应匮乏，复员工作异常困难。教室、实验室、办公室、学生宿舍、教师住宅只能因陋就简，降格以求。梅贻琦在深秋时节由昆明转道重庆，前往清华园旧址展开考察和复校调研等诸多事宜。

> （1945年）11月26日，夜二点半起，三点半偕陈岱孙、施嘉炀、毕正宣出发，本栋夫妇起来送行，自卫（立煌）处借得吉普车……经歌乐山、蓝家桥，至五点一刻始达白市驿机场。中航公司无人照应，亦无候机处所，待至六点天明，渐落雨，将八点始得登机（C46），共上42人，分坐行李

上，又待甚久，九点一刻始起飞。十一点三刻到汉口机场加油，因太晚，决于明早飞平。在一旅馆觅屋两间，食汤面一碗，然后出至江边散步，略看炸后情状。……饭后因街上无灯，即回旅馆。七点半各上床，未久即入睡矣。

11月27日，早五点起，六点乘洋车至中航公司，六点半乘卡车至机场，八点一刻起飞，天气晴朗，甚平稳。十二点，在颐和园南之新机场降落。重到北平，快慰可知。在机场又待一时许，公司始有人来。大家取行李分乘木炭卡车三辆进城，在骑河楼遇陈福田，引往中央饭店下榻，得房二间，分住焉。稍息进咖啡点心后，出访张子高，适于中途遇见。又至前毛家湾晤陈雪屏等稍谈，……。八点余返寓，与诸人略谈接收情形。十点余睡。

11月28日，七点余起床。窗外一片银白，可喜可爱。早点后九点出城至清华园，下车在工字厅稍坐。日152兵站病院院长率人来见，表示暂容留住之意。随至各处查看一过。房舍外观仍旧，内部损坏甚重，至器物书仪之损失则一时尚难详查。十二点余返城内，在东兴楼（帅府园）约郑（天挺）、陈（雪屏）、张（子高）、邓（以蛰）、陈（岱孙）、陈（福田）、毕（正宣）诸君便饭，藉谈。下午四时私人作访。

11月29日，上午与福田、岱孙拜访北平市市长熊斌未遇，行营李（宗仁）主任亦未在，11战区司令部见吕文珍参谋长、蒯女士；教育局与英千里局长谈一刻许。

12月1日，上午六弟与宝仁、锡纯来看，范濂卿来。……下午参加清华同学会欢迎会。

12月4日，上午往北大理学院及祖家街工学院参观。饭后参观医学院。饭后张伯谨至寓谈青年团职员舞弊事。

12月5日，下午访雪屏久谈。四点在翠明庄约陈、陈、张，下午四点余与邓、施、毕开第一次保管委员会议。

12月7日，下午四点余与兼士陈雪屏、毅生谈补习班教员问题甚久。[①]

以上日记文字记录了梅贻琦返北平后做大量教育考察与清华复员工作，事必躬亲，辛苦备尝，振兴教育之心拳拳，可昭天地日月。

1946年，梅贻琦撰写《复员期中之清华》《复员后之清华》两文，就日军破坏清华园的大略情形做了报道：

北平系于去年十月中由第十一战区受降，本校于同年十月下旬由本校教授张子高、陈福田先生会同教育部特派员前去接收。琦于去年十一月二十七日偕同陈岱孙、施嘉炀、毕正宣三先生到平，翌日到清华园察看，接收尚未蒇事，缘数年来校园由敌人一五二兵站病院占住，最初有伤兵四千余人，职工一千三百余人，全部校舍，均被占用，破坏甚剧，如卫生设备，完全摈弃不用，改用日式之洋灰池槽，上下水道，凌乱不堪，亭钟铜炮，已被日方窃去，新图书馆全部改为外科病室手术室，旧体育馆为仓库，新体育馆为大厨房，凡斯种种，不及备述。本校于十二月初组织一保管委员会，由陈岱孙先生主持其事，陆续约用职员十余人驻校办理接收修葺等事。截止现在，日伤兵已全部离校。惟自今年一月杪，我后勤总部第五补给区司令部派员接收日一五二病院，并就地组织第三八病站医院，虽言明借用三个月，但在此期间，殊影响本校修葺整理之进行，现已向主管当局交涉，早日腾让。关于修理工程，去冬即约基泰工程司，先详细勘察估计，嗣因经费无着，未敢动工。最近得教育部核拨修建款，数虽尚不敷用，不得不于本月初赶即开工，预计到秋间开学，大致可以就绪。内部设备家具，拟先就必需者，简单制备。旧有之仪器图书，被剽窃一空，以后在伪北大及其他机关寻获图书若干，约抵原有册数之一半，而仪器机器则完全无法追还。以目前物价之高涨，经费之拮据，即努力撙节挹注，亦非三数年期间所能恢复旧观。[②]

清华园校舍，经敌人八九年长期占住，最初驻兵，继改作伤兵医院，

---

① 黄延复，王小宁．梅贻琦日记：1941—1946［M］．北京：清华大学出版社，2001：185－188.

② 黄延复，王小宁．梅贻琦日记：1941—1946［M］．北京：清华大学出版社，2001：133－134.

破坏甚重。去年春间，一部分房舍又为补给区军医院占用数月，待至七月中本校全部接收时，主要楼房虽外观大致依旧，而门窗残缺，内部装修，均须重新添制。图书馆、体育馆破坏最甚，时至今日，图书馆新书库尚未修好，纵能修好，亦尚缺一层，因钢架被拆卸残缺，最近期内无法亦无力配全矣。战前藏书数目，中日文书二十五万余册，西文书八万余册，合订本期刊三万余册。兹复员之后，自北平各处收回书籍，约中日文书十三万五千余册，西文书四万三千余册，合订本期刊二万余册。以册数言，损失约为一半，但收回者往往残缺，配补困难，则损失实在一半以上。故图书之补充，实为复校后重要问题之一。体育馆之前部运动场，因敌人用作食物仓库，七八年间污秽溃烂延及地板，接收之后，须全部改修，健身设备荡然无存，锅炉遗失，故供暖设备尚未修复，最近仅能供给浴室热水。新运动场敌人用作大厨房，地板全部折毁，目前因木料甚贵，暂时改用洋灰地面，勉强应用。游泳池尚未大坏，更衣室衣柜，则散失甚多。①

日军侵占清华园所造成的破坏是耻辱而反文明的罪孽，为清华大学恢复办学增添了障碍和艰难。

1946 年冬季，国共双方民主和平建国的协商谈判破裂，国民党对解放地区发动全面进攻，内战爆发，社会形势急转直下。这使清华复员办学举步维艰，雪上加霜。

抗战胜利后一年余，走进清华大学校园，首先映入眼帘的是残破不堪、劫损一空的凄惨景象。抗日战争期间，大部分高校被日寇占用，有的成了日本侵略者的兵营，经过八年的洗劫后，损失极为严重，家具地板及木门窗被拆毁烧掉，仪器设备被拆卸搬走，图书、期刊被抢劫一空，贵重零件散乱遗失，大型机器悉遭破坏，楼房内外积水四溢，杂草丛生，污秽不堪。对于归来等待复员的广大师生，面前的清华园疮痍满目，百废待举。

（二）国统区社会动荡不安

国民党将国家财政收入的主要部分用于大打内战，从而导致国统区民族工

① 刘述礼，黄延复. 梅贻琦教育论著选［M］. 北京：人民教育出版社，1993：138－139.

商业完全破产，工厂倒闭，失业工人激增。这一时期，国民党为了大肆搜刮民脂民膏，宣布用“法币”（国民党发行的纸币）一元折换“储备票”（汪伪政府发行的纸币）二十元。于是物价飞涨，工程停工，工人失业，全国人民处于水深火热之中。1948 年 8 月，国民党政府又搞所谓“币制改革”，发行全国债，致使通货恶性膨胀，物价一日数变，民不聊生，民怨沸腾。高校教师、学生的生活亦是每况愈下。

对于高校师生的困难和痛苦，国民党政府视而不见，充耳不闻，只关心如何消灭共产党。

日军鸠占鹊巢的野蛮行径和反文明破坏，国内战争的爆发和物质条件的困难，并不足以阻挡清华师生前进的步伐和发展的雄心壮志。至 1947 年 9 月，校舍修复及其他恢复办学工作基本完成。

复员后，清华大学的院系较战前有较大的扩展，已成为一个包括五个学院、二十六个系、三个教学部室（体育部、音乐室、图书馆）的综合性大学。但以梅贻琦为领航者的广大清华师生，并不以此为满足。梅贻琦写道：

> 清华园户外景像……，将有风景无殊之感，然而内在之创痕，固深且钜，则非以数年之人力财力不易恢复矣。……目前仅能达到勉可工作之阶段……而吾人之希望则又不应以恢复旧观为满足，必使其更发扬而光大，俾能负起清华应负之使命，是则我校同人在复校工作大致就绪之今日，犹日夜孜孜不敢不努力以赴者也。①

当然，事情不会依人们的主观愿望而转移。清华大学恢复及推进办学进展中的障碍难关重重。磕绊与麻烦常常添乱，使勉励前行中的梅贻琦左右为难，彷徨犹豫甚至无力推进。清华大学腾飞跃进的希望壮志难酬，“长使英雄泪满襟”。

二、清华大学的恢复计划及其实施

梅贻琦在三校北返平津诸项工作开展的同时，又进行清华大学复员设想的

① 梅贻琦．战后之清华［M］//刘述礼，黄延复．梅贻琦教育论著选．北京：人民教育出版社，1993：140－141.

商讨拟定，以及付诸实践。其“双肩挑”的工作，繁重而劳苦。

（一）清华大学的复员

早在1942年7月16日，清华第十八次评议会即作出决议：“提议各学系应就将来重建本校时所需最低限度之设备标准，预为调查估计，开列清单，以备参考。”1943年8月7日，清华第四十九次校务会议议决：“本校战后复校计划，拟请本会同人就有关范围先加考虑。”1943年9月11日，梅贻琦校长在第五十次校务会议上传达教育部精神，“转行政院咨嘱各教育文化机关，就在沦陷区所受损失及战后复原所需用费依现值估价列报”，以便战后向侵略者索赔。据此，该会会议作出决议：“拟请校长聘组委员会设计估量本校校产损失数量及价值之步骤及办法。”梅校长旋即聘定陈岱孙、吴正之、沈履三先生为该委员会委员，迅速地完成工作，最后由梅校长审定，作出各种报表，其中表明：“到上报时（1943年）止，清华共受损失校产为（国币）4876869400元，复原估价为6096086750元；教职工私人财产损失总值为189951800元。”

1945年5月3日，梅校长在清华第二十七次评议会上报告说：本校复校问题前在教部谈及，原则上应无问题。此时对于复校具体计划尚难拟定，唯师资之充实当为最切要之事项，盼各院系预为留意将来师资可以罗致之问题。①

1945年8月19日，即日寇宣布无条件投降的第四天，梅贻琦主持了清华第十七次校务会议，出席者叶企孙（研究委员会主席）、沈履（秘书长）、潘光旦（教务长）、陈岱孙（法学院院长）、吴有训（理学院院长）、冯友兰（文学院院长），全面讨论了本校战后复员计划，并议决如下之“十点规划”，这是此后几年梅校长领导清华复员迁校工作的思想和行动纲领：

1. 由校长偕同一二人员先往北平视察校址（园），以便计划修复；

2. 联大学生分配改入三校问题，本校可建议除参酌各学生志愿外，应顾及调节太多太少之情况；

3. 本校今后仍应着重学术研究，本科学生勿使太多（勿超过二千人）；

4. 本校特种研究所宜于复校后改组，除因得有特别补助另行设置外，

---

① 黄延复．梅贻琦教育思想研究［M］．沈阳：辽宁教育出版社，1994：257.

其研究工作以并入相关学系为原则；

5. 本校应筹划成立农学院（事前宜与北大洽商，以免重复）；

6. 本校为应航空研究所之需要，应筹设气象学系；

7. 本校将来经费，应请政府核拨。至本校基金之美金部分，利息仍留作留美经费；

8. 各学系教师人数，应依照部定名额，并参酌其他情由，预为配定，以作补充标准；

9. 本校长沙校舍，应留充本校研究工作站（或将一部分暂借与该区之清华中学应用）；

10. 本校应聘教授一人任图书馆长，以重馆务。[①]

1945 年 8 月 22 日，清华评议会第二十九次会议出席者梅贻琦（校长兼主席）、冯友兰、叶企孙、陈岱孙、潘光旦、沈履、李辑祥、黄子卿、赵访熊（后三人为教授评议员。缺席者尚有理学院院长吴有训，工学院院长施嘉炀，以及其他教授评议员张奚若、雷海宗、陈福田、朱自清、王裕光、刘崇鋐、汤佩松）批准了这个计划，并进而议决了“提请校长即行聘定人员组织本校复校计划委员会，筹划本校各种复校问题及复校所需预算”“提议本校于复校后应筹设大学出版部”等补充计划六条。

（二）清华大学复员计划的推进

在上述设想方案落实清晰之后，梅贻琦即全身心地为完美实现这一复校计划奔波劳碌起来。

清华大学第二十九次校评议会开过的第二天（1945 年 8 月 23 日），梅贻琦给抗战期间因故留在故居北平的清华元老之一张子高教授发了如下的一封长信，询问故园及平中情况：

子高吾兄：

别来六七年矣，今幸战事终了！作复校计划，但因交通困难，一时难言迁移。惟清华园情况如何，敌军投降后如何接收，琦与同人二三人亟思

① 黄延复．梅贻琦教育思想研究［M］．沈阳：辽宁教育出版社，1994：257 – 258.

觅机飞去一看，但目前尚难确定。闻平间有司徒雷登先生等任接管各教育机关之说，新任熊市长不久当可抵平。关于清华校产接收事，请即代表接办，盖接收之后，守卫尤为重要，则更好请觅旧日校警，如那、赵队长尚在邻郊，则最好委以护卫之责，免于敌兵退出后再受损失。至园中情形如何，请先以大概开示，好作准备。需款之处，不知能暂时挪借否。旧日同人当有可约帮忙者，惟此间意见应以未参加伪组织者为宜。请先酌约一二人帮同料理。此间详情未稔，不便指定，琦如能得便来平，或偕福田、正宣同来。福田抑或能更早飞到，则诸事更易商酌矣。此间已定稍提早开课（九月三日），学期稍为缩短，至十二月半可以结束。届时如运输有办法北返，否则继续第二学期课业，至六月四日结束，则复校种种可有较长时间办理也。平中物价如何处置？币制如何？校舍修复问题或非短期间所可办到。初着手时亦只能简单布置，但如有残破裂漏之处，则应即为修补，免更破坏。荒芜之处，则应拆除，稍求整洁，但即此，所费恐亦不赀矣。

圆明园前数年本经政府拨给我校，近顷同人且有办农学院之议，接收时请并注意。图书尚存者，闻已运至城内伪北大图书馆，则将来总可索还。敌人所办之科学图书馆，所存书籍不知如何处理，我校能分得一部分以稍补偿否？此类事项亦请留意，政府或将派人处理，但目前尚未有消息。

云卿（孔繁霨）、书存（邓以蛰）、本铁（萨本铁）诸兄近况如何？便中烦先致候。此间虽有数位赴美者，但大多数旧同事仍在校中，团结精神至可宝贵。去春叔玉（萧蘧）赴中正，日内正之（吴有训）又将往中大，喜慰与恋惜兼有之矣。①

为了做好清华和西南联大的复员准备工作，1945 年 10 月 11 日，从重庆教育善后会议回来之后，梅贻琦不顾旅途疲累，立即投入工作。他上午 10 时 15 分抵昆，中午即与叶企孙、沈履一起晤见冯柳漪、周炳琳等；下午查良钊、任之恭、毕正宣先后来谈工作；晚“清理琐事，12 点始睡”。②

---

① 梅贻琦. 梅贻琦函张子高［M］//清华大学校史研究室. 清华大学史料选编：第三卷. 北京：清华大学出版社，1994：401－402.

② 梅贻琦. 梅贻琦日记［M］. 北京：商务印书馆，2019：179.

1945年10月18日，梅贻琦主持清华教授会三十四年度第二次会议（常会），亦即日寇宣布无条件投降后之第一次教授会。梅校长在会上着重报告了如下三大问题：

教育部召集之善后复员会议：（1）关于专科以上之各学校复员问题，原则上已设西南、西北各校仍留原地，而历史较久、成绩较优，有迁回之必要者，得迁回收复区原地。（2）敌伪设立之学校于接收后均予以取消，教员及主要职员不再聘请，学生则由教育部加以甄别，另入补习班，予以补习，结业后由教育部分发或自由投考各大学。（3）收复区各原校之校舍及设备图书，校舍破坏者应由日本赔偿，其掠夺或毁坏之图书设备经调查后应向敌方追回或令补偿。

关于联大方面之复员问题：联大将以一整个单位，包括三校之教职员及学生由昆迁回平津，此中最困难者为交通，迁校时期最早须在明年四月以后，迁校经费与交通情形有关，教部虽在计算，但难确定。将来端视滇越铁路畅通情形或善后救济总署允拨借之车辆种种解决以后，方能谈具体迁移计划。联大师范学院经本省参议会及教厅要求留昆，教育部已允办，但具体办法尚待决定。

清华复员方面：（1）此次在渝已向教育部说明清华发展之计划，即：此后将于人才训练与学术研究并加注重。院系方面，则拟添办农学院；工学院中增化工系、建筑系；理学院中改气象组为气象系；文学院中增语言人类学系等，部方未有肯定表示，但或无大问题。（2）北平清华校舍之接收，学校已派陈福田、张子高、陈岱孙三先生负责，并已通告教育部。除陈岱孙先生可于下月北行外，其余二位业已在北平。至校舍接收情形尚未接到报告，仅报载清华园尚有四千余日伤兵留住而已。（3）长沙校舍：据石让斋之报告，破坏相当之大，门窗地板多已无存。此校舍作何用途，因教育部不主张设分校，故尚未作具体计划。湘大拟借用，校方未允，尚待考虑。（4）经费预算：清华既为联大之一部分，迁移经费自由联大统筹。关于北平清华校舍之修理及设备之添置，所需费用极为浩大，最近即当向教部提出，想政府自有一整个补充计划也。（5）基金方面：据中基会人员由沪来渝者称：我校之国币基金之各种契据均仍妥存，惟目前价值与将来能得利息若干，端视政府对战后金融调整计划如何，否则所值固极有限。①

根据有关情况以及实地考察，梅贻琦摸清了抗战期间清华园遭巨大破坏的详情，确定了复员后首先在校舍设备方面拟解决的问题。

大礼堂损坏尚轻，惟软木地板磨穿多处，讲台帘幕为士兵撕毁，门窗须修，顶漏须补，但修理工程较为轻易耳。一院大楼楼上仍为学校各行政部门办公处所，楼下为教室、办公室及学生临时宿舍。二院最后一排，前为敌人拆去，其未拆去部分，全部改作课室。同方部现仍存在，作小集会、大班教室之用。三院（旧中等科）房屋最老，经八九年之摧残，更形圮坏，修理困难，故后部各排均由校拆卸，以其砖木作他方修理之用。科学馆、生物馆、化学馆、土木馆、水力馆、电机馆、航空馆，各建筑外观如旧，内部设备全部无存，一桌一椅均须新做。所幸经同人多方努力，临时稍稍添置，加以自昆明运回之一批仪器，普通教学实验勉敷应用，但为树立教学基础，为提倡学术研究，则各系之设备，有待大量补充，无待赘言。

农学院去秋成立，校园内难觅适当房舍，幸得教部拨给敌伪建立之土木专科学校校舍（在颐和园东），加以修理，暂可敷用。

学生宿舍，新、平、善、明四斋，共有五百六十八间，原来设计，每间住二人，事实亦以住二人为合适，兹因学生增多，改住三人，共容纳一千七百八十余人，原为工友预备者，亦经住人，拥挤情形，住过此项宿舍之校友，可以想象。女生宿舍之静斋，共有六十八房间，每间原住二人，现亦改住三人，共住二百人。其以上斋舍不能容纳者，男生尚有五十余人现暂住在一院楼下，女生亦有四十人，住在古月堂。宿舍内设备，除铁床几经交涉，幸得保留外，其他家具均须新制。先修班学生二百余人，暂住在农学院。学生宿舍之问题，至今秋将更为严重，因倘如去秋情形，再收录新生一千左右，而今夏毕业者只有二百余人，则此增多之六七百

① 梅贻琦．梅贻琦手拟1945年10月13日校务会议报告提纲［M］//清华大学校史研究室．清华大学史料选编：第三卷．北京：清华大学出版社，1994：404－405.

人，如何安置？在工料高贵之今日，添建宿舍，将不可能，则惟有就现有房间估计容量，对增加人数而加以限额录取耳。

教职员宿舍，原有之学务处（工字厅）前部，怡春院，均经大加修葺，仍作单身教职员宿舍之用。此外，在体育馆后面，敌人建有平房三十六间，迤逦逼近气象台，俗呼为三十六所者，暂仍保留其大部房间，亦供作单身教职员宿舍之用。至于教职员住宅，旧有之三所、北院、西院、新旧南院，经修理改造之后，可住一百四十余家，另于小河之南，加建小房四十所（名胜因院），但仍不敷分配。盖因近来本校院系扩充，学生加多，教职员人数亦须相当增加，且本校僻处郊外，延聘教师，如有眷属者，不能不供给其住宅，若使往返城郊，不仅影响教学，且额外消耗，对其菲薄之收入，将更不能维持。此住宅问题，本校独感困难者也。

……

本校复员之后，院系有所扩充，现共有五学院二十六学系；计文学院有中国文学、外国语文、哲学、历史及语言人类学五系；理学院有数学、物理、化学、生物、地学、气象、心理七系；法学院有法律、政治、经济、社会四系；工学院有土木、机械、电机、航空、化工、建筑六系；农学院有农艺、植物病理、昆虫、植物生理四系。行政方面，遵照部令，分设三处：有教务处、秘书处、训导处。教务处下有注册组、图书馆。秘书处下有文书组、出纳组、事务组及校医室。另有校长办公室及会计室。此外，设有各种委员会，协助校务之进行。属于行政部分者，有聘任、工程、图书、仪器、燃料供应暖气设备、供电管制、校景、出版、大学一览等各委员会。属于学生生活指导方面者，有训育委员会（下分三组以负责：一、学生食宿指导；二、公费及学生救济；三、学生课外活动指导等事项）及一年级课业指导、奖学金等委员会。属于同人福利者，有住宅宿舍分配，教职员互利合作两委员会及教职员消费合作社，借此群策群力，本校复员工作得以顺利进行，至可感也。

本校复员后之情形，大致已如上述，因经济上之困难，目前仅能达到勉可工作之阶段，至于补充恢复，盖非以数年之人力财力不易完成，而吾人之希望则又不应以恢复旧视为满足，必使其更发扬而光大，俾能负起清华应付之使命，是则我校同人在复校工作大致就绪之今日，犹日夜孜孜不敢不努力以赴者也。

清华今日之问题，在物质方面为校舍（教室、实验室、宿舍、住宅等）之不敷住用，图书设备之需大量补充。在政策方面，则于计划训练大量青年之外，尤应注意于学术研究之提倡，此在战前，即已推行，今后更应促进。盖我校既因容量之关系，学生人数终须加以限制，则毋宁多重质而少重量，舍其广而求其深。最近添加建筑，既不可能，房舍支配势须拼挤，但内部设备，则必力求充实，各系老师，则必多方罗致，庶使青年之欲来我校者，虽不能尽量收容，其出我校者，则必使各具专长。而于学术研究方面，清华在战前，即在抗战期间，已有若干之贡献，今后成就，故不可以预期。但譬如种树，倘选种优良，种植得宜，培养灌溉，尽力维护，则春华秋实，将为自然之收获矣。①

当时南京国民政府教育部拨给清华大学复员修建费仅二十亿元，远远不敷清华大学复员各项工程和家具设备修理开支，经要求加拨，才续五亿元，随后又拨三亿元，总共拨给复员修建费二十八亿元，但仍大大不敷。至 1947 年 3 月底止，复员修建费又增至三十三亿元，当时实际支出则已达三十四亿元。

清华大学复员后，虽用这笔钱盖了教授住宅四十所（胜因院），并大致恢复了被破坏的建筑，购置了一些家具，以应付开学需要。由于经费有限，修建后的清华园，并未恢复旧观，如图书馆的钢书架，一时无法亦无力配全，后体育馆因嵌木地板被毁，而木料昂贵，只能改用洋灰地面。体育馆浴室更衣柜散失很多，亦无法购置配齐。而学生人数较战前倍增，学校却无力扩建学生宿舍，以致一部分大一学生，只好住在一院、二院教室里，一二十人挤住一间，卫生作息都不方便。

---

① 梅贻琦．复员后之清华［M］//刘述礼，黄延复．梅贻琦教育论著选．北京：人民教育出版社，1993：139－142.

三、清华大学复员后的办学情形

还在三校返迁之前，梅贻琦对清华大学未来的学科建置及教授名师物色聘用等大学教育的关键问题做了周密的设想。他说：

> 秋间复校后，为应国家社会之需要及本校学科顺序之发展，就院系言之，将成立农学院，即以农业研究所之基础，设置四五学系。文学院增设语言人类学系，以注重边疆民族语言文化之研究。理学院地学系原有气象组，今另成一系，以提倡高空气象之探讨。法学院将添设法律系，以实现十年前原拟之计划。工学院添设之化工系在今日之重要，固无待赘言，而建筑系则目前欲应社会之急迫需要，解决人民居室问题，城市设计问题，于人才训练上，于学术研究上，皆当另辟蹊径，以期更有贡献于社会者也。下年学生名额，约必有相当加增，但现有宿舍及设备，尽量容纳，不能超过二千人。师资方面，当亦须增聘，除随校南来各教师，夏间当设法妥送返校外，其休假或请假在国内或国外者，已敦促务于秋间返校任教，另再增聘若干位，务使新旧院系，即设备尚多欠缺，而师资必蔚然可观，则他日诸校友重返故园时，勿徒注视大树又高几许，大楼又添几座，应致其仰慕于吾校大师更多几人。此大学之所以为大学，而吾清华所最应致力者也。①

1946 年 10 月 10 日，复员后的清华大学在清华园开学；11 月 5 日，第一学期正式上课。虽然学校办学条件简陋，学生人数却增加到二千三百多人，比战前多出二倍。学生人数再加上教师三百八十人，职工三百四十人，全校师生员工总数共三千多人。其中，教授、副教授一百一十人。其中包括已聘拟聘（已发聘书而当年未到校）之李方桂、李济、赵元任、萨本栋、赵忠尧、彭桓武、林家翘、萨本铁、李卓浩、容启东、王熙、沈有乾、程裕淇、虎矫如、浦薛凤、萧公权、林侔圣、周贻园、李景汉、吴泽霖、戴秉衡、苏汝江、蔡方荫、王龙甫、阎振兴、钱伟长、钱钟韩、李郁荣、陈宗善、王德荣、王宏基、钱学森、

① 梅贻琦. 复员期中之清华［M］//刘述礼，黄延复. 梅贻琦教育论著选. 北京：人民教育出版社，1993：134－135.

冯桂连、屠守锷、沈元、张大煜；丁绪淮、梁思成、刘致平、李先闻、韩德章、俞大绂、凌立、汤佩松、娄成后、殷宏章、张信诚、潘尚贞、钟俊麟等。此次复员开学后，清华大学校园面积和建筑面积也有所扩大。清华园原址，面积只有九百六十亩，抗战前增至一千二百多亩，复员后逐步有所增加，学校接收了原日伪土木专科学校校舍及其邻近土地，作为战后增设的清华农学院校舍；在校园以南，购地若干亩，建设教授住宅，为纪念抗战胜利，取名“胜因院”，又建设了教职员住宅区，为纪念抗战时期清华坐落在昆明大普吉镇难忘的岁月，取名“普吉院”；在校园以东，又购地一百一十二亩，供清华工学院新建实验馆舍之用。截止到 1948 年，清华大学校园面积扩大到了一千六百多亩，建筑面积增至一万零四千六百三十五平方米。

清华大学扩大院系的意图，在复员前就已提出来了。复员之初，梅贻琦即表示清华大学“不应以恢复旧观为满足，必使其更发扬而光大，俾能负起清华应负之使命”[①]。1945 年，教育部召集全国教育善后复员会议。会前，清华大学文学院院长冯友兰撰著《大学与学术独立》（后收入 1945 年版《南渡集》），要求“把现有的几个有成绩的大学，加以充分地扩充，使之成为大大学”。他主张在这样的“大大学”中，“必须有许多很冷僻的学问”，“使他们能够包罗万象”，“什么专家都有”。这种“大大学”的职责不只是教育学生，而且“是国家的智囊团”，要负起时代的使命。他的这种主张反映了当时清华大学校长梅贻琦的设想。1945 年 10 月，梅贻琦就草拟了一个《本校复员后院系充实计划草案》。1947 年 4—5 月，他又连续撰文《复员期中之清华》《复员后之清华》《复员后之清华（续）》，提出增设上述各系的庞大方案，“呈请”教育部审核。但是，时任国民政府教育部部长的朱家骅表示：“在此民穷财尽之秋，教育部应付现状尚极感困难之际，断难谈到增设院系。”他要求清华“放弃增设院系”[②]。当时清华与教育部还因“接收”日伪时北平大学工学院、农学院与医学院问题

① 梅贻琦．复员后之清华［M］//刘述礼，黄延复．梅贻琦教育论著选．北京：人民教育出版社，1993：141．

② 见 1946 年 3 月 30 日沈履致梅贻琦函，清华昆明办事处档案，时沈履代表清华在重庆与教育部交涉扩充院系问题。

发生争吵。梅贻琦表示北平大学工学院设备、房舍皆颇单简，如北大不欲接办，似宜改作高级工业职业学校，以造就中下级技术人才；对医学学科专业则表示师资缺乏，“故清华不敢问津”。但教育部害怕解散北平大学会引起学生反抗，1946 年 4 月初与北大、清华协议，提出将北平大学工学院改为清华工学院，由清华主持。这种折中办法因行不通而作罢，最后改为北平大学各学院全部由北大接收，但教育部又因北大已接办了农学院，以“避免重复”为辞，不同意清华再设农学院，梅贻琦则以早在十年以前教育部即已命清华办农学院为理由，与部方“力争”。“复校之后旧有院系须力求充实，然后于文、理、工三院增添数系，以应国家建设之需要，并就农业研究所基础成立农学院，此外一时恐无余力再事扩充。”①

复员后的清华大学院系，较战前有较大的扩展。其中，文学院增加了人类学系。经过梅贻琦及清华园同人的多方努力，理学院增加了气象学系。在西南联大时附属于哲学系的心理学组，这时也恢复独立的心理学系。法学院增加了法律学系。工学院增加了航空工程学系（西南联大时已设）、化学工程学系和建筑工程学系。此外，还在原农业研究所的基础上新设了农学院，包括农艺学、植物病理学、昆虫学、农业化学（后改称植物生理）四个系。这样，清华大学就成了一所包括文、理、法、工、农五个学院，共设二十六个系的综合大学（见表 7-1），比战前的清华大学尚多了十个系。另外，还设一个先修班，一个研究院以及二十三个研究所。

表 7-1　复员后清华大学的院系设置

院名称	系名称
文学院	中国文学、外国语文学、哲学、历史学、人类学
理学院	数学、物理学、化学、生物、地学、气象学、心理学
法学院	法律学、政治学、经济学、社会学
工学院	土木工程学、机械工程学、电机工程学、航空工程学、化学工程学、建筑工程学
农学院	农艺学、植物病理学、昆虫学、农业化学

① 清华大学校史研究室．清华大学史料选编：第三卷［M］．北京：清华大学出版社，1994：406-407.

梅贻琦在失望中苦苦支撑，使清华这艘经历了惊涛骇浪的巨轮，回到它原来的港湾。经过几年的奋斗，清华园由一片废墟而恢复了旧观。这真应了孟子的那句话，“故国”端赖的是“世臣”。梅贻琦以及与他休戚与共的大师们，也可算是那个时代使清华大学得以生存与复苏的“世臣”吧！

清华大学的办学方针、教学制度、课程设置、教学作风与战时一脉相承，保持了清华治学精神和文化特征。起初，以梅贻琦为代表的清华校方曾力图重整旗鼓，恢复战前清华繁荣。然而，事与愿违，南京政府意在“剿共”，将教育置于脑后。由于南京政府当局发动全面内战，闹得兵荒马乱、物价暴涨、民不聊生，教育经费短缺，师生员工的生计难以维持，梅贻琦复兴清华大学往日优势的宏伟蓝图难以实现。

四、悲情离别清华大学

1948 年 12 月，北平和平解放，守卫北平及周边区域的傅作义将军与中共和谈成功，免去了千年古都的战火轰炸以及人民生命财产的巨大损失。在此前后一段岁月，清华大学遭遇了新旧中国制度改造的“新桃换旧符”，日月换新天。梅贻琦出于复杂的心态及某些困惑在悲情依依中洒泪辞离苦心经营、终身矢志不渝的奋斗之地。清华大学在新中国的阳光照耀下掀开了新的篇章。

（一）北平解放前的教授“抢救”

从 1948 年秋季开始，国民党对共产党的根据地、解放区从先前实行“全面进攻”，转向“重点进攻”。国民党在中国人民解放军的反攻下不断惨败；同时国统区经济崩溃，政治紊乱，呈现全面失败的迹象。到了 1949 年年初，辽沈、平津、淮海三大战役结束后，国民党统治中心南京，以及上海、武汉等大城市已处于解放军的直接威胁之下。国民政府被迫迁往广州，同时下达了“国立院校应变计划”，要求各大专院校拟具应变措施，选一迁校地址，呈教育部备案。然而，各地高校的广大师生不但未予理睬，反而积极投入保护学校，迎接解放战争的胜利中。

据当时校友回忆清华园解放前夕的境况：

1948年12月13日清晨，我们在睡梦中被远处传来的低沉的炮声所惊醒。起初还以为是国民党军队演习，但当走出宿舍向周围张望时，却见新斋东面墙外的平绥路路基上，大队国民党军队沿着铁路向北平城方向撤退。这天上午，学校还上课，我们机械工程系三年级的同学在电机馆阶梯教室听唐统一教授讲授直流电机课。讲完课后，唐教授平静地宣布，将要进行一次考试。同学们七嘴八舌地说，炮已打到跟前了，不考了吧。唐教授风趣地说，反正在清华解放之前，我要考你们一次。但由于风云突变，唐教授的话未能兑现。就在当天午后，清华园周围响起了炽烈、持久的枪炮声和爆炸声，一场激烈的战斗正在附近展开。学校停课了，大家都躲在宿舍里，但却怀着激动的心情迎接即将到来的解放。直到傍晚枪炮声才沉寂下来，为了防止意外，学校当局让同学们搬到比较坚固的建筑中去过夜，我们去机械馆里睡了一夜。

第二天，12月14日，一觉醒来，阳光和煦，校园里外一片寂静。国民党军队撤走了，解放军也未见归来。北平周围战局究竟如何，谁也不清楚。这时校邮局给我送来一张前一天到的汇票，是家里给汇来的生活费，要到城里前门外一家银行去取。这却使我很犯愁，还能进城去吗？有没有危险？我抱着试探的心情，来到二校门，出乎意料的是，居然还有进城的最后一班校车，我不假思索，就跳上车去。

一路平安进得城来，我立即赶到前门外那家银行。取出汇款，已是下午三四点钟。银行的职员见我是从城外来的，纷纷向我打听郊区的战况。他们都没有什么紧张不安的情绪，就像是在等待着一件早晚要发生的事似的。这时，传来消息，城外又打起来了，城门都关闭了。银行的人对我说，你回不去了。我急忙赶到骑河楼和东华门，果然校车不开了。我想这下可糟了，自来清华上学，还未在城里住过，现在被困在城里，先得设法找个住处。那时已暮色茫茫，我先去东安市场一家小饭馆吃了顿饭，边吃边寻思，忽想起沙滩北京大学学生中，有一面之缘的上海老乡，于是找到北大，找到那位同学，找到学生宿舍的一个空床位，睡了一夜。次日，12月15日，一早匆匆赶到东华门，那里已聚集了十几位同学，正在与校车老板交涉，让他派车送我们回学校。哪知老板高低不干，他说，兵荒马乱的，车只要一出城，准被国军截走。大家也体谅他的难处，只要求他把我们送到城门口，由我们自己走回去。大家虽不清楚城外情况，但都决心不管有什么危险，也要回学校去，不能困在城里。老板终于同意送我们到城门口，因听说西直门不开，便把我们送到阜成门。这时城门口的国民党军警、便衣如临大敌，对进出城的人，一一搜查。那天出城的人较少，我们这十几个人被搜身检查后就放行了。

走到海淀镇，才见到了人群，有的店铺还开门营业。大家舒了一口气，这支临时凑成的返校队伍，也就自动解散。这时已是午后二时许，我在镇上吃了顿包子，然后快步跑向校园。一进了西校门，悬着的心才彻底放了下来，终于到“家”了。校园中一片欢声笑语，真使人有“解放区的天是明朗的天”的感受。同宿舍的同学庆幸我平安归来。我也觉得能平安地通过火线去北平城走一个来回，有点不可思议。后来毛选卷四出版了，在学习其中关于平津战役作战方针的部分后，才明白，解放军打到清华园附近时，正处于战役初期的“隔而不围，围而不打”的阶段，东北、华北解放军一下子把从张家口到塘沽的国民党军队切割成五段，但不立即攻击，傅作义也被迫收缩自己的部队，因而在北平城郊一度出现了一些军事上真空的地段。

回到清华园后，大概是第三天下午，国民党的飞机突然到清华园上空盘旋，扔下几颗炸弹，幸未伤人。不久荣高棠、钱俊瑞同志先后来到清华与师生见面，东北野战军文工团也来校演出《杨勇参军》《血泪仇》等歌剧，同学们都组织起来学习文件、政策，准备进城的宣传工作，以迎接北平的解放。①

早在1948年11月，苟延残喘中的南京国民政府教育部就曾计划将平津等地的著名学府南迁。11月22日，北大胡适为此专门召开会议。24日，教

① 韩惠康．清华园解放见闻片段［M］//孙哲，黄文辉，解红岩，等．春风化雨：百名校友忆清华．北京：清华大学出版社，2011：123－125.

育部督学来北平，与各大学校正式交换迁校意见，并“抢救”教授。对这种“抢救”，各大学均兴趣不大，清华为此专门召开教授会议讨论迁校问题。结果决定，“不予考虑”。1948 年 12 月 4 日，《观察》杂志第五卷第十五期发文《烽火边沿的清华园》，评论所谓“抢救”时，不无讽刺地说道：“最多可能几架飞机带走几位正统教授和一颗重不过半斤的关防，来一个象征式的‘抢救’！”

即使这种象征式的“抢救”，各地高校中响应的人也是寥寥无几。平津解放前，蒋介石曾亲自部署，指定“各院校馆所行政负责人”“因政治关系必离者”“‘中央研究院’院士”“在学术上有贡献者”四类人员的撤离计划，责成陈雪屏、蒋经国、傅斯年三人小组具体负责，教育部部长、国防部部长也参与其事，“华北剿总”负有协助的责任。

时局发展，使梅贻琦对复员后发展教育、办好清华的愿望蒙上了一层浓厚的阴影。这种低调、愁苦心绪已有几年，潜藏在这位寡言少语而又刚毅坚定的清华校长心中，难以排遣，虽忙碌中有所淡化，清华复校的成效带来一丝慰藉使之有所抚平，但仍常常萦绕心头。明末文学家汤显祖《牡丹亭》中词句“剪不断，理还乱，梦无端”是其真实写照。

1945 年 10 月 28 日，他在日记中写道：

> 晚赴章矛尘（章谦）之约，同座为傅（斯年）、杨（振声）、汤（汤用彤），皆北大同人。……谈及时局及学校将来问题，颇兴奋。盖倘国共问题不得解决，则校内师生意见更将分歧，而负责者欲于此情况中维持局面，实大难事。民主自由果将如何解释？学术自由又将如何保持？使人忧惶！深盼短期内得以解决，否则非但数月之内，数年之内将无真正教育可言也！①

1945 年至 1946 年国共双方在重庆谈判所签订的《双十协定》条文很快被撕毁，大规模内战终于全面爆发。梅贻琦居留北平期内，连续两次接“教部促归电”。由于昆明于 1945 年 12 月 11 日发生了震撼中外的“一二·一”惨案，他回昆后，不得不暂时放下急迫而繁巨的清华复员工作，整整用了三个月的时

① 黄延复，王小宁．梅贻琦日记：1941—1946［M］．北京：清华大学出版社，2001：183.

间，才使事件基本告一段落。接着，1946 年，又发生了闻一多遭特务暗杀的惨案，而且风闻还有为数众多的民主人士（很多是清华或西南联大教授）已被列入特务们下一步暗杀的“黑名单”。这一系列的突发干扰事件，又使他为安葬死者，安抚被害者家属，以及安置其他有危险的人物（张奚若、潘光旦、费孝通等），避开敌人凶焰等煞费了一番心血。一连串的变故，再一次打击了他战后为发展教育再尽心力的愿望和信心。1946 年 3 月 11 日，他独自在庭院里修整花草，发出慨叹说：“从事教育逾三十年，近来颇感失望。他日倘能如愿，吾其为老圃乎！”①

1947—1948 年这两年中，无论是政局还是校局，都使“负责者欲于此情况中维持局面，实大难事”。事实上，从 1946 年国共谈判破裂起，学潮就基本上没有断过，使得梅贻琦这位“负责者”，整天在学生、教师和当局之间疲于奔命和穷于应付。其间形势，以及梅贻琦内心焦灼之情，于此可见一斑。如 1948 年 8 月，军警又要入校抓捕学生，梅贻琦和胡适联名给教育部部长朱家骅致电，其中有云：

> 此事万不得已，或可由正规法院执行，若用军警进校，则适、琦以为不可行，行之必致学校陷入长期纷乱，无法收拾，政府威信扫地，国内则平日支持政府者必转而反对政府，国外舆论亦必一致攻击政府。论者或以为美欧已有清共法案，必能谅解。……决不能谅解军警入校捕人之现状。试设想最近云南大学的怪象若重演于北大清华等校，国家所蒙有形无形损失固不可胜计，而全校学生骚动，教员解体，适、琦等亦绝无法维持善后。故敢以平日忧虑所及，以去就谏阻此事。深盼政府郑重考虑，并乞务转呈总统为感。②

梅贻琦在压力困境如此巨大的情形之下，仍念念不忘保护爱国师生，维护校园教学运转如常，以及师生生活相对安稳，其情义之深、热望之高、教育英才职责许身之切，让人叹为观止。我想这又从一个侧面反映出梅贻琦之于中共

① 黄延复．梅贻琦教育思想研究［M］．沈阳：辽宁教育出版社，1994：274－275．

② 黄延复，钟秀斌．梅贻琦画传［M］．成都：四川教育出版社，2013：119．

反蒋爱国“第三条战线”的民主运动，学生学潮是有积极贡献的。

(二) 梅贻琦乘机离开北平清华大学

1948 年 12 月 13 日，北平围城解放的进程正在迅速推进中。中午光景，远处传来了阵阵炮声。很快由远而近，隆隆之声震撼着清华园，到下午机关枪清晰可闻，学校下午宣布停课，人们兴奋地到处传递着解放的信息。梅贻琦这天上午离校进城取校款，拟于下午回校给员工发放工资。14 日，他再次进城，却因城门关闭而无法返校。此时的梅贻琦已经预感到可能会有突发情况，所以在此次进城前将校长室秘书沈刚如招至住所，当面转交了保存在自己手中的一批公物：一包股票，由天津卢木斋后人出资与清华合办数学研究所基金的契约，金元一枚，金条一根。晚上，梅贻琦与校内通电话，得悉城内与城外的交通已断绝，不能再返校了，便在电话中安排，请校务会议代理校务，由冯友兰任主席，暂主持校内事务，设法维护校产及师生安全。自此开始，梅贻琦就离开了他“生斯长斯”，每时每刻都在“魂牵梦萦”的清华园。①

1948 年 12 月 15 日，胡适匆匆赶到梅贻琦的住处，告诉梅贻琦，南京方面要派“教授专机”来“抢救”在平教授，劝他出走。胡适邀梅贻琦参加“教授专机五人小组”，负责抢运教授的机位安排事宜，并递了一份必须“抢救”的教授名单。梅贻琦沉吟片刻，一语不发地接过名单，随胡适而去。

这一天离梅贻琦六十生辰正好还有半个月，清华同事原定进献油画像一幅，并有冯友兰写的祝寿词，以及张子高的油画像题词，装成册子，清华同人都签名于后，“梅先生已行，颇可惋惜”。册子仍传阅，浦江清也补签名于后。② 他们对梅贻琦的敬意，倒是并没有因时局的变化而变化。

经过一番紧张的筹备，一切安排就绪。12 月 20 日，胡适乘第一架教授专机先行离平。次日，梅贻琦搭第二架专机飞抵南京。刚下飞机，就被国民政府行政院孙科内阁任命为“教育部部长”，梅贻琦坚辞不就。

1948 年 12 月 29 日，按中国传统习惯，是梅贻琦的六十岁寿辰，清华师生

---

① 黄延复，钟秀斌．梅贻琦画传［M］．成都：四川教育出版社，2013：122－123.
② 浦江清．清华园日记：西行日记［M］．增补本．北京：生活·读书·新知三联书店，1999：267.

曾筹备了一次庆寿活动，包括《清华学报》在内的一些校园刊物还提前出了“庆寿专号”。可惜因为时局关系，这次活动最终未能实现。当年，建筑系教授李宗津曾为梅贻琦作了一幅寿像，兹录张子高先生所撰《梅贻琦先生六十寿像序》于兹，以飨读者。

维中华民国三十有七年十二月二十九日，今国立清华大学校长梅公月涵登寿六十，在校同人倩画师为图公像，而以祝嘏之辞属之子高。子高维公于清华自其海外游学，归国掌教，以及主持物理系，为教务长，为留学生监督至于校长，凡三十有九年；而长校且十七年矣。以人之岁月几何，而致身竭力于一校至于如斯之久，世所罕觏。积功累绩，曩者于公任教二十五年纪念时，校内外各有所殚述矣，奚取烦渎。独念大学为学术之府，有兼容并包之任，继往开来之责。校长分寄其任于诸教授与各执事；诸教授与各执事各尽其责于诸学子。至于因革损益之大端，猝然非常之异变，校长则于教授会、评议会、校务会议与同人共商讨之。每有大计，同人既本其识见所可及，尽其意量而出之，时或反复辩难，势若不相下，公则从容审夺其间。其定议也，往往各如其意，充然若有得也。于是意克一而事可济。举凡校务巨细，纷纭多端，公一以平，称安详之度处之，初未尝独标一意，固执一笔，以为非此莫能为也。古之君子，集思广益，善善从长，固非彼优柔寡断、模棱两可者所得借口也。譬诸洪炉，祥金竞跃而一归于熔冶；譬诸大海，群流趋赴而汇合以成其广深。传曰：“有容德乃大。”又曰：“若有一个臣，断断兮无他技，其心休休焉，其如有容焉。人之有技，若己有之；人之彦圣，不啻若自其口出，实能容之以能，保我子孙黎民，尚亦有利哉！”公之所为，其有得于古大德“一个臣”所为欤？

吾固思夫居今之世，处高明之位，应斯民之寄，而欲为黎民子孙福利计者，闻公之风，其亦有所动于中乎？推此廓然大公，物来顺应之怀，以表率群伦，风流所被，讵有艾耶？同人既本昔代公绣像之意，写公面目之真矣。高所云云。傥有得公性情之真于什一乎！谨书此以为公寿。[1]

---

① 黄延复，钟秀斌．梅贻琦画传［M］．成都：四川教育出版社，2013：119－121．

梅贻琦辞离清华园的缘由有种种说法，此处不拟叙述纠缠。作为一位资深高等教育家，身处民国特殊年代，内心情绪复杂是自然的。有关的文献素材所述不一，此处列举若干。“当时我舍不得也不想离开清华，我想就是共产党来，对我也不会有什么，不料这一晃就是几年，心中总是念念不忘清华。”（袁随善：《怀念梅贻琦老校长》）不过，在别人的笔下，同一情形却有另一番描述，梅贻琦离校那天，当时也在清华任教的吴泽霖教授在学校门口碰见梅贻琦，吴泽霖问梅贻琦是不是要走，梅贻琦说：“我一定走，我的走是为了保护清华的基金。假使我不走，这个基金我就没有办法保护起来。”（吴泽霖：《在回忆梅贻琦先生座谈会上的讲话》）

1954 年 3 月，他的儿子梅祖彦在美国完成了学业，决定转道法国返回北京，为建设新中国服务。梅贻琦不鼓励，不阻止，只是在为人处世的道理上做一些劝勉，以示尊重儿子对自己前途的选择。

梅贻琦乘机到南京后不久，便于 1949 年年底移居纽约。在纽约，他以清华大学校长的名义，掌管了清华在美国的基金，并保证这笔基金的每一分钱都用于清华。据说，他曾托熟人向北京清华大学表示，可以用在美的清华基金为北京清华大学购置图书、仪器。鉴于当时情势，这个建议没有得到落实。周恩来在对北大、清华等高校负责人发表谈话时曾说：“梅贻琦先生可以回来嘛！他没有做过对我们不利的事。”这表明了新中国主要领导人对这位清华大学功臣、一代教育家的欢迎态度。

梅贻琦对中共采取了包容理解的态度。对有中共背景的朋友，他能以诚相处；对校内发生的“左右”之争，他的同情多倾向于共产党及其盟友一边，这在战后的“一二·一”惨案及闻一多遇刺案的处理中，都可以看出端倪。他真心希望国民政府能够顺乎民意，解决好国共两党之间的问题，使国家走上和平复兴的道路。

（三）清华大学进入新时代

1948 年 12 月 15 日，中国人民解放军进驻海淀，清华园解放了！这是清华历史上伟大的一日！

几天后，在清华西校门口，贴出了一张庄严的布告，上面写着：

中国人民解放军第十三兵团政治部布告

为布告事，查清华大学为中国北方高级学府之一，凡我军政民机关一切人员，均应本我党我军既定爱护与重视文化教育之方针，严加保护，不准滋扰，尚望学校当局及全体学生，照常进行教育，安心求学，维持学校秩序。特此布告，俾众周知！

此布

政治部主任 刘道生

中华民国三十七年十二月十八日[①]

中国共产党北平军管会正式接管清华大学。军管会文化接管委员会主任钱俊瑞对全校师生员工宣布接管方针：第一，今后清华应实行新民主主义的文化教育，取消过去教育中反对人民的东西，改革过去教育中脱离人民的东西。第二，教育通盘改革是一个复杂的工作，必须逐步前进，对于现有的机构与制度，除立即取消训导制度和立即停止国民党员及三青团员的活动外，其他一律暂时照旧。第三，学校经费由军管会负责供给，教职员一般采取原职原薪的办法，以后当实行量才录用与考绩升降。

1948 年 12 月，新成立的北平市人民政府接管了清华大学，由冯友兰教授为主任的校委会主持校政。从 1911 年建校到 1929 年，先后毕业留美预备生一千二百八十九人。自 1925 年设立大学部到 1948 年年底，清华大学共毕业大学生二千五百四十九人，其中工科毕业七百四十二人，研究生毕业一百三十八人。[②]

在中国共产党领导下，迎着新中国的朝阳，清华迈开坚定的步伐，又继续前进了。

---

① 毛礼锐，沈灌群．中国教育通史：第六卷［M］．济南：山东教育出版社，1989：16.

② 吴惠龄，李壑．北京高等教育史料：第一辑 近现代部分［M］．北京：北京师范大学出版社，1992：36.

第八章

广博与深邃：梅贻琦的大学教育理念（上）

清华大学的办学成功不是偶然的，其所取得的卓越成就与广泛的社会影响，是与梅贻琦校长广博而深邃的大学教育理念分不开的。

第一节　德智体美群劳诸育和谐发展

以德、智、体为中心多方面促进学生全面发展的教育学专业思想在中国近代最早源于严复“新民德”“开民智”与“鼓民力”的主张。蔡元培在1912年的《对于教育方针之意见》一文中提出世界观教育、公民道德教育、美感教育、军国民教育及实利主义教育“五育并举”的思想。但从教育哲学立意形成和谐全面教育学观念的当数近代史学家、教育家王国维。王国维于1903年在《论教育之宗旨》一文中说：“教育之宗旨何在？在使人为完全之人物而已。何谓完全之人物？谓人之能力无不发达且调和是也。人之能力分为内外二者：一曰身体之能力，一曰精神之能力。”进而指出：“发达其身体而萎缩其精神，或发达其精神而罢敝其身体，皆非所谓完全者也。”因此，他认为：“教育之事亦分为三部：智育、德育（即意育）、美育（即情育）是也。”①

梅贻琦在上述教育先辈基础上构建的全面发展教育理念，是通才教育的思想渊源。西南联大主要推行的是通才教育，即涵括德、智、体、美、群、劳诸育内容，“六育并举”体现了梅贻琦和谐发展思想对以往的超越。人才培养的目标就是“新民”。这显然是以人为本的体现，并且还认为“教育之最大的目的，要不外使群中之己与众己所构成之群各得其安所遂生之道，且进以相位相育，相方相苞；则此地无中外，时无古今，无往而不可通者也。”② 唯有如此，方能使学生达到真善美的境界。

一、德育

“德育”是梅贻琦通才教育思想的灵魂，其教育思想的核心观念是人的培养与教育，以人的品格养成为鹄的。显然，这与中国古圣先贤及古希腊的教育思想有相通之处，与近代教育体制注重将人培养成技术人才、科研人才即所谓

---

① 王国维．中国人的境界［M］．北京：中国工人出版社，2016：2.

② 梅贻琦．大学一解［M］//刘述礼，黄延复．梅贻琦教育论著选．北京：人民教育出版社，1993：99.

专门人才，而不太注重其内心修养有着重大的区别。他的教育思想在那个非常时期，有力地撑持了清华大学和西南联大的校品、校格。

学生“健全人格”是德育教育的重要一环。对学生“知”“情”“志”三方面的培养，既是通才教育的目标，也是通才教育的基础。在梅贻琦的教育思想中，爱国主义与健全人格的思想不仅本质相同，而且二者互相渗透、相互融合。爱国主义教育与全人格相结合的教育思想融合了教育的社会属性、社会价值，以及自然属性、自然价值，极具梅氏教育思想的个性特征。

梅贻琦所推行的德育，主要是爱国主义和全人格两大项。他通过言传身教，身体力行地在爱国主义个人修养方面为学生作出卓越的表率。其中，全人格教育（或称“士”的教育）是德育的核心，爱国主义则是健全人格养成的具体表现。这两项从本质上来说是趋于一致的。正如时任清华大学教务长的潘光旦在《论教育的更张》一文中所说：

> 我们要承认每一个人是一个本体，是囫囵的，而不是零碎的；教育的对象是一个囫囵的人。所谓囫囵或整体指的当然是人的性格。人性究属是什么，有些什么内容、多少方面，科学虽发达，至今还没有能弄清楚。但生活的经验，也还有过一些启示。心理生活说到的志、情、意，道德生活说到的智、仁、勇，古代教育所称的六艺（事实上也不外三方面，每方面两艺），近代教育所称的三育，指的或属内容本身，或是内容发展的过程，或是内容发展的结果，近顷又有一个不同而并不冲突的看法，也是一个三分法的看法，就是人性包括共有的通性，互异的个性，和男女的性别。如果这看法可以当作经，则志、情、意一类的看法，不妨当作纬，就是，志、情、意三者又自有其人尽相通与因人而殊，以及因男女属性的不同而发生变异的地方。这人性的经纬诸端是人人具备的。人与人相较，在每一端上，可以有强弱丰啬之分，却不会有有无之别。①

关于爱国教育，梅贻琦在1931年就任清华大学校长的演说中就告诫学生要时刻不忘国耻，并以身作则，以教育救国为己任。1932年，他在“九一八”一

---

① 潘乃谷，潘乃和．潘光旦教育文存［M］．北京：人民教育出版社，2002：379－380.

周年纪念会上，当众抨击国民党政府的不抵抗政策。

从这以后，一有机会，他必以反抗日寇侵华、服务社会国家的思想告诫学生："……形势非常可危。吾们应当深刻纪念，时时注意准备才是。但是东三省虽亡，东北人心未死，前途尚有一丝光明。给予吾们一点安慰者就是东北义勇军随地进展活动，不时抵抗奋斗。"① 同时，他还抨击了一心只顾埋头读书，不问世事的"中世纪僧院"式的做法："大家不要因自己环境之舒适，而忘怀园外的情形。在中国今日状况下，除安心读书外，还要时时注意国家的危难。"②"吾们在今日讲学问，如果完全离开人民社会的问题，实在太空泛了。"③ 他明确指出："中国现在的确是到了紧急关头，凡是国民一分子，不能不关心的。……我们做教师做学生的，最好最切实的救国方法，就是致力学术，造成有用人才，将来为国家服务。"④ 1933 年春，当热河失守时，以他为主席的清华大学教授会发了一则《致国民政府电》，其中说："热河失守，薄海震惊……此次失败，关系重大，中央地方均应负责，绝非惩办一二人员即可敷衍了事。查军事委员会蒋委员长负全国军事之责，如此大事，疏忽至此；行政院宋代院长亲往视察，不及早补救，似均应予以严重惩戒，以整纪纲，而明责任。"⑤

由于受梅贻琦爱国主义教育思想的熏陶，清华学生抗日热情空前高涨，最终在 1935 年爆发了影响深远、意义重大的"一二·九"抗日爱国运动。

学生健全人格的养成，固然得靠自己的"修心"，独处时静思反省，但教育培养仍是积极有效的，因此教师的引导不可或缺。梅贻琦著名的"从游论"教育思想就是强调教师的重要作用。他从孟子的"游于圣人之门者难为言"得到灵感，对"游"的意义加以发挥，形成他的"从游论"："学校犹水也，师生犹鱼也，其行动犹游泳也，大鱼前导，小鱼尾随，是从游也，从游既久，其濡

① 梅贻琦．在"九一八"事变一周年纪念会上的讲话［M］//刘述礼，黄延复．梅贻琦教育论著选．北京：人民教育出版社，1993：27.

② 梅贻琦．在清华 1932 年度开学典礼上的讲话［J］．国立清华大学校刊，1932（432）.

③ 梅贻琦．大学的意义及学校之方针［M］//刘述礼，黄延复．梅贻琦教育论著选．北京：人民教育出版社，1993：21.

④ 梅贻琦．就职演说［M］//刘述礼，黄延复．梅贻琦教育论著选．北京：人民教育出版社，1993：11.

⑤《国立清华大学校刊》第 434 号，1932 年 9 月 21 日。

染观摩之效，自不求而至，不为而成。”① 早在 1932 年，梅贻琦就说过：“凡能领学生做学问的教授，必能指导学生如何做人，因为求学与做人是两相关联的。凡能真诚努力做学问的，他们做人亦必不取巧，不偷懒，不作伪。”② 教授的人格和学术精神，通过他在日常生活、学术研究中体现出的对学术文化、人生的态度，潜移默化地影响学生。

在道德教育的原则上，梅贻琦注重学生道德规范养成的自主性与独立性，也就是“慎独”的作用。这种规范要求充分体现了其学术自由的精神，使学生在学术中远离政治派别的干扰，进而维持了治学的严谨。他和多数教授一样，提倡不给学生灌输某种政治派别的思想，而应培养他们个人判断能力，使他们依靠这种能力去决定自己的取舍与政治方向。与此相对，青年学生参加对政府的抗议活动，他则尽力给予保护，不论其思想状况和政治态度如何。伊斯雷尔在《清华大学校史稿》英译本前言中写道：“虽然梅贻琦竭力使清华在激烈的政治斗争中保守中立，但是当学生们看到国家主权受到威胁而起来斗争时，梅贻琦也不能完全制止。他常常在原则上支持学生，当然在具体做法上不一定赞成。”③ 1936 年和 1948 年前后国民党政府数次来学校捉拿进步学生，他在学校事先得到黑名单后立即通知学生躲避，使很多学生免于逮捕。1941 年在昆明发生了学生风潮，梅贻琦多次走访云南省政府领导人，进行疏通工作，才避免了学生游行时发生意外。

二、智育

“智育”是学生发展的基础，通过智育教育，谋求知能统一、创新力以及综合素质的提升。梅贻琦提出“今日而言学问，不能出自然科学、社会科学与人文科学三大部门；曰通识者，亦曰学子对此三大部门，均有相当准备而已，

---

① 梅贻琦．大学一解［M］//刘述礼，黄延复．梅贻琦教育论著选．北京：人民教育出版社，1993：102.

② 梅贻琦．教授的责任：在廿一年度开学典礼上的讲话［M］//刘述礼，黄延复．梅贻琦教育论著选．北京：人民教育出版社，1993：25.

③ 黄延复．梅贻琦教育思想研究［M］．沈阳：辽宁教育出版社，1994：136.

分而言之，则对每门有充分之了解；合而言之，则于三者之间，能识其会通之所在，而恍然于宇宙之大，品类之多，历史之久，文教之繁，要必有其一以贯之之道，要必有其相为因缘与依倚之理，此则所谓通也。”① 这是对通才教育背景下智育“通”的最好诠释，即自然科学教育、社会科学教育、人文科学教育三种类型教育并重，要求对此三类教育“识其全通”。在这里，他其实是强调要贯通人文科学、社会科学、自然科学三大知识领域，加强基本知识的学习和基础训练，尤其要求历史、哲学、化学、地理四系加习西学，中国语言文字、第二外语为六个学分，心理、社会、政治、经济四系，英文与第二外语均为十六个学分。②

人文科学是中国传统文化基本精神的载体，与自然科学、社会科学不同，这两种科学注重外部世界，而人文科学则关注人的精神世界。前两种科学作为人们在认知意义上把握世界的方式，体现着价值中立的理性精神；后者则指以信仰为特征的终极指向，超越理性认知，从而属于价值论领域。由于它肯定人精神世界的丰富性，探寻人的生活目的、价值、理想、信念以及传承这些内容的文化传统，故在社会上起着价值导向的重要作用。

人文科学在传统文化中包含着五个方面的精神。第一是忧患精神，是对国家生存和人民生命的关怀，是个体对整个人类生命存在及变化的责任。第二是乐道精神、敬业精神，“君子忧道不忧贫”，“得志与民由之，不得志独行其道”，“富贵不能淫，贫贱不能移，威武不能屈，此之谓大丈夫”。第三是和合精神，认为和合是天地万物存在的根据和原因。第四是人本精神，中国最早提出“人本”概念的是管仲，主张把人当人看，尊重人的人格，尊重人的自我意志，尽力满足人的需要，因而主张“仁治”。“仁”者，人也，注重教人如何做人，关怀人的内心世界和道德修养。第五是笃行精神，这是一种积极入世的精神，“天行健，君子以自强不息”。

---

① 梅贻琦．大学一解［M］//刘述礼，黄延复．梅贻琦教育论著选．北京：人民教育出版社，1993：108.

② 苏云峰．从清华学堂到清华大学：1928—1937［M］．北京：生活·读书·新知三联书店，2001：64.

西南联大从领导到教师都认为，轻视人文科学教育是一种危险的倾向，它直接关系到一个社会的价值导向，关系到一个民族精神的塑造。这种危险的倾向将导致整个民族精神水平的下降，极端个人主义、享乐主义的泛滥，而用直接的功利观点衡量大学教育，会演绎“文科无用论”，则更是遗患无穷。当时国民政府认为抗战急需人才，常以直接的功利观点来办理工大学，错误地提倡理工、抑制文法。对此，梅贻琦进行了坚决抵制，不仅将人文科学教育贯穿于各门学科之中，还加大了大一学生学习人文知识的分量，有的教授还专门开设人文教育课程。

在学校管理实践中，梅贻琦所推行的智育教育，教学纪律严格，教师专任。多数教师常年不缺课，非经特殊允许，教师不准在校外兼课，平时上课极少迟到和缺席。对学生，上课要点名，根据《西南联合大学本科教务通则》，学生一学期内无故缺课（包括体育）满十六小时者，由注册部予以警告；满二十小时者由注册部报告教务长，酌予训诫，训诫后仍无故缺课者，满五小时即令休学一年。一学期中因任何事故于某课程缺课逾三分之一者，不得参与该课程之学期考试，该课程的成绩以零分计。

平时作业多、考试多，是督促学生勤奋学习的两个重要手段。考试时严禁作弊。学生于考试时作弊（如夹带、枪替、抄袭、传语等），一经查出，着记大过两次。学校还规定，凡不及格的学程，不给学分，亦不得补考；如必修学程不及格，则须于次年重修，隔年重修者，不给学分（而在其他学校，如一门课程学期末总成绩不及格，而平日成绩达四十分以上者，可补考一次。补考不及格者，才重修）。这样频繁、严格的考试，便造成了很高的淘汰率。学校还规定，学生成绩于所修学分有二分之一不及格者，即令退学；有三分之一不及格者，留校察看，如次年仍有三分之一不及格者，即令退学。有相当一部分功课，学生欲求及格不容易。例如，普通物理、微积分、热力方程、电工原理等，都不易通过。1943 年，西南联大选修普通物理的一百五十人中有三十余人不及格，修习构造学的三十人中有六人不及格，便是例子。由过于严格的频繁考试而造成降班、退学者数量，就更加惊人，尤以理工学院为多。

清华的校园刊物和学生业余社团一直兴旺发达，这也是促进学生智育发展的有效途径之一。清华学校“改大”以前，各类学生自办刊物和业余社团如雨后春笋，多不胜数，大致可分为“进德”“益智”“健身正仪”以及文化艺术修养等诸多方面。1928 年清华学校“改大”以后，“与时俱进”，各方面都向更高层次上升。在社团方面，属于“益智”类的，大都发展为各系师生所共设之“学会”，如中国文学会、外国语文学会、哲学会、史学会、社会学会、物理学会、化学会、算学会、地学会、生物学会、心理学会、政治学会、经济学会、土木工程学会、机械工程学会、电机工程学会等，此外还有文学社、科学社等。校园刊物方面，这时期除一直延续不断的《清华学报》《清华周刊》《清华周刊副刊》《清华暑期周刊》外，每年学生毕业时，照例要出一本图文并茂的年刊。所有这些，无疑对学生的智育教育和实际能力产生了极深刻的影响。①

在教学过程中，梅贻琦主张知、情、志三者的统一，也就是认知因素和非认知因素是结合在一起对学生的学习和发展产生作用的。他认为“知、情、志”三者是一个整体，缺一则全废。所谓“知”，是知识和技能的传授与训练，以解决“求知”问题，属于“智育”层次。他尤为强调在求知的过程中，“内动力”“好奇心”“求益心”的作用，教师的责任重在启动于此，调动于此，“教师举其一而学生反三”。所谓“情”，指情绪。所谓“志”，指意志。这二点也是很重要的，但往往被教育者所忽视，梅贻琦很早就注意到今天我们所强调的“情商”问题，并认为，这对一个人的成长特别重要。他说，大学教育应使学生“意志得以锻炼，情绪得以裁节”，使其成为“持志坚定而用情有度之人”。他认为，求知也好、治学也罢，都与“意志之坚强与情绪之稳称”有极密切之关系，“思想忌偏蔽，要非持志坚定而用情有度之人不办”。② 在这方面，他认为教师的作用非常关键。梅贻琦的这些思想是当代教学论中的核心问题，时至今日都那么新鲜，那么有活力。

---

① 黄延复，钟秀斌．梅贻琦画传［M］．成都：四川教育出版社，2013：50.

② 梅贻琦．大学一解［M］//刘述礼，黄延复．梅贻琦教育论著选．北京：人民教育出版社，1993：101.

三、体育

梅贻琦在《体育之重要》一文中指出："体育至关重要，人所尽知，特别在我国目前的国势之下，外患紧迫之时，体育尤应人人去讲求。身体健强，才能担当艰巨工作，否则任何事业都谈不到"；"体育主旨，不在练成粗腕壮腿，重在团体道德的培养。"① 梅贻琦治理清华大学，大力进行设备及场地方面的建设，鼓励体育锻炼与体育比赛；积极扶持各种集体活动和社团活动，加强群育，增进清华团体生活精神。他关于运动道德是指参与者在运动时能够充分投入，并不是只注重输赢的见解，更是深深影响了师生对体育的认识观念。梅贻琦对体育的重视，不但使清华大学形成了酷爱锻炼、喜爱运动的优良校风，而且兼顾学生体魄与人格的全面发展。

清华素有重视体育的传统。这个传统，最早可以追溯到周诒春校长。1913年，周诒春确定德智体"三育并进"方针：每天下午四点到五点，在体育部主任舒美科指挥下，学校会把图书馆、教室、宿舍统统锁起来，强迫学生们去操场或体育馆例行锻炼，清华成为中国最早设立正规西式体育的学校之一。罗家伦任校长时期，非常轻视体育，不仅削减课时以及任课教师的工资，而且把享有盛誉的马约翰教授降为"主任训练员"，并降其工资，使清华体育教育一度受到忽视。梅贻琦接任之后，则增加了体育部的工作人员，并给他们和其他科系教师同等的职称和待遇。这期间，体育部在马约翰教授的主持下，广泛开展工作，并主张以各种运动促进生理健康，训练身体各部分协调，使个性自然表现，同时养成良好品行。清华把体育列为正规课程加以教练和指导，组织学生课外运动。在当时国内各大学中，只有清华的体育课是普通（四年）必修课，虽然不计学分，但其明文规定体育不及格者不得毕业。西南联大学生，有的已修够规定的学分数，并且已经在校外找到了工作，就是因为体育不及格，拿不到毕业证书，只得在工作之余抽空进校重修，直至及格才算毕业。

清华大学的体育教育向来受历代校友和国内外体育界人士称颂，一直享誉中外。在20世纪20—30年代清华办学的"黄金时代"，体育教育也占有极为重

---

① 刘述礼，黄延复．梅贻琦教育论著选［M］．北京：人民教育出版社，1993：62.

要的地位，与其他学科并重。

关于清华大学体育教育的实施情形及促进学生成长的作用价值，清华大学当年学子对此有所回忆，颇能说明问题：

> 清华最初自然是受了美国的影响，每天下午都有一个钟头的强迫运动。这强迫运动的最初是随便选的，例如，跳、跑，或玩球等都可以；每天下午四点到五点这个时候，一切的讲堂、寝室、图书馆都关门。学生们都必须到操场去活动。另外还有一件事也是清华做得很早的，那就是每天早上八点钟上课，在第二节与第三节课中间有二十分钟休息，其中十分钟要做柔软体操；那时候是一个美国教员带着全体学生做，做完以后再上第三堂课。这些，在先前，学生只是随着课程做，但是现在想起来，对于我们那个时候学生的体质确是有很大的帮助；因为清华园，不但空气好，而且环境也很幽静，早晨做体操，下午又有强迫运动，在体育方面可说是一个很完善的办法。①

梅贻琦在任校长期间，常到运动场上去观看或指导学生进行体育锻炼，参加院际或校际运动会。1931 年 12 月 28 日（就任校长后第二十八天），他在全校集会上谈了他的观看经历，进一步深究体育中的道德以及与学生全面发展的关系：

> 前天下午，我曾到操场上去看本校球队对燕京球队比赛足球和篮球。这是我回校后第一次去看赛球。这次特意要去，并不是要看谁胜谁负，不过去看看两校运动的精神如何。听说从前校际比赛，往往有不欢而散的事。我们在比赛的时候，决不应存侥胜心与嫉妒心，踢进一球，则全场欢呼；被人踢中，便而懊丧。这种表现，是绝对不应有的。平时对于体育，务须注意：要以引起人人对于体育之兴趣为目的，其精神不在一时比赛之胜负以为荣辱。前天看见大家情形尚好。总而言之，我们运动，用正当的方法，发挥自己的技能。胜了固然可喜，败了亦无可愧。而对于“敌方”，务取光明正大的态度，然后吾们可以提高求胜的品格，然后可以达

① 李光谟．李济与清华［M］．北京：清华大学出版社，1994：142．

到吾们提倡体育的真正目的，这是很重要的。盼大家能多注意。①

正是基于这种教育理念指引，梅贻琦主持扩建了体育场地和增加了新设施，使清华达到了国内首屈一指的体育教育场地规模。1932 年，清华体育馆的扩建工程竣工，跟着又建设了多处室外运动场地。到 1935 年，除设备齐全的新、旧两座体育馆外，清华大学还拥有二个标准室外足球场、十二个篮球场、二个溜冰场、一个角力场、四百米跑道的运动场以及遍布各处的运动器械，这些体育设施可与美国等发达国家高校体育设施媲美。

体育学科体系由多门学科构成，并不是孤立的，而是诸多科目共同促进达到体育教育的目标。而从生理解剖结构完善、神经机能敏锐，以及内在精神健全而论，关系最密切的学科是生理学、心理学。梅贻琦作为留学美国工学专业培养的高才生，却对体育学科体系有如此精辟认识，实属难得：

> 还有一件事，也值得特别注意，就是在体育学校课程中，会有心理学、生理学等，这也许是有些人所不了解的。须知体育之目标，不单是造就几个跑多快，跳多高，臂腿多粗的选手，不单是要得若干的银盾、锦标，除此之外，也许可以说在此之上，还有发展全人格的一个目标，因此生理学、心理学之列为体育学校的课程中，便不算稀奇了。②

也就是说，在梅贻琦看来，体育的知识技能学习与训练是课程内容核心，但融入生理学、心理学，就从身体机能和心理意识方面加强和丰富了其中涵养，有助于“全人格”教育。

固然，体育课和体育训练的功能是广泛的，作为教育的组成部分，其重心在学校办学领域，是学生发展不可或缺的部分，而同时无论是学校体育，还是社会体育都存在锻炼体魄、增强体质与竞技争胜、获取荣誉的方面。这两者的关系一直以来困扰体育教育始终，梅贻琦主张两者兼重，不可或缺，但教育范畴体育当以前者为主，无论对学生身心及品性发展和进步，都有极强作用。

---

① 梅贻琦．关于体育比赛［M］//刘述礼，黄延复．梅贻琦教育论著选．北京：人民教育出版社，1993：12.

② 梅贻琦．体育之目标：在清华暑假体校开学典礼上的讲话［M］//刘述礼，黄延复．梅贻琦教育论著选．北京：人民教育出版社，1993：8.

清华大学学程中尚有重要之一部，是为体育。凡在校诸生，每学期皆为必修，学分固不算在学分总数之内，然非体育及格者，不得与毕业考试。盖清华自近七八年以来，已舍其选手锦标之目的，而注意于各个学生之健康。观一二球队比赛之胜负，因无以知一般学生体育之如何，故必使在校各个学生，皆得受相当之训练，使其体力增长，能应将来做事之需要，而毋为心知之累，斯为体育之真目的，斯为在校学生人人必须注意之工作。至于选手比赛，所以使队员练习团体的合作手法的习惯，亦自有其价值所在，然校际竞赛，往往过于注意于结果之胜负，而忽视此竞赛之重要意义，乃使参加者与旁观者所受之训练，竟害多而利少，故今日学校体育之大目的，当在彼不在此也。①

理论用于实践，实践就有方向和精准成效。教育家的卓越理论落实于实践的重要表征尤在于办学绩效的呈现，以及未来蓝图景象的精细描摹。

1933 年 4 月，梅贻琦在校刊上发表《清华一年来之校务概况》一文。于“清华体育概况”一节，他又详细阐述发展清华体育教育的设想：

清华对于体育，素以普及为原则，以养成全体学生有乐事运动习惯为目的。经过二十年来逐渐之进步，加以近年学生人数之激增，已十分感觉原有设备不敷应用，兹将最近体育概况，简略报告如后：

（甲）扩充更衣室及添置衣箱柜：现在清华男女学生已一千有零，学校所预备之学生更衣箱，目下仅仅够用。故下年如增招新生，必得添置。

（乙）添置新健身房器械：新扩充之健身房，内各样设备，均感缺乏，下年势必添置，以资应用。

（丙）另辟广大运动场：现在运动场，不敷设备各种运动场所之用。原有分设之各种运动场所，既不方便，又感精神散漫，故此后亟应另辟一广大运动场。

（丁）添设室外游泳池：本校原有游泳池，实过狭小，夏季百十来人

① 梅贻琦．清华学校的教育方针［M］//刘述礼，黄延复．梅贻琦教育论著选．北京：人民教育出版社，1993：7.

群集一池，转动已觉不便，遑语游泳。故于最近之将来，拟添设 50 米长，20 米宽之室外游泳池一所。

（戊）添设浴室：男生浴室，虽已添设两小所，但地位太狭，仍感不敷应用，故添设浴室，亦系急务。

（己）鼓励女生运动：近年清华女生对于运动兴趣，虽较以前较为起色，然自动从事体育锻炼、感觉运动有浓厚兴趣者，究系少数。此后拟严订女生体育训练规程与标准，勤加领导，俾渐养成全体女生有乐事运动之良好习惯。

（庚）创设体育系：清华注意体育，以及清华体育设备之完善，与夫环境之良好，当为全国人士所公认。当此全国缺乏良好体育人才之时，全国人士无不属望于清华即时创设一完善之体育系。现下我国国立大学中虽有北平师范大学及南京中央大学，设立有体育系，而所造就人才有限，不敷社会需要甚巨，清华已有此完善体育设备，又当全国人士属望之殷，既不必费巨款，何不趁时创立体育系，造就人才，以应社会急需？①

梅贻琦此处所论体育教育内容及主张是广泛而深刻的，对设施场地建设、仪器物件或器材装备完善，课程教学安排，以及体育学科创建等均做了总结及设计。所述文献诚为大学体育教育宝贵资源。

四、美育

美育通过艺术审美教育活动，促进学生认识、理解、欣赏美等，并且还能创造以美的体验促进心灵提升的全面教育，其中心理健康和精神世界完善尤为突出。中国传统教育中美育淡薄稀缺，效果微弱，是教育文化中的局限。

与古代传统教育有所不同，美育是梅贻琦教育思想和办学方案中的重要方面。他说：“盖本校拟设之艺术系，非为注重技术之训练，实欲增进青年对于吾

① 梅贻琦．清华一年来之校务概况［M］//刘述礼，黄延复．梅贻琦教育论著选．北京：人民教育出版社，1993：46－47．

国固有文化之了解与青年性格之陶冶。”① 也就是说，艺术不仅可以提高学生对我国历史文化的了解和欣赏，从审美的角度对自然和社会进行再认识，还可以启迪学生智慧，陶冶学生情操。他认为美育，不仅能够使学生在对于美的追求中提高自身文化内涵，形成积极向上的世界观和人生观，而且有助于养成健全人格，进而更好地发扬民族精神和恢复民族自信心，达到为社会服务的目的。

在清华校园走廊中，装饰着许多国内外名画，给学生营造了美育氛围，利于学生在潜移默化中提高审美情趣。曾在清华大学中文系读过研究生的张清常教授回忆说：“梅先生办学重视美育，与一般只重德、智、体的校长相比，眼光似乎广阔些……‘一院’（办公楼）的走廊上，每隔三五步就是一幅小镜框，挂着彩色图片，有世界名画，还有国内名画。我记得有一幅是玄奘的像，使我们对这样一位以毕生精力献身于中印文化交流，品德高尚、学识渊博、译述宏富的人，肃然起敬。”②

20 世纪 30 年代，梅贻琦任清华大学校长期间，不但在哲学、中文、外文、心理、体育等系的课程中设置许多属于美育方面的内容，邀请冰心、朱光潜、俞平伯、王文显、郑振铎、赵元任等担任有关艺术教育课程的教学，而且设有音乐室、谷音社（研究中国古典戏曲者组成的业余团体）、军乐队、话剧团等多种文学艺术团体，还特请溥侗（红豆馆主、誉满北平的京昆名票）担任中国音乐美术导师，托诺夫（N. A. Tonoff）担任西方音乐导师，及古普塔（R. Kupka）担任钢琴导师。这一时期的清华园，“弦歌不断”，各种业余社团活动、讲座、展览、演奏经常举行，如蒋风之二胡演奏会、红豆馆主昆曲演唱会、唐亮画展等。同学们自己组织的各类演出活动也是丰富多彩。在这样一种气氛熏陶中，未设艺术类专业的清华大学，在 20 世纪 30 年代的毕业生中，竟也涌现出像曹禺这样的戏剧大师和孙浩然（曾任中国戏剧家协会上海分会副主席，中国舞台美术

---

① 梅贻琦．关于增设艺术学呈教育部文［M］//清华大学校史研究室．清华大学史料选编：第四卷．北京：清华大学出版社，1994：184.

② 中国人民政治协商会议北京市委员会文史资料研究委员会．文史资料选编：第十八辑［M］．北京：北京出版社，1983：97.

学会会长，上海戏剧学院教授）、张肖虎（中国音乐学院教授）等在艺术领域颇有建树的专业学者。

抗战胜利后清华复员时期，梅贻琦的美育思想又有进一步的发展。1947年，他在冯友兰、陈梦家、邓以蛰、梁思成等大师的协助下，拟订了设立艺术史研究室和博物馆的计划书。1948 年 9 月，他在《清华文学院拟加设艺术系计划及理由》中写道：

> 按我国古代教育，礼乐并重。礼所以范围人之行为，乐所以陶冶人之性情，使其改过迁善而不自知。厥后乐教失传，而他种艺术代兴，犹以书画一项蔚为世界大宗。我国以积弱之余，惟历代之艺术品，尚能引起世界之尊敬。有识之士，见我国人在此方面之成就而知我民族精神力量之伟大。我国人所可以引以自豪以恢复民族自信心者，亦惟在于此。……本校现在教授中如梁思成先生之于中国建筑，邓以蛰先生之于中国书画，陈梦家先生之于钟鼎彝器，皆一时名家，惟因散在各系，研究未能集中，学生亦不能作主修研究。如就北平之环境，以清华已有人才为基础，加设艺术系，在本校经费中不过增加十余名教员名额，而其效则可训练此项专门人才，且使本校他系学生，在美育方面可得相当之陶冶，当属事半功倍。①

艺术之于民族精神焕发，自信心充盈所产生的作用已由沧桑历史所证实。梅贻琦以清华所处古都北平的厚重历史及环境作用为基础，充分认同清华校内已有人才资源价值，提出艺术教育培育专业人才，同时又积极正向熏陶、感染学生，发挥双管齐下、一举多得的加倍效果。

关于梅贻琦在清华文学院增设艺术系的建议，教育部 1948 年 11 月 5 日答复："应就现有院系力求充实，所请未便照准。"② 四天后，即 11 月 9 日，清华大学召开第八十九次校务会议，梅贻琦报告："教育部令，本校增设艺术学系分设艺术史、考古、音乐三组一节，应将学系名称改为美术学系，余照准。"③ 可知梅贻琦的卓越见解、美好愿景并未完全实现，教育部的意见未能达到对美育

---

① 清华大学校史研究室．清华大学史料选编：第四卷［M］．北京：清华大学出版社，1994：185 - 186.
② 清华大学校史研究室．清华大学史料选编：第四卷［M］．北京：清华大学出版社，1994：186.
③ 齐家莹．清华人文学科年谱［M］．北京：清华大学出版社，1999：364.

目标实施路径的深刻理解，这反而凸显这位工科教授对人文艺术价值认识的超前及深入洞察。

五、群育、劳育

梅贻琦的群育思想时有表露，经常鼓励师生多进行沟通交流，陶冶情操、增进知识。但是，梅贻琦的群育思想并不只是单纯地追求集体化、社会化，而是着眼于性情之陶冶与全人格之养成这两方面。

1935 年 9 月，梅贻琦在一次师生集会的讲话中说："平日因课务甚忙，求抽出时间，使师生常常聚会，很不容易……大家借此集会晤面亲近，表现出团体生活精神。且集合、唱歌听讲，于陶冶性情、增进知识两方面，同时可以得到。高年级学生功课较忙，但平常尽可努力，不应在此时间，借故缺席。须知此种集会，亦学校中共同工作、共同生活之一重要部分，若因少数人随便，影响大众，则使集会精神无从表现。"① 他在 1941 年所作《大学一解》中把"群育"思想做了更加深刻的表述："夫友，所以祛孤陋，增闻见，而辅仁进德者也，个人修养之功，有恃于一己之努力者固半，有赖于朋友之督励者亦半。"但"近代之教育，一则曰社会化，再则曰集体化，卒使黉舍悉成营房，学养无非操演，而慎独与不自欺之教亡矣！"② 他在此处明确表达了对于传统教育中的群性教育价值，在近代西方工业化教育传入以后的"新教育"推行中丧失，感到非常遗憾和十分无奈，体现出至为悲哀的心态。

教育在智育、德育、体育、美育的前提下，并重群育，这样有助于养成服务社会、团体合作的精神。从学生成才来说，培养群育意识，有助于使学生更好地融入社会，克服交往中的障碍，使群中含己，己中寓群。他对"己"与"群"的关系进一步加以阐述：

> 文明人类之生活，要不外两大方面：曰己，曰群，或曰个人，曰社会。

---

① 梅贻琦．关于校内集会的意义［M］//刘述礼，黄延复．梅贻琦教育论著选．北京：人民教育出版社，1993：68.

② 梅贻琦．梅贻琦自述［M］．合肥：安徽文艺出版社，2013：167.

而教育之最大的目的，要不外使群中之己与众己所构成之群，各得其安所遂生之道，且进以相位相育，相方相苞；则此地无中外，时无古今，无往而不可通者也。[①]

梅贻琦在社会本位论的基础上提倡群育，并不是表面上的生活集体化、社会化。人的沟通交流不只在于寒暄问暖、嬉戏玩乐，更重要的是相互监督、促进个人自修，以及团队意识、团队精神的养成，增强青年人的凝聚力。但同时，人也需要“慎独”，在一定的自我空间中履行修养，才能成为一个拥有全人格的通才。

梅贻琦的劳育思想，当然不是强调大学生在学校期间，参加多少体力劳动，而是要学生在求学过程中自觉养成艰苦奋斗和吃苦耐劳的精神，以准备担负建国、治国大任。例如，除上面已引过的在“就职演说”中关于俭朴校风的论述外，1933 年 9 月，他在秋季开学典礼上又说：“近来外间对本校常有批评，说是环境太舒适，这恐怕也是事实。因见有些同学在校四年，毕业后，仍不愿他适，甚或有了事，因为事情太小，或居住不方便，而不愿去就。吾们负教导责任的，听了十分惭愧。虽说本校设备上及卫生方面，或许比较讲究一点，但是吾们的本意，不过为使诸君能藉此增进健康，减少疾病，这是吾们所希望的。如以为环境舒适在此享受，将来到社会上便不能吃苦，不愿吃苦，则非所望于诸君的。诸君新到校的，特别要认清这一点。”[②] 1934 年 12 月，他还专门为此写了一篇《提倡吃苦耐劳精神》的文章，明确指出学生勤俭生活、刻苦求学，以及吃苦耐劳品质的特殊价值。他后来在《工业化的前途与人才问题》一文中，又从另一角度谈到青年成长中养成劳动观的必要性：

在抗战期间的后方，某一个学校里新添了几间房子，电灯还没装，因为一时有急用，需要临时装设三五盏。当时找不到工匠，管理学校水电工程的技师也不在，于是就不得不乞助于对于电工有过专门训练的两三位助教。不

---

① 梅贻琦．大学一解［M］//刘述礼，黄延复．梅贻琦教育论著选．北京：人民教育出版社，1993：99.

② 梅贻琦．在 1933 年秋季开学典礼上的讲话［M］//刘述礼，黄延复．梅贻琦教育论著选．北京：人民教育出版社，1993：51.

图这几位助教，虽没有读过旧书，却也懂得“德成而上，艺成而下”与“大德不官，大道不器”的道理，一个个都不肯动手，后来还是一位教授和一位院长亲自动手装设的。这些助教就是目前大学理工学院出身的，他们是工程师，是研究专家；工程师与研究专家，自有他的尊严，又如何可以做匠人的勾当呢？这是在社会心理上好高骛远的例子。①

这就是说在拥有较为全面的知识结构和具备一定专业技能的基础上，学生养成吃苦耐劳的精神，才能成为健全人格的人才，才拥有在社会立足的资格，并能对社会有所贡献。梅贻琦培养学生吃苦耐劳精神的劳育思想往往为许多教育家们所忽略，这种对人才意志力培养的要求，正是中华民族传统美德教育资源利用的一个例证。

第二节 服务社会

全面发展的多方面教育协调融合是教育学理论的精华。从梅贻琦的上述教育思想来看，偏于学术自我发展和完善，同时兼顾社会的需求，那么教育服务社会则无疑重在社会利益或工具实用，是上述德育、群育思想的反映，有强烈的教育社会本位化特色。

一、通过学术专业实现救国、强国

在20世纪20年代后期任清华学校留美学生监督时，梅贻琦要求留学生秉承勤俭的精神，“要守住个人意志的平衡”，勤勉求学，提升自我以更好地学到本领，报效祖国。虽然留学生在美国学习和生活，衣食住行都不同于国内，甚至还要受到美国繁华奢靡的社会生活所诱惑，但他认为这些都不必太在意，而应抱定远大理想，不辜负国人的资财、师友的期望。在求学的方法上，他强调要保持“科学的态度”。“这科学的态度，吾以为应有以下几种成分：第一要不预存成见；第二要探究事实；第三要根据事实，推求真理；第四要对于真理忠

① 刘述礼，黄延复．梅贻琦教育论著选［M］．北京：人民教育出版社，1993：183.

诚守信。”“我们应保持科学家的态度，不存先见，不存意气，安安静静地去研究。”最后，他总结说：“劝诸君在外国的时候，不要忘记祖国；在新奇的社会里面，不要忘掉自己；在求学遇着疑难问题的时候，务要保持科学的态度，研求真理。”①

梅贻琦是在“九一八”事变之后出任清华大学校长的。从战争硝云密布到战火燃遍中华大地，身处特殊时代，清华大学如何承担社会国家赋予的重大使命？他在 1931 年 12 月“就职演说”中说道：“中国现在的确是到了紧急关头，凡是国民一分子，不能不关心的。不过我们要知道救国的方法极多，救国又不是一天的事，我们只要看日本对于图谋中国的情形，就可以知道了。日本田中的奏策，诸位都看过了，你看他们那种处心积虑的处在，就该知道我们救国事业的困难了。”梅贻琦时常劝诫清华学子通过致力于学术来达到救国强国的目的，即“我们现在，只要谨记住国家这种危急的情势，刻刻不忘了救国的重责，各人在自己的地位上，尽自己的力，则若干时期之后，自能达到救国的目的了。我们做教师做学生的，最好最切实的救国办法，就是致力学术，造成有用人才，将来为国家服务。”②

面对学生的罢课、救亡运动，清华大学校长办公处以校长梅贻琦的名义分别于 1931 年 12 月 10 日、13 日、19 日、21 日发布第 207 号、第 208 号、第 209 号、第 210 号通告，规劝学生复课。如第 207 号通告写道：“顷闻学生中有提议全体罢课者，如果属实，殊属非是。在此时局多故之际，诸同学应努力于实力之培养，切不可荒废学业，作无代价之牺牲，望各安心上课，勿得有规外行动，是为至要。”第 210 号布告写道：“查此次学生游行，虽属爱国表示，但爱国之道要在培植人才，做将来切实工作。诸君任重道远，来日方长，勿激于一时之气愤，忽视根本之训练，是本师长切望诸同学注意者也。兹特再恩告诸君共喻此旨，即日复课，勿学业久荒，是所至盼。”③

---

① 梅贻琦．赠别大一诸君［M］//刘述礼，黄延复．梅贻琦教育论著选．北京：人民教育出版社，1993：3－4.

② 刘述礼，黄延复．梅贻琦教育论著选［M］．北京：人民教育出版社，1993：5.

③ 清华大学校史研究室．清华大学史料选编：第二卷［M］．北京：清华大学出版社，1991：908－912.

这一国家本位的思想是与他的品性和爱国精神统一的。然古人云："犹七年之病，求三年之艾也，苟为不畜，终身不得。"我们要解决国家的危难，救国家于水火，并非一朝一夕就能办到的，而应脚踏实地地一步步探索，提高自己的学识或技能，成为对社会有用之才，帮助国家解决一部分困难，实现为国家服务的目的。

这种观点抬高了教育对社会的反作用力，夸大了教育的职能及社会功能，尤其是在社会处于危难或黑暗的阶段更是如此。但这种教育救国学说，对清华大学和西南联大办学而言，却有着特定的价值。正是由于这种思想理念，面临日军占领中国东北地区，建立伪满洲国，推行东三省殖民统治之后，又从窥视华北到步步蚕食入侵，制造"华北事变"，直到全面侵华战争爆发的形势下，历史进入战火纷飞的全民抗战期间，梅贻琦始终不渝地带领清华大学，创造了现代大学的不朽篇章，为国家培养了一批又一批所需的建设人才。受梅贻琦的影响，全校师生也都将自己的学术研究事业与祖国的救亡紧密联系在一起。

二、大学专业课程设计适应社会需求

无论是担任清华大学校长，还是西南联大常务主席，梅贻琦始终坚持将教育与社会相联系，并为社会服务的办学思想。他最初创办了农业研究所，以满足农业发展的需要，接着陆续创办了航天研究所、金属研究所和国情普查研究所，并培养了大批科学研究人员，以满足国防的需要。他把"明明德"与"新民"作为"大学之道"。换言之，大学要把满足人的发展需要与社会、国家的需要结合起来。"国家需要"以人的生存与发展需要为前提。在梅贻琦的教育文献中，"社会"与"国家"这两个名词是两位一体的。

1931 年，梅贻琦为清华大学确定了办学方向。概言之，可谓"造就专门人材，以供社会建设之用"。"清华之设大学，其一切计划，亦以应时代与环境之需要，以求达此目的而已。"在这里，供社会建设之用，应时代之需要的观点十分鲜明。他说，清华办学的大政，要围绕这一方向。"学系之设立，就社会需要言，各科人才，当皆为重要。"清华设学系要考虑人才的"供"与社会需要的

"求"能否"洽合"，如果不能"洽合"，则不惜"变更常规"，"求所以应社会之需要也"。[1]

从建设国家、服务社会的原则出发，梅贻琦办学密切联系当时中国实际，一切从实际需要出发，绝不搞花架子。这在他创建清华工学院和农业研究所时体现得最充分。梅贻琦创办工学院的原因，一方面是奉教育部命令，"一方面是应社会的需要"。因此，他决定工学院的政策是："应当注重基本的知识。训练不可太狭太专，使学生有基本技能，而可以随机应用。此类人才，亦就是我国工业界所需要的。"[2] 社会需要使梅贻琦创建了工学院，同样是社会需要决定了他办工学院的政策。梅贻琦在创办农业研究所时更体现了这一宗旨。早在1933年，教育部就曾令梅贻琦在清华大学创办农学院。梅贻琦认为："培养农业人材之始，应先对农业亟宜改良之各项问题详加研究，以期洞明其相，及研究稍有基础，然后按照需要设系招生，施以相当训练，俾学成后能在乡间作推行改良之实际工作，则效验可收，复兴可期。否则农科人材虽已养成，不能深入乡间，致于衰落之农村毫无裨益，则非国家提倡农业教育之本质矣。"鉴于此，梅贻琦没有创办农学院，而是创办农业研究所，对农业存在问题进行深入研究。"先办农事试验场，聘请专家研究关于农科之各项重要问题，俟研究得有结果，再行设法推行，使农民得以利用。"经调查研究，清华农业研究所"择他处尚少注意之病害、虫害两方面，为第一步研究标的；亦因北平一带富有果产，受病害、虫害亦甚多，如能就近解决，亦增加生产之一补。故拟先着手于此"[3]。从梅贻琦创办工学院和农业研究所的情况看，他办教育是非常慎重的。新专业务必设立在充分调查研究的基础上，要根据国家和社会的需要，有的放矢，目标明确。这样，培养的人才能立足于社会，为社会所欢迎。这是梅贻琦务实精神的体现。

---

① 梅贻琦．清华学校的教育方针［M］//刘述礼，黄延复．梅贻琦教育论著选．北京：人民教育出版社，1993：5.

② 梅贻琦．关于组建工学院等问题［M］//刘述礼，黄延复．梅贻琦教育论著选．北京：人民教育出版社，1993：14－15.

③ 刘述礼，黄延复．梅贻琦教育论著选［M］．北京：人民教育出版社，1993：54－55.

三、教育联系社会实际的形式方法灵活多样

教育与社会实际的联系是广泛而丰富的，其形式和方法也是多样灵活的。并且20世纪30—40年代正值多事之秋，日本侵略中国步步威逼，战争硝烟四起，在抗战与建设的双重使命下，清华大学的社会职能和使命担当沉重而严峻，促使学校师生以全部力量投入更紧迫的社会救亡和发展中。

1932年9月，他在《大学的意义及学校之方针》中指出：

吾们在今日讲学问，如果完全离开人民社会的问题，实在太空泛了，在现在国家处于内忧外患紧迫的情形之下，特别是热血的青年们，怎能不关心？怎能不着急？但是只有热心是不能于国家有真正补助的。诸君到学校来正是为从学问里研求拯救国家的方法，同时使个人受一种专门服务的训练，那么在这个时期内，诸君要拿出恳求的精神，切实去研究。思想要独立，态度要谦虚，不要盲从，不要躁进，吾们以前吃亏的地方，多半是由于事实没认清楚，拿半熟的主义去作实验，仿佛吃半熟的果子，不但于身体无益处，反倒肚子痛。古人有一句话："七年之病，求三年之艾，苟为不畜，终身不得。"这个意思，吾们可以引用。就是吾们要解决的中国的大问题，并不是一两月或一两年的事，虽然是急难当前，吾们青年人还是要安心耐性，脚踏实地地一步一步探讨。如果四年之后，诸君每人能得到一种学识或技能，在社会上成一有用人才，可以帮助国家解决一部分的困难，诸君才算对得起自己，对得起社会，这亦就是吾们向诸君所最希望的。①

1933年，针对当时情况，他提出加强实用科学研究，以发挥清华人才资源优势力量，为国家国防工业和抗敌制胜贡献自身能力。

近来时局日趋紧急，根据报纸及他方面消息，战事未见十分顺利，大决战尚未开始，将来局势不知要演变到如何程度。据个人观测，日本不顾一切，任意横行，国际方面恐亦不能终久坐视。然则战祸漩涡，必致愈扩愈大，势将牵动全世界，恐亦必非短时期所能收拾。我们于此时艰，更应

① 刘述礼，黄延复．梅贻琦教育论著选［M］．北京：人民教育出版社，1993：21－22.

努力准备。近来国人提倡科学运动的日多，实因我国对日作战，非忠勇之气不能过人，徒以科学逊色，武器不及，为未能克敌制胜之原因。我们要从速研究实用科学，以供国家需要。①

现代战争中科学技术运用的含量日渐加强，科技的进步，不仅对于武器的先进落后与否至关重要，而且对军队作战力的提高也是必需的。清华大学对中国科技发展的着力拼搏正是爱国御侮的最好体现及独特贡献。

1938 年，重庆国民政府需要训练大量的机械化部队，清华工学院机械系二至四年级大多数学生都参加交辎学校受训，分赴抗日前线，直接投身于抗日的疆场。1939 年 2 月，为了战时的需要，在电机系增设了电讯技术专科，大量培养战时急需的通信人才。1943 年，太平洋战争爆发后，中国大西南的许多地区成为美国进攻日本本岛的战略基地，有大批美国军人来华助战，需要一批翻译人员。梅贻琦动员西南联大四年级学生受训，应征有四百余人，连同加入中国驻缅远征军的学生，共计达六百余人。② 1944 年，为了能够尽快取得抗战胜利，梅贻琦积极动员校内男同学前往前线当翻译。除了体检不合格者之外，本届男生全体踊跃参加，就连他自己的长子和女儿也参与其中。1945 年 7 月 6 日，美国总统对第二次世界大战时期协助美军抗敌斗争作出卓越贡献的中国军人，授予自由勋章。受奖者上自傅作义等高级将领，下至部队军官和技术人员，共有三百多人。受奖的翻译人员中，西南联大学生共十二名，其中就有梅祖彦。

在抗战中，梅贻琦还鼓励西南联大和云南地方政府有关部门合作，直接为社会服务。例如，清华工学院与交通部联合对滇缅公路的各项技术参数进行科学试验；和水利部联合设计昆明的水利设施；和国民政府资源委员会合作，对云南全省的水力发电站地址进行勘测；并和云南省经济委员会联合设计，监理了云南腾冲、下关、大理、喜洲的水力发电站。这样做有一举两得的益处：既能够为抗战贡献教育界的力量，以知识和科技报国；又能在具体而复杂的工程

---

① 梅贻琦．时局与健康等问题［M］//刘述礼，黄延复．梅贻琦教育论著选．北京：人民教育出版社，1993：30.

② 黄延复．梅贻琦先生纪念集［M］．长春：吉林文史出版社，1995：289.

实践中，提高教师的工程技术水平，也对今后从事于工程技术工作的学生是一次难得的实践锻炼机会。这些社会服务对清华工科专业的教学与科研，是很好地提升水平的机遇，尤其对水利工程、电机工程、土木交通工程、机械工程、电子通信工程等工科类专业，都有极大的好处。[①]

相较于其他大学而言，清华大学更突出实干兴邦、实用践行的办学风格。是的，服务于社会、国家、民族，都不是夸夸其谈能奏效的，需要的是力行，即实践。在清华大学的沧桑史上，我们可以发现，清华人共同的人生哲学：崇尚行动，亦即历史倡导的“行胜于言”“少谈多做”。这是清华大学的学校特征或品质，更是梅贻琦服务社会、造福国家和民族的大学教育理念的深刻写照。

第三节 勤俭治校

勤俭治校是梅贻琦办学教育理念的重要内容，这与他生活俭朴和廉洁奉公的高尚人格有直接关系。《礼记》所述“诚意、正心、修身、齐家、治国、平天下”的格言，向来被文人士大夫，乃至有学养的官吏视为修己治人之道、安身立命之术。在梅贻琦这里，则表现为由个人节操道德，推广、提升到办学服务社会的公义层面。

一、艰苦朴素品质的治校迁移

梅贻琦个人生活的节俭是有名的。他早期生活清苦，家庭负担重，每月收支连一个小物件也在账本上记得清清楚楚。1928 年他任清华留美学生监督时，坚持一切从俭。冬天全楼的供暖，全靠地下室的一个大火炉。他将司机和烧炉工合并成一人，而本人则常常下地窖从炉子里掏出有用的煤渣，以节省公家的开支。20 世纪 30 年代初，他回国任清华大学校长后，住进清华园甲所（校长

① 孙希磊．“厚德载物，自强不息”的楷模：中国近代教育家梅贻琦教育思想与实践初探［J］．北京建筑工程学院学报，2000（4）．

住宅），他首先放弃校长的特权：家里的工人改由他自己付工资，电话费也自己付，不要学校供应的两吨煤。款额虽小，但他认为，“这是观念和制度的问题”。对生活小事，能上升到这样的高度理解，自然不会有违规和特权。在西南联大期间，国统区经济日益凋敝，物资匮乏，虽为一校之长，梅贻琦家过得也十分清贫。他的四个孩子正就读于西南联大，他却从来不让自己的孩子领取西南联大发给学生的生活补贴，而是将学校的经费尽量留给那些更需要补贴的贫困学生。在工作中，梅贻琦也是出了名的公正廉洁。无论是在清华大学任校长，还是管理西南联大校务，乃至在台湾“清华大学”创校期间，他均主动放弃校长住宅宿舍及所享有的特权，从而节省经费开支。

梅贻琦治校理政，始终遵守一个“廉”字。抗战全面爆发，物力维艰，西南联大经费奇缺，为使梅贻琦行动便捷，校方给他配备了一部小汽车。他以此为奢侈品，将它封存于车库中，辞退司机，安步当车。若要外出应酬，他就以人力车代步。若要去重庆出差，只要时间允许坐邮车，他就不坐飞机。坐邮车比坐飞机慢得多也累得多，梅贻琦却舍快求慢，舍舒适取劳顿。“慢”与“累”后面还有一个字，那就是“省”，艰难时期，能省则省，梅贻琦节俭惯了。他总说：“让我管这个家，就得精打细算。”他讲的“家”，不是自己的小家，而是西南联大这个大家庭。①

在战火纷飞、风雨飘摇的抗日战争环境中，梅贻琦以艰苦严谨的风格品质主持西南联大校务，克服种种困难，陆续为国家培养了许多优秀科学家和人文学者。清华内迁昆明，战争的交迫，学校的组合，学校办学面临异常艰难的境地，学校经费更加捉襟见肘。因为缺乏教育经费，西南联大的设施可以说是简陋至极。办公室和教室都是“黄土筑墙茅盖屋”，有的房顶上加一层废旧的铁皮，就算高档次的建筑了。西南联大没有礼堂，重要大会都在图书馆前的一块空地上举行，那里用砖砌有一个约一米高、二米见方的讲台。

面对生活的高压，西南联大的教师仍怀着强烈的爱国主义精神，始终奉行“刚毅坚卓”的原则，坚信“驱逐仇寇，复神京”指日可待，因此咬牙度日。

---

① 王开林．国士无双：清华大学的龙虎象［M］．北京：华文出版社，2012：9.

西南联大教授对当时艰苦的岁月，均有深刻的体会。梅贻琦作为一校之长，他经常穿一件灰色的、整洁的旧长衫在这个讲台上向全校师生讲话。因为没有扩音器，所以梅校长总是把声量提到最响的程度。

20世纪50年代，梅贻琦寓美期间，他掌握着清华在美的全部基金。有人劝他把这些钱用在台湾，梅贻琦表示“不愿意把清华的钱去盖大房子，去作表面上的工作”。经慎重考虑，他用这笔钱到台湾创办清华原子能研究所（今台湾“清华大学”的前身），为节约经费，他的办公室始终不肯买一套沙发，一直用矮藤椅。他说：“清华有点钱，要撙节用在图书、仪器、请教授上；房子要坚固持久，不要好看舒服。”他的书房始终是以普通小靠背藤椅为座椅。①

梅贻琦在主持台湾“清华大学”筹建、修复过程中，在鞠躬尽瘁、勉励恒毅的同时，克己奉公，节俭艰辛，真可谓惨淡经营，呕心沥血，体现了教育家的伟大情怀和执着教育事业的生命力量。早期清华大学校友赵赓飏对此有感人的记录：

> 在台湾的台北办事处名义上由笔者照料，但另一职员同住。有一天先生下条子给笔者，指明校长私人用的草纸、肥皂等消耗用品，不准向学校报销；笔者了解先生唯恐职员工役滥用而且浪费物资，虚耗公帑。这些都是“公私分明”作风之表现。一九五一年先生在美组织“清华大学在美文化事业顾问委员会”，只租办公室一间，雇半时助理一人，自定薪金美金三百元，张部长曾命先生将清华文化会改为教育部在美文化顾问委员会，主任委员月薪一千五百元。先生遵命改制，但待遇一节谢却。一九五五年冬天回台湾，告笔者：自定的薪金不愿被动添加，而且清华基金利息为数有限，应尽量用在事业上，人事与事务费一定要节省。阎振兴一九五九年赴美曾谒梅夫人于纽约，回后告笔者：“梅师母只住一间半公寓，还租半间给一中国女生；师母每日候餐馆电话，以便转公车往做零工，太苦啦，赓飏！要委婉转陈校长，给师母多寄点儿钱，或接师母来台湾吧。”先生闻之摇首而已。……。清华复校无论台北办事处或新竹校舍，都无沙发，办公室卧

① 赵赓扬．琐事忆梅师［M］//黄延复．梅贻琦先生纪念集．长春：吉林文史出版社，1995：218.

室不装冷气；汽车不用名牌（顺风牌二辆，一辆是二手货，自美国信托局廉价购买运台。他自美国来信要在台北买一辆吉普车，没提在美国订购汽车）。陈主任主张买轿车，而且认为买旧的二手轿车，比吉普车价值差不多，结果买了美国海军将领的雪佛兰轿车，年代虽老，行驶里程却不多；先生回台后却为此表示不快。其实也不过想省钱实用，不要排场。开始设计新竹第一栋办公楼，先生与关建筑师颂声说："建筑要简单、坚固、不华丽而且低价，清华有点钱，要撙节着花在图书、仪器、请教授；房子本要政府出钱，目前来不及只好先用清华的盖急需的房舍；就算政府发款建屋，我也一样主张经济耐用，不要好看舒服。"这话笔者也听见先生告诉陈可忠、徐宗涑两位。先生鼓励研究生专心学术（不作家教，不打工），每位可以借六百美金，买书和作实验或出国；结果几年以后绝大多数都归还了借款，而且促成初期研究生回清华服务的热忱。先生初期复校日夜苦于师资难觅，特别破格培植技术干部，在 1956 至 1957 年期间，肯花美金补助在国外实习进修的青年，才得到创建原子炉的技术干部，一部分作为第二代师资，免得青黄不接的困境。先生舍得花大笔美金为事业为人才，自己却俭省得接不起家眷。所以他是"俭"不是"吝"，而且自奉极薄却为公豪气。先生切重实际，不尚宣传与铺张，教育部自先生接篆之日起，报纸上的消息立即减少。……南海学园各建筑工竣，主管秉承当初主管者的意旨大事庆祝，先生在所拟计划书上简单批示并绘图，决定在建筑下面加一小牌子，上书开工及完工年月日而已，一时简约成为风气。①

正是在这种朴素节俭的人生历程中，原子炉出现在中国的大地上，为推动中华民族科学技术的发展作出了重大贡献。当然，这一重大成就与梅贻琦自强不息的精神、勤俭治校的作为是紧密相关的，也就是说，梅贻琦勤俭治校方略融入了他的大学理念及经验智慧之中。

---

① 赵赓飏．梅贻琦传稿［M］．台北：邦信文化资讯公司，1989：485－488.

二、校务管理的廉洁奉公

对个人的要求是如此朴素刻苦，对校务的管理，梅贻琦亦是突出一个"廉"字。经费困难下减少费用，艰辛度日是"俭"；经费充裕，能节俭开支，筹日后之久，更是"俭"与"廉"的统一。抗战之前，清华大学的经费是较充足的，"清华的经济，在国内总算是特别的好，特别的幸运。……我们对于经济问题，有两个方针，就是基金的增加和保持。我们总希望清华的基金能够日渐增多，并且十分安全，不至动摇清华的前途。然而我们对于目前的必需，也不能因为求基金的增加而忽视，应当用的我们也还得要用。不过用的时候总要力图撙节与经济罢了"。[①]"力图撙节与经济"成为梅贻琦使用清华基金终生奉行的原则。他多次表示："各事更应力求节省，期以最廉之代价，求得最高之效率而已。"[②]"至于时局厄臬，吾人非不知之，然而一方面事实上有此需要，一方面吾人亦不宜徘徊瞻顾，趑趄不前。……无已，则惟有以最经济之标准，应最迫切之需要，庶费不浪用，而事无不举可已。"[③] 在学校经费相对宽松的背景下而能做到如此节俭，实属难能可贵。这更是梅贻琦崇高人格的体现。

机构过多，人浮于事，人员、费用同步上升，这使经费无形耗省，加之互相之间的推诿扯皮也会降低办事效率。他任职清华大学校长期间，总是尽量少设办事机构，把必要的办事人员减到最低限度。他常说："因人设事扯皮多，因事设人效率高。"20 世纪 30 年代，清华的教学人员与行政人员之比经常是 2∶1 上下。1935 年教学人员（包括少量的技术员及见习生）为 297 人，行政人员（不包括工警，但有 34 人为图书馆的工作人员）只有 120 人。1946 年，清华复员时，有学生 2300 余人，教师 380 人，职员约 160 人，工警约 180 人，教师与学生之比为 1∶6，教学人员和学生与非教学人员之比为 7∶1。抗战期间，西南联大绝大多数系都不设办公室，系务通常采取碰头会的方式处理。直到 1948

---

① 刘述礼，黄延复．梅贻琦教育论著选［M］．北京：人民教育出版社，1993：9－10．

② 梅贻琦．清华一年来之校务概况［M］//刘述礼，黄延复．梅贻琦教育论著选．北京：人民教育出版社，1993：32－33．

③ 梅贻琦．致全体校友书［M］//刘述礼，黄延复．梅贻琦教育论著选．北京：人民教育出版社，1993：70．

年，一个工学院院长室只设一个行政人员、一位工友。当时学校有几条约定：①包括校长在内，一律是夫妻不同校，父子不同校（均指工作人员）；②不论教职员工，除学校规定的例假和公假外，一般不得请假，如必须请假，则要自己找人代职，报酬即从本人工资内偿付。那时的办事人员，一般都能兢兢业业，廉洁奉公，恪尽职守，大家都很爱护自己的学校。①

梅贻琦始终以身作则，这种无私奉献精神感染了其他工作人员。老职员汪健君先生，因被梅校长克己奉公的精神打动，拒绝了某学校的高薪邀请。他说："承梅先生看得起我，我愿为清华服务。"

梅贻琦节俭、廉洁，但并不悭吝。如果遇到必须花钱时，他也"乐善好施"得超乎常人。梅贻琦早年生活清苦，却经常支付各种名目的捐助，从创办义务教育到赈难赈灾，从救济困难职工到营救被捕同学，每次他都是"身先士卒"。在战时办西南联大，论设备，论经费，清华都比其他两校优裕，依世俗的眼光看来，这种"联合"，清华是"划不来"的。类似的"联合大学"，都因种种"摩擦"没能坚持到底，只有西南联大"合作无间"。这种联合，显示出梅贻琦的高度治理才能，也显示出他无私的精神。有人对此加以描述，"一方面要使清华的各方面绝不感到划不来，一方面要使非清华的各个方面绝不感到清华占了上风。这关键与奥妙就在于梅校长'大'，他心中只有联大，没有清华了"②。

三、清华大学勤俭好学的校风

由于梅贻琦坚持勤俭办学的原则，且率先垂范，使清华大学形成了俭朴好学的优良校风。梅贻琦在"就职演说"中对此做了充分肯定："清华向来有一种俭朴好学的风气，这种良好的校风，我希望今后仍然保持着。清华从前在外间有一个贵族学校的名声，但是这是外界不明真相的结果，实际的清华，是非常俭朴的。从前清华的学生，只有少数的学生是富家子弟，而大多数的学生，却是非常俭朴的。平日在校，多是布衣布服，棉布鞋，毫无纨绔习气。我希望

① 黄延复．前清华大学校长梅贻琦［J］．人物，1987（1）．

② 黄延复，马相武．梅贻琦与清华大学［M］．太原：山西教育出版社，1995：196．

清华今后仍然保持这种良好的校风。”① 梅贻琦在《1933 年秋季开学典礼上的讲话》中批评了少数学生缺乏艰苦奋斗、贪恋舒适的问题，并强调清华环境美化、设施充足是为了师生健康和教学需要。因此，他告诫同学们要有吃苦耐劳的精神。

> 近来有多位旧同学回校；谈及毕业同学在外服务者，作事均能努力，成绩都很不错，惟于吃苦耐劳上，每觉稍逊。校中教室宿舍以及图书馆等等设备布置，力求实用完备，使大家可以安心地去工作，藉以增进各人求学的效率。但是吾们要记住，外面的环境像这里的很少。大家要准备着出去受劳苦。倘在校养成享受习惯，出外不耐劳作，则殊自误。②

梅贻琦以校长之尊，威信之大，在校资历之深，发挥率先示范作用，榜样效益显著，教师群起响应，学生自然会受到潜移默化的影响。

勤俭治校并非守财奴的吝啬、贪欲满眼的死抠或见利忘友的不择手段，而是人生高洁操守下，节俭奉公的品质，以及将有限资金用于办学刀刃，效用倍增的上乘经营功夫。如梅贻琦对学校办学环境设施、图书仪器、师资聘任、学生求学补助等方面相对宽松，尤其是三校联合中清华基金的“礼让”，都是经费开支的关键“锁钥”所在。而其他诸多方面则减之又减，甚至清淡如水。这是梅贻琦的人格风范及办学方略的智慧品性所在。高山仰止，令人钦佩，感怀永远。

---

① 刘述礼，黄延复．梅贻琦教育论著选［M］．北京：人民教育出版社，1993：11.
② 刘述礼，黄延复．梅贻琦教育论著选［M］．北京：人民教育出版社，1993：63.

第九章

广博与深邃：梅贻琦的大学教育理念（下）

梅贻琦的大学教育理念源于大学管理实践的经验总结，但也有他自身基于古代中国和近现代西方大学教育理论学说的构建，以及为现代中国大学教育流弊的解决而探索的理论成果。

第一节 大师论

梅贻琦是我国现代著名高等教育家，一生致力于教育事业，被誉为清华大学的“终身校长”。他的教育思想核心之一就是他的大师论。前文多次引述的“所谓大学者，非谓有大楼之谓也，有大师之谓也”这一著名论断，将其大师论思想阐释得淋漓尽致。

一、大师论的基本内容

大师论是梅贻琦大学教育理念的重要组成部分。这一论题不但认同教师在高校办学实践中起着至关重要的作用，还为清华大学实施通识教育，坚持教授治校等办学实践创造了机会。

（一）大学聘请“大师”为重

1931 年 12 月 2 日，梅贻琦在“就职典礼”上，宣布了几项重要的办学要旨：“办大学，应有两种目的：一是研究学术；二是造就人才。”用什么办法来实现上述的两大目标呢？他认为“必须有两个必要的条件：其一是设备；其二是教授。……一个大学之所以为大学，全在于有没有好的教授。孟子说：‘所谓故国者，非谓有乔木之谓也，有世臣之谓也。’我现在可以仿照说：‘所谓大学者，非谓有大楼之谓也，有大师之谓也。’”[①] 上述言论前面已引用多次，但仍不觉重复累赘。文字并不冗长，话语也无晦涩之处，但切中大学教育要害，充分体现精英人才之于高水平战略发展中不可或缺的引领作用，同时也是大学人才强校，并通过英才培养实现强国的现代新理念。

1936 年 4 月，梅贻琦在《致全体校友书》中指出：“本校之扩为大学，始自民国十四年，至今不过十年耳。过去五年，正为大学成长充实应经之重要阶段。此五年中吾人所努力奔赴之第一事，盖为师资之充实。吾人常言，大学之良窳，几全系于师资与设备之充实与否；而师资为尤要。是以吾人之图本校之

① 梅贻琦．就职演说［M］//刘述礼，黄延复．梅贻琦教育论著选．北京：人民教育出版社，1993：10.

发展，之图提高本校之学术地位也，亦以充实师资为第一义。”① 也就是说，他认为清华这五年以来，将充实教授资源作为头等重要的事情。大学能够充分发挥其教育作用，几乎全赖于师资和硬件的充足，其中师资尤为重要。要想使清华得到很好的发展，学术地位得到提升，优秀而充实的教授资源是第一要义。类似的言论主张在梅贻琦著述中屡见不鲜：

> 务使新旧院系，即设备尚多欠缺，而师资必须蔚然可观，则他日诸校友重返故园时，勿徒注视大树又高几许，大楼又添几座，应致其仰慕于吾校大师更添几人，此大学之所以为大学，而吾清华最应致力者也。②

> 但是诸君在工作指导上，即在人格熏陶上，所最需要的是师资。在现在学校大规模地收纳学生，组织上或有机械式的现象。这是因为人多，不能避免的。但是教育上的紧要途径，还是在师生的关系。古人谓“教学相长”，现在的教育事业，仍应看作师生共同工作，期达一个共同的目的。③

> 将来应予注重者为在学术研究方面力求进展。对于国内外专门人才，当尽量罗致，研究设备，务使充实。庶将来于学术上多有贡献，以尽大学所以为大学之职责。④

师资队伍的建设是大学的灵魂所在，是提高大学教育水平必备的条件。清华大学拥有其他学府不具备的“庚子赔款”经费条件来提升硬件；同时，又拥有当时最为优秀的教师队伍，所以理应并且有责任将清华大学打造成世界著名学府。此种态度和表述，铿锵有力，掷地有声，真乃敢作敢为、勇于担当的伟丈夫。

现代大学是国际化的办学路向。国际化的一大指标是国外人才的聘用和校内人才的国际交流。这在清华大学都是凸显而有效的情形。梅贻琦指出：“吾人

---

① 梅贻琦．致全体校友书［M］//刘述礼，黄延复．梅贻琦教育论著选．北京：人民教育出版社，1993：69.

② 梅贻琦．复员期中之清华［M］//刘述礼，黄延复．梅贻琦教育论著选．北京：人民教育出版社，1993：134.

③ 梅贻琦．致新来校的诸同学［M］//刘述礼，黄延复．梅贻琦教育论著选．北京：人民教育出版社，1993：66.

④ 梅贻琦．回顾与前瞻：在建校二十六周年纪念会上的讲话［M］//刘述礼，黄延复．梅贻琦教育论著选．北京：人民教育出版社，1993：79.

以为将欲提高国家学术水准，端赖罗致世界第一流学者，来华讲学。”① 在这一思想指导下，外国学者来中国游时，清华均力争邀聘来校做短期或长期讲学，其中被聘长期讲学的学者有巴黎法兰西学院教授哈达玛，世界数学教育委员会会长维纳，美国麻省理工学院数学教授华敦德。至于短期学术交流者更多，不再详述。

在大师论思想的指导下，经梅贻琦先生的多方努力，一时有识之士闻风景从，以致20世纪三四十年代的清华园和西南联大人才济济、繁星灿烂，会聚了当时各门学科的著名专家和权威学者。例如，中文系的朱自清、俞平伯；外文系的王文显、吴宓；物理系的叶企孙、赵忠尧；化学系的高崇德；生物系的刘崇乐、钱崇澍；历史系的蒋廷黻、钱端升；数学系的熊庆来、杨武之、华罗庚；哲学系的冯友兰、金岳霖；社会学系的陈达；体育部的马约翰；王国维、梁启超、陈寅恪、赵元任“四大导师”也在清华国学研究院任教。梅贻琦直接聘任的有：理工方面名家，庄前鼎、刘仙洲、顾敏、陶葆楷；文史方面教授，潘光旦、雷海宗、吴晗、闻一多；无线电学方面专家，任之恭、赵访熊。同时，聘请国际著名学者冯·卡门、维纳、哈达玛、华敦德、郎之万、狄拉克等来华做学术访问。其中，俄裔著名人类学家史禄国长期在清华任教，曾经培养出费孝通这样的优秀弟子。在这些名师的教诲下，清华培养出了许多日后也成为大师的人物：钱锺书、曹禺、王竹溪、林家翘、陈省身、杨振宁……应该说梅贻琦在校长任上所进行的师资队伍建设，卓有成效。梅贻琦的自述更能印证这一点：

> 本校二十年度时，全校教师计为教授七十三人，讲师四十二人，教员七人，助教三十二人，导师五人，共计一百五十九人。至二十一年度时，则教授增至七十八人，讲师四十四人，教员十二人，助教三十六人，导师三人，共计一百七十三人。至本年（二十四年）度则教授增至九十九人，讲师三十五人，教员二十一人，助教六十五人，导师一人，共计二百二十一人。此就人数方面言之也。……本校各系所开学门，计二十年度为三百

① 梅贻琦．致全体校友书［M］//刘述礼，黄延复．梅贻琦教育论著选．北京：人民教育出版社，1993：70.

六十五门，二十一年度为四百四十四门，本年度则为五百一十二门。增加之速，于此可见。此就师资充实后之效率言之也。总之，师资为大学第一要素，吾人知之甚切，故亦图之至亟也。①

梅贻琦此处所述只是在抗战全面爆发之前，他在清华大学任期内聘任师资成绩。西南联大的此项工作也是连续持久，且取得更为耀眼夺目的效果。也就是说，梅贻琦对大师作用的认识及盛邀延聘名师来校，不仅在抗日战争以前国家形势相对平静、学校物质条件较好时的清华大学得到充分的发挥，而且在抗战的困难时期，物质极其匮乏，根本不存在“大楼”的西南联大也起了积极的作用，若干位外籍教授应邀加盟，如温德、燕卜荪、葛邦福等。在清华大学及后来的西南联大，大师教导指点下的青年人才，一届一届的毕业生担负起国家各个方面的工作，对国家的文化及经济建设起了重要的作用，在几十年后的今天，他们的影响依然存在。后来在建台湾“清华大学”时，梅贻琦也贯彻了同一主张，那时在美国的清华校友（许多已是著名的学者）纷纷来到新竹贡献他们的力量。

这些行为所基因素众多，但其中重要的一点是梅贻琦深知在知识分子身上，既有崇高的爱国心，又有强烈追求学问的愿望。应该说，对知识分子心态了解之深，当时少有如他者。他在清华大力推行教授治校、民主管理，把教授视为学校的办学主体和依靠力量。他常说：“吾从众。”这个“众”，便是教授。他相继设立了一些由教授组成的专门性委员会，以充分发挥教授在行政管理及学术管理中的主体和主导作用。

（二）大学教师的教书育人职责

唐代诗人韩愈在《师说》中对教师的责任做了明确的定义：“师者，所以传道、授业、解惑也。”这一定位，流传至今。随着社会时代的发展，人们对教师的职责也赋予了新的元素。教师的职责是什么呢？仅仅讲好课就算是好的教师吗？不是的，梅贻琦在《教授的责任——在廿一年度开学典礼上的讲话》一

---

① 梅贻琦．致全体校友书［M］//刘述礼，黄延复．梅贻琦教育论著选．北京：人民教育出版社，1993：69－70.

文中，指出“教授责任不尽在指导学生如何读书，如何研究学问。凡能领学生做学问的教授，必能指导学生如何做人，因为求学与做人是两相关联的。凡能真诚努力做学问的，他们做人亦必不取巧，不偷懒，不作伪，故其学问事业终有成就。”①

梅贻琦在这里重点阐述了两个核心问题，即“教授之得人”和“指导学生如何做人”。他认为，教师不只“以己所专长之特科知识”“为明晰之讲授”，还要为学生“自谋修养”“树立楷模”。他以身作则，用自己的言行举止引导和引领学生，以自身的人格魅力感染和教育学生，促使其成为德才兼备的人才。因此，他对只传授知识而不管学生如何做人的教师提出批评，“为教师者果能于一己所专长之特科知识，有充分之准备，为明晰之讲授，作尽心与负责之考课，即已为良善之教师，其于学子之意志与情绪生活与此种生活之见于操守者，殆有若秦人之视越人之肥瘠；历年既久，相习成风，即在有识之士，亦复视为固然，不思改作，浸假而以此种责任完全诿诸他人，曰‘此乃训育之事，与教学根本无干’”②。只管教书，不重育人，是当时教育界的一种偏向。它违背了教师“既为经师，又为人师”的优良传统。因此，梅贻琦的上述批评意见是很切中时弊的。

清华大学、西南联大绝大多数教师都自觉遵守教书和育人两项职责，认为身教重于言教。南开大学校长，后任西南联大常委的张伯苓与梅贻琦教育理念相合拍：“教育一事，非独使学生读书习字而已，尤要造就完全人格，德智体三育不可偏废。”他把德育放在智育、体育之前，学校工作的重心是造就学生完全的人格，德智体全面发展是学校的根本任务。

教师在课堂上，经常向学生传授做人的道理，希望他们能成为对国家有用的人。以西南联大为例，西南联大的教师群体是学生的表率，他们的爱国热忱对学生有着深刻的影响。不少教授虽已饮誉世界学坛，却从不以个人的名利为意，毅然来到艰苦抗战的昆明，物质上的艰苦自不待言，研究条件与国外也无

---

① 刘述礼，黄延复．梅贻琦教育论著选［M］．北京：人民教育出版社，1993：24－25.

② 梅贻琦．大学一解［M］//刘述礼，黄延复．梅贻琦教育论著选．北京：人民教育出版社，1993：102.

法相比，但是，他们却以爱国乐教的情怀认真执教。据记载，西南联大历史系教授陈寅恪，堪称旷代大师，却能安坐土屋茅室之中，时常微笑着为学生滔滔不绝地讲授。他乐教不疲，使学生如沐春风。西南联大的教师都有很强的事业心，将自己的教学与国家的前途系为一体。中文系教授朱自清反对教师只顾自己进行研究而不认真教学，是一位“为往圣继绝学，为万世开太平”的杰出名师。正是在这一思想的感召下，堂堂大学教授，却能认真地为学生改笔记。爱国乐教的精神，使西南联大教师形成了敬业严谨的教风，并以此而“蜚声士林”，对学生产生了深刻的影响。

（三）大学教育师生教学的“从游论”

大学办学的成功，师资力量起着至关重要的作用，因此梅贻琦从切身做起，充分尊重教师及其主体作用，调动他们教学的积极性，发挥教师教学中的主导性作用；同时，梅贻琦也十分关注师生关系，认为师生之间教学相长，相互促进，共同进步，进而提出了师生沟通交往的“从游论”。

梅贻琦十分重视师生关系在教育中的作用。他说：“古人谓‘教学相长’，现在的教育事业，仍应看作师生共同工作，期达一个共同的目的。但是来求学的人，是要格外多努力，要注重在这个求学。”① 梅贻琦的“从游论”源于中国古代的“从游而学”，即春秋时期以孔子及其弟子为代表的一种讲学活动。他在《大学一解》中阐述师生“从游”，体现了一种“游于圣人之门”的师生关系。梅贻琦始终坚信，作为一名优秀教师，职责不仅在于教授知识及其经验，更要引导学生善于思考，以及提高学生的道德修养、思想情操，使学生成为栋梁之材：

> 今日学校环境之内，教师与学生大率自成部落，各有其生活之习惯与时尚，舍教室中讲授之时间而外，几于不相谋面。军兴以还，此风尤甚。即有少数教师，其持养操守足为学生表率而无愧者，亦犹之椟中之玉，斗底之灯，其光辉不达于外，而学子即有切心于观摩取益者，亦自

① 梅贻琦．致新来校的诸同学［M］//刘述礼，黄延复．梅贻琦教育论著选．北京：人民教育出版社，1993：66 – 67.

无从问径……古者学子从师受业，谓之从游。孟子曰，“游于圣人之门者难为言”，间尝思之，游之时义大矣哉。学校犹水也，师生犹鱼也，其行动犹游泳也。大鱼前导，小鱼尾随，是从游也；从游既久，其濡染观摩之效，自不求而至，不为而成。反观今日师生之关系，直一奏技者与看客之关系耳，去从游之义不綦远哉！此则于大学之道，“体认尚有未尽、实践尚有不力”之第二端也。①

这也就是说“教育上的紧要途径，还是在师生的关系”，而师生的关系绝非“奏技者”与“看客”之关系，而是一种密切的“从游”关系。梅贻琦把学校比喻为“水”，师生是其中的“鱼”，大鱼前导，小鱼尾随，“从游既久，其濡染观摩之效，自不求而至，不为而成”。他批评师生关系的疏远、隔离，乃至匆匆过客的淡薄情状，这有违于“大学之道”。为了充分发挥师生“从游”在通才教育中整合学生知识和人格的作用，梅贻琦不拘一格，广延人才，数年间，使清华大学成为大师荟萃的名校。梅贻琦还创造条件加强师生间的交流，要求教师树立楷模，言传身教。1936 年，他主持通过了《国立清华大学试行导师制办法》，推行导师制，要求教师全方位指导学生学业和生活，同年成立学生生活指导委员会，负责审议及辅导学生生活及社团活动。② 而他本人廉洁无私，鞠躬尽瘁，关爱师生，淡泊谦逊，以崇高的人格赢得了师生的爱戴，并被誉为“清华精神”的象征。

二、大师论的思想基础

一所大学为什么要凸显“大师”的作用呢？梅贻琦从社会本位论做了阐述。大学教育的功用，就学校内部而言，是培养学生个人“明明德”，就社会外部而言，则为“新民”。所谓“新民”，是要担负起教化的功能，“大学俨然为一方教化之重镇”，往大的方向说，大学“可以为国家文化之中心，可以为

① 梅贻琦. 大学一解［M］//刘述礼，黄延复. 梅贻琦教育论著选. 北京：人民教育出版社，1993：102.

② 清华大学校史研究室. 清华大学史料选编：第二卷［M］. 北京：清华大学出版社，1991：185－196.

国际思潮交流与朝宗之汇点”。作为“一方教化之重镇”的大学，要“为社会之倡导与表率”；作为“国家文化之中心”的大学，则是“新文化因素之孕育涵养与简练揣摩”的所在。[①] 在大学与国家、地方、社会之间的关系问题上，梅贻琦关注的是大学与社会、与民族国家的关系，至于与政府之间的关系，几乎不在他的视线范围之内。显然他认为，大学高于社会，为社会提供理想，这恰如创立都柏林大学的西方教育学家“红衣主教”纽曼所言，大学“净化民族的情趣，给大众热情提供真正的原则，使大众热望达到固定的目的，扩充和节制时代的观念，促进政治权利的行使”[②]。不管是作为“倡导与表率”，还是作为“文化中心”，大学能够提供给社会的，仍然主要是它的文化创造，所谓教化的功能，也是经由文化传播达到的。这里，我们看到梅贻琦的教育思想与西南联大精神传统的默契。在他的教育思想中，教授始终是主动者，居支配地位，其管理思想接受教授治校的体制就顺理成章。

正因为他认识到教授在大学有着极为重要的作用，校长与之相比，只是一个配角，所以，他才会以民主的姿态对待广大教师。在各种会议上，他总是倾听广大教师的意见，集思广益。当遇到分歧与争论之时，他总是“从容审夺其间。其定议也，往往各如其意，充然若有得也。于是意克一而事可济。举凡校务巨细，纷纭多端，公一以平，称安祥之度处之”。[③] 他的民主作风使得教师们感到心情十分畅快，如朱自清所述：

> 我们虽生在一个民主的国家里，可是真正建立在民主精神上的组织，似乎还只是极少数。在这极少数当中，清华大约可以算得上一个。在清华服务的同人，感觉着一种自由的氛围气，每人都有权利有机会对学校的事情说话。这是并不易得的。[④]

总之，大师论的思想主张突出了高层知识分子在大学中的特殊地位，并且

---

① 刘述礼，黄延复．梅贻琦教育论著选［M］．北京：人民教育出版社，1993：107.

② 科尔．大学的功用［M］．陈学飞，等译．南昌：江西教育出版社，1993：2.

③ 张子高．梅贻琦校长六十寿像序［M］//黄延复，马相武．梅贻琦与清华大学．太原：山西教育出版社，1995：192.

④ 朱自清．清华的民主制度［M］//黄延复，马相武．梅贻琦与清华大学．太原：山西教育出版社，1995：183.

把他们的作用提高到绝对的高度。清华大学、西南联大延聘了一大批学贯中西的知名学者，一时间教授阵容之强在国内无与伦比，他们使清华大学以文学院、理学院、法学院、工学院为代表的各院系专业以及研究院所得以极大充实，并快速发展。

三、大师论的实践

梅贻琦上述有关大师论的言论主张，绝不是沽名钓誉的应时空话。他把关于大师论的观点，不折不扣地贯彻到了具体的办学实践之中。

梅贻琦接任清华大学校长之后，首先对原在校的教授竭力表示尊重，在学校管理方面，实行教授治校的民主管理方式，使教授站在了学校主体的位置，成为大学办学的中坚力量。他相继成立了许多教授委员会，遵循“吾从众”的原则。他认为教授是学校的主体，校长不过是率领职工给教授搬椅子凳子的人。他曾经把校长比作京戏里演“王帽”（帝王角色）的：

> 他每出场总是王冠齐整，仪仗森严，文武将官，前呼后拥，像煞有介事。其实会看戏的绝不注意这正中端坐的“王帽”，因为好戏并不要他唱，他因为运气好，搭在一个好班子里，那么人家对这台戏叫好时，他亦觉得“与有荣焉”而已。[①]

梅贻琦的这种态度，深得教授们的赞成，赢得了教授们对他的爱戴和拥护。众多知名学者也因此愿意留下来执教。与此同时，他还十分注重聘请国内外知名学者来校任教，以致清华名师云集、英才荟萃。他说：“凡一校精神所在，不仅仅在建筑设备方面之增加，而实在教授之得人。本校得有请好教授之机会，故能多聘好教授来校。这是我们非常可幸的事。”[②] 对于到校任教的教师，他也完全信任，十分尊重，从不把自己的意志强加于人。

为了体现对教师的尊重，梅贻琦还大幅提高教师的生活待遇，以此解决教

---

① 梅贻琦．在昆明公祝会上的答辞［M］//刘述礼，黄延复．梅贻琦教育论著选．北京：人民教育出版社，1993：91．

② 梅贻琦．教授的责任：在廿一年度开学典礼上的讲话［M］//刘述礼，黄延复．梅贻琦教育论著选．北京：人民教育出版社，1993：24．

师的后顾之忧，使教师全身心投入讲学以及学术研究之中。他将教授的月薪由160～360元提高到300～400元，最高的达500元，每位教授可以独有一幢新住宅。他还执行了清华过去关于教授每工作五年休假出国一次的待遇。当然，梅贻琦同时重视校内其他职工的工资水平，陆续大幅度提高讲师、教员、助教的薪资，远高于当时社会一般职员的收入。讲师的工资升至160～280元；教员为120～200元；助教为80～140元（一般职员30～100元；工人9～25元）。在西南联大，面对贫困交加的教师，梅贻琦激动地说："固穷、守节，是读书人应有的事，在他们自己不以为奇，不过负学校行政之责的人，和学校有渊源关系，以至于和他们有过师生或同学关系的校友，能坐视吗？能袖手旁观他们因生活的折磨而至于不能继续为学术、教育努力吗？不能！"① 为此，他倡议组织了"清华服务社"，用学校人才和技术优势获得一定的经济效益，以改善教职员工极端困苦的生活。

由于教师是学校办学的主体和主要依靠力量，梅贻琦在教师选聘方面对质量要求和选聘过程都十分严格。其中规定，教授必须具有下列三项资格之一，才能聘为教授：（1）三年研究院工作，或具有博士学位及有在大学授课二年，或在研究机关研究二年，或执行专门职业二年之经验者；（2）于其所任之学科，有学术创作或发明者；（3）曾任大学或同等学校教授或讲师，或在研究机关研究或执行专门职业共六年，且有特殊成绩者。而关于副教授的任聘，务必具备以下三个条件之一：（1）三年研究院工作，或具有博士学位者；（2）于所任学科有重要学术贡献者；（3）曾任大学或同等学校教授、副教授或讲师，或在研究机关研究或执行专门职业共四年，且有特殊成绩者。② 当时，由学校顶尖教授和领导成立了聘任委员会，教师选聘严格参照《教师服务及待遇规程》中的要求，通过委员会的甄选，才可以进入清华教师队伍。当然，对具有真才实学却不满足条件的人才，则不拘于制度，给予破格录取。例如，破格录取只有初中学历的华罗庚进校做资料员，并旁听大学课程；进而破格从资料员提升

① 黄延复．梅贻琦教育思想研究［M］．沈阳：辽宁教育出版社，1994：212，241.

② 梅贻琦．教师服务及待遇规程［M］//刘述礼，黄延复．梅贻琦教育论著选．北京：人民教育出版社，1993：209.

为助教；再而从助教直接聘为教授。

梅贻琦在任清华教务长期间，就协助校长尽力延聘知名学者，当时有梁启超、王国维、叶企孙、马约翰等一批大师级学者应聘于清华；在他主掌清华的前六年（1932—1937 年）里，又相继聘任闻一多、萧公权、陈省身、邵循正等一大批著名学者到清华任教，使清华大学形成了一支国内第一流的、阵容强大的优秀师资队伍。① 经过梅贻琦多方努力，清华大学不仅师资力量充实，而且形成了独特的“倒金字塔”教师队伍结构，教授副教授人数众多，名师会集，呈现“百家争鸣，百花齐放”的局面。诚如他所说的那样：“教授皆系当代权威，学子受益匪浅。”梅贻琦对教师的尊敬与关怀，赢得了教师的赞誉，在清华树立了良好的口碑，也为清华史上的“黄金时期”做了铺垫。

从北大、清华、南开到西南联大，历任校长都严于和慎于择师。他们继承了中国古代“兴太学，置明师”的优良教育传统，将延聘学有专长的教师，放在办好学校的首位。上述三校联合后，西南联大集中了当时全国第一流的学者，有不少是世界知名的学术大师。例如，当时的文学院院长冯友兰，是中国哲学史的权威；中文系的系主任朱自清，是我国近代杰出的散文学家；理学院教授华罗庚的“素数论”曾震惊世界……名师献身教育，必将培育出一代英才。

第二节　通才教育论

大学是以培养通才为目的，还是以培养专才为目的，这是高等教育理论界长期争论的问题。梅贻琦是通才教育的积极倡导者，通才教育是其教育思想的精髓部分，也是其终生不渝发展高等教育的行动指南。他从儒家传统的“大学之道”出发，借鉴西方近代高等教育理念，结合当时的社会实际，力倡通才教育。但在此前提或基础上，根据社会时代需求和学科专业特点也容纳专才教育。

① 夏明亮．开创清华“黄金时代”的梅贻琦先生［J］．文史月刊，2005（3）：47.

一、通才教育论的提出

通才教育，也称“自由教育”，是以古代儒家“大学”教育思想为基础，博采近代中外大学教育思想的精粹融合而成的、具有独立性的一派教育学说。持通才教育论者提倡在高等教育阶段，学生广泛学习自然科学、社会科学、人文科学等方面的知识，并使其融会贯通，在广博的知识基础上，深入专业，以博带专，培养一专多能的人才。它是近代欧美大学所普遍推行的培养模式和思想方法。

梅贻琦是持通才教育论的代表性教育家，他继承并发展了蔡元培的同一思想，并加以丰富理解和广泛推行。

（一）通才教育论的基本内涵

中国近代大学教育实则移植于西方高等教育，并将中国传统文化与西方教育和文化相融合，形成独具特色的高等教育体系。蔡元培是中国近代教育史上最早提出通才教育的教育家。他率先以北大为新文化运动阵地，主要效法德国柏林大学的办学经验，重视学术研究及学理探讨。1919 年，蔡元培在北大先后成立文科、理科、法科和地质学研究所，后又增设国学研究所。与此同时，为了区分基础科学和应用科学的不同之处，蔡元培在《读周春岳君〈大学改制之商榷〉》一文中提出“治学”和“治术”的学校应该分开办理，“治学者可谓之‘大学’，治术者可谓之‘高等专门学校’。两者有性质之别，而不必有年限与程度之差”①。也就是说，基础学科是应用学科形成与发展的基础，其思想深邃，蕴含着西方通才教育思想雏形。蔡元培通识教育理念为梅贻琦所继承和发展。梅贻琦在清华学校大学部创立之初担任教务长时，便赞同设立各类学科，不贵乎专技之长，均以普通之基本训练为最有用，认为普通之基本训练较若干繁细之专门研究更为重要，并以此为教育原则。他又从儒家传统的“大学之道”出发，结合当时的社会实际，力倡通才教育。梅贻琦指出，理想大学教育，应以“通”与“专”为教育两大原则。大学生应有通识，也要有专识，也就是

---

① 蔡元培．蔡孑民先生言行录［M］．长沙：岳麓书社，2010：105.

说，大学毕业之人既可以称为通才，又可以称为专家。然而中国大学重视专科教育，忽视通识教育，未能发挥大学应有之功能。“通识之授受不足，为今日大学教育之一大通病，固已渐为有识者所公认，然不足者果何在，则言之者尚少。”由此，在大学期间，“通”“专”虽应兼顾，而重心所寄，应在“通”而不在“专”。换言之，即须反对目前重视专科的趋势，方足以达育“新民”之效。他认为，现代大学理念仍不外《大学》所说的“在明明德，在新民，在止于至善”。而要达此目的，大学阶段就要给学生以“通识”训练，使学生“知类通达”。从社会需求的角度看，梅贻琦认为在大学本科阶段应该是“通重于专”，在大学四年期间，既要有通识之准备，又要有专识之准备，而二者之间又不能有所轩轾，要求学生对自然、社会与人文三方面都具有广泛的综合知识，而“不贵乎有专技之长”。他进一步提出：“分而言之，则对每门有充分之了解，合而言之，则于三者之间，能识其会通之所在。”而培养专才的任务应由“大学之研究院”、各类“高级之专门学校”和“社会事业本身之训练”予以承担。[①]

通才教育论，是梅贻琦高等教育思想的核心，也是其大学学科建设的思想基石。他认为只有通才才能立足于社会，“出身诚是也，资格亦诚是也。我辈从事大学教育者，诚能执通才之一原则，而曰，才不通则身不得出，社会亦诚能执同一之原则，而曰，无通识之准备者，不能取得参加社会事业之资格，则所谓出身与资格者，固未尝不为绝有意识之名词也”[②]。梅贻琦是影响清华以及西南联大颇深的校长，享有“终身校长”的美誉。他从个人和社会两个维度来确立价值取向，基于对“己”“群”（个人和社会）的辩证分析，认为通才是参加社会建设的基本资格，否则就不合格。因此，大学不应只是培养某一专门领域的专家，而应造就全面发展的通才。因为，“社会所需要者，通才为大，而专家

① 梅贻琦．大学一解［M］//刘述礼，黄延复．梅贻琦教育论著选．北京：人民教育出版社，1993：108.

② 梅贻琦．大学一解［M］//刘述礼，黄延复．梅贻琦教育论著选．北京：人民教育出版社，1993：106.

次之，以无通才为基础之专家临民，其结果不为新民，而为扰民”①。梅贻琦是较早论述通才教育的教育家。他所说“通才”中的“才”更多的是指“知识”“才能”。关于清华大学培养通才或专才的问题，梅贻琦更加侧重培养通才，而非专才。他特别强调大学以通识教育为主体思路，重视各门基础课程的理解与掌握，知识范围要广，应加强德、智、体、美、群、劳的全人格培养与熏陶。要想培养出全人格人才，不仅要以人文修养及其相当旁类的知识为基础，而且要受到系统完整的科学训练，并平衡发展知识、修养、人格这三方面。

梅贻琦所述的“通才”其实就是全面发展的人才，它必须具备“整个之人格”。所谓整个之人格，“至少应有知、情、志三个方面，而此三方面者皆有修明之必要”。“知”，指知识；“情”，指情绪；“志”，指意志，是全人格不可或缺的重要组成部分。大学教育现实的缺陷常在于多侧重于“知”，而极大地忽略了“情”“志”。仅就“知”的教育而言，也有明显不足，“灌输之功十居七八，而启发之功十不得二三”②。他认为，通常所说的“治学精神”“思想方法”似乎只属于求知方面的内容，其实不然，它与意志之坚强、情绪之稳定有极密切的关系。治学贵谨严，思想忌偏蔽。这一切的前提条件是意志坚定和用情有度，否则是很难做到的。因此，办大学应致力于“知、情、志之陶冶”，而且这当中要遵循“以言知，则有博约之原则在；以言情，则有裁节之原则在；以言志，则有持养之原则在”③ 的总体要求，方可使“知”“情”“志”教育获得成效，使受教育者得到全面发展，成为“知”“情”“志”三者兼容的通才。

梅贻琦主张以培养“通识为本，专识为末”的通才为大学教育目标，提倡通才教育。梅贻琦固然是盼望学生获得一技一艺之专长，以期立身致用于社会；同时，也希冀大家在注意本系主要课程之外，还要对其他学科也有所涉猎。1932 年 6 月，他在《学问范围务广，不宜过狭》一文中强调：“学问范围务广，

---

① 梅贻琦．大学一解［M］//刘述礼，黄延复．梅贻琦教育论著选．北京：人民教育出版社，1993：105 - 106.

② 梅贻琦．大学一解［M］//刘述礼，黄延复．梅贻琦教育论著选．北京：人民教育出版社，1993：100 - 101.

③ 梅贻琦．大学一解［M］//刘述礼，黄延复．梅贻琦教育论著选．北京：人民教育出版社，1993：109.

不宜过狭，这样才可能使吾们对于所谓人生观，得到一种平衡不偏的观念。对于世界大势文化变迁，亦有一种相当了解。如此，不但使吾们的生活上增加意趣，就是在服务方面亦可以加增效率。这是本校对于全部课程的一种主张。"① 这段话，实质上是梅贻琦通才教育思想的另一种表述。他从学生本科四年课程结构角度作为切入点，强调普通训练之重要，要求学生求学应谨防狭隘之弊。这也正是通才教育思想的核心内容。换言之，梅贻琦期望拓展大学生的课程，通过强调专业中的基础课程，强调专业与专业之间的交流，文科和理科之间的沟通，来培养基础扎实、知识面广、适应能力强，且能够把握社会发展趋势，对人生、对生活有积极心态的具有"通识"的通才。

然而，清华大学也注重培养各类科技实用人才，将"造就专门人才，以供社会建设之用"作为教育目标，进而实现救国于危难的目的。这两者似乎逻辑上是前后不一的。然而，从清华大学、西南联大的教育实践来看，它们之间却又是统一的通才教育，主要在教学方面提倡培养基础扎实、知识面广博、综合适应能力较强的人才。在思想方面则受到"自由教育"影响，力图通过广博的知识、技能教育，培养学生的独立判断能力，去掌握自己的理想、方向，成为社会专门部门的技术和管理人才。

1938 年，南京国民政府教育部颁布的《战时各级教育实施纲要》中规定：大学教育，应为研究高深学术，培养能治学、治事、治人、创业之通才与专才之教育。其农工商医等专门学院，应施行高深专门技术教育，养成高级技术人才。以国家物质建设之需要，为施教之对象。其文理法教育学院，应注重各项基本学问之广博研究，再由博返约，养成治学治事治人之技能。应以国家文化建设、经济建设、社会建设之需要，为施教之对象。② 对此，梅贻琦并不赞成曾任北京大学教授和国民政府教育部部长的朱家骅有关大学教育的主张：

> 大学为研究学术之所，其所研究之学科，必须由基础而专门，作有系统之研究，倘轻重倒置，先后失序，轻于基础而重于专门，先于基础而后

① 刘述礼，黄延复．梅贻琦教育论著选［M］．北京：人民教育出版社，1993：117.

② 宋恩荣，章咸．中华民国教育法规选编：1912—1949［M］．南京：江苏教育出版社，1990：75.

于专门，则学生先已乱其门径，研究学术，安得有济。专门学术之研究，就体系而言，绝非大学四年之教育所能为功，必待学生于毕业后继续不断作专门之研究，方得有济。①

他认为大学四年“通专并重”之说“窒碍难行”。清华大学规定：

一年级生入校，即应选定一系为其主系；按照该系课程之规定，选习各学程。然一二年级之后，因兴趣才具不宜，往往有改系之必要，而改系时，发生种种障碍与迁就。实则初行选系之时，未经充分探求本人性情，与某种学问之适合与否之所致也。本校有鉴于此，遂有大一学科不分系之提议，意在使一年级入校后，对于各种学问共同必需之工具与基本知识，得有充分训练。②

（二）梅贻琦通才教育论的形成

梅贻琦于1910—1914年留学于美国伍斯特理工学院并获工学学士学位。1929年8月，以清华教师身份公费赴美入芝加哥大学研修，于次年夏获机械工程硕士学位。1928年11月再度赴美任清华留美学生监督处监督，至1931年年底回国任清华大学校长。梅贻琦三度赴美的经历，无疑使其对美国大学教育主流思想与现状有了比较全面而又透彻的了解和体悟，为其通才教育论的形成与发展打下了扎实的基础。

梅贻琦的通才教育论随着其人生阅历和工作经验增长而逐渐成熟，趋于完善。他各时期的教育理论及教育活动，均或显或隐地体现了通才教育理念。梅贻琦的通才教育思想最早蕴含于1927年12月发表的《清华学校的教育方针》一文，在强调要充分重视学生兴趣爱好，扩大学生学习过程中选择课程的主动权，以充分调动学生的积极性和学习主动性的同时，以机械工程学为例，主张学科教育注重基础、普通课程教学，反对科目过于细化、琐碎。

盖今日社会上所需要之工程人才，不贵乎专技之长，而以普通基本的

---

① 教育部．第一次中国教育年鉴：丙编［M］．上海：开明书店，1934：7－8.

② 梅贻琦．清华一年来之校务概况［M］//刘述礼，黄延复．梅贻琦教育论著选．北京：人民教育出版社，1993：35.

工程训练为最有用。是以本校设立工程系之始，即以此为原则。凡工程学之基本知识，或属于机械，或关乎电理，或为土木建筑之要义，使学生皆得有确切的了解，及运用之能力，俾将来在社会遇凡关工程问题，皆能有相当的应付；且工程事业往往一事关系数门，非简单属于某一门者，在今日中国之工商界中，能邀致数专家以经业一事者甚少，大多数则只聘一工程师而望其无所不能。斯故本校之工程学程中，认普通之基本训练较若干繁细之专门研究为重要也。①

1931年12月，梅贻琦就任清华大学校长，其发表的“就职演说”中明确指明了办大学重视通识人才的培养。随着他治校时间延长与经验日趋丰富，其通才教育论得以系统化、中国化，并且扎实地付诸办学实践，其思想具有明显的理论色彩。1932年6月，他提出文理兼容、学科交互渗透的观点：“本校举办这些系的目的，固然是希望学生获得一技一艺之专长，以期立身致用于社会。同时盼大家在注意本系主要课程之外，并于其他学科也要有相当认识。有人认为学文学者，就不必注意理科；习工科者就不必注意文科，所见似乎窄小一点。”② 由学科“通才”，会通人生，达到人格与学问相统一之境界。大学生因此对本系、本专业之外的课程都应有更深刻的认识，打破学科分界，对个体的人生，乃至整个社会都要有均衡的了解。“本学系之宗旨，系对于应用及学理两方面，务求均衡之发展，力避偏重之积习，以期造就社会应变之人才，而挽救历来机械的训练之流弊。”③

要实现目标，“清华大学学程为期四年，其第一年专用于文字工具之预备及自然科学与社会科学之普遍训练，其目的在使学生勿囿于一途，而得旁涉他门，以见知识之为物，原系综合联贯的，吾人虽强为划分，然其在理想上相关连相辅助之处，凡曾受大学教育者不可不知也。学生自第二年以后，得选定专修学系以从事于专门之研究，然各系规定课程，多不取严格的限制，在每专系必修课程之

① 刘述礼，黄延复．梅贻琦教育论著选［M］．北京：人民教育出版社，1993：6.

② 梅贻琦．学问范围务广，不宜过狭［M］//刘述礼，黄延复．梅贻琦教育论著选．北京：人民教育出版社，1993：17.

③ 梅贻琦．梅贻琦自述［M］．合肥：安徽文艺出版社，2013：31.

外，多予学生时间，使与教授商酌，得因其性之所近，业之所涉，以旁习他系之科目。盖求学固贵乎专精，然而狭隘之弊与宽泛同，故不可不防”①。

梅贻琦在1933年的开学典礼上说：“理工为实用科学，固宜重视，但同时文法课程，亦不宜过于偏废。”他进一步解释说：为避免新同学在选修专业时有“匆率勉强之弊”，学校决定今年入学的一年级新生不分院系，“大家在初入校时，可不必即决定入何系，最好在此一年之内细细体察自己志趣所在，性之所近，究习何科较为适当，然后再决定选习”②。这阐释了通才培养应与学生个性特点和兴趣需要结合的思想主张，并重申了通才教育的重要性。

到了1941年，梅贻琦在《大学一解》中全面系统地阐释了通才教育的主张。该文章从心理学视角，将人格分为“知、情、志”三个方面，但在当时的教育环境中，各所大学只注重对“知”的灌输，却重视“情”与“志”的培养，从而导致“习艺愈勤去修养愈远”的弊端，造成只知随声附和、人云亦云，不敢力排众议、自作主张的局面。在这种情况下，梅贻琦力排众议，始终认为大学教育“通识为本，而专识为末”，并将其付诸西南联大办学实践之中。

1943年，梅贻琦又在《工业化的前途与人才问题》一文中再次强调他的通才教育论：

> 大学教育毕竟与其他程度的学校教育不同，它的最大的目的原在培植通才；文、理、法、工、农等等学院所要培植的是这几个方面的通才，甚至于两个方面以上的综合的通才。它的最大的效用，确乎是不在养成一批一批限于一种专门学术的专家或高等匠人。工学院毕业的人才，对于此一工程与彼一工程之间，对于工的理论与工的技术之间，对于物的道理与人的道理之间，都应当充分了解，虽不能游刃有余，最少在这种错综复杂的情境之中，可以有最低限度的周旋的能力。惟有这种分子才能有组织工业的力量，才能成为国家目前最迫切需要的工业建设的领袖，而除了大学工学院以外，更没有别的教育机关可以准备供给这一类的人才。

① 清华大学校史研究室．清华大学史料选编：第一卷［M］．北京：清华大学出版社，1991：274.

② 梅贻琦．在1933年度秋季开学典礼上的讲话［M］//刘述礼，黄延复．梅贻琦教育论著选．北京：人民教育出版社，1993：52.

因此我认为目前的大学工学院的课程大有修改的必要。就目前的课程而论，工学院所能造就的人才还够不上真正的工程师，无论组织工业的领袖人才了。其后来终于成为良好的工程师和组织人才的少数例子，饮水思源，应该感谢的不是工学院的教育，而是他的浑厚的禀赋与此种禀赋的足以充分利用社会的学校或经验的学校所供给他的一切。就大多数的毕业生而言，事实上和西洋比较良好的高级工业学校的毕业生没有多大分别，而在专门训练的周密上，不良态度的修正（如不屑于用劳力的态度）上，怕还不如。

要造就通才，大学工学院必须添设有关通识的课程，而减少专攻技术的课程。工业的建设靠技术，靠机器，不过他并不单靠这些。没有财力，没有原料，机器是徒然的，因此他至少对于经济地理、经济地质，以至于一般的经济科学要有充分的认识。没有人力，或人事上得不到适当的配备与协调，无论多少匹马力的机器依然不会转动，或转动了可以停顿。因此，真正工业的组织人才，对于心理学、社会学、伦理学，以至于一切的人文科学、文化背景，都应该有充分的了解。①

这篇文章发表于抗战由相持阶段转向反攻阶段，民族战争的胜利曙光已清晰可见之时。梅贻琦提出，“大学生应有通识，又应有专识，再则曰大学卒业之人应为一通才，亦应为一专家，故在大学期间之准备，应为通专并重”。现实社会所需要的，通才为大，而专家次之。接着他还举了这样一个例子对此加以证实：他的一个同班同学，在入工科大学之前，先从文科大学毕业。因其在文科大学选习的自然科学学程较多，所以进入工科大学后即插入三年级学习。他所习工科学程不但不比同班同学多，甚至是少于他们，但其他方面的知识和见解却比谁都多，对历史、社会、经济、心理学等各门学问都有些基本的了解。结果毕业后不到十年，别的同学还在当各级的技师和工程师，而他却已做到美国最大电业公司的分厂主任，成为电工界的一个领袖了。

1946 年 5 月 4 日，西南联大宣告正式结束。北大、清华、南开三校北迁复员，梅贻琦终于把清华这只在狂风疾雨中漂浮八年多的船，完好地开回了清华园。同

① 刘述礼，黄延复．梅贻琦教育论著选［M］．北京：人民教育出版社，1993：184．

年8月，清华大学在北京复校后，梅贻琦连续撰写《复员期中之清华》《复员后之清华》等系列论文，强烈倡导通才教育论，以图再造清华大学的辉煌历史！抗战胜利后，高校复员，梅贻琦为了使清华大学教育得到迅速的发展，提出了《本校复员后院系充实计划草案》这一行之有效的改革方案，到1947年，清华大学独立设校，形成了具有文、理、法、工、农五个学院二十六个系，三个研究所的综合性大学。

（三）通才教育成为清华大学和西南联大教师的共识

梅贻琦为人平和、谦逊、隐忍、坚毅，具有高雅的气度和“近乎完美”的性格，其本身就是通才教育的最佳典范。一个工科出身的教授，能对音乐、书画、诗词都有爱好和修养，又能通晓四书五经、史地、社会科学，洞悉人性隐微。梅贻琦是一种代表和象征，从他身上我们可以想见清华与西南联大当年的人文气息是多么浓厚，基于这种氛围的文化创造具有多么大的可能性。在前期的清华和后来的西南联大，梅贻琦不是个别现象，一大批理工科教授人文修养深厚，表现在为人上，也表现在治学上，还表现在他们对学生的要求上。

清华大学和西南联大的许多教授在学术上都有中西汇通的卓识，梅贻琦通才教育理念的形成和实施深深地为清华大学师生所认同。冯友兰在一次讲话中指出：“从本世纪初清华学校创立到本世纪中叶院系调整的40年岁月之间，清华学园人才辈出……在共同的时代与文化的背景以及共同的生活与工作的条件之下，又自然不可避免地会在他们中间产生某些共同之处。……这种或这些共同的情趣和风貌又是什么呢？我以为那大抵上可以归结为，他们都具有汇通古今，汇通中西和汇通文理的倾向。”① 这与通才教育在知识能力上是贯通相连的，在此背景下自然产生通才培养价值的认识，并且他们自身作为榜样表率的形象对学生是一种无声的引导力量。

历史学家陈寅恪在1932年就表达了这样的观点：“其真能于思想上自成系统，有所创获者，必须一方面吸收输入外来之学说，一方面不忘本来民族之地位。此二种相反而适相成之态度，乃道教之真精神，新儒家之旧途径，而二千

① 徐葆耕．释古与清华学派［M］．北京：清华大学出版社，1997：2.

年吾民族与他民族思想接触史之所昭示者也。”①

社会学家潘光旦在 1938 年上半年与 1945—1946 年两度出任西南联大教务长，对西南联大的发展来说，他是一个有重要影响的人物。在西南联大，他开过家庭教育、优生学、人才论、中国社会思想史等课程，完成了霭理士的《性心理学》的翻译，《优生原理》的编译，著有《自由之路》，同时担任主编且为时政杂志、报纸写稿，简直就是一个学术上的全才。②

历史学家雷海宗明确主张，治史学者应走“学贯中西”之路。他认为：历史学家只有在广博的知识基础上才能对人类和各个国家民族的历史文化有总的了解，才能对某些专门领域进行精深研究，得出真正有意义的认识。他的学生王敦书回忆：“他一生读书孜孜不倦，精通多种外语，不仅兼通古今中外的历史，而且在哲学、宗教、文学、艺术、地理、气象、数学、生物和科技方面都有渊博的知识和精辟的见解。”③ 雷海宗直言：“专家的时髦性可说是今日学术界的最大流弊”，“今日学术界所忘记的，就是一个人除做专家外，也要做‘人’，并且必须做‘人’。一个十足的人，在一般生活上讲，是‘全人’，由学术立场讲，是‘通人’。”④

西南联大理学院院长吴有训讲授普通物理时，善用课堂演示，常从一些物理现象入手来阐明问题，生动易懂，颇引起学生兴趣；他还要求学生会动手操作，主张学生要有较广的知识面；他指导学生选课时要多选外系的课，若选的全是物理系的课，他常不肯签字，而要学生改选唐诗、逻辑等文学院课。⑤

朱自清先生在他的《大学必修科目》这本讲义的前言中也强调，大学应该顾到百年大计，不应该为一时的偏倚而变质。近年来因为种种原因，大学生拥挤在工学院和经济系里，这是目光短浅，只看一时应用，这是大学教育不健全

---

① 陈寅恪．金明馆丛稿二编［M］．上海：上海古籍出版社，1980：252.

② 李树青．悼念业师潘光旦先生［M］//北京大学校友会联络处．笳吹弦诵情弥切：国立西南联合大学五十周年纪念文集．北京：中国文史出版社，1988：161－162.

③ 王敦书．忆雷海宗师［M］//北京大学校友会联络处．笳吹弦诵情弥切：国立西南联合大学五十周年纪念文集．北京：中国文史出版社，1988：123.

④ 雷海宗．专家与通人［M］//杨东平．大学精神．沈阳：辽海出版社，2000：221－222.

⑤ 郭沂曾．忆西南联大物理系［M］//北京大学校友联络处．笳吹弦诵情弥切：国立西南联合大学五十周年纪念文集．北京：中国文史出版社，1988：228.

的一种现象。大学应该注重通才，而不该只一味注重专家。潘光旦极力主张要“游刃于自然、人文、社会诸学科之间”，“大凡才能较高的人，学力所及，往往可以求通，也可以求专，其对于求通的企求，大抵不在专的企求之下，且往往超出专的企求”①。可见，通才教育论已成为清华有识之士的共识。

二、通才教育论的实施

思想理论自由有其独立价值，未必都能见之于用，获得用的效果。但理论适用于实践，且发挥出操作应用的方法指引或现实功效的实践意义，仍是其宝贵之处，值得肯定和追求。通才教育论也是如此。

（一）清华大学综合性取向的意义

客观而言，中国近现代高等教育实施通才教育办学实践开始于五四新文化运动期间蔡元培改革北大。1917 年 1 月，蔡元培在就任北大校长演讲中便强调将“学”与“术”分开，认为“治术者谓之高等专门学校”，“治学者谓之大学”，主张将北大办成文理科的综合性大学，成为研究学理的中心。接着，他充实了文理科，停办工科、商科，还准备把法科分出去，推行融通文理两科界限的教学改革；实行了选科制和学分制，将课程分为必修课、选修课两类。梅贻琦追随蔡元培的大学改革思想及实践举措，在打造清华大学综合性办学体制的同时，注重调整专业课程设计模块以及选科制与学分制措施。上文已述，梅贻琦在具体的办学过程中，要求学生对自然、社会与人文三方面都具有广泛的综合知识，“而不贵乎有专技之长”，即使是学工程的，对“政治、经济、历史、地理、社会等都得知道一点”，否则他就只能做一个“高等匠人”。这就意味着综合性大学较之分科大学而言，更有助于实现通才教育的人才培养目标和愿景。

毫无疑问，大学的综合性主要是学科的综合性。一所多科性的大学才能为文理工渗透提供前提条件。作为高等教育家的梅贻琦对此有深刻的理解。他认为：知识原系综合联贯的，学科的划分是人为的，文科与理科，理科与工程有

① 李曼丽. 通识教育：一种大学教育观［M］. 北京：清华大学出版社，1999：207.

“相关连相辅助之处”，因而一所大学只有包容多种学科、专业，才能为学生成为“通才”创设佳境。这与蔡元培所提出的大学为囊括大典、网罗众家之地的思想是一脉相承的。至此，不难理解，他在1946年清华大学返北平复校后，接连发表《复员后之清华》及续篇，不厌其烦地向校友介绍清华回北平之后院系的概况。

梅贻琦任清华校长之后，首先增设工学院；1946年主持西南联大校务时，又将农业研究所扩充为农学院。这样，清华大学就形成了以文学院、理学院、法学院、工学院、农学院为本科教育基地，以研究院各研究所为研究生教育基地的综合性大学。

1945年10月，梅贻琦草拟了一个《本校复原后院系充实计划草案》，提出增设各院系的庞大方案，并着手实施。梅贻琦说，复校后，为适应国家社会之需要及本校学科顺序之发展，将以农业研究所为基础，成立农学院，下设四五个学系；文学院将增设语言人类学系，以“注重边疆民族语言文化之研究”；理学院将在原地学系气象组基础上，另设一系；法学院将增设法律系；工学院将增设化工系；尤其是建筑系使命更显突出，“应社会之急迫需要，解决人民居室问题，城市设计问题，于人才训练上，于学术研究上，皆当另辟蹊径，以期更有贡献于社会者也”。① 1946年，将农业研究所扩充为农学院，包括农艺、植物病理、昆虫、农业化学四个系。1947年，复员后的清华大学正式形成了以文、理、法、工、农五大学院二十六个系为本科教育基地，以三大研究所、十部门为研究生教育基地，农业、航空、无线电、金属、国情普查五个特种研究所为专职研究基地的综合大学，比战前多了十个系。

（二）构建通才教育实施的教学管理制度

教育与教学不仅是大小概念或主属概念的关系，也是目标和途径或总体与形式的表现。通才教育要真正落实，离不开教学制度。

1. 专业课程计划的调整

清华大学是一所以自然科技教育为主轴的高等学府，一直深受西方科技文

---

① 梅贻琦．复员期中之清华［M］//刘述礼，黄延复．梅贻琦教育论著选．北京：人民教育出版社，1993：134.

化的影响，课程尤其以美国的文化和经验为主，但同时又始终奉行人文与科学融合的通才教育思想。清宣统三年正月（1911 年 2 月）颁布的《清华学堂章程》所开设课程分为十类，其中有人文社会学科哲学教育、本国文学、世界文学、美术音乐、史学政治五类，自然学科数学天文、物理化学、动植生理、水文地质四类，体育及手工一类。每类学科课程均分为“通修”和“专修”两种，前者学科期望“赅博”，后者学科期望“精深”，均采用学分制。但在十类课程中，以“通修”课程为主，“专修”课程在高等科最后两年依据学生“志望、能力、程度三者”逐渐开设。学生毕业必须修满“通修”88%以上，就人文和自然学科分别统计，学生应修人文学科六十六学分，自然学科六十六学分和体育及手工八学分。① 综上表明，无论是学科类别还是学分，人文学科和自然学科平分秋色，各占半边天；“通修”学分远远高于“专修”学分。

清华大学就课程性质来讲，基本实行文理并重的通才教育，不过 1923 年以前偏重西方文化，尤其是美国文化和西方科学，自 1924 年之后，逐渐加强了对中国文化和社会关怀，理科亦强调应用和学术并重，增加工程及工业技术等课程，以免学非所用。清华学校大学部于 1925 年年初成立时，采用美国风行的初等大学的办法，将大学部分为普通与专门二科。1925 年的《大学部组织及课程》中提出：

> 清华大学拟分为两级：一、普通训练；二、专门训练。普通训练为期两年或三年；专门训练之期限视其门类之性质而定，亦约两年或两年以上。前者重综合的观察；后者重专精的预备。至训练方法完全重教师与学生个人之接触及学术与社会实际之关系，同时又不使囿于专门家狭隘之见解，而令其对于全社会之活动均有相当之理会，且能为积极之参加。此则虽分级而期能兼顾者也。②

为了保证通才教育顺利开展，梅贻琦对清华大学的课程设置进行了全面的

---

① 清华大学校史研究室．清华大学史料选编：第一卷［M］．北京：清华大学出版社，1991：146－147．

② 清华大学校史研究室．清华大学史料选编：第一卷［M］．北京：清华大学出版社，1991：293－297．

调整。为使教学内容适应通才教育的需要，梅贻琦提出了课程改革方案。“清华大学学程为期四年，其第一年专用于文字工具之预备及自然科学与社会科学之普通训练，其目的在使学生勿囿于一途，而得旁涉他门，以见知识之为物，原系综合联贯的，吾人虽强为划分，然其在理想上相关连相辅助之处，凡曾受大学教育者不可不知也。学生自第二年以后，得选定专修学系以从事于专门之研究，然各系规定课程，多不取严格的限制，在每专系必修课程之外，多予学生时间，使与教授商酌，得因其性之所近，业之所涉，以旁习他系之科目。盖求学固贵乎专精，然而狭隘之弊与宽泛同，故不可不防。”① 这一思想突破了大学固守专业的限制，使学生基础知识尽量学得扎实宽泛，为清华大学的通才教学指明了方向。后来，梅贻琦在组建工学院时，便贯彻了这种思想。他认为工学院在教学中“就当注重基本的知识，训练不可太狭太专，应使学生有基本技能，而可以随机应用。此类人才，亦就是最近我国工业界所需要的”。②

在梅贻琦的通才教育思想指导下，1927 年，清华学校实行课程改革，增设化学、工程、历史、国文等学系，同时增设各系所开课程，当时清华的课程标准远超教育部门颁布的学制中的课程标准。1928 年，清华学校升格为大学之后，各系课程设置大都以欧美课程（主要是美国）为参照。依据通才教育的原则，制定了分年课程表，并初步拟定了“课程总则”（包括课程设置的目的、编制的原则和选课方法等）。

1931 年，梅贻琦任职校长之后，继续增设科系，同时考虑当时社会发展环境及背景，培育社会所需人才。当然，他还大力发展研究院，提高清华学科的广博度以及精深度。1933 年后又进一步规定大一不分系，文、理、法、工的大一都包括自然、社会与人文三方面的共同必修课，课程定为五门，包括国文、英文、通史（于本国通史、西洋通史中任选一门）、自然科学（于物理、化学、生物学中任选一门）以及算学或伦理学。“此五门功课内容之分量与取材，及其教法，由各系会同商榷后分别订定，再行汇刊，可成一新生学科指导书。”作

① 刘述礼，黄延复．梅贻琦教育论著选［M］．北京：人民教育出版社，1993：6．
② 刘述礼，黄延复．梅贻琦教育论著选［M］．北京：人民教育出版社，1993：15．

为大一必修课，这五门课程有36~38学分，占总学分的27.2%~28.3%。大一共同必修课的设置，“意在使一年级生入校后，对于各种学问共同必需之工具与基本知识，得有充分训练”[①]，为学生在自然、社会和人文学科等方面打下坚实的基础，并使学生掌握基本的学习各系知识的共同工具，为第二年的选系做好准备。

梅贻琦在《关于组建工学院等问题》中提出：工学院各系应当注重基本的知识和技能，训练不可太狭、太专，应使学生有基本素养，方可随机应用。无论文、理、工的学生，都要处理好知识“广博”与“扎实”的关系。[②] 因此，对于一年级新生要特别抓紧，学校专门成立“一年级学生课业生活指导委员会”，该委员会由教授组成，对学生的课业和生活进行指导。《西南联合大学教务通则》又明确规定：凡一年级应修课程，不准中途退选，如必须退选者以零分计。西南联大也规定，一年级新生除本系规定的必修课外，无论文、理、法、商、工、师范学院都共同必修国文、英文和中国通史；理工科学生必须选修一门社会科学概论；文法科学生必须选修一门自然科学概论。在各系必修和选修的课程设置中，也都注意使学生不囿于某一专业，而要有较宽的知识面，以奠定其日后从事专深研究的基础。

2. 选科制与学分制

选科制与学分制是彼此联系、相互支撑的。而且就学科专业培养目标及课程计划的实施而言，选科制与学分制，应该是奠基和前提性质的；而后者是前者具体而微的方法，发挥着在前者引领下的路径、手段和工具的作用。

1938—1939年，国民政府教育部分别颁布了大学共同必修课目表及各院系必修选修课目表，这两项文件均涉及大学课程注意基本训练、学术广博基础的培养，体现了部分通才教育的意识，但仍坚持“通专并重”。梅贻琦认为这只是政府教育部官员对“以专为主”“专重于通”的一种改良，虽然浪费喧哗，实则不顾大学教育理想诉求及规律，因故难以推行。因此，在必修课目中有与

① 梅贻琦．清华一年来之校务概况［M］//刘述礼，黄延复．梅贻琦教育论著选．北京：人民教育出版社，1993：36.

② 刘述礼，黄延复．梅贻琦教育论著选［M］．北京：人民教育出版社，1993：14.

三校传统水平不尽洽合者，学校做了变通，未完全按部定办法执行。共同必修课所占比例较大，约五十个学分，分两年学完。文理学院共同必修课所占比例尤其大。全校性共同必修课主要集中在一年级，如国文、英文、三民主义、伦理学、中国通史等，都得必修一门社会科学基础课目（包括社会学概论、法学概论、政治学、经济学）和一门自然科学基础课目（包括地学概论、普通心理学、普通地质学、普通生物学、普通物理学、普通化学、普通数学、微积分）。各院又各有本院共同必修课目的规定。如工学院可以不修中国历史；文法学院学生对上述社会科学基础课目必修两门，并必修逻辑学；理工学院学生对上述自然基础课目根据不同系情况必修二至三门。所以，大一共同必修课一般为八门，曾达四十个学分之多。三民主义于 1942 年后改为开若干专题，不作考试，不计学分。伦理学于 1945 年停开。西南联大学生一般不要求学第二外语，但文学院和师范文科本科生则规定必修或续修大二英语。理学院学生规定必修第二外语德语。

西南联大对上述共同必修课是特别重视的，各门自然科学和社会科学课目都是必修的基础课目，由各系的系主任或主要教授开设。如中国通史由孙毓棠、吴晗、雷海宗三位教授同时开课，各有侧重地从经济、典章制度和文化史等不同的方面来讲授，规定为不同学院的必修课。大一国文和英文，由教授或讲师讲课，外语和中文两系都各做了认真的规定要求，统一用学院自编的教材。国文课还举行过全校性统考，整个大一的成绩考核均较严格，故淘汰率较高，其目的在使新生入学后即为这些基础学科打下坚实的基础。

进入二年级后，开始学习本院系的必修基础课和专业课程，但在文学院也保留了原则性项目，如中文系的文选课和断代文学史课，历史系的中外断代史等类，只要各学二门即可，也可多修一二门，不苛于求“通”求“全”。至于选修课目繁多，可以跨系自由选择，如需要旁听所喜爱的课，则连校外人员也从未加以限制。

西南联大在将近九年期间，任课教师总共不到五百人（每学期受聘教师只有三百多人），然而，为了达到通才教育的目的，西南联大五个学院，总共开课一千六百多门，每年的课程都在三百门以上，为各院系学生选学选修，完成学业，提供了广泛的余地。

为了规范学分制管理，学校后来又提出了学分制和学年制相结合的办学方式，规定本科生学业为四年，师范本科为五年，在校学生每个学期总学分不得低于十四分，否则，四年就难以完成一百三十二个学分。同时，又规定每个学生每学期学分不得超过二十分，以防个别学生在学习过程当中贪多求全，学习不扎实，在这样一种要求下，学生也就很难提前毕业了。

经过长年实践和办学经验积累，《西南联合大学校务通则》明确规定了学分数与年级的关系：一年及以上之学生，其年级依所得学分编订之；已得三十三学分者，编入二年级；已得六十六学分者，编入三年级；已得九十九学分者，编入四年级。但“党义”“体育”“军事训练”之学分不计在内。成绩计算采用百分制，六十分为及格，如果学生一年中不及格课程的学分占总学分的三分之一，须留级；达二分之一，则自动退学。不及格者不予补考，学分为零。选修课不及格者，可选其他课以补足学分。若是必修课不及格，下学年须重修，隔年再修，即使及格了也不记学分。西南联大工学院有位教授甚至在学生考试中定了一条这样的严令：凡小数出错，错一位，其学分乘以 10%，错两位乘以 1%。算学系要求大一学生所修《微积分》须达七十分以上者才允许留在系内；工学院上课迟到等于旷课，旷课达一定次数即不得参加考试，须重读。[①] 这里所规定的四年，是针对文学院、理学院、商学院以及工学院的本科而言。而师范学院的修业年限是五年，学分为一百五十六分。

此外，学校还规定，一年级必修课总学分必须达到三十分以上，主课成绩均在七十分以上（百分制），才能升入大学二年级。考试不合格者，不能补考，只能重修。在四年学习当中，学生的必修课与选修课比例为 50：86，即必修课占五十学分，选修课占八十六学分。在必修课当中，文学院将数理化其中的一门，列为学生的必修课（学生可在三门中任选一门），理工学院也一直把大学语文列作必修。从中可以看出，选修课占有相当大的比例，有的必修课也含有

---

① 王珺．西南联大之通才教育［M］//云南师范大学马列部．云南师范大学思想政治理论课教育教学研究与理论探索．云南省中国近代史研究会，2010：336－337．

选修的性质。例如，自然科学中的物理、化学、生物学等课，文学院的学生必须选一门作为必修课程，而理工学院的学生必须选两门作为必修课程；社会科学院的政治学、经济学等课，文法学院的学生必须选两门作为必修课程，理工学院的学生必须选一门作为必修课程，这就带有选修性质。在学分方面，除了必修课的五十学分外，其余八十六学分的选择就非常自由了。[①]

总的来说，这套管理制度将课程计划编制与专业培养目标、学年制与学分制、选修课与必修课高度融合，形成了完整的教学管理制度。这些规定，充分体现了西南联大教育既广博又扎实的特点，学生知识面广，思路开阔，但又有明确的专业质量水平。

三、通才教育论的评议

梅贻琦的通才教育论具有很高的理论价值和实践效果。著名教育家、翻译家傅任敢先生曾在《值得我们学习》一文中写道："我没有方法说出梅校长对于中国教育界的全部贡献，我也没有方法说出梅校长值得我们学习的全部品格。但是，我觉得，就教育界而论，他确实是蔡孑民先生而后最值得我们学习的一位教育家。"[②] 曾担任梅贻琦秘书的赵赓飏也说："将我国儒家思想与近代西洋哲学教育要旨综合沟通之体认……文理兼通，中西学问同其渊博而能切实发挥于事功者，蔡元培以外似鲜其匹。"[③]

梅贻琦对通才教育论的弘扬及实践是不容易的。这不仅是理想化的理论和办学实际之间不协调或存在"悬空"差距的客观缘由，更重要的是对国民政府教育部有关大学管理规程的纠偏，甚至抵制。这除了教育理想的执着护卫，更需要教育家神圣教育情怀下的大无畏精神，以及超凡勇气，是一种弘道献身的品质。

1928 年，国民政府结束了南北分割、军阀混战的局面，开始注重国家权力

---

① 杨立德．西南联大教育史［M］．成都：成都出版社，1995：79.

② 黄延复．梅贻琦先生纪念集［M］．长春：吉林文史出版社，1995：57.

③ 黄延复．梅贻琦教育思想研究［M］．沈阳：辽宁教育出版社，1994：3.

的重建。其重要内容在加强对社会思想的整肃和控制，实行一党专政，推行党化教育，奉行重理轻文的方针。1928年的《中华民国学校系统草案》中，关于高等教育的部分规定是：大学校得分文、理、法、医、工、农、林等科为各学院。修业年限，文、理、农四年，法、工五年，医七年。大学得附设各种专修科。研究院为大学毕业生而设，年限无定。专门学校得就农业、工业、商业、药学、美术等各科分别设立。招收高中或同等学校之毕业生；修业年限，农、工、商、美术各科三年，药学五年。[①] 1929年4月颁布的《中华民国教育宗旨及其实施方针》中明确规定："大学及专门教育，必须注重实用科学，充实学科内容，养成专门知识技能，并切实陶融为国家社会服务之健全品格。"[②] 高等教育界陆续出现了"通专之争"和"文实之争"。

在"文实之争"中，国民政府日渐注重实用学科专业的设计。1929年《大学规程》中教育经费一栏指出，文学院或文科开办费为十万元，经常费为三万元；而理学院（或理科）开办费为二十万元，经常费为十五万元。工学院、工科的投入费用则更高。其他，如法学院（或法科）、教育学院（或教育科）、商学院（或商科）的投入经费都远远低于属于实科的农学院及医学院。[③] 1931年颁布的《三民主义教育实施原则》也把"学生应切实理解三民主义的真谛，并具有实用科学的知能"作为高等教育的培养目标。[④] 在这种政策方针的指导下，文科的招生人数受到限制，以鼓励更多学生学习自然科学和工科等专业。在有关重视实科政策的引导下，理工科学生总数迅猛增加，到了20世纪30年代后期逐渐超过文科学生的数量。

显然，梅贻琦及清华大学、西南联大抵制政府教育规程中相关人才规格要求的内容，是因为对通才教育具有坚实的信念追求，唯有如此才能具备这种强大力量。

梅贻琦有着深厚的中国儒家传统文化底蕴，在《大学一解》中融入儒家

① 中央教育科学研究所．中国现代教育大事记：1919—1949［M］．北京：教育科学出版社，1988：26.

② 宋恩荣，章咸．中华民国教育法规选编［M］．南京：江苏教育出版社，1990：17.

③ 宋恩荣，章咸．中华民国教育法规选编［M］．南京：江苏教育出版社，1990：45.

④ 宋恩荣，章咸．中华民国教育法规选编［M］．南京：江苏教育出版社，1990：46.

《大学》思想理念，阐释了当代高等教育以培养“明明德”和“新民”为原则和目的。大学通过“明明德”来达到“新民”的功效，已达到教育的最终目的。关于“新民”教育，归根结底是要清楚地认识大学培养什么样的人。梅贻琦认为，《大学》一书开宗明义即说：“大学之道，在明明德，在新民，在止于至善。”若论其目，则格物、致知、诚意、正心、修身，属“明明德”；而齐家、治国、平天下，属“新民”。那么，怎样做到“明明德”？即要做到“知类通达”和“强立不反”，“知类通达”即要有扎实的基础知识，足以教化人民，并能认清自己与国家的关系。要实现这一目标，“大学课程之设置，即属于教务范围之种种，下自基本学术之传授，上自专门科目之研究，固格物致知之功夫而明明德之一部分也”。这就清楚地说明大学的一切教务，都要围绕“明明德”来进行。

贯彻通才教育的主要措施是以“学分制”为主体（制约）的，与“选修课制”“共同必修课制”结合的学习制度。这一学习制度，为学生提供了一个较合理的纵横交错的知识结构。对广博的自然、社会、人文科学基础知识和一定专业知识的学习，符合现代科学综合化发展的新趋势，并有助于综合思维和创造能力的培养。广泛的选修课照顾了个人兴趣和个性心理素质的特点和差异，符合因材施教的原则。对在校生转系要求也因之不做过严限制。重视基础学科，对专业课不求通求全，目的在于打下基础，学到初步的治学方法，以利于今后进一步在深造和实践中易于求专求精，且有更强的适应能力。

清华大学的这种通才教育，打破了人才培养规格和发展方面的单一性，使学生能够扬长补短、各得其所，为日后各展其能、其才奠定了坚实基础。如钱三强、王大珩、何泽慧、于光远在清华是同班同学，而钱三强和何泽慧后来成了核物理学家，王大珩成了光学家，于光远则在经济学、哲学、教育学领域颇有造诣。梅贻琦的通才教育思想至今对我国大学教育改革与发展仍不乏借鉴价值。新中国成立后，我国大学教育大力培养国家建设人才，但从长远来看，其不足之处甚为明显。现在又提出厚基础、宽口径，加强大学生的人文教育，提高其综合素质，培养学生多方面的适应能力，梅贻琦主张可谓言在此先。

从现代科学的发展来看，学科的划分愈来愈专，分工愈来愈细，这是不可避免的；但对当代的中国高等教育而言，似乎不能照此安排，否则学生学习的专业稍微不对口，到实际工作中就无用武之地；何况物极必反，科学在过于细密的分工之后，又很强调综合协调的必要性。因此，美国学院联合会所做的研究明确建议，大学应在九个方面开设本科最低限度必修课：①探索、抽象的逻辑思维和批判性分析；②基础文化，写、读、说、听；③理解数据；④历史意识；⑤科学；⑥价值；⑦艺术；⑧国际和多元文化经验；⑨需深入学习的学科。[①]

倘若中国高等教育日趋精密化、机械化、技术化，科学和文化将被无情地肢解成支离破碎的知识条文，那么，高等教育的人文内涵和学术底蕴就将在不知不觉中流失。

回顾新中国近半个多世纪教育发展的历史，我们不难看出，那种片面强调知识的吸收与传承，偏重演绎的学习方法，忽视了学生综合素质提高，以考试分数作为衡量学生优劣标准的教育体制已经阻碍了我们对那些富有怀疑、进取精神和创造能力的开拓性人才的培养。在这方面，西南联大重视基础知识以及文理科知识之间的相互渗透，重视反映新的科研成果与跨学科的知识传授，全面推行通才教育的做法，给我们以深刻的启示。

知识经济时代迫切需要的是具有综合素质、实践能力与创新能力的人才，这就需要我们从根本上改变我国传统的应试教育模式，切实地走向以培养人的综合素质为基础的能力教育模式；素质教育的本质即能力教育。强调的能力（教育）与素质（教育）实际上是同一个问题的两个不同侧面和不同的表述。素质本质上是能力的基础，而能力则是素质的外在表现，素质诉诸实践就表现为能力，离开素质，能力就成了无源之水、无本之木；离开能力，素质也无法表现、观察、确证和把握。对素质的强调应当进一步提升到对能力的强调上。其实，能力在历史、现实、理论等方面，在逻辑进程上，都是比素质更高，更能显示其优越性的一个范畴。能力是外显的素质，它属于实践行动范畴，较素质而言，它更易于操作和评价。素质的作用与意义必须通过能力来体现和确证，

---

① 王英杰．当今世界高等教育发展危机与改革趋势［J］．中国高等教育，1999（5）．

而能力本身就是一种价值和意向，它以其现实性、可操作性、实践性与自身批判性，显示着对社会、历史、现实、实践和人生的作用及其意义，还可以用来批判中国传统社会和传统文化中的“血统本位”“关系本位”。

第三节 学术自由论

梅贻琦指出，要切实发挥好教授的作用，提高大学的学术水平和教学质量，就必须奉行学术自由原则。执掌清华大学期间，梅贻琦一直追随蔡元培改革北大的思想及业绩，并在自由、民主的征程上阔步前行。他认为应追随蔡孑民先生兼容并包之态度，以恪尽学术自由之使命。“昔日之所谓新旧，今日之所谓左右，其在学校应予以自由探讨之机会，情况正同。此昔日北大之所以为北大，而将来清华之为清华，正应于此注意也。”①

一、学术自由论的基本内涵

学术自由在中国发展史中，曾有过辉煌时刻。春秋战国时期盛极一时的“稷下学宫”，就是“百家争鸣”学术自由盛行的产物。“稷下学宫”以私人学派云集交流，自由讲学、争鸣讨论为主，为春秋战国年代培养了大批的文人墨客、文才武将。隋炀帝、唐太宗时，科举制度以及经学一统导致学术自由度下降，而明清时期的思想专制和八股取士制更使学术自由、个性发展消亡殆尽。直到清末，科举制度的最终废除、新学制建立，以及西学东渐潮流之下的思想解放，终于又为现代意义大学的产生提供了客观环境。

蔡元培是最早将学术自由理念引进大学，并付诸实践的教育家。蔡元培秉承“思想自由，兼容并包”的理念，将国外的学术自由思想与中国基本国情相结合，开创了一条适合高等学校的学术自由之路。在北大任校长期间，他积极倡导教育独立、教授治校、兼容并包、大学自治、思想自由等办学理念。这些

① 梅贻琦．对战后清华发展之理想［M］//刘述礼，黄延复．梅贻琦教育论著选．北京：人民教育出版社，1993：132.

理念恰好是对学术自由最好的诠释。蔡元培心中的理想大学是研究高深学问、包罗万象、大师云集的地方，无论何种学派，只要言之成理、持之有故，即便彼此相反也可以由它们自由发展。作为后来者，蔡元培的教育思想深深影响着梅贻琦的教育理念。他始终追随蔡孑民先生兼容并包之态度，以恪尽学术自由之使命。他矢志不渝地坚信，要想确实发挥教授治校的作用，提高学术水平和教学质量，必须贯彻学术自由的原则。

梅贻琦继承和发展了蔡元培学术自由的理论。学术自由，是梅贻琦办学的灵魂，是维持大学活力的源泉。梅贻琦不但对学术独立、自由心领神会，由衷推许，而且公开阐扬宣传。他在主政清华时曾在大会上说："诸君要拿出恳求的精神，切实去研究。思想要独立，态度要谦虚，不要盲从，不要躁进。"① 可见，他对独立研究的推崇。

可以说，学术自由是梅贻琦一生的向往和追求，是他毕生捍卫的办学原则。当时国民政府奉行党化教育政策，严密监管和控制各级学校，更高度监控高等院校。但是，梅贻琦始终恪守"民主思想，学术自由"这一理念，对各党派采取兼容并包的态度，从不加以干涉。诚如，1941 年，贺麟在《学术与政治》一文中讲的那样：

> 学术在本质上必然是独立的、自由的，不能独立自由的学术，根本上不能算是学术。学术是一个自主的王国，它有它的大经大法，它有它神圣的使命，它有它的特殊的广大的范围和领域，别人不能侵犯……一个学者争取学术的自由独立和尊严，同时也就是争取他自己人格的自由独立和尊严，假如一种学术，只是政治的工具，文明的粉饰，或者为经济所左右，完全为被动的产物，那么这一种学术，就不是真正的学术。②

正因如此，无论是当年的清华还是后来的西南联大，各学派并立，诸说共存，既有老资格的共产主义派，也有"战国策"派和"野玫瑰"派，甚至连早期的国家主义派及三民主义派也均有迹象可寻。这正是倡导"学术自由"风范

---

① 梅贻琦．大学的意义及学校方针：欢迎新同学的几句话［M］//刘述礼，黄延复．梅贻琦教育论著选．北京：人民教育出版社，1993：21－22.

② 贺麟．文化与人生［M］．北京：商务印书馆，1988：247.

所致，才使得清华大学学术勃兴、人才济济，成为国内外知名的高等学府。

当年清华大学学子林从敏回忆："梅校长主掌清华，始终以民主思想、学术自由的开明政策为治校原则，他对左右派思想兼涵并容，从不干涉"；"梅师一生尊重学术自由，不干涉教授与同学的政治思想。"①

在梅贻琦看来，学术自由与独立思考是一个问题的两个方面。或者说，前者建立在后者的基础上。

梅贻琦引用宋儒胡瑗的一段话来阐述"思不出其位"的真谛，其锋芒显然是针对蒋介石抗战前发布的"整顿学风令"，由此亦可见他追求并向往思想的独立性。

> 新文化因素之孕育所凭藉者又为何物？师生之德行才智，图书实验，大学之设备，可无论矣。所不可不论者为自由探讨之风气。宋儒安定胡先生有曰，"艮言思不出其位，正以戒在位者也。若夫学者，则无所不思，无所不言，以其无责，可以行其志也。若云思不出其位，是自弃于浅陋之学也"。此话最当。……若自新民之需要言之，则学术自由之重要，更有不言而自明者在。新民之大业，非旦夕可期也。既非旦夕可期，则与此种事业最有关系之大学教育，与从事于此种教育之人，其所以自处之地位，势不能不超越几分现实，其注意之所集中，势不能为一时一地之所限止，其所期望之成就，势不能为若干可以计日而待之近功。②

二、学术自由论的实施

作为思想观念讨论或阐释的学术自由是一种成就和价值，但要将之付诸实践去获得效果，发生作用，恐怕不易。因为，这不仅需环境条件及行为努力，更需克服社会势力障碍或束缚的勇气。梅贻琦尽了他的努力，取得了应有的效果。从这层意义上说，学术自由论的实施是卓越的教育实践。

---

① 林从敏．追忆校长梅贻琦先生［M］//黄延复，马相武．梅贻琦与清华大学．太原：山西教育出版社，1995：226.

② 梅贻琦．大学一解［M］//刘述礼，黄延复．梅贻琦教育论著选．北京：人民教育出版社，1993：108－109.

（一）教学民主

梅贻琦认为学术自由反映在教学上自然就是教学民主，鼓励创新。教师们鼓励学生勤于思考，并乐于阐发自己独到的见解。

冯友兰在“国立西南联合大学纪念碑”碑文中提出：“同无妨异，异不害同；五色交辉，相得益彰。”① 西南联大学生王浩回忆当时情景：“在联大，教师之间，学生之间，师生之间，无论年龄和地位可以说谁都不怕谁……在课堂上，有些学生常直言指出教师的错误，而教师则因此对这些学生很欣赏，教师与学生相处，亲如朋友……同学之间的竞争一般也很光明正大，不伤感情。”②

梅贻琦的学术自由思想确实贯彻到了他的办学实践中。在他主持西南联大期间，各种流派、各种见解都可以自由地研究和公开讲授，校方从不干预。在清华大学、西南联大，教师之间，学生和教师之间平等讨论学术问题的现象是普遍存在的。校内各种讲座、讲演经常不断，有讲“共产主义不合中国国情的”，也有讲共产主义制度优越性的。1933 年，当时白色恐怖正浓，冯友兰先生去苏联观光归来，大讲新生苏维埃政权的各种优越性，并做结论说：“苏俄实为进步之国家”，“所谓唯物史观，吾等决不应轻视，因有绝对真理存于其中。”在 20 世纪 40 年代，梅贻琦可以容许被国民党反动派所深恶痛绝的吴晗、闻一多等在校园内公开进行革命宣传，并多次护卫他们的人身安全。③

在西南联大的课堂教学活动中，学生即使有一些与老师观点相左的看法，甚至是离经叛道的想法，也能得到容忍。闻一多先生有一次给学生布置作业——《屈原》，一个学生拟写文章《屈原考》，要证明屈原其人并不存在。闻一多耐心地听那位同学滔滔不绝地讲了两个多钟头，然后心平气和地与那位同学一起探讨，同时告诉他考据研究的方法、态度等问题，并平和地谈了自己的看法。④ 梅贻琦秉承学习自由的原则。学生在选课上有很大的自主权：只要修

---

① 北京大学，清华大学，南开大学，等．国立西南联合大学史料：第一卷［M］．昆明：云南教育出版社，1998：284.

② 王浩．谁也不怕谁的日子［M］//云南省政治文史资料研究委员会，西南联合大学北京、昆明校友会，云南师范大学．云南文史资料选辑：第三十四辑 西南联合大学建校五十周年纪念专辑．昆明：云南人民出版社，1988：66.

③ 黄延复，马相武．梅贻琦与清华大学［M］．太原：山西教育出版社，1995：33.

④ 赵新林，张国龙．西南联大：战火的洗礼［M］．上海：上海教育出版社，2000：85.

完规定学分，精力充沛的学生还可以自由多选学分；多数院系都设有不受任何限制的自由选修学分；如果中途想换选修课程，在规定时间内可以改选。到后来，西南联大还允许“旁听”，允许学生选课后，不去听课，完成该交的作业，参加考试及格，即可得到学分。

美国弗吉尼亚大学教授易社强认为，和战时其他大学相比，西南联大的最大特色是师生都享有超常自由，其表达的观点涉及广泛的公共领域和重要的公共问题。①

西南联大师生这种教学与讨论中的超常自由具体表现在以下四方面：首先，教材多种多样。西南联大的课程没有统一的教材，也没有统一的教学大纲，即使同一门课也往往由不同教师根据个人的研究特长进行讲授。如共同必修课中国通史曾分别由吴晗、雷海宗、孙毓棠和钱穆等人讲授，其内容、观点差别很大，方法也不同。吴晗主要讲制度演变史，用“纵法”讲授，讲得系统；雷海宗的主要观点是历史循环论，用“横法”讲授，故事性较强；孙毓棠则主要是侧重于经济方面的讲授；钱穆主要是讲他所著的《国史大纲》的观点。② 其次，讲授内容自由。讲授内容是否自由，是衡量教师精神自由的主要尺度。在西南联大因为学术自由，讲授内容当然也就自由。姚从吾、陈雪屏可以尽情地宣讲三民主义和国民党主义；陈铨也可以宣扬尼采哲学，罗庸可以“诅咒”新诗；潘光旦则大力宣传妇女解放，研究性心理学；闻一多演讲时可以无所顾忌地赞扬苏联的物质生活异常清苦，但师生们精神生活却很丰富。③ 再次，考试形式自由。例如，徐毓枬先生讲授西洋经济史，见解独到，考试也特别：出四道题，宣布说，可以全答四道题，也可以只答三道题、两道题甚至一道题。只要言之有理，一样给分。有次考试出的题目是：什么时候人们视黄金如粪土?④ 这样

① 西南联合大学北京校友会．国立西南联合大学校史：一九三七至一九四六年的北大、清华、南开［M］．北京：北京大学出版社，1996：5.

② 萧超然，等．北京大学校史：1898—1949［M］．增订本．北京：北京大学出版社，1988：393.

③ 王浩．谁也不怕谁的日子［M］//云南省政治文史资料研究委员会，西南联合大学北京、昆明校友会，云南师范大学．云南文史资料选辑：第三十四辑 西南联合大学建校五十周年纪念专辑．昆明：云南人民出版社，1988：66.

④ 张尚元，许仲钧，陈为汉．笳吹弦诵情弥切：回忆西南联大和清华的学习生活［J］．文史杂谈，2007（6）.

的试题可谓空前绝后，对启发学生思考、培养创造性思维大有裨益。最后，选课自由。西南联大经济系校友陈为汉回忆："我先后选修了吴景超先生的'美苏经济制度比较'、费孝通先生的'中国乡村经济结构'、潘光旦先生的'优生学'、甘介侯先生的'西洋外交史'；旁听了闻一多先生的'庄子'和'唐诗'、罗庸先生的'孟子'、郑天挺和吴晗先生的'明史''清史'、李广田先生的'小说'等。"由此，西南联大选课自由可见一斑。

学生社团是学校课程教学的课外延伸，不仅有开发课程资源的意义，或沟通课内知识与实践间桥梁与纽带的价值，更有活跃思想、自由讨论学术的意味。西南联大的学生社团，都是自发性组织，兴趣爱好相同的同学一起商量，再串联一些同学，就成立一个社团组织，开展活动。无论什么社团，学校一视同仁，从不横加干预，这充分体现了西南联大"兼容并包"和"思想自由"的原则。正因如此，学生的社团组织，先后出现数十个之多，如西南联大最早的社团组织"南湖诗社"，工学院组织的"引擎""熔炉""铁马"等社团。办得好能吸引多数学生参加的则日趋活跃；办得不好的则有人退出，活动冷冷清清，社团自生自灭。也正因为有灭有生，层出不穷，学校的社团活动才丰富多彩。

（二）抵制政府干涉学术自由之政策

20 世纪 40 年代，为加强党化教育，国民政府加紧对大学的控制。针对这一情况，梅贻琦主政的西南联大教务处拟定"教务处会议呈常委会文"（这份决议由梅贻琦转呈教育部），对专制的党化教育提出公开批评。该文指出：

> 部中重视高等教育，故指示不厌其详，但准此以往，则大学将直等于高等教育司中一科，同人不敏，窃有未喻。
>
> 夫大学为最高学府，包罗万象，要当同归而殊途，一致而百虑，岂可刻板文章，勒令以同。世界各著名大学之课程表，未有千篇一律者；即同一课程，各大学所授之内容亦未有一成不变者。惟其如是，所以能推陈出新，而学术乃可日臻进步也。……今教育部对于各大学束缚驰骤，有见于齐而无见于畸……教育部为最高教育行政机关，大学为最高教育学术机关……如何研究教学，则宜予大学以回旋之自由。……教育部为有权者，大学为有能者，权能分职，事乃以治。今教育部之设施，将使权能不

分，责任不明……教育部为政府机关，当局时有进退；大学百年树人，政策设施宜常不宜变。若大学内部甚至一课程之兴废亦须听命教育部，则必将受部中当局进退之影响，朝令夕改，其何以策研究之进行，肃学生之视听……今教授所授之课程，必经教育部之指令，其课程之内容亦须经教育部之核准，使教授在学生心目中为教育部之一科员不若，在教授固已不能自展其才，在学生尤启轻视教授之念。①

这一公函是从如下几方面来表述其反对教育部统一课程、教材的理由的：第一，大学的重点是“包罗万象”与“一致而百虑”。从世界的眼光来看，“世界各著名大学之课程表，未有千篇一律者”，即使是“同一课程”，“各大学所授之内容”也没有“一成不变”的。正因为这样，“所以能推陈出新，而学术乃可日臻进步也”。可见，这一条理由所要表达的意思是，百家争鸣是学术发展的重要前提，而只有不统一课程，才能为百家争鸣创造条件。第二，“教育部为最高教育行政机关，大学为最高教育学术机关”，前者“为有权者”，后者“为有能者”，权能分开，各司其职，“事乃以治”。其主张权能分开、各司其职，直接标举了维护大学学术独立的信念。第三，“教育部为政府机关”，而大学则是“百年树人”的教育培养人才基地，二者有着很大的不同。教育部可随着政府政策的变化而“时有进退”；而大学的“政策设施宜常不宜变”。大学如果跟着教育部的政策“朝令夕改”，其结果是研究工作无法进行，也难以教导学生。这条理由特别指出教育部与大学性质的不同，大学的教育工作不能随着教育部的政策变化而变化。其用意十分明显，还是在强调大学在研究与教育中的独立性。第四，如果“今教授所授之课程，必经教育部之指定”，其会产生“课程内容”也要“经教育部之核准”，就会使教授不能展示其才华，学生会产生轻视教授之念。从字面的意思来看，这条理由依然是在说统一课程的流弊，但若仔细品味，我们就会明白，它实质上是在特别申明：在学术、教育领域，教授应该有其不可侵犯的独立性。上述这四条理由或隐或显地表达了西南联大教授

① 冯友兰．西南联合大学教务会议就教育部课程设置诸问题呈常委会函［M］//北京大学，清华大学，南开大学，等．国立西南联合大学史料：第三卷．昆明：云南教育出版社，1998：113－114．

的学术独立、思想自由的自觉意识与强烈意愿。文章虽不出自梅贻琦之手，但由他亲呈教育部，表明文中观点他是同意和支持的。这篇文章在当时被视为“民主教育思想”与“专制教育思想”的公开决裂，表明了梅贻琦坚持学术自由的决心，即使顶头上司教育部违背这一原则，他也毫不留情地抗争到底。学术自由论与大师论是互相联系的。梅贻琦二十岁赴美留学工科，对欧美大学的特点以及大学教育理论有比较多的了解。同时，这位“生于斯长于斯”，且毕业于南开学堂的英才身上，无处不流淌着中华民族的血液，无处不深受着孔儒思想的滋润。故不难理解，梅贻琦执掌清华后会自称是蔡元培“思想自由，兼容并包”方针的追随者。梅贻琦执掌清华时，我国大学已迈进现代大学的门槛，办大学已有较广的国际视野。因而，他的大师论就成了清华选聘师资的指导思想。在教师聘用上，他广聘名师，不拘泥于教师的文凭和出身，破格录取有真才实学的学者，已从更高的层次来理解和实践蔡元培倡导的“思想自由，兼容并包”的办学原则与用人方针。梅贻琦说：“是以吾人之图本校之发展，之图提高本校之学术地位也，亦以充实师资为第一义。”在初掌清华的五年中，“吾人所努力奔赴之第一事，盖师资之充实”，一是增加教师人数，二是延聘国外学者。

三、学术自由论与大师论的关系及其他

1937—1945 年，在抗战的艰苦岁月里，梅贻琦的大学理想之火依然在心中熊熊燃烧，他以宽大的胸怀、学术自由的态度，努力凝聚三校的教师力量，竟使烽火连天中的长沙临时大学、西南联大“弦歌不辍”，三校精神融为一体，这是何等程度的“兼容并包”啊！

学术自由论和大师论是结合贯通的。这不仅表现在理论逻辑上，而且落实到了实践当中。1946 年 8 月，明史研究专家吴晗回到了清华，受聘为清华大学历史系教授，吴晗的左派言论引起了国民党当局的注意，8 月 16 日，教育部曾接到指示并密电清华校长梅贻琦，称“希密切注意”吴晗，说“共党分子吴晗前为西南联合大学教授，自六月初旬来沪后，其活动动作颇为积极，在学界活动尤烈，常至各大学校及左派之群众集会作公开讲演吸收青年”，希望清华不要

再聘吴晗为教授。但是梅贻琦以大师论和学术自由论精神对部令加以拒绝，仍坚持聘吴晗为教授，教育部也奈何不得。

受梅贻琦的学术自由论引领和驱使，西南联大学者以其强烈的群体意志坚决捍卫学术的自由和尊严。他们深深知道：学术自由之存在，不是为了大学教师的利益，而是为了社会福祉，最终则是为了人类的福祉。冯友兰在1945年9月发表《大学与学术独立》一文，认为中国要成为世界强国，须“定下知识学术独立自主的百年大计。目前急要决定的，就是要树立几个学术中心。其办法是把现有的几个有成就的大学，加以充分地扩充，使之成为大大学”。政府及社会应“尽量予以财政上的支持”“不可有急功近利的要求”“持不涉的态度……要予他们以研究自由，并且要予他们以选择人才的自由……外边的人，不能干涉”①。西南联大历史系教授陈寅恪便对学人必须具有学术独立、自由的理念有着极为明晰的自觉。他在《清华大学王观堂先生纪念碑铭》中这样写道：“士之读书治学，盖将以脱心志于俗谛之桎梏，真理因得以发扬。思想而不自由，毋宁死耳。斯古今仁圣所同殉之精义，夫岂庸鄙之敢望。……先生之著述，或有时而不彰。先生之学说，或有时而可商。惟此独立之精神，自由之思想，历千万祀，与天壤而同久，共三光而永光。”② 不仅身为学界泰斗的陈寅恪有这样的觉悟，就是当时的学界新锐也是学术独立、自由的提倡与信守者，如西南联大哲学教授贺麟等。

冯友兰在梅贻琦先生诞辰一百周年纪念会暨梅贻琦铜像揭幕仪式上，客观评价了梅贻琦的业绩：

在西南联合大学时期，三校校长组织常委会，执行校长职务，梅先生实际上是常委会的主席，在风雨飘摇、惊涛骇浪的环境中，联大保存了原来三校的教学班子，维持了“学术第一、讲学自由、兼容并包”的学风，一直维持到抗战胜利，三校北返。清华从史前期到现在的清华大学，经历了一步一步提高的历程。……这个历程，是中国学术独立自主的历程。……作

① 蔡仲德．冯友兰先生年谱初编［M］．郑州：河南人民出版社，1994：310.

② 刘桂生，张步洲．陈寅恪学术文化随笔［M］．北京：中国青年出版社，1996：8－9.

为清华长期的领导人，梅先生将与清华共垂不朽！即将揭幕的铜像就是一个象征。①

第四节　教授治校论

教授治校是学校民主管理的主体部分，也是一种十分重要的教育理念。大学教育理念的形成和实践，引导着大学的实践，但是大学的实际办学状况却不像理念设想得那么顺利，实践中总会遇到很多的困难和矛盾。关于教授治校论，从认识论的角度来看，它强调的是遵循大学的内部发展规律，提倡学术自由、教授治校。从政治论的角度来看，它强调大学要符合社会发展的需要，承担社会服务的责任，要能促进社会的发展。两者都是大学发展过程中需要考虑的因素。在大学办学中应尽量平衡好两者之间的关系，不能使两者完全对立。梅贻琦是一位极具民主作风的校长，在各种会议上，他总是倾听群众意见，集思广益，择善从长，而与会成员也十分尊重他的意见。教授治校更是他奉行的清华大学、西南联大管理模式。

一、教授治校论的产生背景

教授治校论是有现代大学国际化渊源的，更是梅贻琦为了弘扬北大蔡元培的改革思想，在清华大学试验、推行的一种办学管理模式。这种大学教育理念在中国以清华大学最具代表性，被称为“清华模式”。

（一）美国现代大学管理模式的借鉴

教授治校是以美国耶鲁大学为代表的一种高校管理模式，其根本是教授在大学的决策与管理中起决定性和主导的作用，学校的行政机构起服务与辅助作用。

教授治校的本意指通过大学的宪章或大学规程以及一定的大学组织形式，

---

① 冯友兰. 在梅贻琦先生诞辰一百周年纪念会上的讲话［M］//黄延复. 梅贻琦先生纪念集. 长春：吉林文史出版社，1995：16.

由教授执掌大学内部的全部或一些主要事务，尤其是学术事务的决策权，并对外部维护学校的自主与自治权。简单来说，所谓教授治校，是指教授参与大学的管理及其学术问题的决策。其目的在于发挥学术权力对行政权力的制衡作用，充分发挥教授学术权力与自由，它体现了大学的民主管理思想。

梅贻琦教授治校大学理念的形成与发展离不开当时的历史背景以及早年的教育经历。首先，他这一思想得益于留学美国这一经历。梅贻琦是我国首批庚款留学生之一，他二十岁赴美留学伍斯特理工学院。当时校内秉承欧洲大学的民主管理体制原则，实行教授治校，对其教授治校思想的形成影响颇深。而后他又在美任清华留美学生监督，耳濡目染了美国大学自由开放的学术氛围、异彩纷呈的学术流派、生机勃勃的学术活动，从而深刻体会了欧美大学的特点以及大学教授治校的民主管理体制。美国高等学校虽然千差万别，形态各异，但在管理上均强调教授治校。因此，他的教授治校理念的形成深受美国教育的浸染与影响，为教授治校理念在清华大学、西南联大的顺利推行奠定了思想基础。

（二）梅贻琦大学理想追求的产物

梅贻琦教授治校大学教育理念的形成还源于他的大学理想。梅贻琦于 1931 年 12 月任清华校长的“就职演说”中曾详细地讲述了他对大学的理解，指出办学校，特别是办大学应以研究学术和造就人才为最终目的。而要实现研究学术的目的，就必须充分发挥大学学术活动主体——教授的主体作用，要发挥教授的主体作用，就必须实行教授治校，因为教授治校是保障教授发挥主体作用的重要机制。也正因如此，他才非常重视大学师资队伍的建设。为此，他提出了著名的大师论，并指出一所好大学关键在于教授的优劣。梅贻琦的大师论不仅将教师作用提高到了一个新高度，而且正是基于对大学以及大学师资作用的深刻理解，才使教授治校理念在清华大学以及后来的西南联大独放异彩。

教授治校是一种教育思想，又是一种治校手段。说它是教育思想，因为教授是研究学术的人，教学要上质量，科研要出水平，学校要谋求进一步发展，都离不开教授。说它是一种治校手段，因为由此可以在学校中营造宽松自由的学习氛围，让诸学说并存，形成百家争鸣、百花齐放的新局面。在西南联大，校系两级都有教授会，系主任就是教授会主席。校系两级的重大事情，都由两级教授会决定，梅贻琦则采取“吾从众”的方针，充分体现了民主治校的原则。为了实现民主治校，西南联大坚决反对“官本位”意识，学校教职员一律称“先生”，而不称职务，不搞行政级别和官衔，认为把官场习气带进学校是对学术的亵渎。为了维护学术殿堂的尊严，梅贻琦坚决反对国民政府教育部把西南联大作为教育部下属的教育机关，把教授视为教育部科员的做法。

教授治校是西南联大的重头戏，梅贻琦儿子、清华大学教授梅祖彦简述了清华大学推行的教授治校制度：民主办学，当然有一条就是教授治校。当时的教授会，就好像是一个议会，重大的事情都要教授会通过。教授会里面再选出来一些教授，就是资历比较深的，对管理工作比较有经验的，这十几人成立一个评议会。评议会就有点儿像常委会。这两个机构都有决定学校重大事件的权利，如聘任教授、管理学校、制定学校的教育方针等。那么，校长、教务长、秘书长这些行政官员，在学校里面实际上是公仆，负责执行教授会的决议。所以，这确实是教授治校。[①]

（三）蔡元培大学改革思想的弘扬

梅贻琦教授治校大学教育理念离不开蔡元培将教授治校思想在中国的导入和先期实践。教授治校制度起源于 1912 年 10 月教育部颁布由蔡元培主持起草的《大学令》，明确规定大学设立评议会和教授会，以法律形式确立了教授治校的制度。[②] 教授治校的真正落实最初体现在蔡元培对北大的管理上。

教授治校的核心是大学设立教授会，而这源于蔡元培对北大的改革。蔡元培是我国最早提倡教授治校的教育家，并奉行“北大校务，以诸教授为中心”的办学方针。在担任北大校长期间，他进行了颇具成效的改革，使北大“挺然特出”“褎然独立”，面貌焕然一新。他提出：“大学的事务，都由大学教授所组织的教育委员会主持。大学校长，也由委员会举出。”[③] 为此，北大设立了评议会，成为全校最高立法和权力机关，其评议员由校长和各科教授组成，并负

① 张曼菱．西南联大行思录［M］．北京：生活·读书·新知三联书店，2013：261．
② 高平叔．蔡元培教育论著选［M］．北京：人民教育出版社，2017：27．
③ 高平叔．蔡元培全集：第四卷［M］．北京：中华书局，1984：177．

责贯彻、实施会议的决定。1917 年 12 月，北大评议会通过了“各学科教授会组织法”，并由蔡元培主持分学科成立教授会。1919 年北大“废门改系”后，各系成立教授会，并通过设立教务处和总务处，设立行政会议，以及各种委员会。经过这些变革，北大基本确立了教授治校的管理体制。从 1917 年 1 月 4 日蔡元培到北大就职，前后断断续续任校长共十余载，始终贯彻“让懂得学术的人来管理大学”的思想，使得教授治校体制在北大得到全面落实。后来蒋梦麟从北洋军阀政府教育部部长的位置担任北大校长，提出“校长治校，教授治学”的口号，并在体制上做了一定调整，之后，北大教授治校的特征不再突出。

梅贻琦据孟子之言得出：“所谓大学者，非有大楼之谓也，有大师之谓也”；“凡一校精神所在，不仅仅在建筑设备方面之增加，而实在教授之得人。”① 梅贻琦视教师为大学最宝贵的人力资源，把教师的地位提高到史无前例的高度，正是由于其开放的思想、宽阔的胸襟及对师资的极度爱护，教授治校大学教育理念在清华演绎得至真至纯。

二、梅贻琦与清华大学的教授治校管理模式

清华大学是民国时期实施教授治校最为彻底、长久的高等院校。梅贻琦的贡献不在于首倡教授治校，而在于身体力行。在担任清华校长期间，他成功践行了由教授会、评议会和校务会议组成的行政领导体制，赋予了教授治校真正的地位，使这一民主管理模式更加趋于完善。北洋军阀政府于 1924 年颁布《国立大学校条例》明确规定：国立大学设“评议会”，由校长、正教授、教授互选之代表组成，审议各项章程及其他重要事项，由本科系及大学院之正教授、教授组织之，负责规划课程及其应行事宜。这些政策赋予大学教授治校的权力，为教授治校的实施提供了立法依据。清华学校于 1925 年成立大学部，从而初步形成了教授治校这一模式。1928 年正式改大学，进一步巩固和加强了教授治校这一管理模式，也促使清华大学成为 20 世纪 30—40 年代践行教授治校最为彻底的高等学府。

① 刘述礼，黄延复．梅贻琦教育论著选［M］．北京：人民教育出版社，1993：25.

（一）清华大学教授治校的斗争

谈到清华的教授治校，还有一段斗争史。早期的清华学校实行的是校长个人专权，教师形同雇员，无权过问校政。1925 年清华学校“改大”后，一些留美归国的年轻教授不满校长的专权，巧妙利用了因教务长张彭春辞职而爆发的全校师生“挽张抗曹”斗争，提出教授治校，并迫使当时的清华校长曹云祥接受，成立了教授会和评议会。教授会由全校教授参加，校长为主席，其职权是审查和议决学术事务，并有互选评议员和教务长的权利。评议会由校长、教授会互选的教务长和评议员共九人组成，校长为当然主席，评议会掌握着学校的行政、财务、人事大权，实际上是学校的决策机构。教授会和评议会的成立，是清华教授治校的开始。1928 年，罗家伦任清华校长后，教授会联合学生迫使他接受了学院院长由教授会选举产生的办法，教授会的权力因此而扩大。然而，在任清华校长期间，罗家伦实质上积极奉行国民党政府和蒋介石本人的“党化教育”治校政策。他在就职典礼上提出了“四化”方针，即“廉洁化、学术化、平民化、纪律化”。[①] 其中，“纪律化”带有浓郁的政治色彩，受到清华学子的极度排斥。借国民党内讧时，学生代表大会提出“请罗家伦自动辞职”议案，趁机发动“驱罗”运动，进一步坚定了实施教授治校的决心。

1930 年，汪精卫和阎锡山在北平另组“国民政府”，不久阎锡山任命乔万选为清华校长，结果被清华学生拒之门外。在“驱罗”“拒乔”以后，清华大学有十一个月没有校长，由校务会议处理校务。这时，教授会就趁机向南京国民政府教育部索取了选举代理院长、代理教务长、秘书长的临时权力，一跃成为全校最高的权力机构。这样，校务会议和评议会成了教授会的常设机构，教授会一跃而为全校最高权力机关。教授治校在清华成了既成事实，初步取得了合法地位，并且成为清华教师心目中一项不可侵犯的原则。

1930 年年底，由于国民政府重新稳定了北方政局，蒋介石亲自担任教育部部长，开始进行大规模的文化围剿，并派亲信吴南轩来担任清华大学校长，他

---

① 张正锋．中国近代公立大学董事会制度：一次失败的美国大学制度借鉴［J］．清华大学教育研究，2009（6）．

到校后极力反对教授治校制度，结果引起师生公愤并被赶出校门。

综上所述，教授治校制度是清华大学的教授们经过一番激烈的斗争而获得的成果，而如何维持和巩固这“胜利的果实”也就成为继任校长的当务之急。

（二）梅贻琦的民主治校方略

1931 年，梅贻琦自美国归来任校长后，面临着如何对待这个在没有校长或校长不发生作用的情况下形成的新领导体制的问题。对一个校长来说，这个体制无疑削弱了他独断的权力，但梅贻琦不但接受这个体制的精神，而且加以扶植巩固。在任校长期间，他大力推行教授治校、民主管理，视教授为学校的办学主体和中坚力量。梅贻琦果断采取“吾从众”方针以及“教授是学校主体”的本位思想，闪烁着民主治校的光环。他常说：“吾从众。”这个“众”，指的便是教授。一校之长并不是高高在上的，梅贻琦认为：“教授是学校的主体，校长不过是率领职工给教授搬搬椅子凳子的。”① 他相继设立了一些由教授组成的专门性委员会，以充分发挥教授在行政管理及学术管理中的主体和主导作用。自梅贻琦于 1931 年任清华大学校长，由教授会、评议会和校务会议相结合的教授治校体制最终确立。这一制度曾一度延续至西南联大，未曾中辍。清华大学教授治校制度的贯彻实行，对内发挥民主治校的功能，对外保持教育独立。

教授治校的组织基础是教授会、评议会和校务会议同时存在。这种由教授会选举评议会，由评议会决定学校重大方针政策的体制在当时被叫作“教授治校”，其结果是每位教授都具有参与意识、全心全意地为学校打算。理论上，教授会、评议会、校务会议和校长四者之间，在权限和意见上是有可能发生矛盾和分歧的，但在当时的清华大学却没有发生任何裂痕。

为了保证教授治校的合法化，在梅贻琦的倡议下，清华大学于 1931 年 4 月通过了《国立清华大学教授会议事细则》，详细规定了教授治校的组织形式、选举方式等具体运作方法，进而保证了教授会不因校长或某些人的主观意愿而

---

① 西南联合大学北京校友会．国立西南联合大学校史：一九三七至一九四六年的北大、清华、南开［M］．北京：北京大学出版社，1996：5.

遭到破坏。校长是教授会、评议会、校务会议的主席，在会上他总是虚心倾听教授们的意见，集思广益，择善而从，绝不坚持己见，独断专行。身为一校之长，梅贻琦虚怀若谷，听取同人意见。在大家意见发生分歧、争执不下的时候，梅贻琦常以一二句极中肯的话，指出问题所在，从而使大家放弃成见，达成共识，顺利地解决了问题。这种由教授会、评议会和校务会议直接决定校务的体制，真正做到了校务透明公开，大事取决于教授会。校务则采取分层负责制，对人推诚至信，故人人尽心、个个悦服，校务始终井井有条。校长处于"公仆"位置，以身作则地贯彻为教授服务、为学生服务、为国家教育事业长远利益服务的宗旨。正因为教授治校在清华大学实行得最为彻底，所以"一切集思广益，进步自然愈来愈大"；"因为分工负责，人人均觉清华自己也有一份，所以大家工作都有兴致"。中文系的朱自清教授深有感触地说："……难得的是他（梅贻琦）知道怎么爱护清华，他使清华在这七八年里发展成一个比较健全的民主组织。在这个比较健全的民主组织里，同人都能安心工作，乐意工作。他使同人觉着学校是我们大家的，谁都有一份儿。"①

梅贻琦的大学领导艺术让人人从心底里强烈焕发出"主人翁"意识，可谓进入了一种"无为而治"的极高境界。曾任西南联大教授会书记的浦薛凤先生回忆："在校长方面，因虚怀若谷，尽量听取同人意见，在教授方面，正因校长谦虚诚挚，故对其所持意见特别尊重。往往会议中争论甚久，梅师一言不发，及最后归纳结论，片言立决。此种民主作风，此种对人不对事之雅量，值得大书特书者。正因如此，清华园内，一切协和安定。"②

1939 年，西南联大颁布的《校务会议组织大纲》规定：校务会议的组织成员包括常务委员，常务委员会秘书主任，训导长，教务长，总务长，各学院院长，教授、副教授互选之代表十一人（每学院至少要有一个代表）。校务会议审议的事项包括以下六个方面：本大学预算及决算，大学学院学系之设立及废

---

① 朱自清. 清华的民主制度［M］//黄延复，马相武. 梅贻琦与清华大学. 太原：山西教育出版社，1995：184.

② 浦薛凤. 梅贻琦校长精神永在［M］//黄延复，马相武. 梅贻琦与清华大学. 太原：山西教育出版社，1995：130.

止，大学各种规程，建筑及其他项重要设备，校务改进事项，常务委员会交议事项。①

我们可以了解到，西南联大校务会议延续清华大学民主办学体制，主要处理大学的财务预算及决算、院系的设立及废止、颁布规章制度、建筑设备等事项。《校务会议组织大纲》明确规定了教授代表的具体人数，占校务会议人数的大多数，这样从制度上确立了教授们对学校事务的决策权。校务会议中的教授代表，需要经过教授会选举产生，这在很大程度上确保了校务会议作出的决议，能够较真实地反映大多数教授的意见。教授代表参加校务会议，不仅是参与了事务的决策，而且实现了他们对决策组织内部的约束和监督作用。

教授治校的管理体制在当时的历史背景和社会状况下，为清华大学创造了一个宁静、宽松的教育环境，对清华大学“黄金时代”的形成具有重要作用。傅任敢先生撰文说：“一个大学仅仅有钱有设备是办不好的，它得有好的风气，好的教授。风气如何才能好，好教授如何才肯来呢？这是由于清华的校务真正公开，校长绝不专断独行。因为一切集思广益，进步自然愈来愈大；因分工负责，人人均觉清华自己也有一份，所以大家工作都有兴致。……在清华，一切没有私，一切是公开。因此，学术的风气才能增进，出色的教授才肯前去。在这方面，以身作则的就是梅校长。”② 对此，陈岱孙教授是这样评价的：“在清华实行了十八九年的校内领导体制，在很大程度上，是当时环境下的产物。在校内，它有以民主的名义对抗校长独断专权的一面；在校外，它有以学术自主的名义对抗国民党派系势力对教育学术机构的侵入和控制的一面。这一体制的确立和巩固，是和梅贻琦先生掌校时的作风和支持分不开的。”③ 现在看来，这个评价是相当公允的，它充分肯定了梅贻琦在教授治校管理体制形成并最终确立过程中的作用。

---

① 王学珍，郭建荣．北京大学史料：第三卷［M］．北京：北京大学出版社，2000：75.

② 傅任敢．值得我们学习［M］//黄延复，马相武．梅贻琦与清华大学．太原：山西教育出版社，1995：196－197.

③ 陈岱孙．三四十年代清华大学校务领导体制和前校长梅贻琦［M］//黄延复，马相武．梅贻琦与清华大学．太原：山西教育出版社，1995：155.

三、教授治校的机构设计

教授治校体制，主要由教授会、评议会和校务会议三级机构构成，并具体实施。

（一）教授会

教授治校的关键是教授会的职能和地位问题。任清华大学法学院院长的陈岱孙先生在《三四十年代清华大学校务领导体制和前校长梅贻琦》一文中，有过详细的回忆：1930—1931 年，（教授治校）这个体制迅速形成。它的组成基础就是教授会、评议会和校务会议。教授会由全体教授、副教授组成。在成文的规程上，教授会的权限很简单，只包括：审议教学及研究事业改进和学风改进的方案；学生成绩的审核及学位的授予；建议评议会的事项及由校长或评议会交议的事项；互选评议员。教授会并不经常开会，但对校内发生的大事，教授会是主动过问的。教授会由校长（无校长时，由执行校长职务的校务会议）召集和主持，但教授会成员可以自行建议集会。[①] 实际上，清华大学教授会的职责地位更高，教授会不但切实履行学位授予、课程设置、学风改进等基本职责，还在大学通识教育之践行上，功不可没。

据冯友兰的回忆：当时教授会经常讨论而始终没有完全解决的问题，是大学教育的目的问题，在培养“人”和制造“机器”之间常常争论不休。可见，在科学主义并未像今天这样肆意泛滥的时候，清华的教授们已经洞悉到了单一的人文教育或科学教育的负面性，最终折中为“大学一、二年级，以‘通才’为主，三、四年级以专业为主”。[②]

这在当时的教授档案记录上也有显著体现，如“二十一年度第三次教授会”与“二十一年度第四次教授会”，均对大一分系与否问题予以密切关注，派九人委员会集中讨论，并拟定了“文理兼修”的课程培养方案。在学风之改进、学分之评定上也严格要求，宁缺毋滥。

---

① 黄延复，马相武．梅贻琦与清华大学［M］．太原：山西教育出版社，1995：151.

② 冯友兰．冯友兰自述［M］．北京：中华书局，1981：107.

（二）评议会

评议会是这个体制的核心，以校长、教务长、秘书长、各学院院长及教授互选之评议员若干人组成。互选之评议员人数比当然成员的人数规定要多一人。同时，各院院长都由教授会从教授中推荐，教务长习惯上也从教授中聘任。评议会实际上是教授会的常务机构，其职权包括：议决大学的重要章制；审议预决算；议决基建及其他重要设备；议决学院、学系设立或废止；议决选派留学生计划和经费分配；议决校长和教授交会议的事项。评议会是校内最高的决策、立法和审议机构。主要的法案、规章制度都由评议会动议、制定。评议会还是校长的咨询机构，但由于校长是评议会主席，其他校务会议成员都是评议会当然成员，评议会的决议对于校各级行政领导是有一定约束力的。如果说清华这个领导体制是当时所谓教授治校的典型，则教授治校的作用就是通过评议会职能而表现的。

（三）校务会议

校务会议是由校长（在无校长时由会议另一成员代理）主持，并由教务长、各学院院长参加的行政审议机构。它的主要职能是议决一切通常校务行政事宜，协调各学院、学系间的问题等。

冯友兰说，在清华流传着这样一句话："教授是神仙，学生是老虎，职员是狗。"他还说，教授会、评议会和校务会议其实是清华的"三级会议"。评议会好像是教授会的常委会，校务会议又是评议会的常委会。三级会议不仅权限分明，各司其职，还有严格的议事规则，以免会议不议，议而不决。① 行之有效的操作性，为教授治校的实现提供了可靠的保证。

教授治校为学术自由提供了内部制度保障，并通过评议会的职能和作用来实现其基本价值。对此，约翰·布鲁贝克（John S. Brubacher）说得好："为了抵制对学术自治的骚扰，学者团体历来指望专业组织提供保护，这种组织中比较著名的是美国大学的教授协会。这类组织在保护学院和大学的学术自由方面

① 冯友兰．三松堂全集：第一卷［M］．郑州：河南人民出版社，2001：314－318.

曾经相当成功。”[①] 他在这里说的虽然是教授会这一组织，但实质上指的就是教授治校这一制度，因为教授治校这一制度主要是通过教授会这一组织来发挥作用的。1937 年抗日战争全面爆发后，清华、北大、南开南迁昆明成立西南联大，由于其他两位校长在重庆身兼要职，梅贻琦是西南联大的实际主持者。教授治校的民主管理思想被其带到西南联大，使得历史传统和风格各异的三所大学在战乱年代团结一致，内有学术自由之风气，外有民主办学之形象，为国家培养了一批驰名中外的学者，西南联大由此被公认为战时教育的奇迹。

四、教授治校抵制国民政府教育部的大学管控

1929 年，国民政府颁布了《大学组织法》，规定：院长由校长聘任，系主任由院长商请校长聘任，大学职员及事务员由校长来任用。[②] 可见校长在学校中的权利范围广泛，直接或间接地掌握着大学的人事任命权。校长的任命则由国民政府来决定，政府通过这种任命方式和法规的制定加强了对大学的控制。由全体教授、副教授所选出来的若干代表来参与校务会议的规定，赋予了教授们参与治校的权利，但对其具体参与人数没有作出明确规定。教授在校务会议中所占人数的多少，决定了教授是否能在事务管理决策中发挥主导作用。在院务会中，没有让教授来参与的规定。在系务会中，本系教授可以参与，但只决策本系学术设备事项，最终的决策对院务会的影响力度多大很难知晓。这些规定显示了教授在学校事务处理中的权利受到了严重的限制和削弱。

1939 年，国民政府教育部颁布的《大学行政组织补充要点》规定：大学设置校务会议，其组织成员包括全校教授、副教授选出的代表若干人（每十人中至少要选出一名代表）、校长、教务长、训导长、总务长、各学院院长、各系科主任、会计主任。[③] 国民政府此次颁布的补充要点第一次明确规定了教授、副

---

① 布鲁贝克．高等教育哲学［M］．王承绪，等译．杭州：浙江教育出版社，2002：39.

② 宋恩荣，章咸．中华民国教育法规选编［M］．南京：江苏教育出版社，2005：395－396.

③ 中国第二历史档案馆．中华民国史档案资料汇编：第五辑 第二编教育［M］．南京：江苏古籍出版社，1997：699－700.

教授参与大学管理决策时的人数，但是与前面的《大学组织法》比较后可以看出校务会议参与人当中增加了教务长、训导长、总务长及会计主任。这些人的任命、对校务的参与和国民政府关系密切，可以看出，国民政府对大学管理的控制进一步加强了。

上面两个法规的制定，为教授治校的实施提供了法律上的依据，但从法规的具体内容可以看出，国民政府是在逐渐地削弱教授治校的权力，并加大对大学的控制。清华大学、西南联大以国民政府颁布的法令为依据，但没有完全按照法令来制定学校组织大纲。它没有顺应政府对大学的控制，而是赋予教授会很大的权力，坚持教授治校的传统。

1938 年 10 月 26 日，西南联大第九十二次常委会通过《国立西南联合大学教授会组织大纲》，规定：教授会由全体教授、副教授组成，常委及常委会秘书主任为教授会当然会员；教授会审议的事项包括教学及研究事项改进之方案、学生导育之方案等。在这次常委会上，还通过了《国立西南联合大学校务会议组织大纲》，西南联大的校务会议相当于清华的评议会，由常委、教务长、总务长、训导长、各院院长及教授代表十一人组成，具体讨论处理校务，包括：大学预算及决算，大学学院及学系之设立与废止，大学各种规程，建筑及其他重要设备，校务改进事项，常委会交议事项。梅贻琦作为教授会和评议会的主席，一改清华大学以往校长独揽大权的风气，诚心倾听各教授的意见和建议，使校长、教授会和评议会互相牵制、互相监督，以身作则贯彻教授治校的各项规章制度，起到了身先士卒的带动作用。教授治校体制的核心无疑是校务会议，其成员全部由西南联大教授组成，没有所谓“行政人员”，而其决策内容又多关乎学校的行政和教学，这一方面使学校的行政决策能与教学研究的实际紧密相连；另一方面使专注于教学研究的教授能一展行政办事才能，提高行政工作的境界。不能说梅贻琦把清华体制引入西南联大，但在西南联大，一个类似清华领导体制原则的确立和梅贻琦实际主持西南联大校务不无关系。在当时的历史背景和社会状况下，教授治校体制的确立，为西南联大内部营造了一个学术自由、思想自由的教育环境，并积极坚持文化创造与文化传播的精神传统，经由有效的形式和途径，与国民政府教育部企图以三民主义统治大学校园的政治控制，形成有力的对抗。清华大学教授梅祖彦回忆说：

父亲终身供职于清华，他的很多观点来源于清华的优良传统，他的很多开明主张使清华得到了很好的发展。最体现民主办学精神的就是当年清华大学的领导体制，它包括三个机构：一是承担学校日常行政责任的校务委员会，由校长、教务长、秘书长和各学院院长组成；二是教授会，由全体教授组成，对学校的各项事务进行讨论；三是评议会，由校务委员会的成员加上教授会选举的七位（后来发展为九位）代表组成，凡学校的重要事务，如聘请教师、学校规划、制度改革等，都需评议会决定才能施行。

旧清华在20年代后期，因为学校领导人选更换频繁；曾发生过多次教师学生拒绝领导而自行管理的事情，在某种意义上有了教授治校的基础，到了父亲主持清华事务后，充分发挥教授治校的作用就形成了一种固定的体制。当年清华大学的用人制度很讲求机构精简。教务长、秘书长、各院院长以及各系系主任均由教授兼任，没有副职。职工人数也比较少，常是一人兼任数职。学校很多的专门性任务都交给由教授组成的委员会去研究和办理，委员会根据需要有常设的，也有临时性的（任务完成后即结束，有新任务时再另组织），这是一种很好发挥教授主导作用的办法。①

清华是国民党推翻北洋政府以后才改为大学的。根据国民党的说法，中国人素质低下，不具备公民资格，只有经过训政，才能实现宪政。所谓“训政”，就是把国民党“党义”定于一尊，在文化上推行“党化教育”，在政治上实行一党专政。这对于清华大学教授治校的民主制度是一个严峻的考验。②

抗日战争期间，国民政府逐渐将其党化思想渗透到教育领域，加强了对西南联大的控制。由于西南联大受到五四运动的影响，加上西方自由主义价值观在国内的广泛传播，大学里学术自由、大学自治的氛围分外浓厚。从当时的政

---

① 梅祖彦．天南地北坐春风［M］//宗璞，熊秉明．永远的清华园．北京：北京大学出版社，2013：34.

② 智效民．八位大学校长［M］．武汉：长江文艺出版社，2006：77.

治环境来看，西南联大所处的地理位置与国民政府的临时首都重庆相隔甚远，因远离政治中心，使它处在一种较为宽松的环境中。所以，西南联大能在一定程度上遵循学校自身的发展规律，在学术自由、大学自治的环境中求发展。

对来自国民政府教育部的命令，西南联大教授会并非唯命是从，而是立足自身和教育的发展，勇于抵制和批判。这体现了他们非常强烈的教育责任感和使命感，对不合理的决议坚决进行抗争。正是西南联大教授们这种执着、独立、负责的精神，才使教授治校的精神和实践顺利地进行下去。例如，1940 年 5 月，教育部颁布了训令，强调“对于大学应设课程以及考核学生成绩方法均有详细规定，其各课程亦须呈部核示”。教育部强调课程设置、成绩考核方法的统一性，这违背了教育规律，抑制了教学自由和师生的思想自由，引起了西南联大教授会的不满和抵制。西南联大校务会议经过仔细考虑、讨论，写了一篇呈文给常委会。呈文对教育部的这一举动提出抗议，反对政府对大学事务的过度干涉，反对大学的行政化。

正因西南联大教师不惜牺牲个人利益，竭力维护民主和学术自由，“联大校务委员会适应广大教师的愿望和要求，竭力抵制外部环境的压力和冲击，使西南联大始终不失为一所较有民主自由空气的学校”①，这才使西南联大精神光辉久远。

① 南开大学校史编写组．南开大学校史：1919—1949［M］．天津：南开大学出版社，1989：271.

第十章

尾声：永远的清华大学校长

台湾“清华大学”是梅贻琦离开北京，辗转欧美，最终落脚客居台湾地区后，在台北附近的新竹县建立的另一所大学，仍然取名清华，是他的情愫所在，更是生命所寄、忠魂所依。

当年的清华学子浦江清对梅贻琦出走前后的境况这样描述：12 月 24 日，清华教授会上通过两个议案，第一个就是挽留梅贻琦校长，请继续为本校服务。晚上，浦江清到冯友兰家参与起草挽留梅校长信，觉得“措辞颇困难”。梅贻琦于 13 日因公进城，14 日回校一次，当天又进城，之后因交通阻隔留在城中，迄未出城。从无线电传来的消息，孙科新内阁名单任命梅贻琦为“教育部部长”。清华大学学生会一致挽留，称南京政府将倒，不应使名流“殉葬”。他们虽然字斟句酌、起草挽留信，但冯友兰得到消息，梅贻琦已于本周二飞往南京，挽留只是形式上之事，谅梅也有“难处”。①

从北平被“抢救”出来后，梅贻琦经南京、上海，辗转到广州、香港、巴黎，最后抵美国纽约，在纽约中华文化基金会，继续保管清华基金。最初几年，他在海外过着失去“清华园”的日子，生活的清苦困顿自不必说，那远离故土的凄凉与寂寞更是难以言表。

1955 年 11 月，梅贻琦只身到台湾地区，主持组建“清华大学研究院筹备委员会”，创办“清华原子科学研究所”，招收研究生，并选定新竹为校址，着手另建一所清华大学。1958 年，他一度出任台湾教育事务主管部门负责人，后因病辞职。1962 年 5 月，梅贻琦病逝于台北，终年七十三岁。1964 年，台湾“清华大学”开始招收本科生，那已是梅贻琦的身后事了。

一代著名教育家梅贻琦离开中国大陆辗转美国，落叶归根于中国台湾，这是新中国高等教育史的一大憾事。但梅贻琦的中华儿女两岸手足同胞、血浓于水的赤子之心从未泯灭。

---

① 浦江清．清华园日记 西行日记［M］．增补本．北京：生活·读书·新知三联书店，1999：243－244．

一、台湾“清华大学”的诞生

梅贻琦离开北平以后一直心系故园母校。萧家魁（时为清华在美休假教师）曾以《梅先生身在国外依然怀念清华》为题撰文揭示这种情愫渊源：

> 1949 年冬天，清华大学前校长梅贻琦先生由欧洲到达美国纽约。其时，我正在准备回清华经济系担任教学工作。在 1950 年 1 月底，我离美返国之前不久，梅先生托人把他写给清华的亲笔信给我，要我带归转交。信中大意说，如果清华需要国外的图书仪器，他可以设法购寄。后来此信不幸佚失。按照当时的实际情况，梅先生的愿望确无实现的可能，但他关心清华的一片殷切心情，却跃然纸上。现在回想，深感此信富有历史意义，特将此事的经过写出，以明梅先生身在国外依然怀念清华的深意。①

梅贻琦离国赴美的主要缘由是为了保护清华大学在美国的办学基金，他认为清华基金只能用于扶植学术与研究和促进科学发展方面。他数十年来始终独自一人掌握着巨额的清华基金，他自己在生活中却像春秋时期周游列国的孔子那样，惶惶东奔西走，到了几乎清寒的地步。他在没有任何监督的情况下，没有动用所留基金的半文钱，把所有钱都给了清华大学，为着把清华大学建成杰出的大学，为着替祖国培养杰出的英才。

梅贻琦曾制订一个长期发展计划，但师资碰到了难题。国民党军溃退之际，绝大多数清华教授拒绝乘“教授专机”，而选择留在解放了的大陆，尤其是物理系教授，一个未走。在这种情况下，梅贻琦只好退而求其次，准备先恢复清华研究院，以当时条件设立几个研究所，以后再徐图发展。

恰在此时，1954 年，美国决定向中国台湾地区捐赠一批“原子炉”，即原子加速器，以作为艾森豪威尔原子发展计划的一部分。梅贻琦得此消息，便决定成立清华原子科学研究所，在此基础上，再成立几个研究所，组成清华研究院。

为选择合适的清华研究院院址，梅贻琦跑遍了台湾全岛，反复勘察比较，对各地区的地形、气候、水电能源、人文以及交通等因素进行详细考察。他认为台中、台南地区距台北太远，交通不便；高雄学术机构太少，不便交流；基

① 萧家魁．梅先生身在国外依然怀念清华［J］．清华校友通讯，1982（6）．

隆局促，都不是理想的建院之地。后有人提出新竹县赤土畸地址，可供选择。该地距台北市八十公里，交通便利，且地势开阔，农田住户较少，便于日后开发。为慎重起见，梅贻琦曾先后七次约同有关人士前往勘察，最终选定了新竹。

1955 年 12 月，“清华大学研究院筹备委员会”召开第一次筹备会议，梅贻琦报告设计构想和勘址经过，会议决定立即动工修建新竹清华研究院。建院工程费用由台湾当局承担，购买图书仪器及延聘师资等费用从清华基金中拨付。

第二次筹备委员会于 1956 年 1 月召开，会议内容如下：①校址定在新竹县东郊赤土畸；②学校经费与建筑费编入政府预算，图书馆设备费由清华基金利息支付；③先办原子科学研究所，将来设三个研究所；④待初步建设完成，即招考研究生。[①] 接任台湾“清华大学”校长的陈可忠先生在其所写《“梅贻琦纪念馆”命名的意义——梅先生与原子科学》一文中说道：

> 梅先生一生的行谊与事业，影响的范围很广，整个清华（从北平、长沙、昆明到新竹）都可以作为梅先生的纪念。但是我国原子科学研究之开端，则是梅先生最后的事功，原子炉又是这一事业的具体建设。在社会上广泛的怀念，和国内外学术界人士深刻关心之下，本校特别以原子炉实验馆命名为“梅贻琦先生纪念馆”，作为这意思的代表，以期永留纪念。[②]

梅贻琦安排好新竹建筑事宜后，即赴美接洽清华基金的划拨，订购急需的图书设备、延聘师资等。他为此而四处奔走，殚精竭虑。

守业不易，创业更为艰难。在筹备新竹清华研究院期间，梅贻琦日夜操劳，从第一批研究生的招考、教师的聘用，到商借校舍上课，都煞费苦心；而对原子馆的建设，从设计蓝图到筹措经费、订购仪器设备、安排装置等，更是事必躬亲，无微不至。其中所遇到的困难更是难以想象。一次，梅贻琦把一批千辛万苦从美国购得的精密仪器运到台湾，竟被当局无理扣押，无论怎样解释都不行。梅贻琦不得不到处求人疏通，最后找到一位老友出面讲情，才获放行。诸如此类的困难，他总是以超常的忍耐力和锲而不舍的精神对待。有时他的朋友

---

① 黄延复，钟秀斌．一个时代的斯文：清华校长梅贻琦［M］．北京：九州出版社，2011：283.

② 黄延复．梅贻琦先生纪念集［M］．长春：吉林文史出版社，1995：18.

忍耐不住，要替他去争辩讲理，都被他平和地劝解下来，他常说；“如今的事情就是这样，我们终得忍耐努力去解决，何必如此着急自恼呢?”数学家陈省身先生对梅贻琦的涵养功夫极为推崇：“梅先生做事公平无私，不偏不倚，一声不响，口衔着纸烟，听人倾吐一切，他最后所提出的意见，无不切中肯要，公平合理，正直无私。”并预言：“胡、梅的精神不死，中国科学成功。”① 在梅贻琦坚持不懈的努力下，最终建成了坐落在新竹的清华研究院原子科学研究所。

此次建所，梅贻琦仍本其大师论思想，一面抓设备，一面以更多的精力礼聘师资。设备方面既已有着落，而延聘教授却极困难。当时成名之学者多已有固定职位，而当时台湾地区教授待遇尚较低，图书设备远未充实，皆为延聘师资的主要困难。

梅贻琦研究专家赵赓飏写道：

> 以先生之资望，平生接触海内外硕儒之广泛，清华、联大有成就师生之众多，半年间直接访求与间接介绍者不下二十位，竟未聘得专任教授一人。尤以清华第六级（1934）毕业生周长宁先生属望其回台任教清华，奈研究专题未完，不能即返；台大钟盛标已应聘南洋尚未走，再四挽留不得，最为失望。……所差强人意者，先后聘得袁家骝、吴大猷、邓昌黎三位世界知名大家来台短期讲学……②

此外，从长远考虑，他先后在台湾搜罗有基础之青年学人加以培植，先后得七八人，组成二三小组，参加原子炉兴造设计工作，再借其参与兴造工程之体会，培养运作管理之技能，访查接洽与分配指导，煞费苦心与辛勤。他如此耐心呵护、个别培植，自有相当成绩。先后物色之人选有：杨毓东、郑振华、戈宝树、钱积彭、王显璨、曾德霖、李应庚、李名立、杨德礼、林嘉熙等。

待规划和校址确定后，梅贻琦便全身心地投入这一繁重而艰巨的工作。1955 年 3 月，他决定恢复《清华学报》，聘请美国及中国台湾地区著名学者为编辑。1956 年 1 月起，在新竹清理基地，兴建第一批校舍。同年秋，招收第一

---

① 庄志龄. 两岸清华校长：梅贻琦［J］. 档案与史学，1998（1）.

② 赵赓飏. 梅贻琦传稿［M］. 台北：邦信文化资讯公司，1989：159.

班原子科学研究生，暂借地处台北的台湾大学上课。1957 年，新竹首批校舍（办公楼、教授住宅、职员学生宿舍）完工，秋季开始在新竹上课，聘陈可忠（清华 1920 级校友，梅贻琦逝世后曾兼代理校长）为教务长，招考第二批研究生，并开始兴建物理馆及加速器实验室。1958 年 5 月，物理馆落成，原子炉基地破土动工。1959 年秋，兴建核子科学馆和放射性同位素实验室。1960 年，原子炉炉房、原子炉实验馆、核子工程馆、同位素实验室完工。1961 年 4 月，原子炉装置完成，临界试车顺利。科学仪器馆及物理馆扩建工程开工。1962 年 3 月，物理馆扩建工程完工。……这种建设速度，被台湾建筑行业及学界称为"魔术师般的神速"。①

遗憾的是"造物弄人""天妒英才"，梅贻琦未等到台湾"清华大学"建成，便于 1962 年 5 月辞世长眠，驾鹤西归。他的秘书立即把他长期保留、视若珍宝、形影不离的手提包封存。不久，各方人士开会纪念梅校长，就把他的提包放在桌子上，要打开。当时，大家心里直打鼓，不知道打开后会有什么，梅夫人韩咏华尤其担心。因为，他们相守几十年，她总是见他到哪儿都带着这皮包，但从来就没有让她看过。梅贻琦从北平到昆明，从昆明回北平，到南京，到广州，再到欧洲，到美国，到中国台湾地区……关山万里尘与土，卅年家国云和月，浊浪翻腾几曾歇。但他一身清风，纤尘未染，始终不忘带的却是这皮包。这必定是他此生最珍视、最重要的东西了。梅夫人最担心的是：皮包里或许有非常重要的文件。而在这样的场合示众，或许有相当的危险——等打开一看，大家都呆住了：这皮包里，全是清华基金的账目，一笔笔，规规矩矩，分毫不差。②

1965 年，在梅贻琦去世三年后，台湾地区在新竹成立台湾"清华大学"，招收本科生，1969 年第一届学生毕业。

台湾"清华大学"似乎更多接续了北京清华大学、西南联大传统，因此复建后一直比较重视理工结合，也注意发展人文社会学科。短短二十多年，学校

① 黄延复，钟秀斌．一个时代的斯文：清华校长梅贻琦［M］．北京：九州出版社，2011：288－289.

② 刘超，田亮．永远的校长：梅贻琦［EB/OL］．［2023－03－01］．http：//www. sohu. com/a/201635622_163796.

成为一所拥有九千八百多名学生、五百四十多位专任教师的著名大学，教学与研发质量并进，颇让世人惊讶。

台湾“清华大学”办学效益取得积极影响，学术声誉日隆，两者交相辉映，比翼齐飞。近十几年来，台湾“清华大学”更专意打造人文社会、生命科学、电机资讯与科技管理等学科专业，渐渐地，正以一所文理工均衡发展的著名学府，在台湾地区高等教育系统中占有重要地位，并享誉世界。

二、天南地北坐春风

由于梅贻琦一直奔波操劳，最终积劳成疾，病魔无情地吞噬了他疲惫不堪的身体。他没能再度踏上校园的土地，看一看他亲手创办的新竹清华研究院，以及他呕心沥血建成的原子能加速器。1962 年 5 月 19 日，梅贻琦逝于台大医院，享年七十三岁，应验了唐代诗人李商隐的《无题》诗句：“春蚕到死丝方尽，蜡炬成灰泪始干。”

1941 年冬，在梅贻琦五十三岁生日的时候，顾毓琇来诗贺寿，“天南地北坐春风，设帐清华教大同。淡泊高明宁静志，雍容肃穆蔼和衷。诲人自有宗师乐，格物原参造化功。立雪门前终未足，昆池为酒寿高松。”梅贻琦在答诗中说：“敢言程雪与春风，困学微忱今夕同。廿载切磋心有愧，五年漂泊泪由衷。英才自是骅骝种，佳果非缘老圃功。回忆园中好风景，堂前古月照古松。”这里顾毓琇既表述了清华大学融入西南联大的精神传承，更是借此赞许梅校长在清华及西南联大管理组织活动的威望与作为，而梅贻琦的答复则颇为谦逊涵泳，将成就归诸广大师生的努力，充分表达了梅贻琦乐育英才的教育家追求。

梅贻琦自 1915 年入清华学校任教起，到任清华大学校长、西南联大首席常委，直至在台湾地区创建新竹清华研究院，总计在清华大学服务近五十年之久。梅贻琦为清华大学的建设与发展奉献一切，倾其所有。人民教育家陶行知的名句：“捧着一颗心来，不带半根草去”，不就是梅贻琦的真实刻画和形象写照吗？梅贻琦儿子梅祖彦回忆说：“父亲在台北去世后，葬于现在的新竹‘清华大学’校园内，学校修建了墓园，取名为梅园，每年都有师生校友前往吊谒致敬。在台湾学界以及社会人士均推崇他为教育先导，备受各界的尊敬。”①

三、两岸清华大学同根同源

梅贻琦是两岸清华大学校长，这是中国高等教育史上的唯一。这位永远的清华大学校长地下有灵，得知清华大学的辉煌成就，以及两岸清华大学的交流协作，肯定会十分欣慰的。

（一）国家领导人嘉勉清华大学

北京清华大学素有“学子遍九州，盛誉贯四海”的美誉。1911 年，清政府利用美国退还的部分“庚子赔款”创建了一所留美预备学校，即清华学堂，1928 年，则改为清华大学。1949 年新中国成立至今，这所综合性大学，历经悠悠历史，会聚历代名师硕儒，为中华民族培育了众多栋梁之材。

水木清华，钟灵毓秀。在一个多世纪的发展中，清华秉承着“爱国奉献，追求卓越”的传统，恪守“自强不息，厚德载物”的校训，弘扬“行胜于言”的风格，培养了数十万名优秀人才，涌现出一大批学术教师、兴业英才、治国栋梁。在国家表彰的二十三位“两弹一星”勋章获得者中有十四位是清华校友，五百余名清华校友当选中国科学院院士和中国工程院院士。

清华大学对于新中国的巨大贡献，胡锦涛同志在 2011 年庆祝清华大学百年校庆的讲话中做了精辟的概括：

> 100 年来，一代又一代清华人在革命、建设、改革中顽强拼搏、真诚奉献，为祖国、为人民、为民族建立了突出的成绩。②
>
> 新中国成立以后，广大清华师生满怀豪情投身祖国教育、科研、建设事业，全面贯彻党的教育方针，实行教学科研生产三结合，坚持又红又专、全面发展的育人理念，重视因材施教、实践锻炼、能力培养，努力建设高水平的社会主义大学。清华大学创办了原子能、无线电等一批国家急需的新技术专业，积极参与“两弹一星”等重大工程，完成国徽、人民英雄纪

---

① 宗璞，熊秉明．永远的清华园［M］．北京：北京大学出版社，2013：32.

② 胡锦涛．在庆祝清华大学建校 100 周年大会上的讲话［M］．北京：人民出版社，2011：5－6.

念碑、密云水库等重要设计，成为我国培养高层次人才和发展先进科学技术的重要基地。①

2016 年，在清华大学 105 周年校庆到来之际，中共中央总书记、国家主席、中央军委主席习近平发来贺信，高度肯定了清华大学百余年来的办学成就、培养特色和形成的精神文化，从国家战略高度为我国高等教育的科学发展指明了方向，对清华建设世界一流大学提出了殷切期望和明确要求。在信中，习近平总书记指出：

> 清华大学是我国高等教育的一面旗帜。105 年来，清华大学秉承自强不息、厚德载物的校训，开创了中西融汇、古今贯通、文理渗透的办学风格，形成了爱国奉献、追求卓越的精神和又红又专、全面发展的培养特色，培养了大批学术大师、兴业英才、治国人才，为国家、为民族作出了重要贡献。

习近平强调：

> 办好高等教育，事关国家发展、事关民族未来。我国高等教育要紧紧围绕实现“两个一百年”奋斗目标、实现中华民族伟大复兴的中国梦，源源不断培养大批德才兼备的优秀人才。站在新的起点上，清华大学要坚持正确方向、坚持立德树人、坚持服务国家、坚持改革创新，面向世界、勇于进取，树立自信、保持特色，广育祖国和人民需要的各类人才，深度参与创新驱动发展战略实施，努力在创建世界一流大学方面走在前列，为国家发展、人民幸福、人类文明进步作出新的更大的贡献。②

中国国家领导人的讲话精神充分肯定了清华大学在中华民族腾飞复兴及现代化强国建设中作出的卓越贡献，并殷切期望未来清华大学以更大的作为担当国家民族振兴富强的希望。这些都是清华大学师生未来意气风发，以昂扬姿态奔上新征程的力量之源。

（二）台湾“清华大学”

台湾“清华大学”起源于清华原子科学研究所，1955 年年底台湾当局组建台湾“清华大学”研究院，设立原子科学研究院，校址设在新竹赤土畸，由原

---

① 胡锦涛. 在庆祝清华大学建校 100 周年大会上的讲话［M］. 北京：人民出版社，2011：3.

② 学习总书记贺信精神，增强责任使命意识［N］. 新清华，2016－05－06（6）.

清华大学校长梅贻琦任校长，后逐渐扩展成为理工大学，进而增添人文学科，成为较完整的大学。它沿用了很多北京清华大学过去的优良传统。北京清华大学校友会主编承老师说：

两岸清华同根同源，都是水木清华，两校在1949年以前有着共同的历史，有很多相同之处，校训都是"自强不息，厚德载物"，校花都是紫荆花，校色都是紫色，甚至学生宿舍的名字很多都是一样的，如新斋、善斋等。

2001年4月29日，海峡两岸清华大学（北京清华大学和台湾"清华大学"）首次结束各自纪念校庆的历史，在北京携手共庆了这一辉煌时刻。此后，两岸清华大学经常互访，学术文化交流日增，取长补短，相互借鉴，以兼容并包的精神迎接21世纪，创建世界一流高等学府，为中华民族的繁荣昌盛培养栋梁之材作出应有的贡献。为清华呕心沥血，为教育事业终其一生的梅校长，看到两岸清华大学日益频繁和密切的交流与合作，也会含笑九泉吧？

（三）无尽思念梅贻琦校长

梅贻琦一生历尽筚路蓝缕、颠沛流离的生活，但不论他人在哪里，从未忘怀祖国，疏离母校，一直心系清华故园，继续清华事业，被誉为"两岸清华校长"。

1948年12月，梅贻琦离开北平南下，行至广州、香港，所思所想皆为清华。这段时期，梅贻琦颠沛流离，生活也很艰苦，但对清华的事务仍尽心尽力。清华校友李鹤龄后来回忆说：

北平解放前夕，清华曾向美国买了一批仪器，等仪器运到天津时，北平已经解放。外轮借口提单上没有梅校长的签字，不肯交货，原轮运回去。后来在香港找到了梅校长，就要梅校长在香港提货。梅校长在提单上签了字，把提单寄到北京给清华，嘱咐外轮下次仍然把仪器运去天津，由清华到天津去提货。梅校长跟黄（中孚）谈起这件事时曾说过，清华的东西还是要给清华的。[①]

1949年7月，他在巴黎参加联合国教科文组织会议。1950年年初到美国，他仍然利用清华基金的利息协助在美国的学生进行研究工作。后来，又用清华

---

① 黄延复，钟秀斌．梅贻琦画传［M］．成都：四川教育出版社，2013：124.

基金在台湾地区筹办“清华原子科学研究所”，即台湾“清华大学”的前身。

1962 年 5 月 19 日，梅贻琦在台北逝世时，曾任北大校长的蒋梦麟执椽笔写成“治丧委员会祭文”：

> 呜呼！天之将丧斯文欤？胡夺我先生之速！……
>
> 先生学比渊澄，道同岳峙，仁者爱人，作育多士。
>
> 先生粹然儒者，躬行身教。对国家之贡献，独多且要。与并世诸君子比，华若未逮，而实则过之。卒也，诸君子名满天下，谤亦随之。……而国人之尊仰先生，翕然称之。盖无智愚，通朝野，乃至白叟黄童，胥无异词。孔子云：天何言哉，四时行焉，万物生焉，于先生见之。
>
> 先生生平尽瘁国立清华大学……人有恒言：见果知树。五十年来清华人才之盛，堪称独步，贡献之多，尤彰明而昭著，斯非幸致，实耕耘者心血之所倾注。
>
> 先生之行谊，本乎中国文化之渊源，而学术则造乎西洋文化之峰巅。观乎先生之仪型多士，我先民之中体西用之理想在焉。①

梅贻琦去世以后，梅夫人及清华校友将他葬在依山傍水、松竹滴翠的台湾“清华大学”的新华园内，命名为梅园。每年都会有大批师生以及学者前往凭吊以表达崇敬之情。有人说，所谓清华精神，就是梅贻琦校长的精神。所以，作为教育家的梅贻琦没有死亡，他将与他所继承和培育光大的清华精神同在，与中华民族同在。回忆梅贻琦充实而光辉的一生，不禁叫人肃然起敬。作为教育家，他把自己的一生全部奉献给了清华，将毕生心力注于清华，使清华大学成为国内顶尖一流的高等学府，这充分印证了梅贻琦主持清华大学办学成就的伟大。

梅贻琦为自己忙碌而充实的一生画上了完整的句号。然而，他留给历史的，不只是满园桃李，更有一串深长的感叹。值此高等教育改革与发展的紧要关头，梅贻琦的事业、精神、办学理念及思想仍然发出光彩，引起人们的关注及无尽的思考，因为这是我们民族的先哲在高等教育领域历尽艰辛创造的财富。它不仅是历史的，而且是现实的，对当代中国高等教育的国际化与创新性趋势仍然有着深刻的启迪和重大的意义。

---

① 黄延复．梅贻琦先生纪念集［M］．长春：吉林文史出版社，1995：16－17.

主要参考文献

一、文献著作

[1] 北京大学，清华大学，南开大学，等. 国立西南联合大学史料［M］. 昆明：云南教育出版社，1998.

[2] 北京大学五十周年纪念特刊编委会. 北京大学五十周年纪念特刊［M］. 北京：北京大学出版部，1948.

[3] 北京大学校友联络处. 笳吹弦诵情弥切：国立西南联合大学五十周年纪念文集［M］. 北京：中国文史出版社，1988.

[4] 布鲁贝克. 高等教育哲学［M］. 王承绪，等译. 杭州：浙江教育出版社，2002.

[5] 蔡德贵. 东方学人季羡林［M］. 北京：北京大学出版社，2006.

[6] 蔡元培. 蔡孑民先生言行录［M］. 长沙：岳麓书社，2010.

[7] 蔡仲德. 冯友兰先生年谱初编［M］. 郑州：河南人民出版社，2000.

[8] 陈岱孙. 往事偶记［M］. 北京：商务印书馆，2016.

[9] 陈学恂. 中国近代教育史教学参考资料：中册［M］. 北京：人民教育出版社，1986.

[10] 陈寅恪. 金明馆丛稿二编［M］. 北京：生活·读书·新知三联书店，2001.

[11] 董宝良. 中国近代教育史纲［M］. 北京：人民教育出版社，1990.

[12] 杜甫. 杜甫集［M］. 太原：三晋出版社，2008.

[13] 方惠坚，张思敬. 清华大学志［M］. 北京：清华大学出版社，2001.

[14] 费孝通. 推己及人［M］. 北京：大众文艺出版社，2000.

[15] 冯尔康，郑克晟. 郑天挺学记［M］. 北京：生活·读书·新知三联书店，1991.

[16] 冯友兰. 三松堂自序［M］. 北京：生活·读书·新知三联书店，1984.

[17] 冯友兰. 中国哲学简史［M］. 涂又光，译. 北京：北京大学出版社，1985.

[18] 冯友兰. 三松堂全集［M］. 郑州：河南人民出版社，2001.

[19] 冯友兰. 冯友兰选集［M］. 长春：吉林人民出版社，2005.

[20] 高平叔. 蔡元培全集：第四卷 [M]. 北京：中华书局，1984.
[21] 高平叔. 蔡元培教育论著选 [M]. 北京：人民教育出版社，2017.
[22] 顾毓琇. 期颐集 [M]. 北京：清华大学出版社，2001.
[23] 郭兆甄，苏方学. 娃娃博士：中国氢弹元勋邓稼先 [M]. 郑州：河南人民出版社，1993.
[24] 贺麟. 文化与人生 [M]. 北京：商务印书馆，1988.
[25] 侯德础. 抗日战争时期中国高校内迁史略 [M]. 成都：四川教育出版社，2001.
[26] 侯杰，秦方. 百年家族：张伯苓 [M]. 石家庄：河北教育出版社，2004.
[27] 黄世坦. 回忆吴宓先生 [M]. 西安：陕西人民出版社，1990.
[28] 黄延复. 梅贻琦教育思想研究 [M]. 沈阳：辽宁教育出版社，1994.
[29] 黄延复，马相武. 梅贻琦与清华大学 [M]. 太原：山西教育出版社，1995.
[30] 黄延复. 梅贻琦先生纪念集 [M]. 长春：吉林文史出版社，1995.
[31] 黄延复. 清华逸事 [M]. 沈阳：辽海出版社，1998.
[32] 黄延复. 二三十年代清华校园文化 [M]. 桂林：广西师范大学出版社，2000.
[33] 黄延复，王小宁. 梅贻琦日记：1941—1946 [M]. 北京：清华大学出版社，2001.
[34] 黄延复. 清华的校长们 [M]. 北京：中国经济出版社，2003.
[35] 黄延复，贾金悦. 清华园风物志 [M]. 北京：清华大学出版社，2005.
[36] 黄延复，钟秀斌. 一个时代的斯文：清华校长梅贻琦 [M]. 北京：九州出版社，2011.
[37] 黄延复，钟秀斌. 梅贻琦画传 [M]. 成都：四川教育出版社，2013.
[38] 霍益萍. 近代中国的高等教育 [M]. 上海：华东师范大学出版社，1999.
[39] 季羡林. 季羡林与名人 [M]. 北京：群众出版社，2001.
[40] 季羡林. 我的求学之路 [M]. 天津：百花文艺出版社，2014.
[41] 江崇廓，刘文渊，孙敦恒. 世界著名学府 清华大学 [M]. 长沙：湖南教育出版社，1995.
[42] 教育部. 第一次中国教育年鉴 [M]. 上海：开明书店，1934.
[43] 教育部教育年鉴编纂委员会. 第二次中国教育年鉴 [M]. 上海：商务印书馆，1948.
[44] 教育大辞典编纂委员会. 教育大辞典 [M]. 上海：上海教育出版社，1990.
[45] 金以林. 近代中国大学研究：1895—1949 [M]. 北京：中央文献出版社，2000.

[46] 科尔. 大学的功用 [M]. 陈学飞，等译. 南昌：江西教育出版社，1993.
[47] 李光谟. 李济与清华 [M]. 北京：清华大学出版社，1994.
[48] 李洪涛. 精神的雕像：西南联大纪实 [M]. 昆明：云南人民出版社，2001.
[49] 李华兴. 民国教育史 [M]. 上海：上海教育出版社，1997.
[50] 李继凯，刘瑞春. 解析吴宓 [M]. 北京：社会科学文献出版社，2001.
[51] 李继凯，刘瑞春. 追忆吴宓 [M]. 北京：社会科学文献出版社，2001.
[52] 李曼丽. 通识教育：一种大学教育观 [M]. 北京：清华大学出版社，1999.
[53] 李约瑟. 战时中国之科学 [M]. 徐贤恭，刘建康，译. 上海：中华书局，1947.
[54] 梁实秋. 清华八年 [M]. 北京：华夏出版社，2008.
[55] 刘桂生，张步洲. 陈寅恪学术文化随笔 [M]. 北京：中国青年出版社，1996.
[56] 刘克选，方明东. 北大与清华 [M]. 北京：国家行政学院出版社，1998.
[57] 刘述礼，黄延复. 梅贻琦教育论著选 [M]. 北京：人民教育出版社，1993.
[58] 刘烜. 王国维评传 [M]. 南昌：百花洲文艺出版社，1997.
[59] 鲁静，史睿. 清华旧影 [M]. 北京：东方出版社，1998.
[60] 论语 [M]. 刘兆伟，译注. 北京：人民教育出版社，2015.
[61] 毛礼锐，沈灌群. 中国教育通史 [M]. 济南：山东教育出版社，1989.
[62] 梅贻琦. 梅贻琦自述 [M]. 合肥：安徽文艺出版社，2013.
[63] 梅贻琦. 梅贻琦日记 [M]. 北京：商务印书馆，2019.
[64] 蒙自师范高等专科学校，等. 西南联大在蒙自 [M]. 昆明：云南民族出版社，1994.
[65] 缪名春，刘巍. 老清华的故事 [M]. 南京：江苏文艺出版社，1998.
[66] 南开大学校史编写组. 南开大学校史：1919—1949 [M]. 天津：南开大学出版社，1989.
[67] 潘乃谷，潘乃和. 潘光旦教育文存 [M]. 北京：人民教育出版社，2002.
[68] 浦江清. 清华园日记 西行日记 [M]. 增补本. 北京：生活·读书·新知三联书店，1999.
[69] 齐家莹. 清华人文学科年谱 [M]. 北京：清华大学出版社，1999.
[70] 齐家莹. 清华人物 [M]. 北京：作家出版社，2001.
[71] 清华大学校史编写组. 清华大学校史稿 [M]. 北京：中华书局，1981.
[72] 清华大学校史研究室. 清华大学史料选编 [M]. 北京：清华大学出版社，1991.

［73］清华大学校史研究室．清华人物志［M］．北京：清华大学出版社，1995.
［74］清华大学校史研究室．清华大学九十年［M］．北京：清华大学出版社，2001.
［75］曲士培．蒋梦麟教育论著选［M］．北京：人民教育出版社，1995.
［76］邵盈午．清华四大导师［M］．北京：东方出版社，2009.
［77］石岛纪之．中国抗日战争史［M］．郑玉纯，纪宏，译．长春：吉林教育出版社，1990.
［78］宋恩荣，章咸．中华民国教育法规选编：1912—1949［M］．南京：江苏教育出版社，1990.
［79］宋恩荣，章咸．中华民国教育法规选编［M］．南京：江苏教育出版社，2005.
［80］苏云峰．从清华学堂到清华大学：1911—1929［M］．北京：生活·读书·新知三联书店，2001.
［81］苏云峰．从清华学堂到清华大学：1928—1937［M］．北京：生活·读书·新知三联书店，2001.
［82］孙本文．现代中国社会问题［M］．上海：商务印书馆，1946.
［83］孙哲，黄文辉，解红岩，等．春风化雨：百名校友忆清华［M］．北京：清华大学出版社，2011.
［84］田正平．留学生与中国教育近代化［M］．广州：广东教育出版社，1996.
［85］汪荣祖．陈寅恪评传［M］．南昌：百花洲文艺出版社，1997.
［86］汪曾祺．在西南联大［M］．北京：文化发展出版社，2021.
［87］王国维．中国人的境界［M］．北京：中国工人出版社，2016.
［88］王开林．国士无双：清华大学的龙虎象［M］．北京：华文出版社，2012.
［89］王泉根．多维视野中的吴宓［M］．重庆：重庆出版社，2001.
［90］王文俊，杨珣，等．张伯苓教育言论选集［M］．天津：南开大学出版社，1984.
［91］王学珍，郭建荣．北京大学史料［M］．北京：北京大学出版社，2000.
［92］闻奇，周晓云．清华精神九十年［M］．北京：民族出版社，2001.
［93］吴惠龄，李壑．北京高等教育史料［M］．北京：北京师范大学出版社，1992.
［94］吴宓．吴宓日记［M］．北京：生活·读书·新知三联书店，1998.
［95］吴宓．吴宓诗话［M］．北京：商务印书馆，2005.
［96］吴学昭．吴宓与陈寅恪［M］．北京：清华大学出版社，1992.

[97] 吴与点．联大论语［M］．长沙：湖南文艺出版社，2016.

[98] 西南联大《除夕副刊》．联大八年［M］．北京：新星出版社，2010.

[99] 西南联合大学北京校友会．国立西南联合大学校史：一九三七至一九四六年的北大、清华、南开［M］．北京：北京大学出版社，1996.

[100] 西南联合大学北京校友会校史编辑委员会．国立西南联合大学校史资料［M］．北京：北京大学出版社，昆明：云南人民出版社，1986.

[101] 西南联合大学北京校友会校史编辑委员会．笳吹弦诵在春城：回忆西南联大［M］．昆明：云南人民出版社，北京：北京大学出版社，1986.

[102] 向祚铁，侍卫华．清华大学演义：1911—1998［M］．合肥：黄山书社，1998.

[103] 萧超然，等．北京大学校史：1898—1949［M］．增订本．北京：北京大学出版社，1988.

[104] 谢长法．借鉴与融合：留美学生抗战前教育活动研究［M］．石家庄：河北教育出版社，2001.

[105] 熊明安．中华民国教育史［M］．重庆：重庆出版社，1990.

[106] 徐葆耕．释古与清华学派［M］．北京：清华大学出版社，1997.

[107] 徐葆耕．紫色清华［M］．北京：民族出版社，2001.

[108] 杨东平．大学精神［M］．沈阳：辽海出版社，2000.

[109] 杨际贤，李正心．二十世纪中华百位教育家思想精粹［M］．北京：中国盲文出版社，2001.

[110] 杨立德．西南联大教育史［M］．成都：成都出版社，1995.

[111] 姚丹．西南联大历史情境中的文学活动［M］．桂林：广西师范大学出版社，2000.

[112] 余明阳，等．大学品牌［M］．广州：广东经济出版社，2004.

[113] 余子侠．民族危机下的教育应对［M］．武汉：华中师范大学出版社，2008.

[114] 虞昊，黄延复．中国科技的基石：叶企孙和科学大师们［M］．上海：复旦大学出版社，2000.

[115] 禹青华．在清华学做事：行动的力量［M］．北京：企业管理出版社，2001.

[116] 约之．先生的课堂［M］．北京：光明日报出版社，2013.

[117] 云南省政协文史资料研究委员会，西南联合大学北京、昆明校友会，云南师范大学．云南文史资料选辑：第三十四辑 西南联合大学建校五十周年纪念专辑［M］．昆明：云南人民出版社，1988.

[118] 张伯苓. 张伯苓自述 [M]. 合肥：安徽文艺出版社，2013.
[119] 张曼菱. 西南联大行思录 [M]. 北京：生活·读书·新知三联书店，2013.
[120] 赵宝琪，张凤民. 天津教育史 [M]. 天津：天津人民出版社，2002.
[121] 赵赓飏. 梅贻琦传稿 [M]. 台北：邦信文化资讯公司，1989.
[122] 赵新林，张国龙. 西南联大：战火的洗礼 [M]. 上海：上海教育出版社，2000.
[123] 郑登云. 中国高等教育史 [M]. 上海：华东师范大学出版社，1994.
[124] 郑登云. 中国近代教育史 [M]. 上海：华东师范大学出版社，1994.
[125] 智效民. 八位大学校长 [M]. 武汉：长江文艺出版社，2006.
[126] 中国第二历史档案馆. 中华民国史档案资料汇编：第五辑 第二编教育 [M]. 南京：江苏古籍出版社，1997.
[127] 中国人民政治协商会议北京市委员会文史资料研究委员会. 文史资料选编：第十八辑 [M]. 北京：北京出版社，1983.
[128] 中国人民政治协商会议西南地区文史资料协作会议. 抗战时期内迁西南的高等院校 [M]. 贵阳：贵州民族出版社，1988.
[129] 中央教育科学研究所. 中国现代教育大事记：1919—1949 [M]. 北京：教育科学出版社，1988.
[130] 钟叔河，朱纯. 过去的学校 [M]. 长沙：湖南教育出版社，1982.
[131] 仲玉英，陈桃兰，艾乐，等. 蒋梦麟画传 [M]. 成都：四川教育出版社，2017.
[132] 朱自清. 我，朱自清 [M]. 哈尔滨：哈尔滨出版社，2020.
[133] 庄丽君. 世纪清华 [M]. 北京：光明日报出版社，1998.
[134] 孜粲. 百年荣耀 水木清华 [M]. 北京：北京出版社，2011.
[135] 宗璞，熊秉明. 永远的清华园：清华子弟眼中的父辈 [M]. 北京：北京出版社，2000.
[136] 宗璞，熊秉明. 永远的清华园 [M]. 北京：北京大学出版社，2013.
[138]《中国现代教育家传》编委会. 中国现代教育家传：第五卷 [M]. 长沙：湖南教育出版社，1987.
[139]《中国新文学大系 1937—1949》编辑委员会. 中国新文学大系 1937—1949：文学理论卷一. 上海：上海文艺出版社，1990.

二、期刊论文

[1] 蔡惠芝. 西南联大的民主管理初探 [J]. 云南师范大学学报（哲学社会科学版），1999 (3).

[2] 陈建中，蔡恒. 吴宓的“博雅之士”：清华外文系的教育范式 [J]. 社会科学战线，1997 (1).

[3] 冯惠敏. 梅贻琦的通识教育观及其对当代教育的启示 [J]. 黑龙江高教研究，2003 (4).

[4] 韩延明. 蔡元培、梅贻琦之大学理念探要 [J]. 高等教育研究，2001 (3).

[5] 瀚青，王国新. 梅贻琦的学校管理思想研究 [J]. 华东师范大学学报（教育科学版），2002 (3).

[6] 何水清. 我所亲历的西南联大本科教育 [J]. 中国大学教学，2008 (10).

[7] 洪德铭. 西南联大的精神和办学特色 [J]. 高等教育研究，1997 (1-2).

[8] 侯振彤. 试论天津近代教育的开端 [J]. 天津师院学报（社科版），1982 (2).

[9] 黄欣. 西南联大课程设置的特点及启示 [J]. 江苏高教，2003 (2).

[10] 黄延复. 前清华大学校长梅贻琦先生 [J]. 人物，1987 (1).

[11] 黄延复. 梅贻琦与清华大学 [J]. 教学与教材研究，1998 (3).

[12] 李硕豪. 梅贻琦的高等教育思想和办学实践 [J]. 高等教育研究，1998 (4).

[13] 李旭辉. 30 年代 N. 维纳访问清华大学函电始末 [J]. 中国科技史料，1998，19 (1).

[14] 刘超. 清华物理与晚近中国：兼论旗舰大学与民族国家的互动 [J]. 清华大学教育研究，2011 (3).

[15] 刘剑虹. 试论蔡元培和梅贻琦的大学教师观 [J]. 华东师范大学学报（教育科学版），1998 (1).

[16] 刘剑虹. 梅贻琦的大学学科建设思想初论 [J]. 高等师范教育研究，2001 (1).

[17] 刘兆吉. 抗战时期联合大学的经验及其启示 [J]. 上海高教研究，1995 (5).

[18] 刘祚昌. 西南联大忆旧：兼论“西南联大精神” [J]. 学术界，2000 (1).

[19] 孙令仁. 关于几位学术大师的片断回忆 [J]. 文史哲，2001 (6).

[20] 孙希磊. “厚德载物，自强不息”的楷模：中国近代教育家梅贻琦教育思想与实践初探 [J]. 北京建筑工程学院学报，2000 (4).

[21] 王英杰. 当今世界高等教育发展危机与改革趋势 [J]. 中国高等教育，1999 (5).
[22] 威罗贝. 外人在华特权和利益 [J]. 王绍坊，译. 新教育，1919 (1).
[23] 吴承越. 西南联大与素质教育：读《工业教育与工业人才》[J]. 学习探索，2001 (2).
[24] 吴大猷. 抗战期中之回忆 [J]. 传记文学，1964，6 (3).
[25] 夏明亮. 开创清华"黄金时代"的梅贻琦先生 [J]. 文史月刊，2005 (3).
[26] 萧家魁. 梅先生身在国外依然怀念清华 [J]. 清华校友通讯，1982 (6).
[27] 杨立德. 西南联大师生的敬业精神：纪念西南联大在昆建校60周年 [J]. 云南师范大学学报（哲学社会科学版），1998 (5).
[28] 杨立德. 从西南联大看一流大学的建设 [J]. 云南师范大学学报（哲学社会科学版），2000 (6).
[29] 杨立德. 西南联大的人文素质教育 [J]. 云南师范大学学报（哲学社会科学版），2002 (1).
[30] 杨立德. 中华"和合"文化与西南联大"兼容并包"的办学理念 [J]. 云南师范大学学报（哲学社会科学版），2003 (2).
[31] 杨绍军. 西南联大与当代中国高等教育 [J]. 学术探索，2000 (6).
[32] 姚丹. 西南联大中文系、外文系和校园里的新文学创造 [J]. 中国现代文学研究丛刊，1999 (1).
[33] 易社强，曾景忠. 抗日战争中的西南联合大学 [J]. 符致兴，译. 抗日战争研究，1997 (1).
[34] 禹青华. 清华人的务实风格 [J]. 书摘，2002 (5).
[35] 张金福. 论梅贻琦"教授治校"理念的文化意蕴 [J]. 华东师范大学学报（教育科学版），2002 (4).
[36] 张尚元，许仲钧，陈为汉. 笳吹弦诵情弥切：回忆西南联大和清华的学习生活 [J]. 文史杂谈，2007 (6).
[37] 张正锋. 中国近代公立大学董事会制度：一次失败的美国大学制度借鉴 [J]. 清华大学教育研究，2009 (6).
[38] 赵瑞蕻. 南岳山中，蒙自湖畔（上）：怀念穆旦并忆西南联大 [J]. 新文学史料，

1997（3）.
［39］赵瑞蕻．离乱弦歌忆旧游：纪念西南联大［J］．新文学史料，2000（2）.
［40］周棉．中国留美学生与国立西南联合大学［J］．清华大学教育研究，2011（3）.
［41］庄志龄．两岸清华校长：梅贻琦［J］．档案与史学，1998（1）.

后　记

本书深入挖掘清华大学校长梅贻琦翔实可信的历史资源和文献材料，从人生历程、教育事业、社会活动、家庭生活以及人事交往等多方面领域展现一代教育家的人生业绩和奋斗历程，从中凸显了其大学办学理念、治校方略、教育思想、教育活动以及管理智慧。同时，作为高等教育家的评传，本书在选取视角和分析评述的取向上，充分反映中国近现代教育史，尤其是对高等教育史的独特专业特色和复杂专业影响因素的思辨，重在从高等教育理论和现代教育概念进行概括和阐释。在此基础上，本书丰富了读者对民国教育史、中国近现代高等教育史以及民国社会史的内容和图谱的认识。清华大学是我国现当代高等教育的翘楚，更是当今我国进入世界一流大学前列的名校之一。研究梅贻琦校长的办学思想及活动，必然与清华大学校史紧密融合，对其中的内容和制度方法以及改革设计进行探索，能够加深一流大学建设的经验总结和方案建构。这对于大学文化的建设，以及一流大学世界竞争力的提升都是十分重要的。

需要说明的是，笔者在写作的过程中也遇到了诸多问题。梅贻琦是理工科出身，是中国近代较早留学海外，并学成归国的专家学者，后又担任清华大学前身清华学校教务长、清华大学校长等职。“七七事变”后，为保存我国高等教育学脉，清华大学等多个高校随之内迁，梅贻琦又担任长沙临时大学、西南联大的校委会常委，一直以来发挥着学校管理领航者的突出作用。但是，他又是一个“行胜于言”的实干家，性格温和质朴、少言寡语、谦逊严谨。因此，可供查阅的相关文字记录或素材论著相对较少，而且梅贻琦在新中国成立前夕离开了清华大学和中国大陆，长期在美国和我国台湾地区活动。他在晚年又重建台湾“清华大学”。所以，许多活动行迹资料都在我国台湾地区或美国，查找或利用相关资料颇为不易，使我们在本书的写作中遇到了不小的障碍。

本书对于梅贻琦的生活、家庭、活动、交往等方面着墨相对较少，许多的活动思想和对其办学管理智慧的分析探讨多数通过他的具体治校活动和他的协作者以及清华大学师生的回忆进行补充与构思。这是一种努力，其中可能存在某些缺点和不足，我想肯定是有的。对此希望梅贻琦校长的亲属和其他同人学者予以谅解，也希望以后能够进行相关学术交流或获得这方面的资源，在此衷心地表达我的期盼和感激之情。

由于本人有着教学、科研及指导研究生的诸多任务，所以本书采取了合作的方式完成。本书稿是师生合作的产物，由吴洪成和博士生夏美奇共同完成。夏美奇是我2020级的博士生，她是一个来自内蒙古的蒙古族姑娘，入学以来勤奋好学、思维敏捷，在学术科研上努力付出，同时对梅贻琦校长研究也有着较强的学术兴趣，为书稿的最终完成付出了极大的心血。当然，这一撰写过程也使其科研写作能力得到了较大的提升。同时也感谢硕士生王雪迪、刘平平在前期收集资料或相关文字录入时给予的协助，正是因为有了她们的帮助才使得书稿可以顺利完成，在此再次表示由衷的感谢！

本书系河北大学哲学社会科学培育重点项目（项目编号：2019HPY034）、河北省教育科学研究“十三五”规划重大委托课题“教学考一体化背景下学生核心素养培养的实证研究”（课题编号：2001046）阶段成果。本书的出版得到了许多单位和个人的支持。

首先，感谢河北大学教育学院院长胡保利教授，他将书稿列入了学院学科建设系列，得到了河北大学教育学博士点一级学科建设经费的资助。

其次，感谢知识产权出版社的领导和编辑一如既往地支持我们的专业工作。本书撰写时因疫情等原因，相关资料查阅较为困难，使得写作进度较为缓慢，交稿时间一拖再拖，感谢他们的宽容、理解与支持。

最后，还要感谢一路走来关心和支持我的各位学界师友，是你们长期以来的支持与帮助才使我有了今天的些许成果。

书稿撰写时正值新冠疫情席卷全球。在这个过程中，我们仍然坚守岗位，继续前行，这一在学术科研上积极、顽强的拼搏精神，也是受全国各地各行业中踊现出的抗疫英雄们的感召和鼓舞。当时，我坚信在祖国强大的凝聚力下，在全国各族人民共同团结努力下，中国人民肯定会取得新冠疫情战争的最终胜利。当下抗疫的辉煌成就便是确凿事实和有力明证！

此外，本书难免存在问题和不足，敬请专家学者及读者朋友们指正。

吴洪成

2023 年 10 月 16 日